RENAISSANCE PEOPLE

ルネサンス人物列伝

Renaissance People : Lives that Shaped the Modern World

ロバート・デイヴィス & ベス・リンドスミス［著］

和泉 香［訳］

悠書館

目　　次

ルネサンスをどう捉えるか　9

1. 古い伝統と新しい思想
：1400～1450　12

マニュエル・クリュソロラス（1350 頃～1415）
　贈り物をたずさえたギリシア人　16

クリスティーヌ・ド・ピザン（1364 頃～1430 頃）
　女性擁護者　19

レオナルド・ブルーニ（1369 頃～1444）
　「時代の光」　22

ヤン・フス（1370 頃～1415）
　ボヘミアの先駆的宗教改革者　25

フィリッポ・ブルネレスキ（1377～1446）
　不可能といわれた大聖堂を実現　28

聖ベルナルディーノ・ダ・シエナ（1380～1444）
　民衆の説教師　32

ドナテッロ（1386/87～1466）
　大理石とブロンズへの情熱　35

コジモ・デ・メディチ（1389～1464）
　「祖国の父」　38

ヤン・ファン・アイク（1395 頃～1441）
　世界の細部を描写する　41

マザッチオ（1401～1428）
　絵画を遠近法で表現する　45

2. 平和の時代のヨーロッパ人たち
：1450～1475　48

フラヴィオ・ビオンド（1392～1463）
　ローマのいにしえの栄光を新たに想像　52

ルカ・デッラ・ロッビア（1399/1400～1481）
　テラコッタで再生された美術　54

ニコラウス・クザーヌス（1401～1464）
　（ほぼ）無限の宇宙における神と人間　57

フランチェスコ・スフォルツァ（1401～1466）
　自分でなってしまったミラノ公　60

レオン・バッティスタ・アルベルティ
（1404～1472）ルネサンス人の原型　63

教皇ピウス 2 世（1405～1464）
　人文主義者、詩人、教皇　66

ロレンツォ・ヴァッラ（1406 頃～1457）
　快楽と利益のための論争者　69

アレッサンドラ・ストロッツィ（1407～1471）
　ある母親の夢と縁組計画　72

イゾッタ・ノガローラ（1418～1466）
　人文主義者の少女が聖女に　75

フェデリコ・ダ・モンテフェルトロ（1422～1482）
　芸術に囲まれたウルビーノ公　77

ルクレツィア・トルナブオーニ（1425～1482）
　世のそしりをかわす　80

ジェンティーレ・ベッリーニ（1429？～1507）
　肖像とファサードの画家　83

メフメト 2 世（1432～1481）
　コンスタンティノープルの征服者　87

3. 勃興する諸国家：1470～1495　90

2 ページ：クエンティン・マセイス作「エラスムスの肖像」（1517 年）

ウィリアム・キャクストン（1492没）
　　英国人読者のための英語の本　94

ハインリヒ・クラマー（1430頃～1505）
　　魔女狩りの異端審問官　97

フランシスコ・ヒメネス・デ・シスネロス
　　（1436～1517）異端審問長官　100

フェリックス・ファブリ（1441頃～1502）
　　敬虔な巡礼にして軽口をたたく放浪者　103

アントニオ・デ・ネブリハ（1441頃～1522）
　　スペイン語の発明者　106

マティアス・コルヴィヌス（1443～1490）
　　人文主義者のハンガリー王　108

ロレンツォ・デ・メディチ（1449～1492）
　　「イル・マニフィコ（豪華公）」　111

ルカ・パチョーリ（1445/46～1517）
　　数字の神秘に幻惑されて　114

サンドロ・ボッティチェッリ（1445～1510）
　　異教的絵画から黙示録的絵画へ　117

ジョスカン・デ・プレ（1450頃～1521）
　　休みなき合唱隊指揮者、スター作曲家　120

アルドゥス・マヌティウス（1450？～1515）
　　ポケット本の印刷販売業者　122

レオナルド・ダ・ヴィンチ（1452～1519）
　　「この男は何も成し遂げないだろう」　125

ジョアン2世（1455～1495）
　　「無欠王」　130

アントニオ・リナルデスキ（1501没）
　　ばくち打ちの瀆聖者　134

4. 突然の衝撃：1490～1515　136

クリストファー・コロンブス（1451～1506）
　　「大洋の提督」　140

ジョン・カボット（1451頃～1498）
　　ヴェネツィア出身の航海者、イングランドから探検に出発　143

ジロラモ・サヴォナローラ（1452～1498）
　　フィレンツェの炎　146

ヤコブ・フッガー（1459～1525）
　　教皇と皇帝に資金援助　149

デジデリウス・エラスムス（1466/67～1536）
　　節度ある革命家　152

ニッコロ・マキャヴェッリ（1469～1527）
　　史上初の政治学者　155

トンマーゾ・インギラーミ（1470/71～1516）
　　教皇庁のヒーロー、舞台のヒロイン　158

アルブレヒト・デューラー（1471～1528）
　　ドイツにルネサンス到来　160

ニコラウス・コペルニクス（1473～1543）
　　天球観の革命家　165

イザベッラ・デステ（1474～1539）
　　「ルネサンスのプリマ・ドンナ」　168

チェーザレ・ボルジア（1475～1507）
　　「権力の座に登ったすべての者が、見習うべき人物」　171

ミケランジェロ・ブオナローティ（1475～1564）
　　絵画と彫刻で成し遂げた奇跡　174

バルダッサーレ・カスティリオーネ（1478～1529）
　　完璧な宮廷人　179

ラファエロ（1483～1520）
　　盛期ルネサンスの巨匠　182

レオ・アフリカヌス（1490頃～1554頃）
　　建前はキリスト教徒、心は放浪者　186

5. 旧秩序の崩壊：1510～1535　188

ハイレディン・バルバロッサ（1546没）
　　海賊王　192

ルーカス・クラナッハ（父）(1472〜1553)
　　宗教改革の画家　195

トマス・モア (1478〜1535)
　　「善きカトリック王国」の擁護者　198

マルティン・ルター (1483〜1546)
　　新しい教会　201

バルトロメ・デ・ラス・カサス (1484〜1566)
　　西インド諸島への宣教師　204

ティツィアーノ (1485頃〜1576)
　　ヴェネツィアのダイナミックな色彩　207

ニコラウス・クラッツアー (1486/87〜1550年以後)
　　王家の時計職人兼占星術師　210

ベルナルド・ファン・オルレイ (1488頃〜1541)
　　絵画的タペストリーの製作者　213

クリストフォロ・ダ・メッシスブーゴ
　　(1490頃〜1548) 古典的イタリア料理　216

ヴィットリア・コロンナ (1490〜1547)
　　神のごとき詩人　219

マルグリット・ド・ナヴァル (1492〜1549)
　　詩人にして文芸保護者の王妃　222

ピエトロ・アレティーノ (1492〜1556)
　　「王たちを鞭打つ男」　225

ウィリアム・ティンダル (1494頃〜1536)
　　聖書を英訳して密輸　228

フランソワ・ラブレー (1494頃〜1553)
　　大食漢の巨人（ガルガンチュア）的才能　230

ハンス・ホルバイン（子）(1497/98〜1543)
　　王侯貴族の鏡　233

ニッコロ・タルタリア (1499/1500〜1557)
　　吃音の数学者　236

6. 新しい波：1530〜1550　238

教皇パウルス4世 (1476〜1559)
　　最も憎まれた教皇　242

皇帝カール5世 (1500〜1558)
　　西洋世界の皇帝　245

ベンヴェヌート・チェッリーニ (1500〜1571)
　　彫刻家として成功、自伝作者として大成功　248

聖フランシスコ・ザビエル (1506〜1552)
　　東インド諸島への宣教師　251

アンドレア・パッラーディオ (1508〜1580)
　　石と煉瓦による建築の完成者　254

ジャン・カルヴァン (1509〜1564)
　　神による予定説を主唱　257

グラシア・メンデス・ナジ (1510〜1569)
　　セファルディム（スペイン系ユダヤ人）のセニョーラ　260

アンドレアス・ヴェサリウス (1514〜1564)
　　皇帝の外科医、死体解剖者　263

アビラの聖テレサ (1515〜1582)
　　神の使徒の法悦　266

カトリーヌ・ド・メディシス (1519〜1589)
　　マキャヴェリストの王妃　269

ルイーズ・ラベ (1520/24〜1566)
　　ジョストラ（馬上槍試合）をする女流詩人　272

エレオノーラ・ディ・トレド (1522〜1562)
　　トスカーナ大公妃にして祝宴主催者　275

7. 近代の枠組み：1550〜1600　278

ラウラ・バッティフェッラ・アンマナーティ
　　(1523〜1589)「当代のサッフォー」　282

ピーテル・ブリューゲル（父）(1525頃～1569)
　　　農民画家　　285

ディック・タールトン (1588没)
　　　女王陛下の喜劇役者　　288

ジョヴァンニ・ピエルルイジ・ダ・パレストリーナ
(1525/26～1594) 宗教音楽の救世主　　291

ジュゼッペ・アルチンボルド (1527 ?～1593)
　　　国家の長、キャベツの頭　　294

ソフォニスバ・アングィッソーラ (1532頃～1625)
　　　視る女　　298

ミシェル・ド・モンテーニュ (1533～1592)
　　　内省の文学　　301

アルカンジェロ・トゥッカーロ (1535頃～1602)
　　　王侯貴族のアクロバット芸人　　304

エドマンド・キャンピオン (1540～1581)
　　　「英国のダイヤモンド」　　306

カテナ (1581没)
　　　家畜泥棒、強盗、盗賊団の首領　　309

ヴェロニカ・フランコ (1546～1591)
　　　高級娼婦、多作な詩人　　312

ティコ・ブラーエ (1546～1601)
　　　星の城の主人　　315

ジョルダーノ・ブルーノ (1548～1600)
　　　科学に身を捧げて火炙りに　　318

イザベッラ・アンドレイーニ (1562～1604)
　　　生まれながらの舞台女優　　321

　　　参考文献　　324
　　　引用典拠　　329
　　　索引　　332
　　　訳者あとがき　　336

図版出典

2 The Royal Collection, Windsor Castle; 8 Museo del Prado, Madrid; 10 National Gallery, London; 12 Massimo Listri/Corbis; 14, 17 Musée du Louvre, Paris; 18 Bibliothèque Nationale de France, Paris; 19 British Library, London; 21 akg-images/British Library; 23, 24 Biblioteca Medicea Laurenziana, Florence; 26 akg-images; 29 Gabinetto dei Disegni e delle Stampe, Galleria degli Uffizi, Florence ; 30 Clive Sawyer pcl/SuperStock/Corbis; 31 Gabinetto dei Disegni e delle Stampe, Galleria degli Uffizi, Florence; 33 Scala, Florence; 34 iam/akg/World History Archive; 36 akg-images/Rabatti–Domingie; 37 Museo dell'Opera del Duomo, Florence; 39 Galleria degli Uffizi, Florence; 40 National Gallery of Art, Washington, d.c.; 42 S. Bavo, Ghent; 43, 44 National Gallery, London; 46 Sandro Vannini/Corbis; 47 akg-images/Erich Lessing; 49 Bibliothèque Nationale de France, Paris; 51 British Library, London; 53 Biblioteca Apostolica, Vatican; 55 Museo Nazionale del Bargello, Florence; 56 Museo dell'Opera del Duomo, Florence; 58, 59 akg/Bildarchiv SteVens; 61 Staatliche Graphische Sammlung, Munich; 62 British Library, London; 64 National Gallery of Art, Washington, d.c.; 65 Scala, Florence; 67 Opera Metropolitana, Siena; 68 Scala, Florence; 70 Musei Vaticani; 71 Biblioteca Apostolica, Vatican; 73 Galleria dell'Accademia, Florence/Bridgeman Art Library; 74 White Images/Scala, Florence; 76 Jacobus Philippus Bergomensis, *De plurimis claris sceletis mulieribus*, Ferrara, 1497; 78 Galleria Nazionale delle Marche, Urbino; 79 Angelo Hornak/Corbis; 81 Scala, Florence/Fondo Edifici di Culto, Min. dell'Interno; 82 National Gallery of Art, Washington, d.c.; 84 Kupferstichkabinett, Staatliche Museen zu Berlin; 85 Isabella Stewart Gardner Museum, Boston; 86 Scala, Florence, courtesy of the Ministero Beni e Att. Culturali; 89 Topkapi Sarayi Museum, Istanbul; 90 Museo del Prado, Madrid; 92 Victoria & Albert Museum, London; 95 Anon, *Myrrour of the World*, London, 1490; 96 British Library, London; 98 akg-images; 101 akg-images/Oronoz; 102 Universidad Complutense, Madrid; 104 Bayerische Staatsbibliothek, Munich; 105 Ulmer Museum, Ulm; 107 Biblioteca Nacional, Madrid, Spain/Bridgeman Art Library; 109 The Art Archive/National Gallery Budapest/Alfredo Dagli Orti; 110 Széchényi Nationalbibliothek, Budapest; 113 Scala, Florence; 115 Galleria Nazionale di Capodimonte, Naples; 116 Luca Pacioli, *De divina proportione*, Venice, 1509; 118, 119 Galleria degli Uffizi, Florence; 121 Biblioteca Apostolica, Vatican; 123 British Library, London; 124 Francesco Colonna, *Hypnerotomachia Poliphili*, Venice, 1499; 126 Musée du Louvre, Paris; 127 Galleria dell'Accademia, Venice; 128 The Royal Collection, Windsor Castle; 129 National Gallery, London; 130 Museu de Marinha, Lisbon/Bridgeman Art Library; 132 Biblioteca Estense, Modena; 133 Bibliothèque Nationale de France, Paris; 134 Scala, Florence; 137 National Maritime Museum, Greenwich; 138 Capella Real, Granada; 139 Museu do Caramulo, Portugal; 141 Museo Navale, Genoa; 142 Christopher Columbus, *De Insulis nuper in mari Indico repertis*, Basel, 1494; 144 The National Archives, London; 145 Museo Naval, Madrid; 147 Savonarola, *Compendio di Revelatione*, Florence, 1496; 148 Museo di San Marco, Florence; 150 British Library, London; 151 Bayerische Staatsgemälde-Sammlung, Augsburg; 153 Musée du Louvre, Paris; 156 Palazzo Vecchio, Florence; 158 Galleria Palatina, Palazzo Pitti, Florence; 159 San Giovanni in Laterano, Rome; 161 Albertina, Vienna; 162 British Museum, London; 163 Massimo Listri/Corbis; 164 Alte Pinakothek, Munich; 166 Národni knihova éské republiky, Prague; 167 Nicolaus Reusner, *Icones sive Imagines virorum literis illustrium*, Argentorati, 1587; 169 Musée du Louvre, Paris; 170 Kunsthistorisches Museum, Vienna; 173 Scala, Florence, courtesy of the Ministero Beni e Att. Culturali; 174 Araldo de Luca/Corbis; 176 Galleria dell'Accademia, Florence; 177, 178 I Musei Vaticani; 180 Musée du Louvre, Paris; 183 Villa Farnesina, Rome; 184 Galleria degli Uffizi, Florence; 185 Musei Vaticani, Vatican; 187 Giovanni Battista Ramusio, *Primo volume delle navigationi et viaggi nel qual si contiene la descrittione dell'Africa*, Venice, 1550; 188 Stadtmuseum, Leiden; 190 akg-images/Jérôme da Cunha; 192 The Art Institute of Chicago; 194 Topkapi Sarayi Museum, Istanbul; 196 akg-images; 197 National Gallery, London; 199 The Royal Collection, Windsor Castle; 200 Thomas More, *Utopia*, Basel, 1518; 202 private collection; 203 akg-images; 205 Museo de Belles Artes, Seville; 206 Bartolomé de las Casas, *Narratioregionum indicarum per Hispanos quosdam devastarum verissima...*, Frankfurt, 1598; 208 National Gallery, London; 209 Staatliche Museen zu Berlin; 211 Musée du Louvre, Paris; 212 Bodleian Library, Oxford; 214 rmn/Thierry Le Mage; 215 Galleria Nazionale di Capodimonte, Naples; 216 akg-images; 220 British Museum, London; 221 Scala, Florence; 222 rmn/Harry Bréjat; 226 Galleria Palatina, Palazzo Pitti, Florence; 227 akg-images; 229 British Library, London; 231 akg-images/Erich Lessing; 232 private collection/Bridgeman Art Library; 234 akg-images; 235 National Gallery, London; 236 Niccolo Tartaglia, *Quesiti e inventioni diverse*, Venice, 1554; 238 akg-images/Rabatti–Domingie; 241 akg-images/James Morris; 242 akg-images/Pirozzi; 243 *Index Auctorum et Liborum*, Rome, 1557; 246 Museo del Prado, Madrid; 247 Palazzo Vecchio, Florence; 249 Jrousso; 250 Kunsthistorisches Museum, Vienna; 252, 253 Santa Casa da Misericordia da Lisboa/Museu de Sao Roque, Lisbon; 255 Yann Arthus-Bertrand/Corbis; 256 Andrea Palladio, *I quattro libri dell'architectura*, Venice, 1570; 258 akg-images; 259 Johannes Fischart, *Der Heylig Brotkorb*, Stuttgart, 1580; 261 Museum Plantin-Moretus, Antwerp; 262 *Biblia en lengua Española traduzida palabra por palabra dela verdad Hebrayca por muy excelentes letrados*, Ferrara, 1553; 264, 265 Andrea Vesalius, *De humani corporis fabrica*, Basel, 1543; 267 Convento de Sta. Teresa Carmelitas Descalzas, Valladolid; 270, 271 akg-images/Erich Lessing; 272 Bibliothèque Nationale de France, Paris/ Giraudon/Bridgeman Art Library; 274 akg-images/historic-maps/Braun; 276 Museo di Firenze Com'era, Florence; 277 Galleria degli Uffizi, Florence; 278 Kunsthistorisches Museum, Vienna; 279 private collection; 283 Palazzo Vecchio, Florence; 286 Albertina, Vienna; 287 Kunsthistorisches Museum, Vienna; 288 akg-images/British Library; 292, 293 Biblioteca Apostolica, Vatican; 294 Skoklosters Slott, Stockholm; 297 Musée du Louvre, Paris; 299 akg-images; 300 Sammlung Gottfried Keller, Bern; 302 Private Collection; 303 Henry Salomé; 305 Arcangelo Tuccaro, *Trois dialogues de l'exercise de sauter, et voltiger en l'air*, Paris, 1599; 306 akg-images/British Library; 308 Meredith Hammer, *The Great Bragge and Challenge*, London, 1581; 310 akg-images; 313 Worcester Art Museum, Massachusetts/Bridgeman Art Library; 316 Tycho Brahe, *Astronomiae instauratae mechanica* Nuremberg, 1602; 317, 318 akg-images; 320 private collection; 322 Comédie-Française, Paris/Archives Charmet/Bridgeman Art Library.

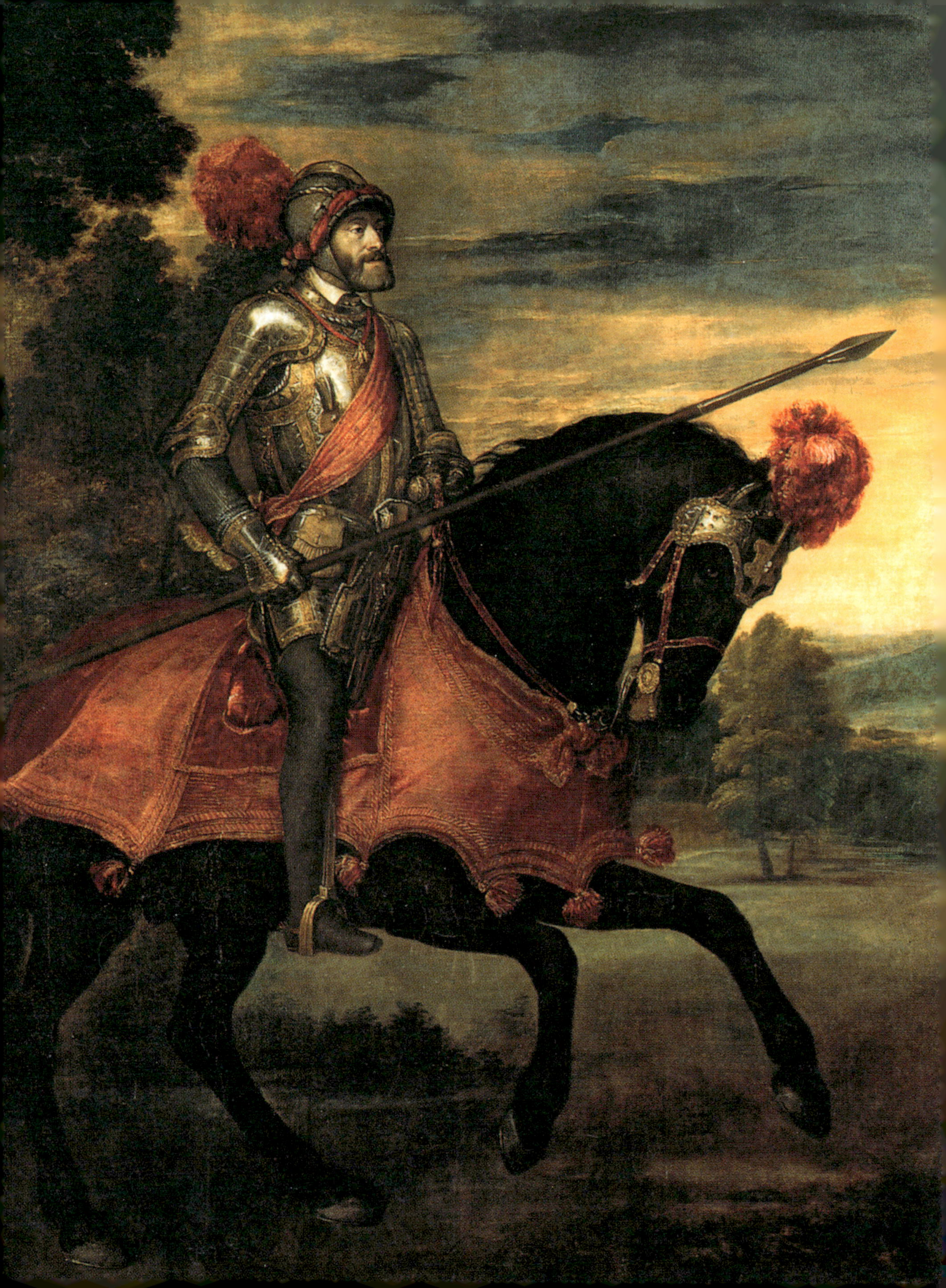

ルネサンスをどう捉えるか

ヨーロッパの文化景観をルネサンスが初めて照らしだしてから500年がたつが、いまだにルネサンスは、中世の恐怖と愚行を捨てて新たな希望が取って代わった近代の春と解釈されている。この文芸復興が始まったのはイタリア半島で、そこでは忘れられていたラテン文学の再発見から、人間性および自然世界におけるその位置についての古典研究への新たな関心が導かれた。その学徒たちは自らを人文主義者（ヒューマニスト）と呼び、まもなく彼らは、アルプスの北にそのメッセージを広めた。救済や神の計画という中世の規範を決して忘れることはなかったものの、彼らは迷信や慣行を否定し、人間の知識の目標を、新たな文学、新たな科学、新たな社会、そして最後に新たな世界そのものへと移行させた。萌芽から100年ほど経った1500年ごろ、ルネサンスは突然、レオナルド・ダ・ヴィンチの数々の発明、ミケランジェロとデューラーの芸術性、エラスムスの学識、コロンブス、ヴェサリウス、コペルニクスのそれぞれの発見など、全盛期を迎える。

たいてい学校で教えられるルネサンスは、せいぜいこんな感じだ。しかし、これを形作った人間たちと同じように、ヨーロッパの再生の時代にも暗い面がある。サンドロ・ボッティチェッリが「ヴィーナスの誕生」を描いたちょうど1年後に、ハインリヒ・クラマーという名のドイツ人司祭が、魔女狩りについての最初の包括的手引書を刊行した。多くの教養あるヨーロッパ人にとって魔術は現実的なものだったし、占星術や錬金術などの擬似科学も同様であった。虐殺、異端審問、至福千年の宗教運動、これらすべては中世以上に、活発に流行した。このようなやり過ぎの信仰に公然と反対する人は少なかったし、抗議する者はなおのこと少なかった。1490年代以降、キリスト教会は内部破裂し、諸国は王朝間、宗教間の戦争になだれ込み、兵士たちは市民の間に大虐殺と梅毒をまき散らした。海外への冒険に出かけたヨーロッパ人たちは、新たな土地の魅力に、帝国建設の野心と聖戦という残飯のような（しかし盲目的に奉ずる）概念を結びつけて神聖な使命とし、彼らが征服した先住民を服属させ、改宗させ、しばしば奴隷化した。

ルネサンスの人々は、古典の学問を自分たちの時代の問題に応用することに失敗した。このことは、古代ギリシア・ローマから利用できる教訓について、そしてヨーロッパ人の心の中にある、理想と信仰と感情の解きほぐしえないもつれについて、何ごとかを語っている。彼らの著作から（彼らの芸術からではないとしても）感じられるのだが、ルネサンス人は、

前頁：ティツィアーノ作「ミュールベルクの神聖ローマ皇帝カール5世」（1548年）。当時最も強大な君主のひとりであった彼は古代ローマ帝国の2倍の大きさの帝国を支配した。しかし、その帝国は征服によってではなく、王家間の政略結婚によって確立されたものだった。

先祖である中世人や子孫である啓蒙主義時代の人びとと比べると、知的な自信が少ないようだ。しかし、イタリアから広がった人文主義者の議論（ディスクール）は、答えというより方法であった。彼らが提示したのは、世界にアプローチするための心の状態であり、あらゆる答えを用意した正統派的学説（オーソドックス）ではなかったのである。

人文主義を奉じた人びとは、それを自分たちが望むように、あるいは自分たちに可能なように理解した。彼らは広範囲にわたって人文主義とともにルネサンスを経験したが、本書の目的は、その範囲を、94人の人物——男女を問わず、聖人も罪人も、学者も芸術家も——の生涯と作品を通して提示することである。多くは今日よく知られている名前で、1400年から1600年までの200年間は、真に時代を劃する個性が豊かに輩出していて、当惑させられるほどだ。ミケランジェロ、コロンブス、ルター、コペルニクスを外すことは考えられないだろう。しかし、それらの大スター以外も多くとりあげた。比較的に無名のままに生き、働いた者たちや、ルネサンスの目覚めを体現しつつ前進させたり、あるいは何らかの形で衝突したりした人びとである。

本書ではこれらの人物の生涯を7章に分けて述べたが、彼らのテーマを国別に分類することはしなかった。そうではなく、各章は、その時代の知的風潮と、その時代を支配した政治的社会的関心とを結びつけたものになっている。なぜなら、われわれにとってルネサンスは国家や国民ではなく、人びとの心の状態だからである。本書では最初の章で1400年から1450年までの50年間をとりあげ、その驚くべき関心とヨーロッパ規模の移動性によって新しい人文主義の確立と普及に貢献した10人（ほとんどがイタリア人）から始めることとする。

そのあとに、まさにルネサンス——1450年から1550年までの発見と騒乱の1世紀が続く。本書の研究の核であるこの時代は5章に分けられ、各章はひとつの大きなテーマに絞りつつ、ヨーロッパの再生の発展段階を劃している。本書が探究している文化的転換はヨーロッパの全地域に同時に到達したわけではなかったから、1本の糸が続くように語りの筋を構想したとはいえ、複数の章でいくらか重複している。本書で言うルネサンスは注目すべき1450年代に突如としてはじまり、わずか3年のうちに、コンスタンティノープルの陥落（1453年）、百年戦争の終結（1453年）、イタリアにおけるローディの講和（1454年）、グーテンベルクの四十二行聖書刊行（1455年）を見る。このような重大事件の長期的影響がいかなるものであれ、直接的な結果は、ヨーロッパのほとんどの地域での相対的な平和と繁栄であった。この数年間は二つの章で詳述し、まず自己実現（1450～75年）のさまざまな可能性について、次にそのような時代が可能にした国家の統一について概説する。

このような平和と繁栄が生み出した野心は、やがて、過度の自信から、ほとんど必然的に、両者の終焉へと至る。第4章では続く1490年から1515年までの転換と不連続の時代に生きた15人の生涯をとりあげる。この時代、諸侯は自らの世襲権力をヨーロッパで拡大しようとし、軍隊の近代化に莫大な金額を投じ、帝国主義的冒険を開始した。15世紀末、共有されていたルネサンスの価値観は闘争と経済的大変動によって弱体化し、その結果として完全に衰退した。第5章（1510～35年）では、他のさまざまな不確実さの中でとりわけ、キリスト教会の崩壊の拡大やスペインの国力の勃興に対処せねばならなかったヨーロッパ人16人を紹介する。ようやく徐々に、古い社会的政治的形式の残骸から、新しい

ルネサンスをどう捉えるか

規範が確立してくる。厳密な意味でのルネサンスの紹介は、1530年から1550年にかけて活躍した男女に捧げた第6章で終わる。これは彼らの祖父母なら想像もできなかった宮廷文化や新教徒の文化が出現した時代である。最後のお別れの章は1550年から1600年の14人の生涯である。彼らは近代初期の世界と真剣に取り組まねばならなかったヨーロッパ人であって、彼らにとってルネサンスの楽観主義と過剰は、歴史という後ろをふり返る鏡の中では、色褪せつつあるものであった。

ジェンティーレ・ベッリーニ作「メフメト2世」(1480年)。ヴェネツィアの文化大使として東方を訪れたベッリーニは、最新のルネサンス様式による生き生きした肖像表現で、トルコのスルタンとその宮廷を驚愕させた。

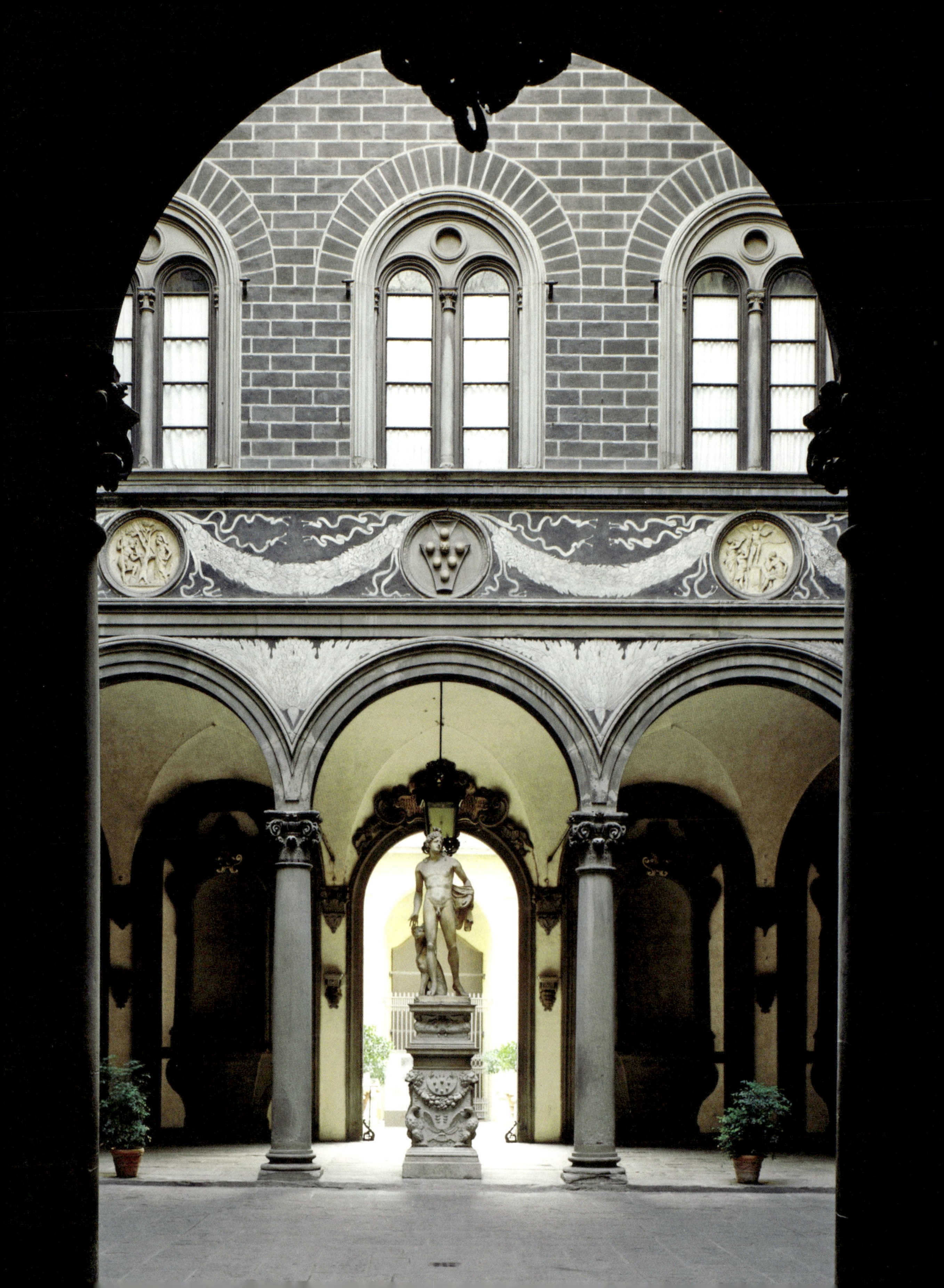

1. 古い伝統と新しい思想
1400～1450年

　この物語のはじまりである1400年は、ヨーロッパ人にとって特に先行きが明るく感じられる年でもなかった。1348～50年に猛威をふるった腺ペストが再来してあらゆる世代に襲いかかり、統計学上異例に長い落ちこみ状態だった人口は、破滅的な大流行によって、1400～01年には谷底に達した。大陸の中核にある神聖ローマ帝国は1400年、ひとりの皇帝が廃位され〔ルクセンブルク家のヴェンツェル〕、別の皇帝は暗殺され〔ブラウンシュヴァイク家のフリードリヒ〕、もうひとりは自分の軍隊に見捨てられる〔プファルツ選帝侯ループレヒト〕という特に深刻な支配権の危機によって分裂し、ドイツの大部分は野蛮と混沌の状態におちいった。ヨーロッパの二大王国も同じように無力化していた。1399年、英国王リチャード2世がクーデターで玉座から追い出されたが、その影響は約1世紀間に及ぶことになる。一方、英国軍によって占有されていないフランスの部分を統治していたのは、狂王シャルル（6世）というぴったりの仇名で知られる、完全にいかれた君主であった。最後に、潜在的に大陸の道徳的指針である教皇庁は、絶望的にもローマとアヴィニョンの対立する教皇位要求者の間で分裂していた。ひとりは文字の読み書きができなかったし〔ボニファティウス9世〕、もうひとりは彼を選んだ枢機卿たちのほとんどから見捨てられてしまい〔ベネディクトゥス13世〕、これを後世のある歴史家は「教会の歴史の中で最も悲しい章のひとつ」と呼んだ。この教皇庁の衰退は神罰が今にも降りかかる前兆である、あるいはこれを招くと信じて、1399年、罪を悔い改めた俗人たちが大きな群れを作り、社会の崩壊を予告し、カタロニア、プロヴァンス、イタリアで、自らを鞭打ちながら都市から都市へと放浪しはじめた。

　神聖ローマ帝国と教皇庁という尊ぶべき制度の衰退は、もちろん永続的なものではなく、本質的に中世の産物だったとはいえ、その後、彼らは近代化と若返りの道を見出し、英国とフランスというまだ封建的な王国も同様であった。ヨーロッパもまた、ゆっくりとではあったが、その人口低迷から脱出し、また15世紀初頭の人口危機の間にもかかわらず、残骸の中からいくらかの経済的利点が浮かび上がってきた。1400年のヨーロッパは1300年よりもはるかに人口が減少していたが、いくつかの点で利用可能な富は不変のままだった。というのは、生き残った者たちが明らかにより裕福になったからで、都市はもはやあまり人口が密集せず、腐敗臭もなくなり、農地は質量ともに改善されて都市に食糧を供給できるようになった。職人たちは数が減ってしまったため逆に需要が増え、仕事を求めて

前頁：フィレンツェのメディチ＝リッカルディ宮殿（1445～60年建設）の回廊式中庭。ミケロッツォ・ディ・ミケロッツォ設計によるコジモ・デ・メディチの宮殿は、メディチ家の居館であると同時に政庁としても機能した。

1. 古い伝統と新しい思想

やってくると、以前よりも著しく高い賃金と安い住宅が見つかった。ペストを避けることさえできれば、上流階級にとっては好都合で、数が減った相続人に目減りのしない遺産が受け継がれた。これらのエリートたちのますます複雑な財務から、金融と交易のさらに敏速で効率的なシステムが生み出された。一方で、同業者たちに勝りたい、与えられた人生がどんなものであれ享受したいという彼らの欲求から、贅沢な工芸品、居館、美術品への爆発的な需要が生まれた。

　このような人口的経済的帰結は、特にヨーロッパの二大都市集中地域、低地地方と北イタリアに恩恵をもたらした。織物業と交易で財を築いたフランドルとネーデルラントの諸都市は、ブルゴーニュのフィリップ大胆公の、常に開明というわけではなくとも温和な統治のもと、はっきりと繁栄の時代に入り、それは建築物、土地開発、そしてヤン・ファン・アイクなどの美術家の革新的な作品によって表現された。怠慢な神聖ローマ帝国とはつながりが稀薄で、本質的に自治的な北イタリアの諸都市もまた、経済成長期を享受していた。そして、1400年までには、これらの自由共同体のほとんどが地元の領主たちに政権を奪われていたが、少数の寡頭制共和国はまだ市民による統治の体裁をいくらか残し、ま

1. 古い伝統と新しい思想

たその知的興奮をかなり維持していた。

　北イタリアの大部分で、この興奮は半島にある古典の遺産の再発見として現れた。ヨーロッパの主要な社会の中でもイタリア人は独特で、彼ら自身の過去——共和政および帝政時代のローマ——を文化的に優れた時代として、自信をもって受け入れることができた。広大な廃墟はしばしば謎めいたままで何世紀ものあいだ存在していたが、14世紀末にはラテン文学の巨匠たちの著作がますます書写され、広められていた。教養のあるイタリア人たちが彼らの民族的遺産であるこれらの残存物を明らかにしたとき、多くの者がほとんど宗教的な熱狂を体験し、アエネアスにまでさかのぼる家系図を創作したり、共和政ローマのあらゆる公共建築物を同定しようとしたりした。しかし、古典のルーツへのこのような情熱は学者たちの領分を越えてあふれ出していき、富裕な商人たちは建築家に、ウィトルウィウスの教えにもとづいた宮殿を設計してくれるよう依頼し、軍司令官はカエサルやポンペイウスの経験を学び、共和政の擁護者はキケロの公共奉仕の概念を、彼ら自身の教育と政治のプログラムに応用した。

　14世紀末以降、イタリア人は彼らの古典的過去を最大限に利用したが、ラテン語から中世の造語（ネオロジズム）を一掃したい、原典を発見したい、発見したことを彼ら自身の都市、建物、家族に適用したいという彼らの熱狂的感情は、局部的な狭い運動に留まることになりかねなかった。アルプスの向こうのヨーロッパ人、とくに帝政ローマとの過去の関係が、敵対的か稀薄か忘れ去ってしまった人びとには、ラテン文学研究の受容に馳せ参じる理由はほとんどなかった。教会はラテン語研究をアルプスの北にもたらす伝声管になったかもしれないが、ローマの異教の作家たちの大部分に対する敵対姿勢はあまりにも決然としていた。

　しかし、1400年以前の数年間、イタリア人は古典研究を広めていて、フィレンツェ人はマニュエル・クリュソロラスをコンスタンティノープルから招いてギリシア語を教えてもらっていた。キケロその他のローマ人がイタリア人に確信させたのは、彼らが先行者であるギリシア人と結びつけてくれたのだという恩恵であった。しかし、イタリア人自身がギリシア語を習得する道を取るかどうかは不確実だった。ギリシア語は困難であると同時にほとんど忘れ去られていたし、ギリシア文化はその過去の影響以上によそよそしいものに思われた。イタリア人がギリシア語を学んだのは、彼ら自身の知的名声のためではなかった。ギリシア語を受容することによって、イタリアの学者と古代美術愛好家たちは、彼らの研究を彼ら自身のラテン語の過去から、より大きな古典世界、単に彼らの祖先のローマ人ではなく、古代世界全体を包含する古典世界という概念を創造することにシフトさせたのである。1400年から1450年にかけて、イタリア人はギリシア語を習得し、その鍵となる文献を確保しつつ、正真正銘のヨーロッパのルネサンスを開始する。それによって提案されたのは、大陸を横断する運動となるのに充分なほど広範囲にわたる古典的過去の再生であった。

前頁：ヤン・ファン・アイク作「宰相ロランの聖母」（1430年頃）。*ファン・アイクは注文者と聖母を同じ平面に配置する伝統を描き変え、宗教画の新たなジャンルを生み出した。このタイプの構図は南方で人気を博し、イタリアの画家たちがこのスタイルを採用した。*

マニュエル・クリュソロラス
贈り物をたずさえたギリシア人
1350頃～1415年

初期イタリア・ルネサンスの最もカリスマ的な人物は、なんたることか、イタリア人ではなく、ギリシア人だった。コンスタンティノープルの旧家に生まれたマニュエル・クリュソロラスは、若くしてギリシア古典を習得した。ビザンティン宮廷の輝かしい光であり、皇帝マニュエル・パレオロゴス2世の友人であったクリュソロラスが、西方へのビザンティン大使に選ばれたのは自然の成り行きだった。1390～91年、彼はオスマン・トルコの包囲から斜陽の祖国を防衛するために救援同盟を求めに行き、有効な軍事的あるいは財政的支援を得ることはかなわなかったけれども、イタリア人たちの間に、古典ギリシア文献に対する凄まじくも満たされることのない渇きがあることを発見した。

イタリア・ルネサンスの核を作りあげた偉大な企てである古典の再発見は、14世紀末にはすでにかなり進行していたが、学者たちはギリシア語の読解能力がないというハンディキャップを負ったままであった。ギリシア語の知識は、西方では1100年にはほとんど死に絶えていた。古典ギリシア語とヘレニスト（ギリシア語学者）の正典（カノン）——ホメロス、プラトン、アテネの劇作家たち、抒情詩人たち、諷刺詩人たち、そして偉大な科学者たち——これらがその結果として失われ、学者たちはなおいっそう苦悩した。なぜなら、彼らのお気に入りのラテン作家が、自分たちの文学は先人であるギリシア人に負っているとしばしば宣言していたからである。西洋文化のこの根本的な典拠を知りたいと望む者たちは、アラビア語からのひどい訳文で間に合わすか、ギリシア語の原文と独力で格闘するほか仕方なかった。ペトラルカはホメロスの写本を1冊所持していたが、解読できないのでじれったくてしようがなかった。一方、ボッカチオは『イーリアス』の翻訳をこころみたが、その結果は読めたものではなく、誤訳だらけだった。

1391年、クリュソロラスはヴェネツィアに滞在中、フィレンツェ人のロベルト・ロッシに出会った。この男はフィレンツェの書記官長コルッチオ・サルターティに、クリュソロラスの古典ギリシア文学に関する広範な知識について昂奮した手紙を書いた。サルターティはフィレンツェの最も裕福で教養ある数人から資金を集め、すでにコンスタンティノープルに帰郷していたクリュソロラスに使者を送り、フィレンツェ大学の教授の地位を提供し、さらにギリシア語文献の長大な購入希望リストを渡した。教授用テキストとして使用するためでもあり、フィレンツェのギリシア語図書館創設の基盤にするためでもあった。給金についての交渉に手間どったため、クリュソロラスのフィレンツェ到着は1397年になっ

マニュエル・クリュソロラス

「フィレンツェでギリシア語文法を教えたマニュエル師、1400年」と記されている、作者不詳のマニュエル・クリュソロラスの肖像。

たが、教授職に就くやいなや、自分の第一の責務はイタリアの学生たちが古代のギリシア文学を読めるようにすることなのだと理解した。死語の読解を生徒たちに訓練するというのは、当時、新奇な企てであった。クリュソロラスは古典ギリシア語をラテン語（フィレンツェの文化人エリート層の共通語）に翻訳するのは、美術品を創造するようなもので、原語に完全に忠実でありながら優雅な訳のテキストを生み出すためには、学生たちは古代人の精神と文語の両方に習熟しなければならないと考えた。

イタリア滞在中、クリュソロラスは古典文学を学びたいと志願した者数百人を初めてギリシア語に触れさせた。彼の最良の学生たちの親密なグループは、その後の生涯を通じてこの知識によって結ばれ、その昂奮を共有していた。レオナルド・ブルーニが述べた通り、彼らは700年以上を経て、初めて古典ギリシア語を習得したイタリア人であった。彼らは師によって鼓舞され、数え切れない翻訳を生み出し、これこそがフィレンツェを15世紀人文主義の中心地とし、ルネサンスの真の都としたのである。

クリュソロラス自身がフィレンツェに滞在したのはちょうど3年間で、その後、学問の世界ではよくあることだが、彼はフィレンツェの大敵であるミラノ公に引き抜かれ、パヴィア大学で教鞭を取った。しかし遠からずして、クリュソロラスはふたたび旅に出、ボローニャ大学とパドヴァ大学を訪問する。最終的には故郷コンスタンティ

1．古い伝統と新しい思想

フィレンツェの地図製作者クリストフォロ・ブオンデルモンテによるコンスタンティノープルの地図。クリュソロラスの死から7年後の1422年の作。ハギア・ソフィア、競技場、真横に切れ込んだ金角湾の河口、ガラタの塔がはっきりと描かれている。

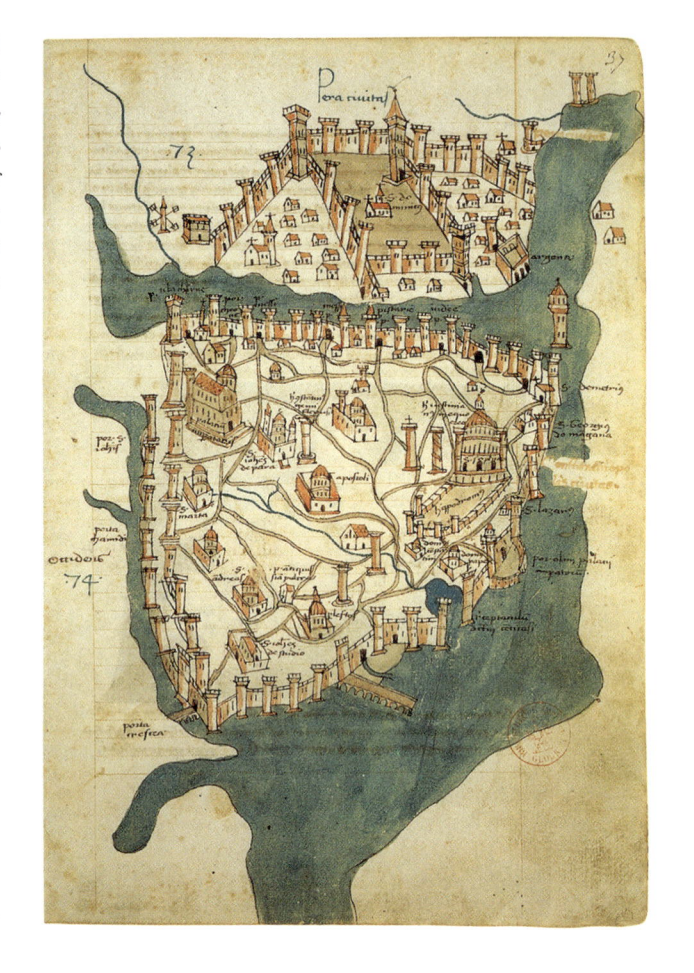

ノープルの主たちが彼を教育の世界から召し戻し、外交的使命を託した。クリュソロラスはパリ、ローマ、ドイツへと旅をし、凋落のビザンティン帝国のための支援と資金を探し求めた（なかなか成功しなかったが）。クリュソロラスは東西教会統一主義の考えをもっていたので、彼は教皇庁と結んで、ギリシア教会とラテン教会の和解を試みた。1415年に彼が急死したのは、コンスタンツ公会議にギリシア正教会側の代表としておもむく途上のことであった。

15世紀には、他にもギリシア人が、クリュソロラス以上に有能な学者も何人か、イタリアにやってきた。しかし、彼が実際に教鞭をとった数年間や死後の数十年間、彼以上に刺激を与えたギリシア人はいなかった。多産な作家ではなかったが、彼によるホメロスやプラトンの『国家』のラテン語訳は、ただちにギリシア古典の影響力ある作品となり、イタリア人が翻訳をする場合の手本として使われた。死後だいぶたった1484年に、おそらく最初のギリシア語文法書である彼の『エロテマタ（命題集）』がヴェネツィアで出版されたが、この本は、古典文学の学者にとっても、新約聖書の学者たちにとっても、座右の書となった。

クリスティーヌ・ド・ピザン
女性擁護者
1364頃〜1430年頃

「私はかつて女でしたが、今は男です」と、クリスティーヌ・ド・ピザンは『運命の変容の書』で書いている。現代の新聞の見出しのような一行だが、15世紀の寓意的表現であり、運命によって男性の役割を背負わされた女性の自伝の一節である。夫の夭折によって困窮状態に投げ込まれたクリスティーヌは、立派な未亡人が選ぶべき普通の道——修道院に入るか再婚する——を拒絶した。その代わりに彼女が選んだのは、文筆によって身を立て、生活費を稼ぐ文人という男性の道であった。彼女は三つの点で歴史を作った。まず、ヨーロッパで最初の女性の職業作家であった。次に、フランスの初期人文主義者のひとりであった。そして、何世紀ものあいだ西洋文化に浸透していた女性蔑視思想に対し前例のない攻撃を行なった最初のフェミニストであった。

クリスティーヌは1364年ごろヴェネツィアに生まれ、その4年後、父親がフランス王シャルル5世の医者に任命されたため、パリに移住した。当時のほとんどの女子同様、彼女も正規の教育を授けられなかった。比較的進歩的だった父親は彼女の「勉強好き」を奨励したものの、母親は彼女

息子に教えるクリスティーヌ。*彼女が1400年ごろに息子のために書いた『道徳教育』からの挿絵。彼女は女性が道徳的に劣ることを否定し、「善良で優しい女性もいる。あなたがそのような女性と出会う運命でありますように」と息子に語りかけている。*

1．古い伝統と新しい思想

を「糸紡ぎや馬鹿げた女の子らしいことで忙しく」させた。クリスティーヌは「父のテーブルから自分で集めた（学問の）断片」で手を打たねばならなかった。15歳のとき、結婚させられた相手は美男の若い学者で、彼女は夫を深く愛するようになったが、1389年、彼の予期せぬ死に、彼女は途方に暮れた。経済的困難が彼女の悲嘆をいっそうひどくした。25歳にしてクリスティーヌは破産寸前だった。彼女は数年間を訴訟沙汰に過ごした。冷たい法廷の椅子に座ったり、自分の地所から集金しようとするときには「太った酔っ払いたちの馬鹿げたまなざし」を耐え忍びながら、鞄や書類をしっかり握りしめていた。借金取りたちが一族の貴重品を取りあげ、悲嘆に暮れた未亡人はいまや、自分だけでなく3人の子供と母親と姪を食べさせていかねばならなかった。「私に押し寄せた苦難の洪水を目にしたとき、私は生きるより死にたいと思いました」と後に回想している。

しかし、もっと歳をとってから、クリスティーヌはこの苦難の時期を転換点として述べ、「既婚女性につきものの義務やひんぱんな出産も精神生活を妨げた」と断言している。彼女に執筆の道を開いたのは夫の死であった。最初は、夫の死について苦痛に満ちた詩を書いた。しかし、やがては流行の叙情詩に変わった。まもなく彼女は、ルネサンスの芸術家たちの主要な財源である富裕なパトロンたちから敬意と収入を得ていった。しかし、もっと重厚なものを書きたいと思い、彼女は自己教育計画に乗り出す。「私は扉を閉じました。つまり、私の感覚を閉じたのです。もはや外の世界の物事に驚かないように。」そしてラテン語、歴史、科学と文学――古典と同時代の――に集中した。

自由と知識で武装したクリスティーヌは、次々と作品を生み出した。1405年までに、15本の長篇と山ほどの短篇を書きあげた。しかしながら、宮廷社会との垣根を越えさせ、教養あるエリート層の中へと彼女を導いたのは、かの名高い中世の寓意詩、『薔薇物語』――まだ開いていない蕾を摘む（つまり、はっきり言うと、乙女と寝る）というある男の探求の物語――に関する論争であった。フランスの文人たちはこの作品の芸術的美点について何年も討論してきたが、クリスティーヌは初めて、そのミソジニー（女性蔑視）を告発し、この物語は女性に対する不当な非難中傷が山盛りであると、前例のない立場をとった。具体例として自身の人生を引きながら、彼女は女子が教育から排除されていること、未亡人が社会的に軽視されていることを非難した。歴史を通じてずっと、男性は「より美しい性」を弱い心の性的対象として、狡猾な姦婦として非難してきた。彼女は、どうして女性がその両方でありうるのか、と辛辣に驚いてみせる。『婦女の都』において、彼女は女性を守護する砦を想像し、男たちの悪意の理由を仮定する。彼女の最も鋭い指摘は、男たちが老いて不能になり、気むずかしくなって女たちをけなすのは、「自分たちが味わえない快楽を他者で満足させなくする」ためだというものだ。

クリスティーヌは他の論題についても巧みに書いている。シャルル5世の死の直後、その伝記執筆の依頼を受けた彼女は、親密で委細をつくしたスタイルを採用した。これはイタリアで賞讃されていた文体であったが、フランスでは新しく、ルネサンス期にスタンダードとなった。この時代、フランスは内乱とイングランドとの百年戦争による激動期であったが、クリスティーヌはこれに応じて愛国的な詩を書き、倒れた兵士たちを讃えた。驚くべきことに彼女は軍事論を書き、これは後に英国王ヘンリー7世やナポレオンの将軍たちのひとりといっ

た男性たちに読まれることになる。彼女は遺作として知られている詩においてジャンヌ・ダルクを賞讃したが、ジャンヌは1429年に英国軍に対する襲撃を指揮して勝利し、フランス王を玉座に連れ戻した女性であった。その戦いのわずか数週間後に、クリスティーヌはこう書いている。「王国はひとりの女性によって高められ、回復された——何十万人もの男によっても成し遂げられなかったことである……おお、女性にとってなんと名誉なことであろうか！」

クリスティーヌは亡くなったとき、30冊という驚くべき著作を書き残していた。初期の写本の多くが今日も残っており、彼女の著作が広く読まれたこと、しばしば彼女の生前に再刊されたことを物語っている。彼女の死後もずっと、その著作の翻訳出版は続けられたし、その著作についての言及も続いた。そして、16世紀の記録によれば、ヨーロッパの権力をもった女性たち——たとえばエリザベス1世——は、『婦女の都』の一場面を織り出したタペストリーを所有していた。これは現在、大学のカリキュラムにひんぱんに登場する。じつは、クリスティーヌの著作の多くは今日も刊行されている。彼女と同じように、「あらゆる女性の義務を放棄して」「その精神を学問に捧げた」女性たちのために。

執筆によって生活費を稼いだ最初のヨーロッパ人女性であるクリスティーヌ・ド・ピザンは何人かの富裕なパトロンから収入を得ていた。1410年ごろにさかのぼるこの装飾写本の挿絵では、彼女は大勢いた支援者のひとりであるフランス王妃イザボー・ド・バヴィエールに、自分の著作集を贈呈している。

レオナルド・ブルーニ
時代の光
1369頃～1444年

　ルネサンス初期、レオナルド・ブルーニほど、フィレンツェの知的主潮にいわゆる「新しい学問」を導入することに中心的役割を果たした人物はいない。古典の作家たちがまだ異教という汚名を着せられていた時代に、ブルーニのギリシア・ローマ学奨励の疲れを知らぬ努力は、最も疑い深い学者たちほぼ全員の疑惑にも打ち勝ったのである。初期の人文主義者の多くと同様に、ブルーニもまた大変つつましい生まれのアウトサイダーだった。アレッツォ出身の取るに足りない穀物商の息子だった彼は、1396年に法律を学ぶためにフィレンツェに移り、まもなく、ギリシアから招聘された碩学マニュエル・クリュソロラスの教えに魅惑された。しばしの間、彼は法律と古典の間で揺れ動いた。後に彼は回想している。「クリュソロラスの到来によって、私は迷いはじめた。法学を捨てることは非難すべきことに思われたけれども……若いとき、私は何度も自分にこう言った『ホメロス、プラトン、デモステネス、その他の詩人、哲学者、雄弁家たちを捨てることが、どうしておまえにできようか……彼らと会って、一緒に語り、彼らのすばらしい学問でおまえ自身を満たすことができるというのに？　おまえに差し出されたこの神のごとき技を、おまえは見すごすことができるのか？』」

　ギリシア語が法学に打ち勝った。結局、ブルーニが書いているように、「ローマ法（世俗法）の教師は大勢いる。だから、いつでも学ぶことができる。だが、彼はギリシア語の唯一の教師だ。そして、もし彼がいなくなってしまえば、誰からも学ぶことができなくなる。」ブルーニは法学を捨てたが、古典文学に関する彼の深い学識は、赤貧の学者には絶対的に必要な、気前がよくて権力をもつ友人たちの関心をひきつけた。とりわけ、フィレンツェの書記官長コルッチオ・サルターティの支援を獲得できた。サルターティはペトラルカの旧友であり、ペトラルカ風人文主義の大奨励者であった。

　サルターティからブルーニは「活動的かつ市民的(ウナ・ヴィータ・アッティーヴァ・エ・チヴィーレ)」である生活を高く評価することを学んだ。サルターティはこの生活信条(クレド)をキケロの書簡に見出したのだった。そして、ブルーニにとってこれは、瞑想的生活という中世の宗教的理想の代わりとなる選択肢以上のものを意味した。彼はまた、フィレンツェ市民に昔からあった党派的敵対心を葬らせ、統一された共和政的共同体としてのさまざまな問題に対応することを可能にする社会的モデルとして、キケロ風ローマの特徴であった社会参加を重視した。1400～02年のミラノ公ジャンガレアッツォ・ヴィスコンティの軍事攻撃への抵抗——ミラノの僭主制に対するフィレンツェの自由として表現された——に成功したフィレンツェ市は、古典の美徳を同

ブルーニ書簡集の写本（1450頃〜70年）。「R」の頭文字の中に、著者のミニアチュールの肖像が描かれている。このような著作集を出すのは、ルネサンス初期、作家たちが敬意と関心を獲得するための一般的な手段であった。

1. 古い伝統と新しい思想

ブルーニの『フィレンツェ人の歴史』(1492年刊行)の初期の版から、ブルーニのミニアチュールの肖像画。

時代の諸問題に応用することの正当性を、鳴り物入りで喧伝していた。

サルターティの死後の1406年、ブルーニはしばらくの間、教皇庁の秘書としてフィレンツェを離れた。教会大分裂の最後の日々に教皇および対立教皇たちが継承する宮廷に所属しつつ、ブルーニはローマとコンスタンツで、その後の10年間を過ごした。しかし、1415年、彼は第二の故郷であるフィレンツェに戻り、ここで生涯の最後を過ごした。1427年、彼はサルターティの旧職であった書記官長、つまりフィレンツェ共和国の一等書記官に任命された。彼は執筆と古典への情熱を生涯失わなかった。すでに1405年には執筆を始め、彼が生み出したのはプラトンの最も重要な『対話篇』の数冊、アリストテレスの『経済学』と『政治学』、さらにデモステネスやプルタルコスの重要な作品の清新なラテン語訳シリーズであった。キケロやその他の偉大な古典のエッセイストの中に、ブルーニは、ラテン語の散文と修辞の非常に優れた例を見出した。これらの著作に熟達し、彼らの機微を理解することは、彼にとって「あらゆる真の学問の基礎」であり、「良い趣味が示される」手段であるばかりでなく、社会の相互的影響関係の礎石でもあった。このように見事に作り上げられた説得力が、市民の論説の核にあるべきだと、ブルーニは考えた。

歴史や伝記から実用的論文や道徳的書簡まで広範囲にわたるブルーニの著作の特徴は、古典的用語でいえば「人間性の学問（ストゥディア・フマニタティス）」、もっと簡単にいえば「人文学（ヒューマニティーズ）」であった。著作においては非常に道徳的な調子を目指していたけれども、ブルーニは実際には世俗的な思想家で、信仰や啓示よりも、むしろ社会や個人に関心を集中させていた。古典の作家たちを危険な異教徒として非難した保守的な聖職者たちに、彼はこう答えた。「ギリシア・ローマの最も高貴な知識人たちは道徳の問題を扱っていました。彼らが〈自制〉〈節制〉〈謙遜〉〈正義〉〈勇気〉そして〈魂の偉大さ〉についてわれわれに残したものは、あなたがたが心からの敬意を払うに値します。」

晩年にブルーニが完成させた著作は、多くの者によって彼の畢生の大作だと見なされている。12巻に及ぶ『フィレンツェ人の歴史（ヒストリアエ・フロレンティニ・ポプリ）』である。1415年にその第1巻を書きあげた後、フィレンツェ市の支配者たちは彼を名誉市民とした。9巻目を仕上げた後、彼は終身免税権を授けられた。ブルーニがその『歴史』執筆において規範としたのは、カエサルや、とりわけリウィウスといった古典の作家であった。彼は「過去を注意深く学ぶことで、われわれは同時代の事件への洞察力を増大させ……歴史からも、われわれは道徳的教訓の実例の蓄えを引き出すのだ」と信じていたのである。

ヤン・フス
ボヘミアの先駆的宗教改革者
1370頃〜1415年

ヤン・フスはボヘミアの司祭、教授で、マルティン・ルターがカトリック教会を批判するより100年も前に、後にルター派運動を形づくる思想を説いた人物である。フスはプラハでの説教に数千人を集め、聖職者の腐敗を罵倒し、外国勢力によるチェコ支配に抗議した。しかし、広く民衆の支持を受けたにもかかわらず、最終的に異端者として処刑され、彼の死をきっかけに、チェコ人に対する何十年も続く戦争がはじまり、彼の教えを維持するフス派に対し、教皇庁はくり返し十字軍を派遣することになった。

1370年頃、ボヘミア王国――現在のチェコ共和国とドイツとポーランドの一部にあたる地域――に生まれたフスは、プラハ大学で学び、神学で学位を取った。1400年に司祭の叙階を得て、大学内の洞窟にも似たベツレヘム礼拝堂の説教師に任命された。この礼拝堂はラテン語よりもチェコ語で聖務を行なうプラハでたった二つの教会のうちのひとつとして、一般大衆に知られていた。フスの母国語は書き言葉としては厄介だった。しかし、ラテン語で説教を構成し、それをチェコ語で伝えることを何年も続けた後、彼はチェコ語のアルファベットを合理化し、区別的発音符を加えて、子音のもつれを直し、まぎらわしい母音を明確にした。近代のチェコ語にはいまだに彼による改良が反映されており、キリル文字でなくローマ字を使う他のスラヴ諸語も同様である。

15世紀初頭、プラハの教会・政界・学界を支配していたのは保守的なドイツ人の少数派であり、このことが進歩的なチェコ人を刺激し、967年のドイツ人によるスラヴ征服以来、今にも爆発しそうであった緊張が高まった。フスはチェコ民族主義を擁護し、おまえたちは脅かされて戦う動物である「犬よりも哀れだ」、「われわれはドイツ人にわれわれを抑圧させたままにし……文句も言わずにあらゆる役職を独占させている」と同胞を叱責した。1406年までには、かつて正統信仰者であったフスは、英国の神学者ジョン・ウィクリフの改革主義を信奉するようになった。1382年に異端として非難されたウィクリフは、フス同様に聖職者たちが多くの重要なキリスト教的美徳――たとえば、聖書の重視や使徒的な清貧――を放棄していると考えていた。プラハの改革運動増大を妨害するため、教会の指導者たちは、ウィクリフの著作について教えることも、説教することも、果ては読むことも禁止した。そして、1410年3月、プラハ市内にあるウィクリフの著作、手稿本類は集められ、大司教館の外で燃やされた。

しかし、フスはこの焼却のことは無視し、免罪符販売（これは金と引き換えに神の慈悲――たいていは煉獄滞在を短くする――を約束するものだった）などの教皇庁の募

1. 古い伝統と新しい思想

金戦略を非難して、さらなる教会の怒りを招いた。これに応じて、教皇はフスを破門し、彼が聖職を放棄して町を去らなければ、プラハ市民全員への秘蹟を拒否すると脅した。フスは田舎に避難し、姿は消したものの、口を閉ざしてはいなかった。亡命の地から、彼は『教会論(デ・エクレシア)』を発表する。彼の最も名高い著作である。ウィクリフを引きながら、フスは聖職者たちに、現世の物事は単なる「糞」として捨てよ、「虚飾、貪欲、贅沢を退けて」イエスを真似よ、と強くすすめた。彼は、聖書には「教皇」という言葉もないし、救済に教皇が必要だとも言っていない、と書いた。教皇ではなく、キリストこそ教会の首長である、なぜなら、教皇の権力は神が定めたものではなく、人間のこしらえ事なのだから、と彼は主張した。これと反対のことを信じるのは、単に「無学な者たちの愚行」である、と。

フスの教義批判は、すでに教会を動揺させていた裂け目、西方教会の大分裂の時期に一致した。1378年、対立する二人の教皇が（ひとりはローマで、もうひとりはアヴィニョンで）正当性を主張した。1409年、この裂け目をふさごうという試みがなされたが、第三の教皇が生まれただけであった。今度はピサの教皇で、ボヘミア人はこれを教会の長と認めた。それぞれの教皇が政治的束縛によって王たちと諸国を互いに競争させ、闘争を生み出してヨーロッパを揺り動かした。1414年、聖俗の指導者数千人がドイツに集まり、コンスタンツ公会議を開いて教会大分裂と異端の脅威を議題とした。汚名をそそぐチャンスと見たフスは、亡命生活2年の後、一見協力的な神聖ローマ皇帝ジギスムントの通行許可証をたずさえ、コンスタンツに向けて出発した。

しかし、フスは到着後まもなく逮捕され、彼の著作を調査する委員会が開かれた後、「霊的財産をけなし転覆し」ようとしたと非難され、公式に異端の罪で告発された。彼は自説を撤回すれば処刑を免れることができた。そこで彼は、もし聖書が彼の間違いを証明したならば従う、と同意した。牢獄で8ヵ月間、フスは罪を認めることを拒み、会議の忍耐力も限界に達し、異端の罪を宣言された。

1415年7月6日の朝、7人の司教が彼に司祭服を着せた——それから儀式に従ってその服を剥いだ。彼の頭には魔物の絵で飾られ「異端の主謀者」と書かれた紙の冠が載せられた。柱に鎖で縛りつけられ、薪と藁が顎まで積みあげられた。彼は自説撤回の最後のチャンスを拒否した。ある目撃者によれば、炎がつけられるやいなや、彼の友人たちが主の祈り(パーテルノストラ)を3回唱えるよりも前に息を引き取り、遺灰は殉教者の遺物として集められないようにライン河に放り投げられた。

フスは生きていたときよりも死んでからの方が危険だった。この処刑によって、彼の運動は改革から反乱へと急激に変わり、その後6年以上も緊張が高まった結果フス戦争が勃発し、これは1436年まで続いた。今日でも、フスはチェコ共和国では英雄と見なされており、7月6日はヤン・フスの日として国民の祝日とされている。

彼の象徴である鷲鳥とマルティン・ルターの象徴である白鳥も描かれているヤン・フスの肖像、16世紀の木版画。フスが抗議した教会の慣習の多くは、ルターとその支持者たちがカトリック教会から追い出したものと同一であった。

フィリッポ・ブルネレスキ
不可能といわれた大聖堂を実現
1377～1446年

　フィリッポ・ブルネレスキが生まれたとき、彼を後に有名にする建物は、竣工してから80年経っていた。彼が成人するまでに、フィレンツェのサンタ・マリア・デル・フィオーレ、当時世界最大の大聖堂は、ほぼ完成していたが、ひとつだけ目立って未完の部分があった。直径43メートルの穴が開いていて、そこに巨大な丸屋根(ドーム)を載せることになっていたのだ。この大聖堂を建てた中世の建築師たちは、建築不可能な建物を設計していた。未来の技術者が史上最大のドームのための細部は解決してくれるだろうと単純に信じていたのだ。この問題を解決したのがブルネレスキだった。このフィレンツェ人の金細工師は、その創造的ヴィジョンで問題を解決したのみならず、ルネサンスの建築、絵画、彫刻の様相を変えてしまった。

　子供のとき、ブルネレスキは大聖堂のすぐ西にある家に裕福な家族とともに暮らしていたので、若きピッポ（誰もが彼をこう呼んだ）は、工事中の職人たちや彼らの精巧な巻き上げ機の横を通り過ぎるのが日課だった。15歳のとき、彼は地元の金細工師の工房に徒弟奉公に入り、そこで数学の計算に卓越し、貴金属を細工して、金箔を貼った写本装飾や手のこんだ聖遺物箱から、壮麗に金メッキをほどこした墓まで、あらゆるものをこしらえた。

　ブルネレスキは1398年に金細工師の親方になったが、このころ、飢饉と数十年に及ぶ疫病でフィレンツェは弱体化し、強力なミラノ軍が市に向かって進軍してきた。愛国心をあおり、明らかに復讐心に燃える神に訴えるための手として、市の指導者たちは、フィレンツェ最古の建築物であり共同体の心臓である洗礼堂のために、新たなブロンズ製扉をデザインする美術家を選ぶコンテストを開くと宣言した。ブルネレスキは最終選考には残ったものの、優勝を逃し、がっかりしてローマに旅立ったと言われている。永遠の都で彼は、友人のドナテッロとともに古典彫刻の遺品を研究し、建築物をスケッチし、古代の建築物のプロポーションを計測した。

　この調査のおかげで、ブルネレスキは空間概念を十分に把握し、人文主義者のドメニコ・ダ・プラートによって、遠近法の専門家と見なされるほどになった。そして、1413年から1425年までのある時期に、彼は一点透視の遠近法の原理を理解することによって、美術の世界を永遠に変えてしまった。これは古代以来、世界に失われていた数学的システムで、二次元の平面上にリアルな三次元の情景を創造することを可能にさせるものだった。ブルネレスキによる新発見以前、フィレンツェの都市景観画は常にいささか乱雑で、建築物がさまざまに異なる視点から見たかのように矛盾した角度で描かれていた。特殊効果のルネサ

15世紀末の景観図の右側に描かれたオスペダーレ・デリ・インノチェンティ〔孤児院：ブルネレスキが1419年に設計〕。ルネサンス建築の多くの特徴となる軽快なアーチ列による柱廊の先駆的作品。この柱廊の呼び物は、女たちが顔を見られずに子供を捨てられる回転する石盤であった。

ンス版で、彼は完璧な遠近法による八角形の洗礼堂の実験的絵画——視覚的錯覚を利用しただまし絵——によって同僚たちの度肝を抜いた。ブルネレスキはこの知識を友人のマザッチオとドナテッロに教え、彼らは遠近法の原理を美術に利用した最初の美術家となった。また、レオン・バッティスタ・アルベルティもこれを教えられ、遠近法についての本を書いた最初の人物となった。

30代から40代の初めまで、ブルネレスキが手をつけていた仕事は、1419年に大きな注文へとつながった。二つの重要な礼拝堂、サン・ロレンツォ聖堂、そして最後に、フィレンツェ市の孤児院である。この建物、オスペダーレ・デリ・インノチェンティへの彼のヴィジョンは、西洋のデザインにおける転換点となる。古典建築の要素を使って、彼は地上階に完璧に比例のとれた半円アーチによって分割されたコリント式円柱のアーチ列をもつ柱廊を創り出した。このオスペダーレはルネサンスのイタリア建築の優良証明書となり、何世紀にもわたって刺激を与え、模倣建築を生み出させた。

とはいえ、ブルネレスキの天才的技術者としての名声を確立したのは、大聖堂のドームへの提案であった。オリジナルの設計が求めていたのは、外から見えない支え木を交差させて教会の上に円蓋（クーポラ）を浮かせることだった。トスカーナ人はゴシック様式の大聖堂のフライング・バットレス（飛梁）は醜く旧式なものとしてお払い箱にしていたのだ。ふたたびコンテストが開かれた。ブルネレスキは自分のアイディアを盗まれないように暗号を使って仕事をしながら、それ自体で自立できるドームを考案した。これはローマのパンテオンに似て、内側に円柱も梁もアーチもなく、外側に骨格の支えもない、空に向かって上昇する開かれた空間を創造した。彼が提案したのは外側の殻を八本の垂直肋骨で外側から固め、その下のより頑丈な内側の殻によって強度と支えを追加することであった。それぞれの殻壁の内側に水平にめぐらせた砂岩の輪は底部ではより広く、頂上に向かって狭まり、内側へ向かう圧力と釣り合いをとらせた。古代ローマ人たちから借用して、彼は内部の煉瓦層に変形ヘリンボン（杉綾・矢筈模様）積みを特別に指定したが、これは水平な煉瓦列のあちこちに垂直に煉瓦を挟

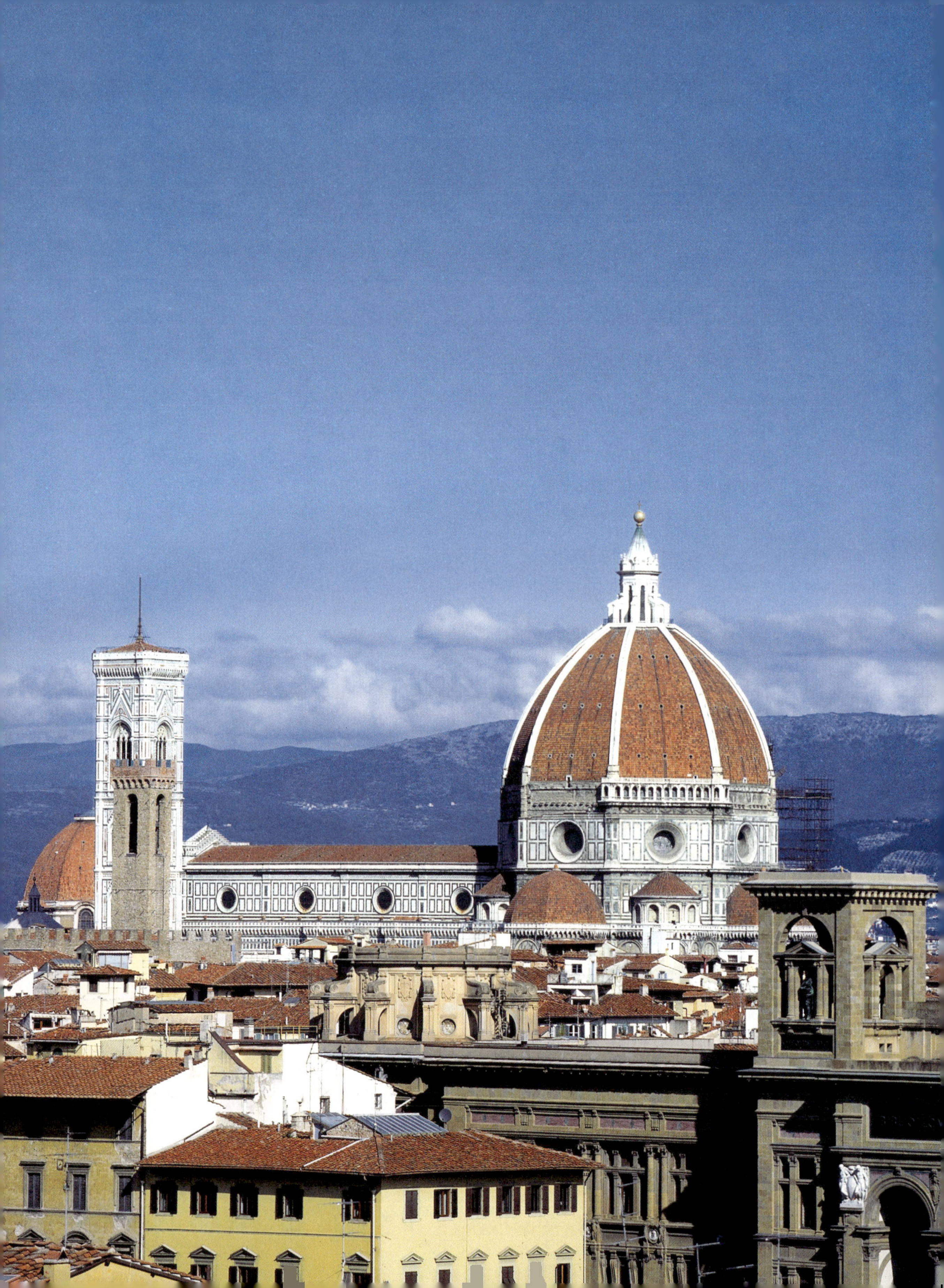

みこみ、その層を自立させるものだった。八角形の側面の基盤近くに、頑丈な木材を環状に配置したが、それらの木材は、巨大な鉄のクラスプ（繋ぎ金具）で端と端が結びつけられ、この巨大な構造物の避けがたい変動時には伸び縮みする、やや弾力性のある鎖となった。

この建物の材料は非常に重く、ドームには数トンの重さの石板が何十枚も必要だったので、工事チームは特注の巻き上げ機（起重機）を必要としたが、これもブルネレスキが発明した。工夫たちは1436年にこの大聖堂が聖別されるまで、このクーポラを建てるために400万以上の煉瓦を引き上げ、積んだのであった。

この年、彼は最後の依頼のひとつ、アウグスティヌス会のサント・スピリト聖堂を完成させた。サン・ロレンツォ聖堂と同じで、この聖堂の特徴はバランスのとれた左右対称と、くすんだ灰色のほっそりした静謐な内部装飾である。要するに、ブルネレスキの傑作建築群はルネサンスをその進路に乗せるのに貢献し、フィレンツェをその後の建築家たちの模範とした。1446年、ブルネレスキが亡くなると、フィレンツェ市は彼に最高の名誉を与え、彼をサンタ・マリア・デル・フィオーレ内に埋葬した。時がたつとともにこの名高いフィレンツェ人の墓は忘れ去られ、再発見されたのは1972年の修復の際であった。

上：ブルネレスキはサント・スピリトにバランスと調和のとれた比例を用いた。この聖堂は彼の死から36年後に完成した。その明確な線と半円アーチは、パリやミラノの棘だらけのゴシック様式の聖堂とかなり対照的であった。
前頁：サンタ・マリア・デル・フィオーレ。現在もフィレンツェの景観を支配している。ドームの建造には20年の歳月と2万9千トンの材料がかかり、頂上の石塔を除いても、高さはほぼ32階分に相当する。

聖ベルナルディーノ・ダ・シエナ
民衆の説教師
1380～1444年

少年時代のベルナルディーノ・アルビッツェスキは、自分の使命について一度も悩んだことはなかった——どの修道会に入るか、それだけだった。非常に規律のとれた厳格派フランチェスコ修道会に落ち着いた彼は、1404年に修道士として叙階され、シエナ近郊の隠修所で隠遁生活に入った。しかし、1417年、ある幻(ヴィジョン)を見て確信した彼は、書物と独房を捨て、真の召命——説教師になること——に従った。後に彼はこう語っている。「神は人間にだけ、舌という楽器を授けてくださった——高貴な楽器だ！ この説教師の話を聞きにきなさい、2時間か3時間、あなたがたを楽しませてあげよう！ 神がわれわれに与えたこれ以上に美しい楽器はない、これ以上に祝福されたオルガンはない。」このように自分自身の修辞力を確信していたので、ベルナルディーノは支持者たちにこう語った。私の説教を聴いているかぎりは、聖務の最初のミサをさぼってもかまわない。

まもなく、ベルナルディーノは修辞の文体を工夫して、それにより彼は初期ルネサンスで最も名高い説教師となる。生前から描かれていた彼の似姿では、か弱くて歯の抜けた老人のようだが、説教壇に立つと力に満ちあふれていた。「ライオンのようだ」と自慢しているが、何時間でも説教を続けられた。新しい都市にやってくると、彼は四旬節(レント)の40日間、毎日、長い説教をするのだが、あまりに聴衆が多いので野外へ、いちばん大きな広場に移らねばならなかった。それも前もって計画してあり、専用の可動式説教壇を持ち運んでいた。

ベルナルディーノの説教技術は明らかに多くの説教で成功をおさめ、それらは、あらゆる言葉と身ぶりを速記で書き留めた敬虔な支持者たちによって、その場で忠実に記録された。彼は注意深くメッセージを作りあげ、毎朝の説教でその週のテーマについて組み立て、大きな結論へと全体が進んでいくようにした。しかし、このクライマックスへの道は悠長でもあった。なぜなら、彼は(高利貸、異端、虚栄、魔術、売春、姦淫、同性愛、その他の一般的な罪についての)詳細な議論からしばしば脇道にそれ、逸話を長々と話し、聴衆をあざけるのだった。「私の言うことがわかるかね？ ええ？ 私がしゃべっているのはフランス語じゃないだろ？」 彼は悪徳を攻撃するために、高度に演出された民間信仰の癒し行為である「虚栄の焼却」を何度も行なった。

しかし、ベルナルディーノのより大いなる目的、彼がいつも招かれる理由の第一番は、しばしば党派争いに引き裂かれた都市間の和解を成立させるためであった。特に中部イタリアの諸コムーネは、名誉と権力と報復を争う個々人、門閥、都市同士によって引き起こされた暴力と復讐の温床であった。そういうわけで、ベルナルディー

サーノ・ディ・ピエトロ画の壁画(1450年)から、聖ベルナルディーノ。シエナの模型を持つベルナルディーノ。信仰(縞模様の大聖堂)と市民社会(プブリコ宮殿)が都市の頑丈な城壁に守護されている。

MANIFESTAVI ✶ NOMEN ✶ TVVM ✶ SENTIbVS

1．古い伝統と新しい思想

説教する聖ベルナルディーノ：サーノ・ディ・ピエトロ作の絵（1445年）。彼の日々の説教には非常に多くのシエナ人が集まったので、野外のカンポ広場で行なわねばならなかった。男女は普通の教会の聖務のときと同じように、きちんと分かれて座っている。

ノは決まり文句のように、「父親が息子の敵となり、息子が父親の敵となり、兄が弟と敵対し、友人と友人が争い、仲間同士で戦っている」と非難した。説教が進んでくると、彼は初めの陽気さを捨てて、党派争いの恐ろしさを咎める。党派争いは貿易を妨げ、貧困を広げ、兵士たちに略奪と暴行をほしいままにさせる。彼は聴衆たちにこう思い出させる。「エルサレムのように、おまえたちの都市が罰せられる機が熟した。」そして激しく非難する。「おまえたちの全員に言う、血の行為のために手を出すな！ 手を出すな、そうではなく、許すのだ！ 許すのだ！ 許すのだ！ ああ！ 誰に私は語っているのか？」そして、一人ひとりを指差して、「この男にだ、あの男にだ、この男にだ……隣人を愛する一人ひとりにだ。この男の隣人は誰だ？ われわれは皆、隣人ではないか、互いに隣人ではないか！」

このハイライトで、ベルナルディーノは木製のタヴォレッタ（彩色された板）を取り出す。これは彼がデザインしたもので、青地の背景に黄金の太陽が描かれ、その中心に聖なる名前、ＩＨＳ（人類の救世主イエス）という頭文字が書かれていた。これを目にすると、男も女も膝から崩れ落ち、すすり上げながら互いに抱擁しあうのだが、カタリ派の信者じみて、罪と悔悟のヒステリーのようだった。説教の最後には、町の人びとはしばしば大いに感動し、党派や門閥の色の衣服や旗を捨て去り、代わりにＩＨＳのシンボルを手に取った。続く数週の間に、町の議会は時には「聖ベルナルディーノ法」と呼ばれる法律を承認し、彼の説教を法令化するのだった。派閥形成と復讐は禁止され、逸脱した行動——贅沢な衣服や不適切な遊びから、男色や高利貸まで——は「罰金を課されるか、火刑に処される」ことになった。

ベルナルディーノは1444年に亡くなった後、いくつかの奇跡を起こしたと信じられ、ちょうど6年後に列聖された。しかし、彼の説教の影響は長期にわたって、さまざまであった。たいへん熱狂的に制定された「聖ベルナルディーノ法」は十年もたたないうちに無視された、と後の宣教師たちが伝えている。同様に、ベルナルディーノが説教でたいへん熱心に批判した党派争いは依然として根強かった。彼はラクィラで最後の宣教中に亡くなったので、シエナの人びとがシエナ生まれの聖人の遺体を送り返してくれるように求めたとき、ラクィラ市民はこれを拒否し、非難と脅しを浴びせられたが、彼らは明らかにこの皮肉に気づいていなかったのだ。

ドナテッロ
大理石とブロンズへの情熱
1386/87 〜 1466 年

　多くの意味で、ドナテッロはルネサンス最初の美術家であった。彼は古典的立像——初期キリスト教時代に西洋世界から消えてしまった彫刻形式——の復興の立役者であった。最初のキリスト教徒たちは、丸彫りの独立した立像を異教の神像として見たため、この新しい宗教に従った美術家たちの仕事は、モザイクと絵画がほとんどであった。彫刻は浮彫りパネルや小彫像に限られていて、大きな人物像を鑿で彫る技術は、千年ものあいだ失われていた。中世に、より大きなキリスト教の人物像が登場しはじめたが、独立した美術作品というより、主に建物や墓の装飾としてであった。しかし、14世紀にはゴシックの彫刻師たちが人体を円柱や大聖堂の扉から解放しはじめ、古代の作品への新たな敬意が、丸彫りの立像への要求を刺激した。しかし、ドナテッロが15世紀の幕開けに登場するまで、古典的形式を完璧に再創造した彫刻家はいなかった。

　ドナテッロという名はドナートの愛称だが、彼は1386年か87年にフィレンツェに生まれた。彼の若いころについては霧に包まれているが、二つだけ確かなことがある。15歳ごろ、ドイツ人の少年を棒で傷つけて逮捕されたこと、その数年後、傑出した彫刻家であるロレンツォ・ギベルティのもとで修業をはじめたことである。当時、ギベルティはフィレンツェ洗礼堂の名高いブロンズ扉の注文をコンテストで勝ち取り、これに従事していた。このようなコンテストが多く開催されたのは、市の指導者たちがフィレンツェを新たなローマにしたいとの熱意から、公共空間のために古典的様式の美術を求めたからであった。

　ドナテッロもギベルティもオルサンミケーレ教会の注文を引き受けたが、これは外側の14の大壁龕と、そこに置かれる立派な立像を含むものだった。彼らはこのプロジェクトを同じころに完成させたが、その結果生まれた作品は、ほとんど異なる時代に作られたもののようだった。1416年に完成したギベルティの「洗礼者聖ヨハネ」は、様式化された後期ゴシックの人物像で、たとえば、その衣服は装飾的な水平の襞の包みであり、その内側にある人体とほとんど関係がない。ドナテッロは「聖マルコ」を3年前に仕上げていたが、こちらの方がモダンで、手首からたれ下がった衣服はリアルな垂直の襞を作り、袖は腕の周囲に集まっている。古典時代以後初めて、彫刻によって表現された布が、人体の骨格を覆ってしまうのではなく、かえって明らかにした。

　しかしさらに重要なのは、ドナテッロが、失われていたコントラポスト、つまり体重移動の原理を習得したことであった。二千年の昔にギリシア人によって初めて把握されたこの概念は、直立とはバランスを取る

1．古い伝統と新しい思想

行為の過程であるという認識だった。リアルな人物像を創造するために、彫刻家たちはその緊張の感覚を伝えねばならなかった。ドナテッロの「聖マルコ」は体重を片足にかけ、もう一方の足は膝の力を抜いて衣服の中で前に出しており、体重をもう一方に移動させる前にちょっと止まって考える人間の真に迫った描写となっている。この大理石像はフィレンツェの人びとを驚愕させた。過去との劇的な断絶であり、今日も多くの人がこれをルネサンス美術の最初の作品と見なしている。

ドナテッロは古典に関する専門知識を、直接、自分で獲得した。彼は十代のとき、遠近法の発見者である友人のフィリッポ・ブルネレスキとともにローマの廃墟で学んだという。また、1430年代にもふたたびローマで過ごしている。ブルネレスキの発明に従い、ドナテッロはリアリスティックな浮彫り彫刻を創造した。1425年作の「ヘロデの饗宴」で、聖書の恐ろしい斬首場面を描いたブロンズ・パネルである。同じころ、友人のマザッチオが描いた壁画「三位一体」と並んで、古典時代以来、遠近法の諸原則を用いた、知られている最古の作品である。

この「ヘロデの饗宴」だけでなく、ドナテッロはブロンズ——特に大きなスケールではむずかしい素材である——におけるもうひとつの革新の立役者となった。1420年代の末に、コジモ・デ・メディチが自分の宮殿の庭のためにブロンズ製のダヴィデ像を依頼し、ドナテッロはこの旧約聖書の英雄を、月桂樹が巻かれた兜をかぶり、光り輝く脚甲をつけただけの、静穏な表情をした少年として表現したが、これこそ、古代以来、最初の独立した裸の立像であった。また、1443年から1453年までパドヴァに

1415年に完成したドナテッロ作の「聖マルコ」。この作品は、*彫刻の新時代到来を告げるものであった。この聖人のリアリスティックな衣服と生きているようなコントラポストのポーズは、他のフィレンツェの彫刻家たちが同時期に生み出していた後期ゴシック的な作品とははっきり異なっている。*

おそらく1430年代制作の、ドナテッロが情感たっぷりに彫りあげたマグダラのマリア像。*この作品は、悔悟する聖女を表現したその後の多くの絵画や彫刻に影響を与えた。かつては鮮やかに彩色されていたこの等身大の像は、チュニックのようなもつれた髪の部分に、いまだに金メッキの痕跡が残っている。*

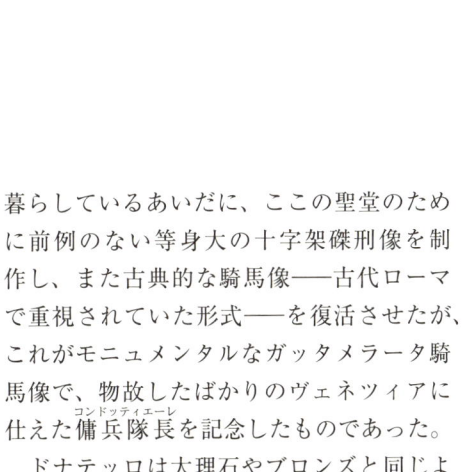

暮らしているあいだに、ここの聖堂のために前例のない等身大の十字架磔刑像を制作し、また古典的な騎馬像——古代ローマで重視されていた形式——を復活させたが、これがモニュメンタルなガッタメラータ騎馬像で、物故したばかりのヴェネツィアに仕えた傭兵隊長(コンドッティエーレ)を記念したものであった。

　ドナテッロは大理石やブロンズと同じように、木彫でも表現力豊かな作品を制作した。「マグダラのマリア」は白ポプラの木を彫ったものだが、悔悟する娼婦の痛ましい姿である。かつては1450年代半ばの後期の作品と考えられていたが、現在では多くの美術史家によって、1430年代にさかのぼると考えられている。聖女は何年もの断食のためにやせ衰え、その眼はうつろに落ちくぼんでいる。この像は、生きているかのように金髪や肌の色を彩色された元の状態でも、禁欲的な信仰を表現した感動的な作品であった。ドナテッロは彼女の感情を新たなリアリズムによって表現しているが、これも中世の彫刻からの脱皮である。彼がほぼ60年の活動の中で創造した人物像の顔には、静謐さ、苦悩、歓喜、そして憤怒が、説得力をもって現れている。

　晩年にむかうにつれ、パトロンたちからの注文はしだいに減少したが、コジモ・デ・メディチはドナテッロに注文を出しつづけた。この富裕なパトロンは彼を高く評価し、実に、この彫刻家を自分の墓のかたわらに埋葬する手はずを整えた。ドナテッロはコジモより3年後に亡くなり、コジモの遺志は遂行された。ドナテッロはサン・ロレンツォ聖堂のメディチ一族の墓地に埋葬されたのである。

コジモ・デ・メディチ
祖国の父
1389〜1464年

コジモ・デ・メディチほど、アーティストや人文主義者に金を与えて、両者に感謝された人物はいなかった。彼は財政家としてだけでなく、政治家・パトロン（15世紀には大同小異であった）としてのユニークな技量により、フィレンツェを初期ルネサンスの最前線に踊り出させる中心的な役割を果たした。どちらかというと新参者だったメディチ家のコジモの一族が暗闇の中から姿を現すのは、ようやく1397年のことで、この年、父ジョヴァンニはフィレンツェに銀行を創設し、ローマに支店を開いた。ジョヴァンニは支配人や大口の融資に関して抜け目のない選択をしたおかげで、まもなく支店を増設することができた──1402年にヴェネツィア、それから他のイタリア各地、さらに1435年までに、アルプスを越えてジュネーヴ、ブリュージュ、アヴィニョン、ロンドンに支店を開いた。

コジモと弟のロレンツォは、子供のころから簿記、預金管理、資金譲渡、貸付という家業の訓練をし、1410年代の半ばには、銀行をほぼ受け継いでいた。彼らは信用状（中世のトラヴェラーズ・チェック）の発行や軍備をととのえ、宮廷を飾りたてるために貪欲に借金するヨーロッパ諸侯に利率の高い貸付をすることで財を築いた。富とともにフィレンツェ共和国での政治的影響力が増大し、コジモが教皇庁への使節の代表に任命される機会が増えた。彼はさらに自らの政治的信用性を確固たるものにし、1420年代にはスイス、フランス、ドイツへの訪問外交を行ない、自らの世界を広げた。これらの土地の言葉をコジモは独学し、またラテン語とアラビア語にも精通していた。

コジモは目立たないようにし、富を見せびらかすことは避けたけれども、彼を危険な野心家だと考えるものもいた。1433年、政府は財政政策失敗のスケープゴートにしようと、彼を逮捕し、追放した。メディチ家の財産を没収すれば予算の収支が合うと期待したのであった。しかし、コジモはこれを予想して、すでに資産をヴェネツィアに移していたので、水の都に行って快適な追放生活を送り、ほとんどいつも通りに商売を続けた。最も裕福で最も優れた市民を追い出すというヘマをやったのだと気づいたフィレンツェ人たちは、まもなく態度を変え、彼にお帰りを願った。

イタリアの君主たちが虚飾やしばしば恐怖によって支配していた時代に、コジモはゆるやかに権力への道を辿り、一番てこずる政敵は追放したけれども、フィレンツェの政治体制には手をつけなかった。驚くべき無頓着さで、いつもしていたように、護衛もつけず、恐れもせず、市を歩きまわった。彼が普通の市民たちと気さくに会い、噂話を交わしていたという逸話には事欠かない。じつは、コジモは、マフィアの親分の精神で仕切っていたのだ──黒幕として、彼の堂々とした館から。一方で、熱心な支

コジモ・デ・メディチ

ポントルモ作のコジモ・デ・メディチの肖像画（1519年）。画家はメディチ家の回復力を、切られた茎からふたたび生える木を描きこむことで表現した。巻紙に記されているのはウェルギリウスからの引用——「ひとりが奪われれば、もうひとりが現れる。」

1. 古い伝統と新しい思想

持者たちが政府の役職を占め、彼の政策を遂行していた。彼は外交を楽しみ、1454年、ローディの講和（50、62ページ参照）によって新たな勢力均衡を作り出し、イタリアの政治地図を大胆に描き直した。

彼の最大の成功は1439年、フィレンツェをカトリック教会とギリシア正教会の統一を呼びかける公会議の開催地としたことである。教皇、皇帝、総主教と彼らの随員たちをサンタ・マリア・ノヴェッラ修道院にまとめて宿泊させ、コジモ自身の館で集会を行なったのは、いかなるフィレンツェ人もかつて想像したことがないスケールでの、外交的・文化的勝利であった。この出来事はフィレンツェの評判を確固たるものにしたと同時に、コジモの政治的支配力をも確かなものにした。

しかし、コジモの永続的名声により密接に結びついていたのは、芸術への彼のパトロネージであった。追放される前でさえ、彼はドメニコ会のサン・マルコ修道院、サン・ロレンツォ聖堂とその聖器室、フランチェスコ会のサンタ・クローチェ聖堂とその礼拝堂などのプロジェクトに、年間約1万5,000フィオリーニを投資していた。彼はまた、自身の住居にも惜しみなく金を費やした。市内の荘重なメディチ館のほかにも、郊外に立派な別荘をいくつか建てた。造形美術の分野では、コジモは絵画よりも彫刻に興味をもっていた。彼は何十年にもわたってドナテッロのパトロンであり、この彫刻家が大理石を購入できるように資金を前貸しし、ブロンズの「ダヴィデ」を注文したが、この像はもともと、メディチ館の中庭に据えられていた。

ロレンツォ・デ・メディチの査定によれば、祖父のコジモは生前のパトロネージに「その他の支出は別にして、建造物、施し、税金」合わせて60万フィオリーニという信じられない額」を費やしたという。コジモ自身は生涯をふり返って、こう回想している。「50年間、私は金を稼ぐこと、金を使うことしかしてこなかった。そして、金を稼ぐより金を使うことの方がずっと楽しいとわかった。」彼の同胞のフィレンツェ人たちは明らかにこれに賛成し、彼の死後すぐに、古代ローマの「パーテル・パトリアエ（祖国の父）」という称号を復活させて彼に贈った。彼らはもちろん、コジモの1434年の帰還が、300年にわたるメディチ家のフィレンツェ支配の前兆であるとは――彼らの古代風の共和政が転覆され、イタリアへの貴族政治到来を見ることになるとは――気づかなかった。

コジモ・デ・メディチの肖像メダル（1465年頃、作者不詳）。コジモの胸像の下の頭文字「*P. P.*」は、「*Pater Patriae*（パーテル・パトリアエ）」――「祖国の父」――をあらわしている。このメダルがコジモの死後、古典ローマの伝統に従い、彼を記念するために鋳造されたしるしである。

ヤン・ファン・アイク
世界の細部を描写する
1395頃～1441年

ルビーのカッティング、犬のぬれた鼻、顎の無精髭——ヤン・ファン・アイクの絵の真に迫った細部は、様式化されたゴシック美術に慣れた鑑賞者たちを驚愕させた。フランドルに生まれたファン・アイクは、超自然のものを描く際にも極端な自然主義を得ようと努力した初期ネーデルラント画派の先駆者であった。北方美術のリアリズムはイタリアのリアリズムと平行しつつ、しかし独自に進行した。たとえば、ファン・アイクの同時代人マザッチオは、壁画のやわらかな輪郭の人物像に首尾一貫した光と影と一点透視の遠近法を導入した。一方、フランドルの美術家たちは、顕微鏡的細部と平面で変容する光の効果に関心を集中させた。ファン・アイクにとって、このアプローチは美的な好み以上のものだった。彼は、自然世界のひとつひとつのものが神の御心の反映であるという中世の見方をハイパー・リアリズムに変換し、これが北ヨーロッパのルネサンス美術の特徴となった。

15世紀の初めは、トスカーナでも低地地方（ネーデルラント）でも、美術家たちにとって高揚を禁じえない時代であった。フィレンツェ同様、フランドルの諸都市は金融業の重要な中心地であった。アントウェルペンもブリュージュも、贅沢な布地や優雅な絵画、手のこんだ祈祷書を求める富裕なパトロンであふれていた。ファン・アイクの最初期の作品には、このような書物の数頁が現存しており、非常に小さな挿絵は写本装飾師として修業したことを物語っている。1422年、彼はハーグでジャン・ド・バヴィエールに仕える画家として活動を始め、1425年、リールで、強大なブルゴーニュ公フィリップ・ル・ボン（善良公）の宮廷画家兼「部屋付き従者（ヴァレ・ド・シャンブル）」として名を挙げられている。この名誉ある位にあって、ファン・アイクの職務は画家の工房内に留まらずに広がり、画家とパトロンの関係としては異例なことに、フィリップ公は彼を、何度か外交使節として外国に派遣した。

1430年代の初め、ファン・アイクは妻と子供ふたりを連れて、フィリップが公邸をかまえるブリュージュの立派な石造りの家に移った。ここで、彼は15世紀最大の祭壇画のひとつである記念碑的な「ガンの祭壇画」（1432年）を完成させた。高さ3.5メートル、開帳時の横幅4.5メートルになるこの堂々たる祭壇画には、人類の堕落と贖罪の壮麗な諸場面が描かれている。ファン・アイクは細かな部分に関心を集中したので、たいへんな熟練と安定した技量を必要としたが、同時に、髪の毛一本一本を線で引けるような滑らかな塗料をも必要とした。14世紀の画家の多くは卵テンペラ（生卵の黄味を顔料の粉と混ぜ合わせたもの）を使っていたが、これはすぐに乾いてしまい、時間がたつとひび割れたり剥がれたりした。イタリアの画家たちより数十年早く、ファン・アイクをはじめとする北方の画家たちは油彩に転向した。油を媒材に使用すると顔料を絵筆から画面にスムーズに移せたし、絵が乾いてしまう前に作業できる時間が長くなった。その結果得られたものは、半透明の照り輝く色彩と、テンペラやフレスコ技術では不可能な、ニスのような光沢のあ

1. 古い伝統と新しい思想

上：記念碑的な「ガンの祭壇画」（1432年）は当時の最も野心的な作品のひとつである。この作品や他の作品において、ファン・アイクは最新の油彩技法を用いて複雑な諸画面を描き、トロンプ・ロイユ（だまし絵）効果を念入りに作り上げた。
次頁：ファン・アイクの「赤いターバンの男」（1433年）。本書のサイズと同じくらいの小さな絵だが、おそらく彼の自画像であろう。独立した美術作品として描かれたヨーロッパで最初の自画像のひとつに数えられる。

る仕上げであった。

　ファン・アイクはまた、人体へのアプローチにおいて、イタリア人たちとは異なっていた。当時、アルプス以南の美術を特徴づけていた古典的理想は、北ヨーロッパにはまだ到達していなかった。古代ローマ人という案内人がなかったので、ファン・アイクは断固として自分自身の眼（ヴィジョン）に頼った。そして、彼はあらゆるものを眺めたようだ。彼は前景であれ背景であれ、ひとつひとつのものを同じように丹精をこめて明晰に描く。ある近代の美術史家が表現したように、彼の眼は顕微鏡と望遠鏡の両方の働きをしている。浅薄さからはほど遠かったにもかかわらず、彼が関心を抱いたのは主に事物の表面であった。そして、彼の描いた肖像画は、顔の平面と輪郭の起伏を表現した地図であり、古典的な諸原則に従って再構成されたものではなく、実物からの写しである。彼の自画像と推定される「赤いターバンの男」（1433年）は、モデルの充血した目や皺の寄った肌まですっかり、外見の正確な描写であり、明らかに古典古代の理想美の概念ではない。

　ファン・アイクにとって、崇高さは生活の単調な諸要素にあった。彼の「アルノルフィーニ夫妻の肖像」（1434年）は、イタリア人銀行家ジョヴァンニ・アルノルフィーニと、

ヤン・ファン・アイク

1．古い伝統と新しい思想

「アルノルフィーニ夫妻の肖像」(1434年)。贅沢な布地、手のこんだ鏡、光輝く真鍮のシャンデリア、さまざまな表面に反射する光を描いたファン・アイクの熟練技のショーケースである。この場面に描かれた多くのアイテムには象徴的な意味がある。たとえば、窓の下のオレンジは肥沃さを意味している。

おそらく彼の妻か婚約者である女性との世俗的絵画そのままに思われる。智天使(ケルビム)が上に浮遊しているわけでもないし、カップルに対して身ぶりをする聖人もいない。しかし、この部屋の中の日用品には結婚の聖性が共鳴している。寝台支柱の尖塔装飾には、安産の守護聖女である聖マルガリータが彫られているし、小犬は誠実を意味するし、凸面鏡は神の目のように、すべてを見ている。この鏡を縁取っているのはキリストの受難の細密画だが、鏡には二人ではなく、四人の人物が映っている。カップルの正面の扉口に謎の男が二人立っているのだ。鏡の上の銘文に「ヤン・ファン・アイクここにありき」と記されているのは、画家自身がそのうちのひとりであることを暗示している。

1441年に亡くなった後、ファン・アイクが描いた数々の肖像画はイタリアで人気を博し、イタリアの画家たちは彼の油彩技法を学び、彼の自然主義的な率直さを熱心に見習った。彼の名声はイタリアからの変動する文化の流れに反して、南方へと広がり、彼の影響はサンドロ・ボッティチェッリやその他の画家たちの作品に見られる。しかし、ファン・アイク自身にとっては、彼の厳格な正確さは地方様式以上のものであった——それは信仰の一形態であり、聖母マリアの栄光に満ちた絵姿を通してであれ、泥だらけの木靴の細心な描写を通してであれ、創造主に対する讃辞であったのだ。

マザッチオ
絵画を遠近法で表現する
1401～1428年

15世紀以前、ヨーロッパ美術における顔の表現は不明瞭で、無表情であることも多かった。背景は——少しでも描かれたとしても——縁や隅がありえない角度で傾き、平面的に見えた。マザッチオが1418年ごろにフィレンツェに移ったとき、美術界はまだ、ほぼ1世紀前に画家ジョットが主に作り出したこの伝統を踏襲していた。マザッチオは美術に新たなリアリズムをもたらし、中世の類型的な理想化された図像に代えて、奥行き感覚のある空間に表情に富む登場人物たちを配置した。じつは彼こそ、遠近法の数学的に正確な線を用いたことが知られる、古代以来最初の画家であった。

トンマーゾ・ディ・セル・ジョヴァンニ・ディ・モーネ・カッサイはマザッチオと呼ばれるようになったが、これは「でっかくて、だらしないトンマーゾ」という意味である。16世紀の歴史家ジョルジョ・ヴァザーリによれば、画家がこのあだ名をちょうだいしたのは、彼が「俗事にまるで無関心で……自分が着ている衣服さえ」気にかけずに、「絵画の細かい作業にのみ」専心していたからだという。彼がどこで絵画術を習得したかははっきりしないが、人物像の輪郭を赤で描く彼の習慣（写本装飾の慣習）は、伝統的なフレスコ壁画以外での修業をほのめかしている。彼の生い立ちがどうであろうと、1418年にはフィレンツェで画家として名を挙げ、1421年には親方の地位に就いている。

マザッチオの最も初期の作品でさえ、革新へと向けられた視線を示している。たとえば、彼はすでに1422年に、フィレンツェ近郊のサン・ジョヴェナーレ教会のために「聖母子と諸聖人」の三連祭壇画を描いたとき、遠近法を実験していた。彼はおそらく、遠近法の原理を確立した発明者である建築家の友人フィリッポ・ブルネレスキから学び、単一の消失点を構成し、三次元を再現した。その一方で、マザッチオのその後の絵画におけるドラマと自然主義は、もうひとりの友人である彫刻家ドナテッロ——ちょうどこのころ、ブロンズ浮彫の諸場面を鋳造中であった——の作品の影響を受けている。ブルネレスキの革新を自分自身のメディアに応用して、マザッチオは彼の絵画に、視覚的にも情感的にも新たな深みを与えた。

これらの影響は、マザッチオがフィレンツェで描いたふたつの主要な作品で生かされることになった。ひとつはサンタ・マリア・デル・カルミネ教会のブランカッチ礼拝堂の、聖ペテロの生涯を描いた大連作壁画である。マザッチオは、年長で彼より有名だった画家マゾリーノ・ダ・パニカーレとともにこの注文に従事した。マゾリーノは1424年ごろにこのプロジェクトに着手していた。1427年ごろに描かれたマザッチオのダイナミックな区画は、マゾリーノのより静的で伝統的な作品のとなりで、きわ立っている。ブランカッチ礼拝堂のための絵画によって、マザッチオは単一の視点か

FLOS CARMELI   VITIS FLORIGERA   SPLENDOR COELI

ら多くの場面を描き、三次元の舞台という錯覚を創り出した西洋で最初の画家となった。彼はリアリスティックな靄のかかった背景によって空気遠近法＊を確立し、唯一の光源による首尾一貫した影を示し、柔軟な諸形体は、絵画表面から観る者の方へと動き出すように見える。

中世美術においては、稀薄な空間に個性のない顔が漂っていた。しかし、ブランカッチ礼拝堂の壁画において、マザッチオは物語を人間世界に置いた。「アダムとエヴァの放逐」は悲嘆に暮れたふたりの哀れな姿の、小さな画面である。他のほとんどの画面には、それとわかるフィレンツェの景観や顔の見分けられる人びとが描かれている。ブランカッチ一族のメンバーの肖像もあるが、ある区画には、マザッチオ自身と3人の仲間が描きこまれており、この美術家たちがもはや単なる職人ではなく、市民社会に知識人として参加するようになったことを暗示している。

同じころ、マザッチオひとりで制作したサンタ・マリア・ノヴェッラ教会の身廊壁のフレスコ画「聖三位一体」では、彼はブルネレスキの遠近法をみごとに図示してみせた。完璧な遠近法による最初の絵画として知られるこの作品は、半円筒状の格天井――ローマの凱旋門アーチの様式――のアルコーヴ型礼拝堂として描かれた印象的なだまし絵(トロンプ・ロイユ)である。消失点を観る者の眼の高さに置き、父なる神が頂上で十字架にかけられた息子を信者たちに授け、聖母と聖ヨハネをその両側に置くというピラミッド型の「慈悲の玉座」を画家は構築した。壁龕の外側では、ふたりの人間――この絵の注文者夫妻――が敬意をもってひざまずいて

上：「テオフィルスの息子の蘇生」の右端に、マザッチオは自分自身と3人の友人の肖像をそっと描きこんだ。左から、マゾリーノ、マザッチオ自身、レオン・バッティスタ・アルベルティ、フィリッポ・ブルネレスキである。

いる。正確に左右対称であり、神秘的なイコンでもあるこの「聖三位一体」は、人文主義と宗教のあいだで均衡を見出す最初の、そしておそらく最高の試みである。

この先駆的な、おそらくルネサンス最初の画家は、自活していくのに充分な金を稼いだことはなかった。マザッチオは画家組合の会費を全額納めることができなかったし、1425年にはあるソーセージ屋が、画家を未払いで訴えている。「聖三位一体」完成後まもなく、マザッチオは27歳で亡くなった。貧しく、借金取りに追いかけられ、死因は不明である。しかし、彼はたった6年の活動で、数は少ないが決定的に重要な全作品によって、イタリア絵画を変えてしまった。これらの作品は、ボッティチェッリやミケランジェロからサルバドール・ダリにいたる美術家によって、熱心に研究されたのである。

左頁：フィレンツェのブランカッチ礼拝堂からマザッチオの壁画2画面（1427年頃）。「貢の銭」（上）と「テオフィルスの息子の蘇生」（下）。「アダムとエヴァの放逐」は上層の左端の区画である。均一の光源から投げかけられる影――マザッチオの革新のひとつ――がリアリスティックな奥行き感覚を生み出している。

＊空気遠近法：色彩の変化と色調の明暗を利用して距離の効果を得ようとする技法。

2. 平和の時代のヨーロッパ人たち
1450～1475年

ル ネサンスの始まりはゆっくりだったが、変革のペースは1450年代に速まった。その原因は一連のきわめて重要な出来事——関連しているものもあれば、ないものもある——で、それらは目くるめくスピードで続けざまに起こった。たった数年のあいだに、長年の前提に異議が唱えられ、突然転がったチェス盤上の駒のように、それらの定位置から崩れ落ちた。すべてのものをふたたび整えるまでに、次の2世代——予期せぬ繁栄と平和の時代——がかかり、それから、新しい、より複雑なゲームが、それまでと違ったルールで始まった。

変化は1453年5月に起こった。8週間弱の包囲戦の後、オスマン・トルコがコンスタンティノープルを占領したのである。この最後の数年間、1100年の歴史を誇るビザンティン帝国は極小国家へと縮みこんでいたので、その決定的崩壊はヨーロッパ人にとって驚きではなかったものの、心理的な衝撃ではあった。コンスタンティノープル——トルコの首都イスタンブールとして急速に再建された——の陥落は、キリスト教ヨーロッパにとって、東方最大の足場が失われたというだけでなく、中世の世界観を統一し定義していた十字軍幻想をも押しつぶした。しかし、ひとつの扉が閉じられ、もうひとつの扉が開いた。古い帝国から逃れたギリシア人の多くが、はかり難いほどの価値の古典写本を持ってやってきたのである。初期の教父たち、古典の劇作家たち、ヘレニズム期の哲学者と詩人たちの著作という学問的財宝で、それらの多くは、西方ではそれまで名前だけしか知られていないか、まったく知られていないものだった。これらの避難者たちの多くがたどり着いたイタリアの諸都市では、古典ギリシア語への知識欲が再燃するばかりで、この新たな注入は、つつましい学問的追求だったものが壮大な知的運動へと転換するのに役立ち、それはまもなくアルプスの北に広がり、パリ、オックスフォード、低地地方の学問の砦に挑戦状を叩きつけた。

コンスタンティノープルの陥落からちょうど2ヵ月後、英国王はフランスの玉座への古くからの継承権を事実上放棄した。何世代にもわたって散発的に戦闘をくり返し、巨額の出費を重ねた後、百年戦争は終結し、その過程で二国間のもつれが解かれた。敗北した英国はたちまち国内に目を向け、内乱（薔薇戦争）を勃発させたため、1世代以上のあいだ、大陸と隔絶してしまう。対照的に、勝利したフランス人は、トルコ人と同じように国民的自負心で沸きたった。有能な、あるいは少なくとも野心ある君主たちが続き、フランス人は国境を拡大させ、武力によるか政略結婚による征服が可能かどうか、イタリアと低地地方の抵抗にさぐりを入れた。

2. 平和の時代のヨーロッパ人たち

コンスタンティノープルの包囲。ベルトランドン・ド・ラ・ブロキエール著の『航海記』（1455年）の写本から。ありえないことに、コンスタンティノープルがゴシック都市として描かれているが、トルコの巨大な大砲は正確に表現されている。

2. 平和の時代のヨーロッパ人たち

　国内の分裂と紛争がトルコとフランスの余計な関心を引きつける原因だと悟った賢明なイタリアの支配者たちは、絶え間ない内輪もめに終止符を打った。1454年4月9日、北イタリアのローディの町で、フィレンツェ、ミラノ、ナポリの代表者たちが平和条約に調印し、これはその後イタリアの他の主要国、ヴェネツィアと教皇国家に拡がった。既存の国境と勢力均衡を認めたローディの講和は、イタリアのどの国も他国を征服してはならないと認め、その結果、イタリアはフランス、英国、スペインと異なり、政治的に国家分立状態のままとなるのを認めることになった。その代わり、互いに独立を維持して外部からの侵略者に抵抗するため、イタリアの主要大国はイタリア同盟なるものに参加した。彼らの妥協策はやや驚きだが、イタリアには相対的な平和と繁栄の2世代が与えられ、創造的活動が盛んになり、その後、北方へと伝播していくことを可能にした。

　この普及が急激なものとなったのは、同じ年に、印刷機が登場したためである。ドイツのマインツに住む金細工師ヨハン・グーテンベルクは、10年間をかけて活版印刷のコンセプトを発展させていた。グーテンベルクの不滅の名声を決定づけたのは、彼が精巧に作りあげ、1445年に完成させた四十二行聖書なのだが、彼はその1年前に、おそらくもっと重要な大躍進をとげていた。それは、彼が地元の大司教のために免罪符を印刷するという完全に商業的な仕事を引き受けたことである。彼の四十二行聖書のような逸品を通してではなく、このような世俗的な仕事を通して、グーテンベルクはマス・コミュニケーションの道具としての印刷物の真の可能性を明らかにしたのである。10年か20年もしないうちに、印刷所がドイツと北イタリアのあらゆるところに設立され、著作物のコストを下げ、新旧両思想の及ぶ範囲を急速に拡大させた。識字率も急速に上昇し、同時に言語自体の標準化がはじまり、さらに、ドイツ、フランス、英国、スペインの国家意識を刺激した。最初の情報大革命が進行中だった。

　ヨーロッパの政治文化の景観が変化したのと同様に、他にも同じように遠く海外まで及ぶ変化があった。教皇ニコラウス5世はふたつの教皇勅書「ドゥム・ディヴェルセス」（1452年）と「ロマヌス・ポンティフェクス」（1455年）において、イスラム教徒に対する戦いで慣行であったのと同じように、キリスト教徒に異教徒——特にアフリカの黒人——を奴隷にすること、彼らの土地を併合すること、を許可したのである。西アフリカ探検を奨励する意図ではあったが、このふたつの宣言はまた、ヨーロッパ人の世界各地への拡大と奴隷交易着手をともに妨げていた道徳的な逡巡を取り除いた。あたかも悪魔とこっそりと契約したファウストのように、1456年、ヴェネツィアの探検家アルヴィーゼ・カダモストロはカーボ・ヴェルデ諸島を偶然見つけ、この場所はヨーロッパが新世界を発見するための重要な踏み石となる。

　1450年代半ばの突発的な変化を経験したヨーロッパ人は、自分たちがより開かれた世界にいることを発見した。彼らはより容易に動けるようになったことがわかった。中世の普遍言語であったラテン語は、相互に理解不可能な俗語の混乱に道を譲ったかもしれないが、新鮮な普遍的な一揃い——美術、建築、経済、科学、新たな戦争——が国境を越えたつながりを作りつつあった。数十年のあいだ、大陸の大部分は新たな思想があふれかえり、まだバランスを保っているように見えるが、男も女も、自分たちのまわりの新たな世界を注意深く眺めていたのである。

2. 平和の時代のヨーロッパ人たち

ヨハン・グーテンベルクの四十二行聖書の一頁（1455年刊）。当初、この新技術の革命的可能性を理解した印刷業者は少なかった。グーテンベルクも含む多くの同業者は、中世の念入りに装飾された写本が時代遅れだと見なされつつあっても、それを模倣しようとした。

フラヴィオ・ビオンド
ローマのいにしえの栄光を新たに想像
1392～1463年

　教皇領の都市フォルリに生まれた歴史家兼考古学者のフラヴィオ・ビオンドは、人文主義者として完全な古典教育を受け、それから1433年、教皇庁宮廷の秘書官という終身の就職口を見つけた。到着するやいなやビオンドが目にしたのは、いにしえの「世界の都(カプット・ムンディ)」とはまったく異なるローマであった。中世のあいだに、ローマの人びとはこの都市の物理的社会的中心の位置をずらし、残っていたわずかな者たちはカピトリーノの丘とヴァチカンのあいだの低地に住居を移していた。そうこうするうちに、彼らは公共広場(フォルム)、円形闘技場(コロッセウム)、ディオクレティアヌス帝の大浴場、エスクィリーノ丘、カエリアヌスの丘を中心とした古代の都の核であったところを打ち捨ててしまっていたのだ。荒れはてた神殿、崩れかかった別荘、帝政時代の旧市壁にまで伸びるカタコンベ——これらすべてが見捨てられ、牛追いや羊飼いたちのものになっていた。

　1420年代にアヴィニョン教皇庁が幕を閉じると、聖職者や廷臣たちの群れとともに、新たな富が町に注ぎこまれ、ローマは息を吹き返した。しかし、帝政時代の旧市壁内部の細長い土地は荒廃したままで、元は何だったのか忘れ去られた廃墟だらけで、崩れた建物や氾濫するテヴェレ河のかたわらには、取り残された破片から、大理石の断片の塊が突き出ていた。15世紀のローマ人は、かつて古典世界の中心だったフォルムを「カンポ・ヴァッチーノ（牛の野）」と呼んでいたが、文字通り、牛の放牧場となっていたからである。

　しかし、フラヴィオ・ビオンドにとって、ローマの廃墟は荒涼たるどころか、魅力にあふれていた。彼はローマの廃墟を、美学的にも、それらが古典古代について彼に語りかけるもの——そういった情報を他の人文主義者たちは文献の中に探していた——のためにも、賞讃した。ビオンドは、ラテン語古典を探索し、忘れられていた歴史的建造物の実際の遺物、それらの碑銘、彫刻、建材を研究し、廃墟と文献の両方から読み取る方法を習得した。

　注意深い収集と分析に費やしたこれらの数年間にビオンドが書き下ろした一連の書物は、古典の研究領域を大幅に拡大し、事実上、考古学を誕生させたのである。この分野における彼の傑作が『デ・ローマ・インスタウラータ（再興されたローマ）』で、1444～46年に書かれた。この本の中でビオンドは、史上初めて古代ローマを地形学的に叙述し、当時は名も知られていなかった数百もの神殿や公共建築物を同定し、それらのかつての機能について意見を述べ、カピトリーノの丘を中心にした碁盤目上にそれらの位置を示した。おまけに、彼はこれにキリスト教の歴史的建造物、特にそれ以前の古典の建築物の上——あるいは中——に建てられたものをも加えたのである。

　『デ・ローマ・インスタウラータ』によって、ビオンドはローマについての注目すべき正確な案内書を生み出しただけではな

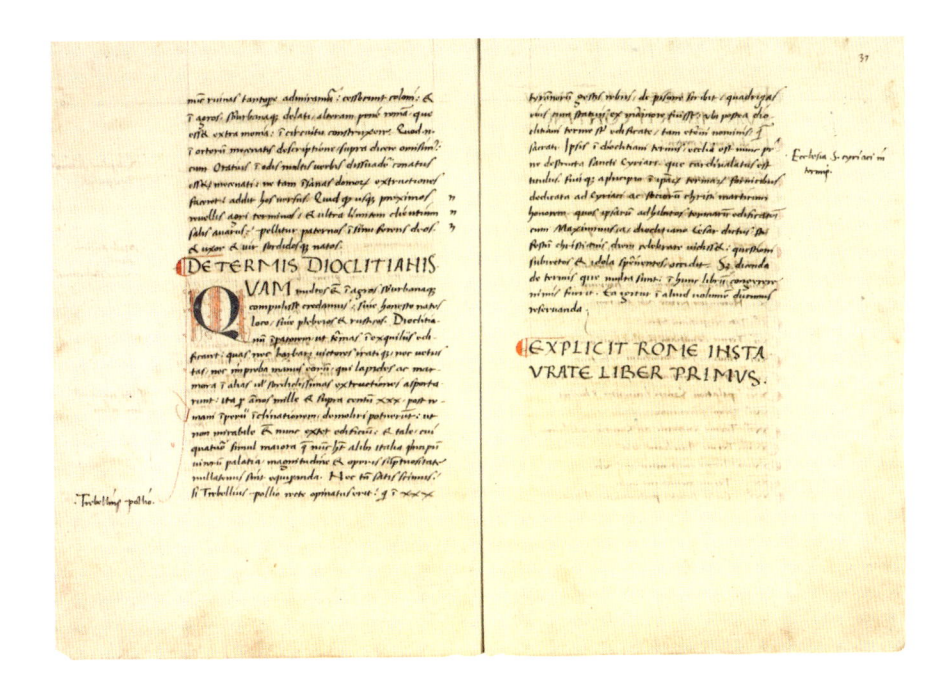

ビオンドの『デ・ローマ・インスタウラータ』(1444～46年) から。これはビオンドの傑作の原本で、この見開き頁では古代ローマ最大の公共建築のひとつ、ディオクレティアヌス帝の大浴場について述べられている。

く、古典世界全体を、その文化的複合体をもよみがえらせた。『デ・ローマ・インスタウラータ』は歴史と考古学の著作としてはシンプルどころではなく、その読者たちに、かつての都に栄光において匹敵する新しいローマを建設することに挑戦せよと、政治的に訴えることもしたのである。1459年に完成させた次の書『デ・ローマ・トリアンファント（勝利せるローマ）』において、ビオンドはこれらのテーマをより発展させ、ローマの社会を、帝政の異教のローマを、教皇庁がその政府を改革しその軍隊を再編するのに従うべき模範として提示する。

ビオンドの諸著作は大人気を博し（早くも1481年に〔印刷本として〕刊行された）、この都に残っている歴史的建造物を彼自身は活発に擁護したにもかかわらず、ローマの古典遺産の破壊は、じつは彼の存命中に加速化された。教皇庁の帰還によって始まった建築ブームにより、施工者たちは、彼らが再利用できる石を廃墟から根こそぎにしてしまい、それらの大理石は焼かれてモルタル（漆喰）に使われたのである。教皇庁の人文主義者たちが外国からの訪問客をフォルム観光ツアーに連れて行ったときでさえ、彼らが見せびらかした歴史的建造物自体が、この都に群れ集まってくる枢機卿や銀行家たちの新しい宮殿を建てるために裸にされているところであった。コロッセウム自体が何十年ものあいだ、人間が作った広大な採掘場であったのだ。石や生石灰に変えられなかった古典の建造物は、中世のローマ内の道路を広げようと意図した一連の人文主義の教皇たちによって、なんとか平らにされた。それもみな皮肉なことに、ローマにかつての帝政時代の栄光を回復させようという彼らの偉大な野望のためだったのである。

ルカ・デッラ・ロッビア

テラコッタで再生された美術
1399/1400 〜 1481 年

伝説によれば、若きルカ・ディ・シモーネ・デッラ・ロッビアは修業に熱中するあまり、カンナ屑のつまった箱に両足をつっこんで温めながら、一晩中仕事をしたという。最初は金細工師のもとで徒弟奉公——15世紀の彫刻家の多くがそうした——をし、15歳のときにはすでにフィレンツェのナンニ・ディ・バンコの工房(ボッテガ)で、新様式のダイナミックな人物彫刻を学んでいた。ナンニが1421年に没すると、ルカはドラマティックな作品で名高い彫刻家ドナテッロの工房に移った。1432年、ルカは石切り工の組合に登録し、聖歌隊席(カントーリア)の彫刻に着手した。フィレンツェ大聖堂のオルガンの覆いであるこの大理石製の衝立に、ルカは一連の、踊ったり、太鼓を叩いたり、歌ったりするケルビム（智天使）を彫刻した。この作品に表現された少年たちはみずみずしく個性的で、古典的優美さをそなえ、500年以上前と同様に、今日も魅力的である。単なる少年音楽隊の行列というより、マルチメディアである。少年たちは場面に合わせて、大理石の下のフリーズに彫られた詩篇150の詩行にシンクロしながら、歌ったり演奏したりしている。「喇叭(ラッパ)の響きで〔主を〕讃えよ、ハープとリラで主を讃えよ、タンバリンとダンスで主を讃えよ、弦と笛で主を讃えよ、シンバルを叩いて主を讃えよ。」

このカントーリアその他のプロジェクトでほぼ10年間働いた後、ルカは「それらを仕上げるのにいかに多くの時間がかかり、それらから得た金がいかに少ないかを計算した」という。彼はまた、自分の人物彫刻の様式、細部に凝り、個々人の表現にこだわり、優美な様式が、このカントーリアのように10メートルか20メートルという高所に設置されてしまうと、視覚的に印象がぼやけてしまうことをはっきりと認識した。そこで、1世紀後のジョルジョ・ヴァザーリによれば、「彼は大理石とブロンズを捨て、他の方法でもっと稼げないか考えることに決めた。」

ルカが絵画の親しみやすさと大理石の耐久性と記念碑的性格を組み合わせたその方法を発見するまでに約10年がかかった。彼のテラコッタに釉(うわぐすり)をかける技術は、光沢のある大理石のような仕上げを生み出し、大聖堂の管理者たちの関心をとらえた。彼らはルカにサンプル制作を依頼し、彼は、聖器室の自分がデザインしていたブロンズ扉上のルネッテ（半月形区画）を制作した。釉薬をかけたテラコッタは15世紀に知られていないわけではなかったが、これを

ルカ・デッラ・ロッビア作「薔薇園の聖母」（1460年）。大規模な彩釉テラコッタ彫刻によって、ルカはよりカラフルで親しみやすい聖人たちのイメージを提供しつつ、伝統的な大理石風の立像を安価で販売することができた。

ルカ・デッラ・ロッビア

2. 平和の時代のヨーロッパ人たち

建築的サイズの構図の高浮き彫りに使用したのはルカが最初であった。彼はこの技術と材料を秘密にしていたが、われわれはそれが精確な作業と非常に高温での焼成を含む、手ぎわを要する繊細な工程であることを知っている。様式的に、ルカのテラコッタ細工は彼の彫刻と同様、ドナテッロやロレンツォ・ギベルティが好んだ複雑な幾何学的表現や、人物の群れが配置された遠近法を避け、代わりに一様な色彩の背景に対して、（たいてい白い）人物像を優雅にシンプルに配置するのをもっぱらにした。この聖器室のルネッテは、古典的な構成と明晰な感情表現において、同時代のフィレンツェの画家たちの最高の成果に匹敵し、大評判を呼んだ。すぐに注文が続々とまいこんだ。

1446年、ルカは弟たちを説得して彫刻から手を引かせ、フィレンツェの北西の端の広大な土地に構えた自分の新しい陶器工房に参加させた。この場所を選んだのは、炉から出る煙が人口の密集した都市に入らないようにと考えたからだが、同時に偶然にも、コジモ・デ・メディチの息子で、ルカの作品にすぐに夢中になったピエロが近くに住んでいた。ピエロはルカにもっと多くの色の使用をためしてみたらと鼓舞しつつ、同時にルネッテやラウンデル（円形区画）から、さらに広いヴォールト天井や舗床にも手を拡げるようにとルカを説得し、これらのいくつかは、ルカの工房のすぐ南にあるメディチ館を今も飾っている。

ヴァザーリによれば、彼の発明によって、ルカとその弟たちは「全員で、かつて彼らが鑿で得たものに比べてかなりのものを得た」、評判においても、富においても。彼らはトスカーナ中の教会や宮殿を装飾する注文を獲得し、さらにフランス、スペインといった国外からも注文を受けた。ルカの陶製人物像は、絵画とは異なり、また大部分の彫刻素材とも異なり、雨に濡れてもほぼ問題がなかったので、野外展示用にも多くの需要があった。1450年、ルカの若い甥アンドレアが家業に加わり、まもなく、装飾的な葉や花や果実を、ほぼ工業的な効率で製造する型の使用によって、生産性がさらに増大した。広く模倣されたが、アンドレアとその跡継ぎの息子ジョヴァンニは、16世紀に入るまで、優れた美術品を生み出してルカの評判をよく保った。デッラ・ロッビア工房がついに平凡さへとおちいり、フィレンツェにあまたある職人工房のひとつという別物になってしまい、ルカ・デッラ・ロッビアの名を美術家として、また技術革新者としてかつてイタリア全土にとどろかせた非凡な作品の感傷的な模作を濫造してしまうのは、この第3世代の後になってからであった

ルカ・デッラ・ロッビアによるフィレンツェ大聖堂の聖歌隊席のための浮彫（カントーリア）（1431～38年）。この童子たちが躍ったり楽器を奏したりしているさまは、ルカが、古代ローマの浮彫、とりわけ、イタリア中部に数多く残っていた大理石製の棺の高浮彫からインスピレーションを得たものである。

ニコラウス・クザーヌス
(ほぼ) 無限の宇宙における神と人間
1401～1464年

　ドイツ西部モーゼル河畔のクースの町に裕福な商人の子として生まれたニコラウス・クレプスは、若いころ、父親に容赦なくオールで頭を殴られたのがきっかけで、回漕業から逃げ出したらしい。ネーデルラントに旅をし、まず敬虔主義の兄弟会で学び、次にハイデルベルク大学に通い、その後パドヴァ大学に移り、ここで1423年に教会法の博士号を取得した。ニコラウスは1425年にケルン大学で教えはじめたが、彼の教授としての時期は短かった。数年のうちにトリアー大司教の秘書官の地位を獲得し、まずはローマで、それからバーゼル公会議で、法律事務に従事しはじめた。当初彼は、教皇庁の権力よりも公会議の権力の方が上位であると力強く主張していたものの、1430年代半ばには教皇エウゲニウス4世の主張に完全に同調したため、(やや皮肉げに)「エウゲニウスのあらゆる難業を行なうヘラクレス」*との尊称を得てしまった。その報酬に、エウゲニウスはニコラウスを教皇特使にし、1437年のコンスタンティノープルへの旅を皮切りに、何度も使節として派遣した。この地で彼が背負っていたのはデリケートな役目で、浮き足立つ最後のギリシア人聖職者たちに、イタリアに来て、勃興するオスマン帝国の力に対する統一戦線を張るために、キリスト教会統一について話しあおうと説得することだった。

　1449年、司教および枢機卿に叙任されたニコラウス・クレプスは、クースのニコラウスと名乗りはじめた。このラテン語形がニコラウス・クザーヌスで、イタリア語だとニコラ・デ・クーザとなる。次の2年間のほとんどは教会の用務で旅をして過ごしたが、ニコラウスは自分の好奇心をそそる主題について瞑想し、広く書き記す時間を見出した。これらの著作のうちいくつかは政治的なものであると同時に宗教的なものであり、キリスト教の諸派の和解、ギリシアとローマ、教皇庁と公会議、ドイツとイタリアの和解、といった彼の関心が反映されている。他の問題はより純粋に神学的なものである——たとえば、有限の人間が無限の神を観念的に理解することは不可能ではないか。彼によれば、人間はこの理解に至るための障壁を観念的思考力への依存を放棄することによって打ち倒せる。代わりに、人間は自分が知らないことを認識することによって、神を直感できるのだ。ニコラウスはこの一見自己矛盾した知覚のプロセスを「ドクタ・イグノランティア(学識ある無知)」と呼び、これを、中心であり周縁である神は物質世界の奥にあると同時にそれを超越する、という幾何学的メタファー(比喩)によって図解した。ニコラウスによれば、神を観念的に知るのは不可能であるが、それでも人は自分自身の無知の限度を知ろうとすることができる。そのプロセスにおいて、人は神にいっそう近づいて成長するだろう、多角形の辺の数が増大すれば

---

*ギリシアの英雄ヘラクレスの12の功業のひとつ、「アウゲイアス王の牛舎掃除」になぞらえ、音の似たエウゲニウスとかけて、クザーヌスが教皇に与えられた仕事をよく果たしたことを指している。

するほど、決して同じにはならないとしても、その多角形が内接する円に近づいていくように。

　ニコラウスが幾何学、数秘学、占星術に対して魅力を感じていたことは、彼の他の著作の多くでも明白で、それらの著作で、彼は神というものは「ここ」にも「あそこ」にもあることを意味すると考えている。神は有限の地球ではなく、宇宙の中心にいるのだから、とニコラウスはプトレマイオスの天動説を却下し、世界は複数あるという、より急進的な考えを抱いた。これは地球と太陽は非常に多くある（しかし無限ではない、神のみが無限であるから）天体のうちの二つであると主張するものだった。天動説と並んでニコラウスは、円形の惑星軌道と天体という概念も物質的な一時の宇宙としては完璧すぎるとして却下し、その過程で、腐敗した地球と対照的に純粋な天というアリストテレス説の前提を放棄した。

　クーサのニコラウスは、初期ルネサンス最大の思想家のひとりであった。当時、人文主義的学問とラテン語文学を熱狂的に愛したのは、アルプス以北の学者たちの中で、じつは彼ひとりだった。終わりなき旅の過程で、彼は失われた古典の著作を多く発掘し、それらの写本をローマやフィレンツェにいる彼の同志たちが使えるようにした。彼は観察の学にも道楽半分でちょっと手を出し、凹レンズや鉱物のベリル（緑柱石）の属性やスプーンの適切な形について、短い論文を書いている。彼の理論の多くは驚くほど先見の明があり、その後のコペルニクス、ブルーノ、特にケプラーの著作のために土を耕したものだったにもかかわらず、ニコラウスの研究は、実験よりも理論と論理に基礎を置いたスコラ学的モデルに固く結びついていた。そいうものとして、彼は中世の宇宙論に独自のアリストテレス的用語で厳密に異議をとなえ、直接的な観察や試行錯誤によってではなく、純粋な、ネオ・プラトン的な数字と形体で論じたのである。ニコラウスのさまざまな関心は、科学と宗教改革のそれぞれの思想に生き生きとした役割を果たしたが、彼の世界観(ヴィジョン)は、死すべき人間たちではなく、無限の神に完全に取り巻かれたままであった。教皇ピウス2世の対トルコ十字軍のために中部イタリアでキリスト教徒軍を募るという、すこぶる中世的な使命の途上で、彼は没した。

ニコラウス・クザーヌスの故郷クースにあるクザーヌス図書館収蔵の書物と天文学の道具。二つの天球の間にあるのは、中世に諸天体の赤緯を示すのに人気のあった道具で、トルクエタムという。

次頁：聖母の生涯の親方による十字架磔刑図の細部（1480年頃）。ニコラウスは十字架にかけられたキリストの前でひざまずいた姿で描かれており、紋章盾のザリガニから彼だと同定される（彼の姓クレプスは「蟹」を意味する）。

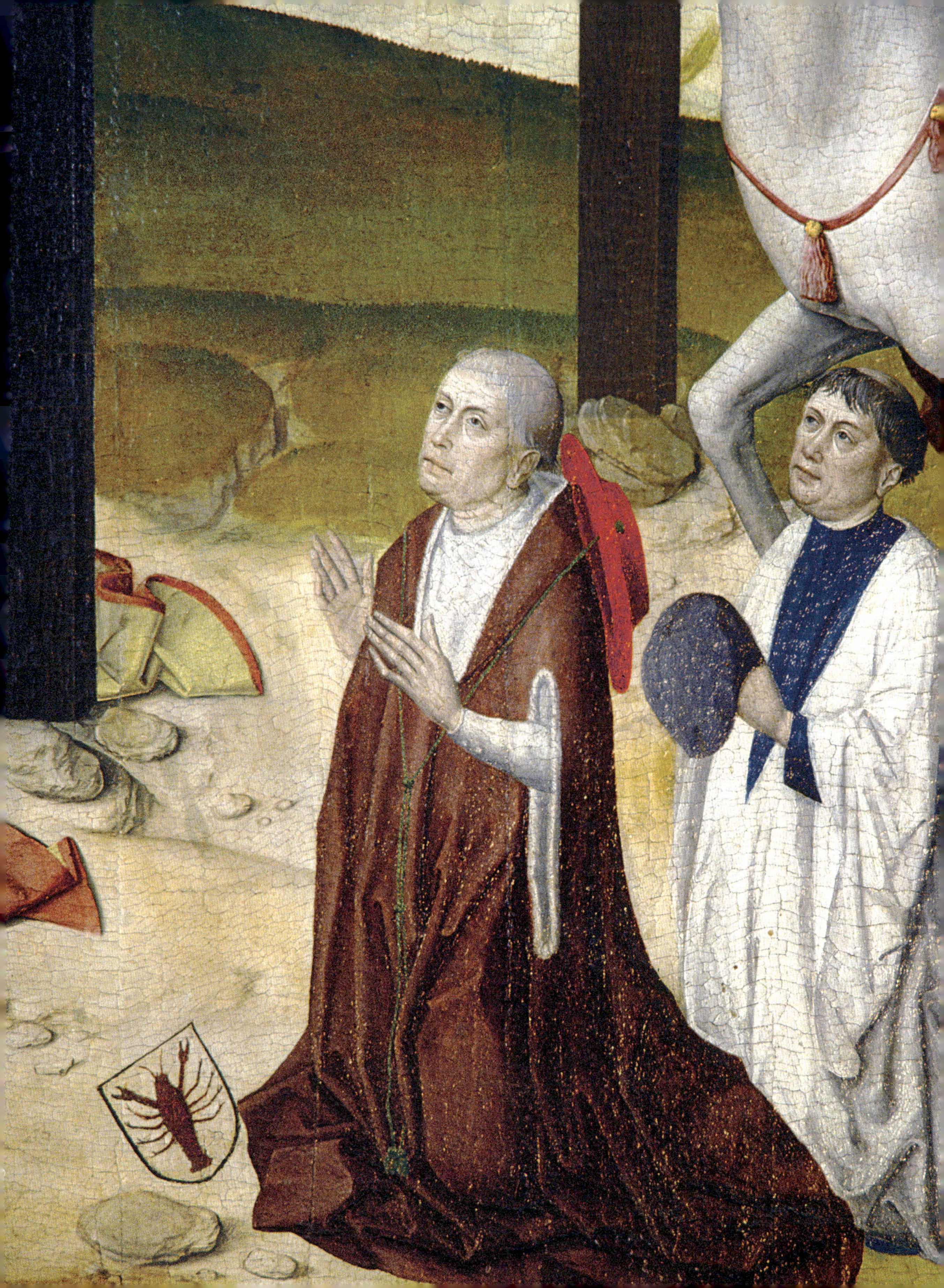

フランチェスコ・スフォルツァ
自分でなってしまったミラノ公
1401〜1466年

イタリア語で「スフォルツァ」とは「すばらしく力強い」という意味である。フランチェスコ・スフォルツァはこの戦場でのあだ名を、父親の、素手で馬の蹄鉄をまっすぐに伸ばせるほどの強力といわれたムツィオ・アッテンドロから受け継いだ。ムツィオはイタリア中部ロマーニャ地方の富裕な貴族の出身だったが、兄弟や従兄弟たち数人とともに傭兵隊を作るために一族の土地を後にした。14世紀末、こういった傭兵隊長——パトロンに代わって戦うという軍事契約をする男たち——はイタリアでは見なれた風景だった。彼らは、近隣を服従させたり、自国防衛のためにいくらかの軍事力を必要としたあらゆる小君主国や独立した共和国から仕事を請け負った。このような兵士の技術は、畑仕事をするよりも戦う方が儲かると知った何千ものパートタイマーの男たちに仕事を与えた。成功を収めた傭兵隊長は、雇い主から自分自身が土地を与えられて領主となるという形で報酬を得ることも期待できた。

フランチェスコはこのような世界のまっただ中に生まれ、ムツィオの庶出の息子7人の中でお気に入りとなった。18歳のとき父の伴をして戦闘に参加し、教皇庁、ミラノ、ナポリ、ペルージャ、フェラーラ、これらすべてと契約したり敵対したり、支払いの多い方へと次々と寝返った。1423年、ムツィオが渡河の途中で溺死し、フランチェスコは弱冠22歳だったが、父の傭兵隊を引き継いだ。彼はまもなく完璧な雇い主を見つけた。ミラノ公フィリッポ・マリア・ヴィスコンティは、1402年の父の死後に失われた一族の領地を回復することに熱心だった。軍人というより政治家であり策士であったフィリッポ・マリアは、スフォルツァのような男、戦闘のリスクを恐れず（多くの傭兵隊長が恐れていた）、厳格で信頼できて規律を守れる男を必要としていた。フランチェスコは戦場ではたいてい勝利したが、その強力な個性ゆえに、いつも雇い主と喧嘩になってしまい、公国の辺境に駐留という体のいい追放で仕返しされてしまうのだった。

そこでスフォルツァは、フィリッポ・マリアの気まぐれに対する保険として、自分自身の領国を確立することを決めた。アペニン山脈の北でローマの支配力が弱いことを見て取ると、彼はフェルモ市を征服し、付近の広い領地一帯に自分の覇権を確立した。お気に入りの傭兵隊長を取り戻したいと必死になったフィリッポ・マリアは、スフォルツァに誘惑的な申し出をした。彼の庶出の娘で、唯一の相続人であるビアンカ・マリア・ヴィスコンティとの結婚である。スフォルツァは既婚者だったので、妻との結婚を無効にするのに1年かかったが、1432年に婚約はととのった。しかし、この時点でふたりの男はまた喧嘩をし、スフォルツァは、ミラノの敵であるフィレンツェとヴェネツィアがなにをしようと自由にさせた。1441年に公と傭兵隊長はようやく一時的に仲直りし、結婚式が挙げられた。

1447年、フィリッポ・マリアは男子の継承者を残さずに亡くなった。その結果の権力不在状態に、ミラノの都市貴族たちが、都市の守護聖人聖アンブロジウスにちなん

アントニオ・ポッライウオーロによるフランチェスコ・スフォルツァ騎馬像のための習作（1482～83年）。ルドヴィコ・スフォルツァは古典的伝統の凱旋記念碑で父親を記念しようとしたが、この作品が彫刻として制作されることはなかった。

で貴族制の「アンブロジアーナ共和国」を樹立した。最初、スフォルツァとその軍隊は新体制に仕え、ミラノに服属する諸都市をくすねようとするヴェネツィアの試みをくじいた。しかしまもなく彼は寝返って、1年近くミラノを封鎖するに至った。飢餓状態に追いこまれたミラノ市民は、ついに統治者たちに都市とその支配権をスフォルツァに差し出すように強いた。1450年3月、フランチェスコ・スフォルツァはビアンカ・マリアとともにミラノに入城し、公位を要求した。

彼の同時代人（や子孫）のイタリア人君主たちは虚栄心が強かったり、殺人者だったり、自己顕示欲が強かったりしたが、その中でフランチェスコ・スフォルツァ＝ヴィスコンティ公（以後、彼はそう名乗った）は冷静さにおいても合理性においても、ともにきわ立っていた。彼は公正かつ効率的な税制度を整えてミラノ市民の心をかち取り、その税収入によって、市立病院建設とアッダ河と市を結ぶ運河のための資金調達が可能になった。彼はまたミラノのヴィスコンティ家の古い城を再建・強化し、この城はその後、スフォルツェスコ城と呼ばれる——これはスフォルツァ家がここにやってきて住んだことを思い出させる立派なものである。

軍人としての単刀直入さをもって、スフォルツァはまた、イタリア政治の永続的

2. 平和の時代のヨーロッパ人たち

な混沌状態にいくらかの安定を押しつけることに成功した。彼は他に先がけて外交官を利用し、敵国の意図を探り出させたり、意見の相違を穏便に収めさせたりした。彼とフィレンツェの実質的な支配者であるコジモ・デ・メディチは、両国の古くからの敵対関係にもかかわらず信頼できるパートナーシップを形成し、1454年、この友好関係はナポリ王国にも拡大し、さらにヴェネツィアと教皇国家へと拡げられた。古くからの敵を説得して味方に引き入れるために、ちっぽけな領地をあきらめることや紛争地点を放棄することを受け入れて、スフォルツァは各国を順々と説得して、ローディの講和として知られるヨーロッパ初の不可侵条約に署名させることができ、これによってイタリア半島の勢力均衡が認められ、保証された。スフォルツァの晩年、ミラノは平和を享受した。彼はかつての敵ヴェネツィアに、自分の最良の傭兵隊長たちを貸与さえしたのである。

ジョヴァンニ・シモネッタ著の『スフォルツィアーダ』の表題頁。この書は息子ルドヴィコの注文によるフランチェスコ・スフォルツァの生涯と業績の讃辞である。1490年に刊行されたこの版には、ジョヴァンニ・ピエトロ・ビラーゴの手で装飾がほどこされた。

レオン・バッティスタ・アルベルティ
ルネサンス人の原型
1404～1472年

レオン・バッティスタ・アルベルティは、その生涯を通して自慢屋だった。自分は両足を結んだまま、立っている男の頭の上を跳び越すことができるとか、巨大な〔フィレンツェの〕大聖堂の中で、コインを投げて天井ヴォールトにあてて音を響かせることができるとか、「野生馬を飼いならしたり、山に登ったりして楽しむ」とか書いている。建築家で、言語学者で、暗号作成者で、何十作もの論文、戯曲、詩の作者である人にしては子供っぽい行動だ。しかし、アルベルティの天才には、常に不安げに人の関心をひかねばならない必要性が同居していた。

亡命中のフィレンツェ貴族の庶子として生まれたアルベルティは、自分が一族や社会において非嫡出であることを汚名のように感じていたのだろう。父親は充分な資力が許す限り最良の教育を受けられるようにと気をつけてはいたが、若きアルベルティは、1421年に老父が死ぬと悲嘆に暮れた。人を馬鹿にした親類たちが彼の大学への学費供出を取り消し、一族が13世紀以来名誉をもって尽くしてきた都市から、彼を追放した。この二重の烙印の重荷からアルベルティが立ち上がるのはようやく1428年のことで、彼は教会法で学位を授かり、フィレンツェ当局は彼の追放を撤回した。このころ、アルベルティは「レオーネ（獅子）」と自称しはじめた。

アルベルティが獅子の自尊心を抱くのももっともだった。彼は20歳で、レピドゥスの古典作品に似たラテン語悲劇のパスティーシュ（模倣作）を書いたが、多くの人文主義者たちは、これを失われていた作品だと思った。1430年代、彼は結婚生活を焦点にした古典的名著『家族論』（イ・リーブリ・デッラ・ファミーリア）を書いた。このような世俗的な社会学的研究は、15世紀初めには論争の的になった。アルベルティは、「〔彼の〕親類の者たちが著作全体と、それにかかわった著者の無益な企てとの両方を声高に嘲笑しているのを偶然耳にした」と嘆いている。おそらくその結果、アルベルティは多くの初期人文主義者同様、聖職という保障を選んだ。1431年、聖職者宣誓を行ない、彼は親フィレンツェの教皇エウゲニウス4世から、ローマの教皇庁書記局での、楽で収入のよい仕事を与えられた。以後、彼は自由に時間を使い、思いついたことは何でも探究する生活を送った。

アルベルティの関心はきわめて広範囲にわたった——彼こそ万能人、つまりルネサンス人の典型だと長いあいだ考えられてきた——が、彼が特に情熱を傾けていたのは、人文主義的思想を諸芸術の根拠とし、両方を弁護することだった。マザッチオとブルネレスキの親友であった彼は、フィレンツェで進行中の絵画革命を目撃した。アルベルティ自身は画家としては大したことがなかったので、代わりにこの過程を、影響力の強い研究書『絵画論』（デ・ピクトゥーラ）（1435年）において知的に説明し、自らの古典の修練を用いて、理論的および機能的な用語で絵画を

2. 平和の時代のヨーロッパ人たち

探究した。自然主義、遠近法、肖像表現へと向かう新たな絵画的感性において、彼は美術こそは「存在しないものを現前させるだけでなく……死者を何世紀も後に生者の目に再現させるのだから、神的な力を有する」と考えた。

しかし、アルベルティが自分の理想を最もよく実践に移したのは、建築においてであった。ローマに来るやたちまち、彼は古代ローマ人が従っていた設計の諸原理を求めて廃墟の研究をはじめた。フィレンツェのルチェライ宮殿やリミニのテンピオ・マラテスティアーノといった場所の設計で学んだことを生かした後、アルベルティは、個人的体験と人文主義的理論を結合させ、『建築論(デ・エデフィカトーリア)』(1452年)を書いた。彼は古典期ローマの作家ウィトルウィウスの『デ・アルキテットゥーラ（建築論）』を自分の研究の模範としていたが、さらに進み、現存する建築物がどのように建てられたかを叙述するだけでなく、未来の建築物のための構造的、美的、社会的ガイドラインをも提示した。史上初の建築に関する刊行本（1485年）であるこの『建築論』は、ラテン語とさまざまな俗語で何十回も版を重ね、200年後になってもまだ、実践的ガイドとして使われていた。

アルベルティは絶えず新たな主題を探究しつづけた。彼は演劇、詩、小説、考古学、都市計画、数学的ゲームについての論文を書いた。数字に魅せられた彼は晩年、暗号作成についての研究『暗号論(デ・チフィリス)』を書き、その中で、「多アルファベット換字式暗号法(ポリ)」と呼ばれるようになる暗号のアイディアを初めて述べている。にもかかわらず、死ぬまでの数十年間、アルベルティは何よりも著名な建築家であった。フィレンツェのメディチ家やその富裕な支持者たちのために仕事をし、それからマントヴァ、フェラーラ、ウルビーノに旅して、それらの土地の領主たちが必要とする建築上の問題に助言をした。1459年、教皇ピウス2世が、ウィトルウィウスの諸原則を用いてピエンツァの町全体を再計画せよと彼に依頼した。アルベルティが創造したこのすばらしい小都市は、古典以後のヨーロッパ世界で実現された最初の、真の人文主義的な、ルネサンスの都市空間であり、ヨーロッパ初のルネサンス人の多様性に富む経歴にふさわしい頂点であった。

左：1436年ごろ、アルベルティによって製作されたブロンズのメダリオン。*独立した自画像として最古のもののひとつ。このアーティストは自分を非常に個性的に描きつつ、「ローマ人」風に、横顔でトーガ（長衣）を着ている人物として表現している。*

次頁：アルベルティ設計（1462年）によるマントヴァのサンタンドレア聖堂。*ティトゥス帝の凱旋門やマクセンティウス帝のバジリカといった古典ローマの歴史的建造物の影響を受けている。*

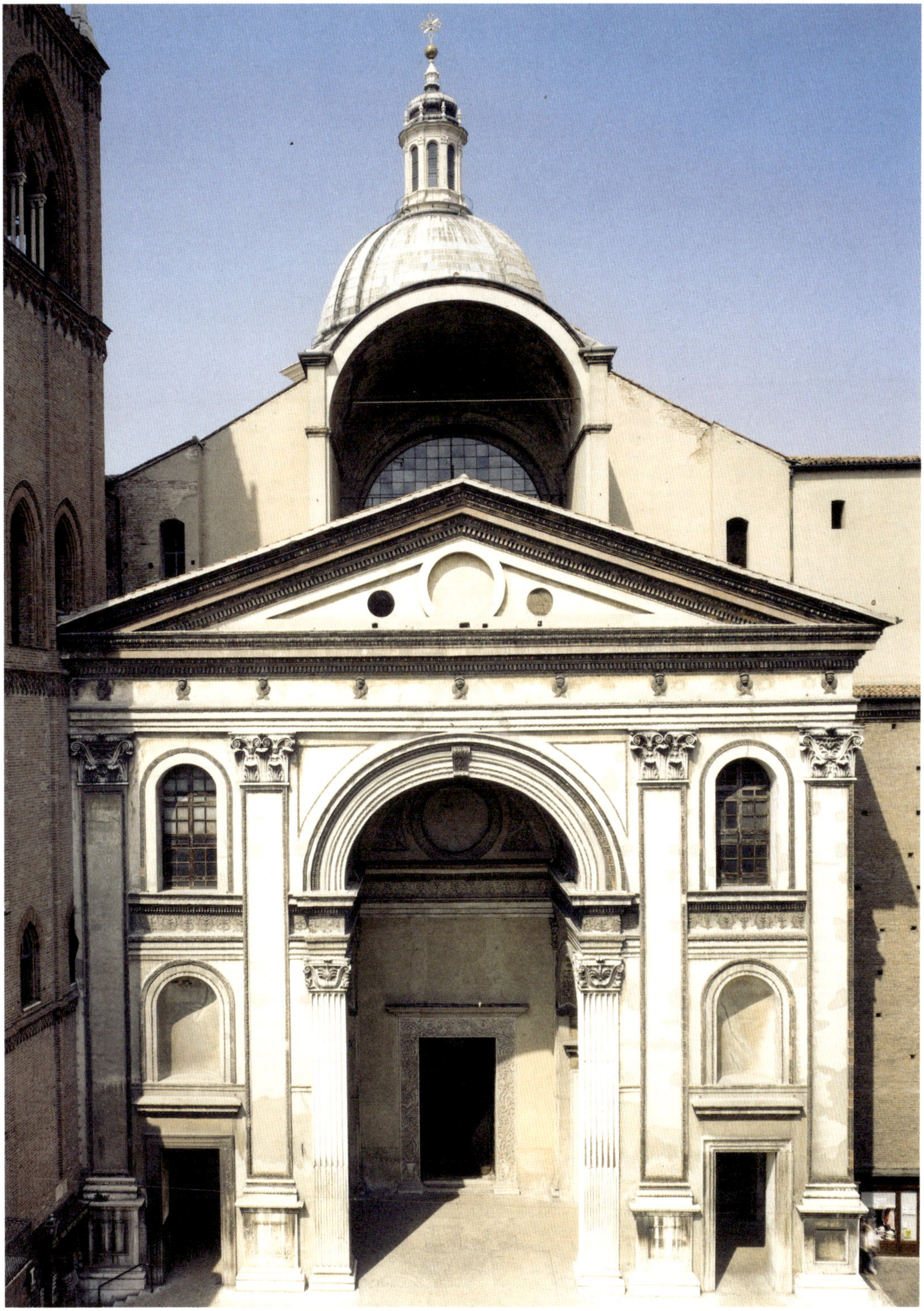

教皇ピウス2世
人文主義者、詩人、教皇
1405～1464年

機智充溢、臨機応変、自分の誠実さを他人に確信させる天才だったアエネアス（イタリア語はエネア）・ピッコローミニは、つつましい出自から権力の頂点へと、楽々と昇ってしまった。政治的に不遇なシエナ貴族の長男であったアエネアスは、一族の田畑で作業をしながら成長し、読み書きを覚えられたのは親切な司祭のおかげだった。シエナ大学に入学してからは、やや不器用だったが熱心に人文主義的カリキュラムに従ったが、古典の勉強より酒場で過ごす時間のほうが長かった。彼は、自分が外からの影響を非常に受けやすい若者だったと後に認めているが、聖ベルナルディーノがやってきて罪についての説教をすると、アエネアスは自堕落な生活を捨てた。しかし、修道士が去ってしまうやいなや、もとの生活に戻った。1432年、まだ法学を勉強中だったが、バーゼル公会議への旅の途上で通りかかったひとりの司教についていき、教会秘書官の地位のために、ひとおもいに法学を捨ててしまった。

　最初のパトロンが資金を使い果たすと、ピッコローミニはバーゼルで次々と聖職者の主人を見つけたが、そのたびに、ちょっとずつ主人の位が上になっていくのだった。彼はフランスとドイツに外交使節として派遣された。スコットランドに行ったのは秘密裏で、国王にイングランド侵攻を説得するためであった（失敗に終わったが）。彼は禁欲の誓いを必要とする聖職者叙任は避けていたけれども、ドイツの高位聖職者たちの政治にますます巻きこまれていった。つまるところ、ピッコローミニはドイツ王（後に皇帝）フリードリヒ3世に廷臣および秘書官として抱えられ、おびただしい数の詩作、戯曲、諷刺詩、ポルノ小説、騎士道物語、ボッカチオ風の小話のおかげで、1442年、宮廷の桂冠詩人に任命された。

　フリードリヒの弁護人、そしてローマとのあいだの仲介者として、ピッコローミニは徐々に教会組織に、また特に教皇エウゲニウス4世に親しみを覚えていった。1445年、ローマ滞在中に彼は放蕩生活には飽き飽きしたと判断し、聖職者の列に加わって、「ヴィーナスを捨ててバッカスと親しく」なろうと考えた（聖職者は酒飲みであることで悪名高かった）。報奨はすぐに与えられた。1年もたたないうちにエウゲニウス4世は、ピッコローミニをトリエステ司教に叙任し、1450年には故郷シエナの教区の司教に任命された。さらにフリードリヒの気に入られるようにと、1452年の皇帝のローマでの戴冠式の旅を監督し、皇帝の支持を得て、1456年の末に枢機卿になった。たった1年後、熱く争われた教皇選挙（コンクラーヴェ）の結果、ピッコローミニは教皇に選出された。

　教皇としての称号を決めるにあたって、ピッコローミニはピウスを選んだ。彼によ

次頁：シエナ大聖堂のピッコローミニ図書館に描かれたピントゥリッキオの壁画（1502～08年）。この場面には教皇選出のプロセスの頂点が描かれている。聖ペテロの三重冠を戴冠したばかりのピウス2世が輿にのせられ、サン・ジョヴァンニ・イン・ラテラノ聖堂の中へと運ばれている。

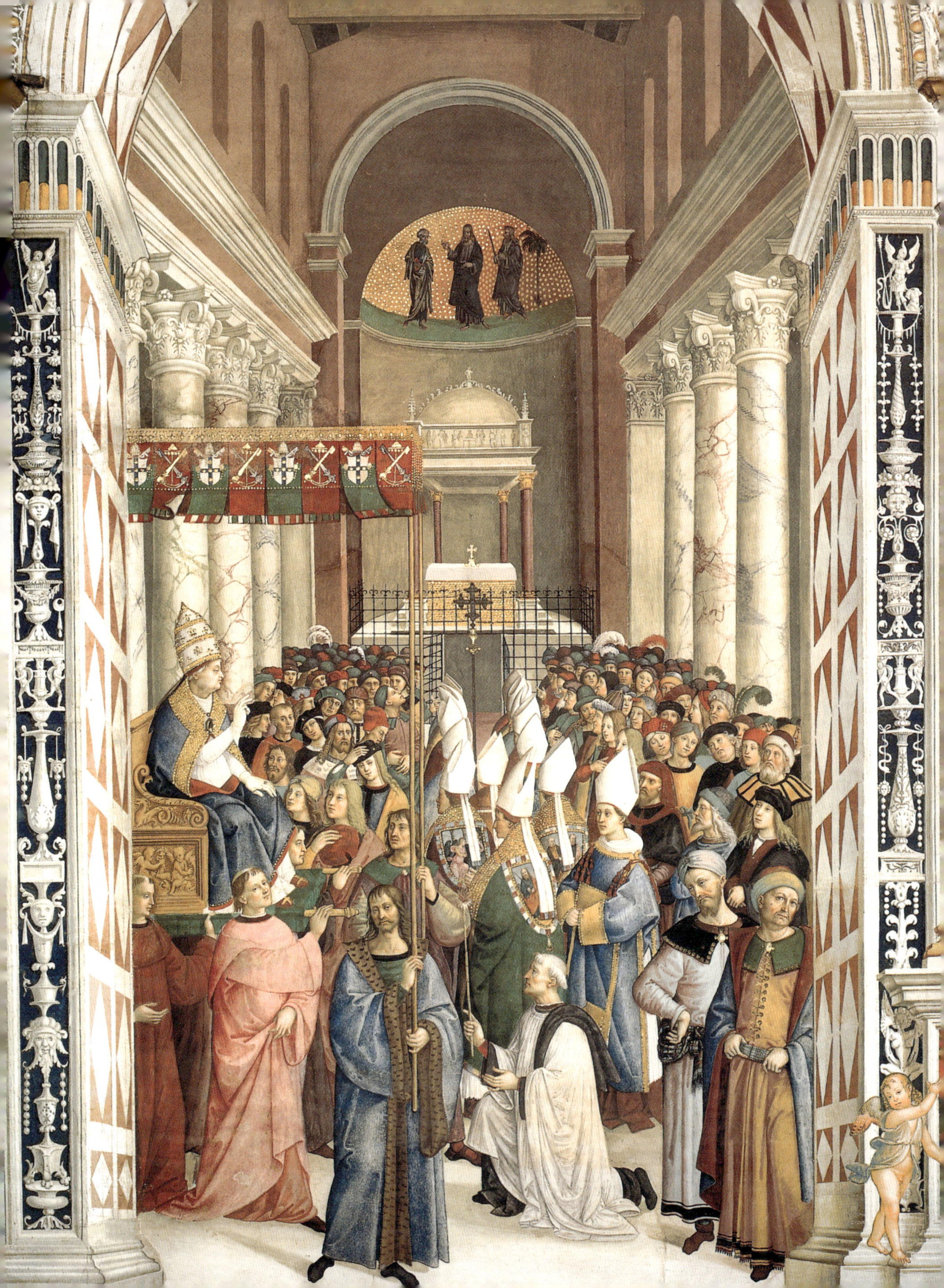

2. 平和の時代のヨーロッパ人たち

れば、詩人ウェルギリウスを記念するためで、この詩人は叙事詩『アエネイス』で、ピッコローミニと同名の主人公をしばしば「ピウス・アエネアス（敬虔なるアエネアス）」と賞讃をこめて呼んでいたのであった。しかし、古代文学に対するこの最初の行為はほぼ最後の行為となり、彼の文芸保護を期待してローマへと旅してきた人文主義者たちを失望させた。教皇位につくと、彼は著述をほとんど止めてしまった。例外は晩年に著した『回想録（コメンタリイ・レルム・メモラビリウム）』である。これは教皇の自伝としては存在が知られている唯一のもので、ピウス自身の多彩な青年時代と、初期ルネサンスの教皇庁の内幕を、ユニークかつ驚くほどあけすけに覗かせてくれる。

代わりに、ピウスが相当な費用をかけ、骨を折って人文主義者としてのエネルギーを注いだのは、故郷の村コルシニャーノの再建で、この村は彼にちなんでピエンツァと改名された。レオン・バッティスタ・アルベルティなどの建築家を招き、枢機卿たちに各自の宮殿を建てるように説得してピウスが創造したのは、最初の、そしておそらくほぼ完全なルネサンスの計画都市であり、ウルビーノのフェデリコ・ダ・モンテフェルトロのような後の幻視者のインスピレーションのもととなった。小型の大聖堂と市議会場とピッコローミニ宮殿に囲まれた中央広場をもつピエンツァは、啓蒙的な都市計画の模範例であり、トスカーナの僻地にある人文主義的合理主義の至宝であった（今もそうである）――また、ピッコローミニ一族がかつてこの地に追放されていたことの偉大な証左である。

しかし最後に、かつては非常に俗っぽくて陽気な性格だったピウス2世が、さまざまな出来事や彼自身の性格の変化によって、教皇庁の方向転換を余儀なくされた。オスマン帝国によるコンスタンティノープル征服と、その後のバルカン半島への拡大により、ピウスは明白な使命を与えられ、教皇に就任してわずか1年で、彼は東方教会の伝統的な首都を回復するための十字軍を宣言した。これはうまくいかなかった。計画会議のためにキリスト教世界の諸君主をマントヴァに召集し、彼自身が凱旋行列をしてそこに赴いたが、現れた者は少なく、トルコの脅威に直接にさらされていたハンガリー人だけが、軍隊と資金の提供を申し出た。金銭づくのヴェネツィア人や自己中心的なフランス人について辛辣な愚痴を言いつつ、ピウスは結局1464年の半ば、他の連中が恥じて行動を取ってくれたらと希望しながら、自ら十字架を掲げた。すでに弱っていたが、彼はアンコーナに進軍した。そこに指揮すべき十字軍は事実上存在せず、軍隊の到着を待ちながら、彼はそこで亡くなった――詩人が十字軍士になり、イスラム軍を迎え撃つ幻のキリスト教徒軍の指揮官として死んだのである。

ベルナルド・ロッセリーノ設計のピッコローミニ宮殿（1459～64年）。ピエンツァ。フィレンツェの貴族たちのお気に入りの建築家であったロッセリーノは、ピエンツァの中央広場を5つの独立した建築物で囲んだ。ルネサンスの都市計画の初期の例である。

ロレンツォ・ヴァッラ
快楽と利益のための論争者
1406頃〜1457年

初期ルネサンスの時代、関心と保護を争って奪いあった何十人もの青年学者たちのあいだで、ロレンツォ・ヴァッラは、才気煥発と好戦的性格においてきわ立っていた。彼は「長期にわたっての利用ゆえにすでに是認されている大作家たち」を鋭く攻撃し、彼ら全員が「私に対して激怒しても」まったく気にしないと公言した。「もしそうする機会があるなら……躍起になってすばやく、私を引きずっていき罰したまえ！」それならそれでよい、と彼は言う。なぜなら、この人文主義の英雄時代に、「真実と正義の擁護に自分の命をかけることこそ、最高の美徳、最高の名誉、最高の報いへの道なのだから！」

北イタリア出身のヴァッラはローマとフィレンツェで主要な人文主義教育を受け、レオナルド・ブルーニからラテン語を、ジョヴァンニ・アウリスパからギリシア語を学んだ。どちらも当時一級の専門家である。まだ学生時代に、彼はすでに署名入りの論争的文体で執筆していた。ある初期のエッセイ（現存せず）で、彼は、ローマの修辞学者マルクス・ファビウス・クィンティリアヌスはラテン語の文章家としてはキケロ——ブルーニが特に尊敬していた——よりずっと優れていると宣言した。このような知的論争の吹っかけは、ヴァッラが1431年にパヴィア大学に雄弁術の教授の地位を得るのに役立ったようだ。そこにいるあいだに、彼は『快楽について』(デ・ヴォルプターテ)を執筆し、エピクロスと人間の自然な欲の享受を賞揚した。それらの古典的価値に対する人文主義者による最初の擁護であったが、それらの価値は、古代哲学から禁欲主義を選び、その他のほとんどを無視していたキリスト教教育の千年間とは明らかに反目するものであった。

彼のもっと真面目な読者たちにとっては心を傷めることだったが、ヴァッラは次に、14世紀の偉大なイタリア人法学者バルトロ・ディ・サッソフェラートの拙劣なラテン語を攻撃し、その結果、パヴィア大学から追い出された。放浪学者として3年を過ごした後、ヴァッラはついにナポリ王アルフォンソ1世の目にとまり、王は彼に王室秘書官の地位を提供した。その後の12年間、ヴァッラはギリシア語古典をラテン語に翻訳したり、宮廷にいる他の人文主義者たちとの辛辣な論争でアルフォンソを楽しませたりした。彼はまた、人文主義の黄金時代の最も独創的な——そして意地悪な——著作をいくつか書き、初期の学者たちのいい加減なラテン語のせいで不完全な論証やアリストテレスの誤読に至ったという見地から、中世哲学の核心を批判した。

物事を整理するため、1441年、ヴァッラは『ラテン語の洗練について』(デ・エレガンティイス・リングアエ・ラティナエ)を書いたが、これは古代以来最初のラテン語文法書であり、ラテン語の最も偉大な作家たちにもとづいた体系的なラテン語のために、文体と言語の規範(カノン)を創り出した最初の書物であった。1471年に最初に出版され、その後の半世紀に50回以上も再版されたこの『ラテ

ン語の洗練について』は、中世ラテン語をそのネオロジズム（造語）とバーバリズム（粗野な言葉）から洗浄したゆえに歓迎された。しかし、この本がその役割を果たしたのは、ラテン語が学者と素人愛好家のための高尚な言語へと凍結され、本質的には死語となったことが同時に明らかになった後であった。

ヴァッラが特に楽しんだのは、その言語学者としての技量と辛辣な機知を用いて、中世の文書偽造をあばき、文字通り神聖なものを攻撃することであった。彼の最も有名な一撃は、1440年に書かれた『コンスタンティヌスの寄進状偽書論』であった。この中でヴァッラは、教皇の世俗権の第一の根拠——4世紀初頭にコンスタンティヌス大帝が教皇シルウェステル1世に行なった寄進を記録した文書——を攻撃した。この寄進状によれば、コンスタンティヌスはビザンティウムへ出発する際に、シルウェステルに洗礼を授けてくれたことと、ハンセン氏病を治癒してくれたことに感謝して、帝国の西半分を贈ったという。ヴァッラは賢くも、この寄進状が修辞的および歴史的観点から偽物であることを暴露した。しかし、最も意義深いことは、彼がこの文書を、ずっと後の時代（750年ごろ）のラテン語の単語と表現が多く含まれているという言語上のアナクロニズム（時代錯誤）として、木っ端微塵にしたことである。

ラファエロ工房によって描かれた「コンスタンティヌスの寄進」（1520年代）。ヴァッラの学識によって教皇の世俗権主張は疑われて久しかったが、教皇レオ10世は、コンスタンティヌスによる寄進を記念するこの作品を注文した。

ヴァッラの有名な『コンスタンティヌスの寄進状偽書論』の手書き草稿（1440年）。彼は最新の言語学的手段を用いて、教会の政治権力が最高位であるとの主張が偽造文書にもとづいていることを示した。

ヴァッラはついに、「使徒信経（クレド）」は伝説がいうように12使徒が書いたのではないことを証明し、また、ヴルガタ訳聖書のラテン語はギリシア語原典を拙劣に訳したものだと嘲笑した。彼の大胆な行為は危険であり、何度か異端で告発された。処刑を免れたのはただ、アルフォンソ王がタイムリーに調停してくれたり、すばやくバルセロナに逃げたりしたからである。新たに選出された教皇ニコラウス5世は、異端であろうとなかろうと、ヴァッラが長く切望していた教皇庁の秘書の地位で報いてやった。ヴァッラはたちまちパトロンのアルフォンソ王を見捨ててローマにおもむき、平和で実入りのいい閑職を享受したが、相変わらず喧嘩っぱやく、死ぬ間際まで、ドメニコ会修道士たちの集まる前で聖トマス・アクィナスの著作を攻撃していた。ヴァッラの厳しい攻撃演説はもはや彼を危険にさらすことはなかった。しかし60年後、エラスムスやルターの仲間たちによって再び刊行されたとき、それらの著作は、教会にとって極めてまずいものであることが明らかになった。

アレッサンドラ・ストロッツィ
ある母親の夢と縁組計画
1407～1471年

ルネサンス時代のフィレンツェでは、結婚は求愛や恋愛の問題ではなく、合併や買収の問題であった。富裕なエリート階級にとっては特にそうであった。古い名家の女家長だったアレッサンドラ・マチンギ・ストロッツィは、長男のフィリッポと次男のロレンツォへの手紙で、このような結婚政略について説明している。兄弟は政敵メディチ一族によって追放されており、唯一の連絡手段である手紙で、アレッサンドラはしばしば長い噂話を、口語のイタリア語で書き送った。この非常に個人的な書簡が、15世紀の女性の私生活を珍しくも垣間見させてくれる。

アレッサンドラは14歳で結婚し、28歳で未亡人になった。夫と子供3人が、一族がアドリア海沿岸に亡命中に疫病で亡くなった。政治的不遇と財政的混乱のうちに、彼女は生き残った5人の子供たちとフィレンツェに帰還し、一族の通信を管理した。普通なら夫がやるべきことである。フィリッポとロレンツォは1458年、成人したためナポリへ追放になり、アレッサンドラは彼らに、家族の近況や政治情報を書き送りはじめた——後者はしばしば暗号で書かれた。彼女はイタリア語を流暢に読み書きできたが、ぎこちない文章や綴りの間違いには、ほとんどの貴族の女性の教育が限定されたものであったことが反映されている。

優雅さには欠けていたが、彼女の手紙は日常生活の細部にあふれている。彼女は便秘や四旬節の断食、豚肉屋との口論、アーモンドの値段について語る。そして、末息子への手紙では、新しい麻のパンツを何

おそらく結婚の祝宴のために都市の洗礼堂の近くに集まるフィレンツェの金持ちたち。この板絵は1450年代に描かれた。アレッサンドラ・ストロッツィが子供たちの結婚準備に日々を送ったのは1450～60年代である。

アレッサンドラ・ストロッツィ

枚か、「あなたの好きな形に作らせましたよ」と書き送る。彼女はフィリッポが手紙をくれないとき、母親らしく優しく罪の意識を利用して、あなたが私を完全に忘れてしまったはずがない、息子というものはもちろん母親を忘れない、「特に息子が母を必要とするときに息子を見捨てなかった母親を」忘れたりしない、と書く。あなたがとっても忙しいことはわかっています、手紙が来ないなら、あなたが誰か他の人に手紙を書く時間があったかと皆に聞いてみましょう、もしそうだったなら、少なくともあなたが元気だとわかるから。

彼女が何年間も心にかけていたのは、子供たちの結婚の見通しであった。1447年、フィリッポへの手紙で、彼女は彼の妹カテリーナが裕福な絹商人マルコ・パレンティと結婚することになったと知らせている。アレッサンドラは義理の息子にはもっと良い家柄の者が好ましかったのだが、娘をもっと高貴な一族に嫁がせるには1500フィオリーニの持参金が必要で、これは素寒貧のストロッツィ家にはべらぼうな金額だった。パレンティは持参金を1000フィオリーニに負けてくれるようだし、いずれにしろ、待つのは賢明ではない。カテリーナはもう16歳で、同年齢の女性はほとんどすでに結婚していた。パレンティは花嫁の扱いも立派で、美しい深紅の絹天のガウン、孔雀の羽根と真珠のついた冠、真珠で覆われたヘッドドレスを贈ってくれた。「カテリーナは外出するとき、400フィオリーニ以上を背負うことになるでしょう」と誇らしげな母親は昂奮状態である。

アレッサンドラがフィリッポとロレンツォの結婚を気にかけたのは、悩みの種であるストロッツィの家名を高めるためだけでなく、老いた未亡人は息子たちの家族と死ぬまで過ごすものとされていたからである。心配性の母親は、息子たちにさまざまな少女を推薦しながら何年も過ごしたが、息子たちは母親のような切迫感をもってはいなかった。ナポリで、彼らは長い時間働いて一族の銀行業を築き、妻帯するのは先延ばしにしたけれども、女に見向きもしないわけではなかった。ふたりとも妾を囲っていて、そのことでアレッサンドラを悩ませたのは、愛人がいると正嫡の孫ができる

2. 平和の時代のヨーロッパ人たち

アレッサンドラの息子フィリッポ・ストロッツィのテラコッタ胸像（1475年頃）。フィリッポは40歳になるまで結婚を避けていて、母親をひどく悩ませた。フィレンツェの貴族階級では、男性の初婚の平均年齢は29歳だが、女性のほとんどは16歳で結婚した。

のが遅れることだった。彼女はフィリッポに、あなたが結婚をくり返し延期するのも不思議はありませんね、あなたを大変うまく扱う女性——マリーナという名のスラヴ系女性だったが——がいるのだから、と冗談を書き送っている。ロレンツォは愛人とのあいだに庶子を二人もうけたが、これもアレッサンドラは別に気にしなかった。「〔あなたもフィリッポも〕ふたりともそんなに結婚を延ばしていては、庶子が何十人にもなってしまうでしょう」と彼女はそっけなく書いている。

しかし、妻を娶るのは重要なビジネスだった。そして、美人であるかどうかも取引に影響した。候補者たちをあけすけに値踏みして、アレッサンドラはひとりの少女が有望な資格があるが、不器用だとの噂があると書いている。もうひとりの少女は顔が長いが肌がきれい——色白ではないけれども。生まれのよい少女たちは外出するのが稀だったから、情報収集が困難だった。アレッサンドラはひとりの候補者の家をくり返し見張って、その少女が窓辺でおしゃべり——気まぐれや道徳の欠如を意味するふるまいだった——をしていないかを確かめた。別の少女がどの教会に行くのかを聞いて、アレッサンドラはその教会のミサに忍びこんで、こそこそ覗き見をした。彼女は別の花嫁候補を追いかけてミサに行き、その後で「彼女の顔と歩き方を見たところ、怠惰ではないし、欠陥品ではないと思われます」と、報告している。

1466年、兄弟の追放が終わったとき、ロレンツォは事業の経営のためにナポリに留まったが、アレッサンドラには嬉しいことに、フィリッポは故郷に戻ってきた。もう40歳近かった。彼はフィアメッタという16歳の美少女と結婚し、アレッサンドラは彼女を「旨味たっぷりの良い肉」にたとえた。9ヵ月後に孫のアルフォンソが誕生し、アレッサンドラの余生の焦点となった。フィリッポが旅に出ると、彼女は少年のニュースを書き送り、赤ちゃん言葉を引用し、彼の最初の歩みを記録している。アルフォンソは私の後をついて家中をよちよち歩きしてくるのよ、母鶏の後を追いかける雛鳥のようよ、と彼女は書いている。彼が15ヵ月になると、とても発育が進んでいるので文字を教えはじめたのよ、と公言している。残っている彼女の最後の手紙は、1470年のフィリッポ宛てのものだが、アルフォンソは元気よ、と彼女は書き、それからまるで後から思いついたように、「他の皆も元気よ」と書いている。もうすぐ死にそうよ、と彼女は1447年から言っていたけれども、亡くなったのは1471年で、家族が最期を看取った。

イゾッタ・ノガローラ
人文主義者の少女が聖女に
1418～1466年

ヴェローナの少女イゾッタ・ノガローラはほんの10代で、もはや一人前の学者だった。20歳の時には、イタリア初の女性人文主義者として名声を確立していた。しかし、はっきりものを言う教養ある女性には、危険がつきものだった。1439年、筆名で書かれたものだが、ある批評家が彼女の雄弁を認めつつ、「雄弁な女性は貞潔ではありえない」と断言し、イゾッタを放縦な浮気女と非難した。汚れた女が「最も優れた文学研究に深くかかわる」のは神への侮辱である、とこの男は決めつけた。その後、イゾッタの著作の公表はしだいに減り、彼女は数年間、母の家のずらりと本の並んでいる書斎で隠遁生活を送った。すでに文法、修辞学、人文主義文学はマスターしていたので、彼女は神学に戻り、宗教学者として出直した。

ノガローラ家のようなエリート階級の中でも、少女が進歩的な学問に従事するのは稀で、それができたわずかな者たちには、男性親族の許可が必要だった。未亡人であるイゾッタの母親自身は読み書きができなかったが、4人の娘が古典の学問ができるように配慮した。イゾッタと妹のジネヴラは特に優秀だった。しかし、ジネヴラの学業は結婚によって中断されてしまった。イゾッタはひとりで勉学を続け、若い未婚女性にとって唯一の適切な文通相手である一族の仲間たちから助言やコメントを集めた。

しかし、1436年、イゾッタはやりすぎてしまった。彼女自身の家庭教師であり古代ギリシア語の著名な学者であるグアリーノ・ヴェロネーゼに、求められていない手紙を送ってしまったのである。返事はこず、地元の女性たちに大胆さを噂され、イゾッタは深い屈辱感を味わった。彼女は勇気を出して次の手紙を書いたが、それは子供っぽく怒って非難するものだった。彼女は「女は男に嘲笑される」からと、女に生まれたことを嘆き、私たちは私たちより劣った者に対して謙遜してふるまわなければならないというキケロの格言を使って、師に小言をいいながら、「あなたが心を動かされず、キケロの教えに不賛成なのは存じております」と彼女は口をとがらせた。今度は、グアリーノがすぐに返事をくれて、彼女の仕事を励まし、しかし、強くなり、もっと弾力のある、「男のような魂」を養いなさい、と戒めた。

15世紀においては、書簡執筆は情報交換の手段である以上に、今日の学術誌のようなものであり、人文主義者たちが思想を広めたり、問題を討論したりできる手段であり、また主に出世するための手段であった。野心ある若い学者たちは「書簡集」と呼ばれる、数巻からなる自分の著作を回覧させた。イゾッタはこれを行なったヨーロッパでは数少ない女性のひとりであった。これらの著作は個人的な手紙でもあったが、書き写され、さまざまな知的サークルへと転送され、イゾッタの名と名声は知れわたったが、彼女はヴェローナに留まっていた。

しかし、その結果高名になったことで、1439年に彼女の貞潔さに対する無名の攻撃が引き起こされ、そのために彼女は隠遁する羽目になったようだ。1440年代のイゾッタについてはほとんど情報がないが、彼女あての手紙は彼女の信心深さについて語りはじめ、少なくともひとりの作家は、彼女の永遠の貞潔を力説している。おそらく、このような感情に賛同したのか、あるいは

書斎にいるイゾッタ・ノガローラを描いた木版画。ジャコモ・フィリッポ・フォレスティの『デ・クラリス・ムリエリブス（著名な女性について）』(1497年)から。*彼女が学問を始めた1430年代、古典ラテン語をマスターしたヨーロッパ女性は5人しか知られていない。*

妹のキャリア中断を思い出したのか、イゾッタは生涯結婚しなかった。しかし、信心深い女性が歩く普通の道である修道院に入ることもしなかった。ノガローラ家の富と開明的精神から、彼女は独身の成人女性として、家族と暮らしながら学業を続けるという、異例な選択をすることができた。こうして、自由な立場で、彼女は聖書、初期キリスト教の著作、アリストテレスの哲学を手に取った。

1450年ごろ、イゾッタは宗教作家として再登場し、脅かされることの少ない役柄で精神活動を取り戻した。彼女は人文主義的形式で著述を続けたが、今や、それらの文章は神学的プリズムによる屈折を経たものだった。彼女の最も有名な著作、『アダムとエヴァについての対話』において、彼女はヴェローナの総督で個人的な友人でもあるルドヴィコ・フォスカリーニと、エデンの園でどちらの罪がより重いかという問題について対話している。1451年に書かれたこの架空の対話は、おそらくイゾッタとフォスカリーニの現実の議論がもとになっていた。登場するルドヴィコはエヴァの愚かさと高慢さが彼女をして神の掟を破らせ、アダムを罪へと誘惑したのだと主張するが、一方で「イゾッタ」は、神自身がエヴァに、より弱い意志と限りある知性を与えたと述べる。「真実へのより大きな理解力と知識」をもつアダムの方がよくわかっていたはずだ。

この対話はヴェローナ中を魅惑した。性と罪というそのテーマのためだけでなく、登場人物が高名な既婚男性と高名な独身女性だったためもあった。二つの学位と優れた心の持ち主だったフォスカリーニはイゾッタと気が合い、ふたりは婚姻関係にない男女としては驚くほど多数の手紙を出し合っている。彼女から彼への手紙は1通しか現存していない——交際初期のフォーマルなものである。しかし、彼から彼女への膨大な手紙は情熱的である。常に彼女の貞潔な生活と優れた知性について述べているけれども。彼は恋人のように、彼女が無視されたと感じたときにはなだめ、彼女のことを心から大事に思っていると安心させる。彼女が求婚されたと聞くと苛立って愚痴をいい、献身的な処女として彼女は「肉欲による生」を拒まねばならない、キリスト教徒としての生の「無傷で汚れのない飾り」であり続けるようにと思い出させる。

ふたりは心から愛し合っていたが、肉体関係があったという証拠はない。しかし、フォスカリーニはイゾッタの家を訪問しているし、彼らのひんぱんな文通は疑惑をかきたてるのに充分であったから、ヴェローナ司教はふたりに会うのを止めよと命じた。にもかかわらず、1461年にイゾッタの母親が亡くなると、彼女はフォスカリーニの家に移り、そこで学業と執筆を続けて、1466年に亡くなった。

フェデリコ・ダ・モンテフェルトロ
芸術に囲まれたウルビーノ公
1422～1482年

フェデリコ・ダ・モンテフェルトロはイタリア東部の貧しい丘陵地帯の小領主の庶子、と始まりはお先真っ暗だったが、まばゆい人生を送った。22歳でウルビーノ公国を継承すると、彼は傭兵隊長——敗北知らずであったという——としての莫大な収入を使って、自分の宮廷をルネサンスの礼儀作法と芸術の模範に変えた。当時、彼は「イタリアの光」と呼ばれ、イタリアの諸君主の鑑とされた。フェデリコはまぎれもない才能で成功したが、自分のつつましい出自を忘れたことは決してなかった。まだ若い傭兵隊長(コンドッティエーレ)だったとき、彼は勝組の側につくこと、個人的感情ではなく、職業的誠実さに対して報いることを学んだ。君主になっても、同じような原則に従って、他のイタリアの諸侯や自分の家臣たち——その多くは彼の兵士たちでもあった——とつきあった。その結果、他の君主たちと異なり、フェデリコは武装した護衛をつけずにウルビーノの街路を歩き、工房に顔を出したり、職人たちとおしゃべりしたり、要するに、市民から愛されていると信じることができたのだ。

ウルビーノは財政破綻していたため、市からの資金援助はあてにならないと悟り、君主になった後も、彼は傭兵隊長として働き続けた。イタリア半島の移り変わる外交的提携に喜んでかかわったけれども、彼が取り変えるのは金を払ってくれる雇い主だけで、政治的同盟は決して結ばなかった。軍人として名をあげ、最新の武器や戦術を用い——彼は戦場で大砲を使った最初の傭兵隊長だという——十分な稼ぎを故国に持ち帰り、君主がおきまりに課すような重税の必要性をなくした。

君主としてのほぼ40年間に、フェデリコはウルビーノを一種の人文主義者のテーマ・パークに変え、その宮廷は礼儀作法と学問で名声を博した。みすぼらしい小さな丘の町の飛び出た尾根に、彼は巨大な宮殿と大聖堂と、イタリアではヴァチカンに次ぐ規模の図書館を与えた。これらを満たすために、イタリア中から、また国外から、学者、美術家、写字生を雇った。最盛期には、フェデリコとその息子とその後継者グイドバルドの治下、宮廷には500人ほどの男女が雇われ、居住していた。伯、廷臣、下級の紳士たち約60人、この数字には半ダースの秘書が含まれ、22人の小姓、38人の馬丁と給仕、5人の料理人、31人の召使、50人の厩舎係、100人かそれ以上のさまざまな従僕。さらにほぼ100人が職人や楽師として働いていた。ミラノやフェラーラのような強大な都市と比べれば小さな宮廷だったが、ウルビーノのような地方の中心地では極端に大きく見えた。町の成人の3分の1が完全にフェデリコのために直接働き、残りの大部分も廷臣たちの世話をして生計をたてていた。あとは皆——農夫たちを含めて——少なくとも周期的に公国の軍隊に雇われていた。

フェデリコは都のために莫大な金額を費やした——20万デュカーティを宮殿建築に、5万デュカーティをその家具調度に、3万デュカーティを図書館に。2500デュカー

2. 平和の時代のヨーロッパ人たち

ティでミラノやマントヴァに大商人が館を買えた時代に、である。彼の金払いの良さは、この宮廷に一種のヌーヴォー・リシュ（新興成金）的な下品な派手さを与えた。彼は図書館のために何百となく本を筆写させたが、購入したギリシア語やヘブライ語の本数十冊を彼が読んだ——あるいは読むことができた——様子はない。フェデリコの愛書家としての関心は、書かれている内容よりも、むしろ本の外観の方にあった。彼はそれらの書物の装丁やヴェラム（子牛皮紙）や挿絵装飾を特に自慢にしていた。彼は最新式の印刷術を世俗的だとして軽蔑したという。

　フェデリコの浪費の大部分は、ほとんど軍事能力だけで成り上がった彼自身とその血筋に正当性を得るためのキャンペーンであった。彼はピエロ・デッラ・フランチェスカやスペイン人のペドロ・ベルゲテなど一連の画家を雇い、自分の肖像画をさまざまに描かせた。信心深く、王侯貴族然として、愛妻家で、文武両道——その一方で、彼らに決して顔の右側を描かせなかった。1450年に馬上槍試合で右目を失っていたのだ。とにかく、彼は長男でもなかったし、嫡出子でもなかった。また、彼の兄の暗殺に彼がかかわっていたのではという疑いはずっと晴れなかった。1474年になってようやく教皇シクストゥス4世が、彼をウルビーノの単なる領主ではなく、公に叙任したが、それも、彼の娘を教皇の甥に（持参金をたくさんつけて）嫁がせた後のことであった。このアウトサイダーの傭兵隊長はついに夢を実現したが、その代償は、彼の公国をより強大な王朝、デッラ・ローヴェレ家と結びつけただけだった。病弱な息子グイドバルドが1508年に跡継ぎを残さずに死ぬと、ウルビーノは教皇領に戻り、それとともにフェデリコの蔵書、美術品、家具調度品の大部分も持ち去られた。壮大かつ優美な宮殿のみが残り、ウルビーノのつつましい額に巨大な王冠のごとく載っている。

上：ウルビーノ公の宮殿（パラッツォ・デュカーレ）。ルネサンスの標準からすれば小さいが、ウルビーノの宮廷はピエロ・デッラ・フランチェスカ、ペドロ・ベルゲテ、ペルジーノ、ブラマンテ、カスティリオーネを惹きつけた。

前頁：ペドロ・ベルゲテ画「書斎のフェデリコ・ダ・モンテフェルトロ」（1470年代）。フェデリコは戦闘服に身を包み、公爵らしいアーミン（白テン）の毛皮をかけ、イングランドのヘンリー4世から贈られたガーター勲章を足につけている。

ルクレツィア・トルナブオーニ
世のそしりをかわす
1425〜1482年

15世紀、イタリアで最も強力な一族の中でも、最も影響力をもった女性がルクレツィア・トルナブオーニだった。ピエロ・デ・メディチの妻で、ロレンツォ・イル・マニフィコの母である彼女は、フィレンツェの政治や都市情勢について夫と息子に助言をした。彼女は何の公職にもついていなかったが、窮困者や零落した者たちは彼女に援助を求めたし、他の者たちも、家族の問題や教区の口論を解決してくれるよう彼女に求めた。ルクレツィアは作家でもあり、よく知られた節まわしで歌われるような宗教詩を作ったり、聖書に出てくる豪胆な女傑の話を物語詩に作ったりした。

ルクレツィアの夫のピエロは1464年に父のコジモが亡くなった後、フィレンツェの支配権を握った。イル・ゴットーゾ（痛風病み）とあだ名された病弱なピエロは極端に内向的な男で、父親のようなダイナミックな社交術に欠けていた。一方、ルクレツィアはその親切心と思いやりでフィレンツェの人びとを魅了し、彼女の外交的才能は、夫の多くの欠点を補うのに役立った。ピエロは体の痛みから、時には何週間も寝床から離れられず、何度か外交使節を他の者に任せなければならなかったが、時にはルクレツィアもそれに含まれた。たとえば1467年、彼はヴェネツィアのフィレンツェ侵攻について教皇と話しあうため、彼女をローマへ派遣した。男性が支配する教皇宮廷にあえて足を踏み入れる女性はほとんどいなかった時代である。女性大使の派遣はメディチ家の批判者から攻撃され、彼女の夫を恥じ入らせ、フィレンツェを「この上ない悪評」におちいらせた。

ピエロが1469年に亡くなると、20歳のロレンツォがフィレンツェの事実上の支配者となったが、彼は13年後に母親が亡くなるまで、彼女の助言を求めた。ルクレツィアは人文主義的学問の修練は何も受けていなかったが、教養もあり、フィレンツェ内外の政治によく通じていた。彼女は政府内にじつによく顔がきいたし、外国から国際事情について情報を日々送ってくれる友人がいた。たとえば、イタリアの都市国家間の闘争やキリスト教世界の対トルコ戦争について。

ルクレツィアあての500通ほどの手紙が残っていて、その大部分は彼女になんらかの援助を求めている。ある差出人は彼女に、ピサ大学の新学長選出プロセスを左右してもらえないかと求めている。またある手紙は、20年間にわたる一族の確執を調停してほしいと求めている。ある修道女は修道院の農場から収穫物を盗む兵士たちに対する行動を求め、ある囚人は恩赦を求めた。貧窮した少女たちは、名誉ある結婚ができる

次頁：ドメニコ・ギルランダイオ作の壁画「洗礼者ヨハネの誕生」（1486〜90年）の部分。右からふたり目の女性がルクレツィア・トルナブオーニの肖像。フィレンツェのサンタ・マリア・ノヴェッラ聖堂。

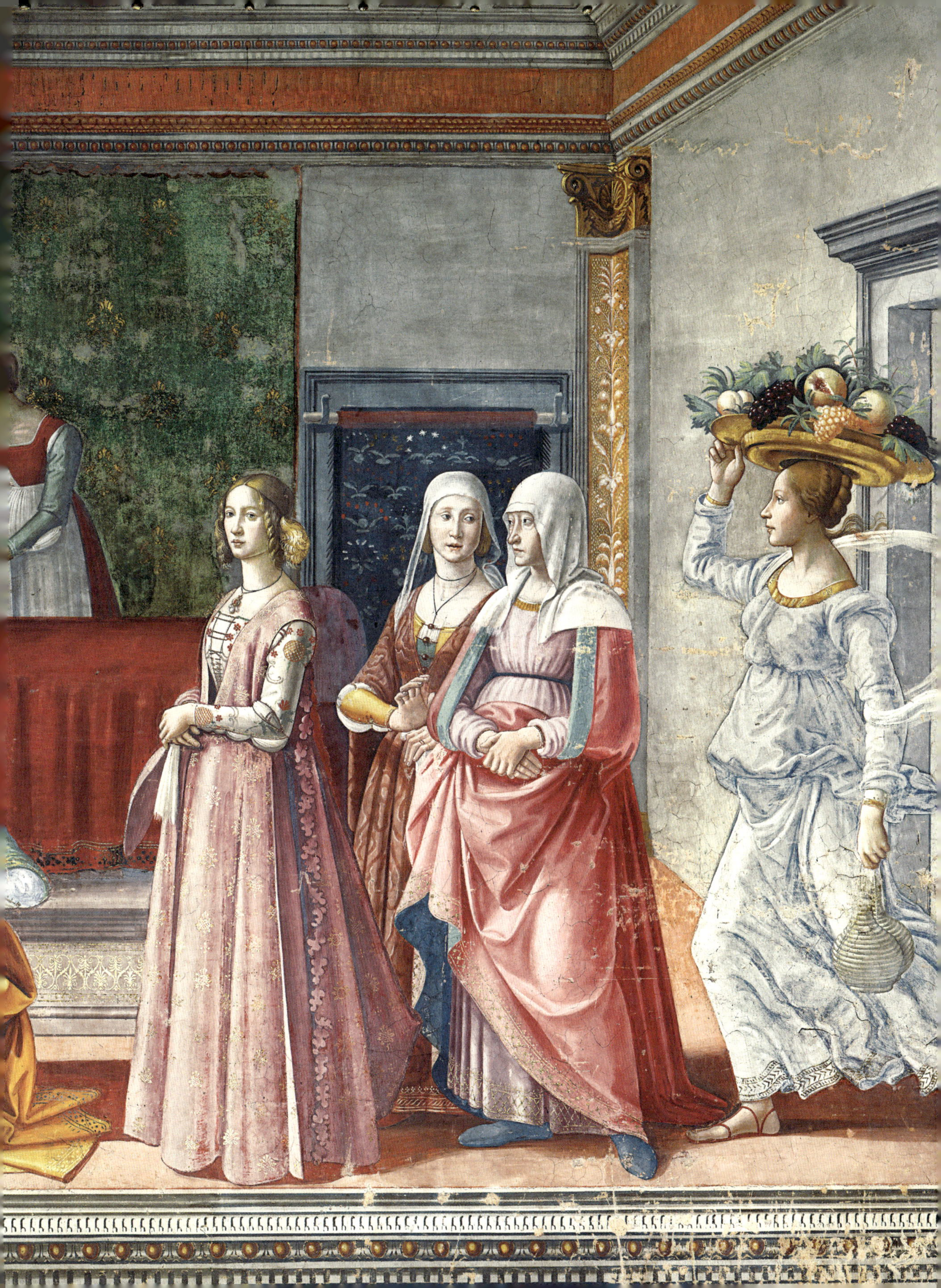

2. 平和の時代のヨーロッパ人たち

ルクレツィア・トルナブオーニの肖像。ドメニコ・ギルランダイオに帰属（1475年頃）。**敬虔な人柄を前面に出すことによって、ルクレツィアは公的な舞台で貧しい者たちの弁護者となることができた。ほとんどの貴族の女性は私的な空間に閉じこめられていた。**

ように持参金の資金を求めた。贈り物とともに届けられた手紙もあった。ある亡命中の商人は追放の取り消しを期待しつつ、上質の麻布を大量に送った。一方、感謝の気持ちでいっぱいのピストイア出身のある男は、彼女の親切に礼を述べるとともに、「鱒を何匹かお送りします」と書き加えている。

嘆願者たちはルクレツィアに、「最も気高き母君」などと母親に対するように呼びかけるのがお決まりで、彼女の同情心、慈悲心、その他たいてい聖母マリアに帰せられる美徳を褒め称えている。この美徳をそなえた公的な女性——神聖さをおびた母親のイメージ——これが非難をそらすのに役立った。というのは、慈善行為であってさえ、公的な領域に女性がいるのは正当化されなかったからだ。フィレンツェの敬虔な大司教などは、女性が家を出てよいのはミサのためだけだ、罪を犯す機会をさらに少なくするため、そのような外出も特別な祝日だけに限るべきだ、とまで言っている。

市のための仕事は公的なものだったが、彼女の執筆行為は私的なもので、それらは、家族や友人たちのための、民間伝承と宗教的主題を混ぜ合わせた詩がほとんどだった。彼女の「ラウデ」（世俗的音楽にのせて歌う宗教詩）8作のうち4作は、15世紀に流行した「ようこそ五月に」の曲にあてたものだった。宗教的物語には、彼女はボッカチオやペトラルカのような広く愛されたイタリアの作家の韻文形式を用いて、伝統的な聖書の物語にドラマを織り交ぜ、それを彼女自身のこまごました描写——たとえば、宮殿の垂れ幕についての数行——で潤色した。彼女が関心をもったのは、聖書外典の、ユーディトのような機智に富む女性だった。ユーディトは「男の心」をもった勇敢な未亡人で、敵陣に入りこんで将軍を魅了し、酔っ払って昏睡している彼の首を斬り落としてイスラエルを救った。ルクレツィアは「エステル書」を語り直しているが、この王妃は王家の慣習に挑んで死の危険を犯し、許可なく王の庭に入って、ユダヤ人に対する陰謀をあばく。ルクレツィアが選んで書いたのは、彼女と似て、自分の民の公益のために境界を越えた女性たちであった。フィレンツェの気むずかしい大司教が間違っていると証明するかのように、彼女は神に仕えるには、時には男性の領域に足を踏み入れる女性も必要であると示すために、聖書を用いたのであった。

ジェンティーレ・ベッリーニ
肖像とファサードの画家
1429？〜1507年

ジェンティーレの父、ヴェネツィアの画家ヤコポ・ベッリーニは、自分の師ジェンティーレ・ダ・ファブリアーノ——初期ルネサンスの巨匠で、その作品は国際ゴシックの様式化された優雅さと、フィレンツェの革命的自然主義を橋渡しした——にちなんで、息子に同名をつけた。息子のジェンティーレの方は、両方の伝統に恩を受けつつ独自の様式を発展させ、一方ではカンヴァスに油彩という新しいメディウム（画材）の先駆者となったが、この油彩を、彼はテンペラ板絵や伝統的なフレスコ壁画よりも好んだ。1470年代に自分の工房(ボッテガ)を開いたときには、ジェンティーレはすでに名高く、1469年には皇帝フリードリヒ3世によって貴族に叙せられ、1474年にはヴェネツィア政府の公式画家の称号を与えられた。

ジェンティーレが最初に名をあげたのは肖像画家としてであった。現存する彼の最も初期の絵は、ヴェネツィアの長老ロレンツォ・ジュスティニアーニの全身像（1445年）だが、これは今でもヴェネツィアで見つかった最古の油彩画である。ジェンティーレ作の肖像画の多くは失われてしまったが、現存する数少ない作品——何人かのヴェネツィアのドージェ（元首）、キプロス女王カテリーナ・コルネール、そして数人の貴族——は、この斬新な世俗的分野の絵画に対する彼の理解力を証明している。フィレンツェの画家たちは数十年のあいだ、祭壇画の中に彼らのパトロンの肖像を挿入していたが、ジェンティーレは顧客を完全に独立した肖像として、永遠に記念すべき価値がある個人として描いた最初の画家であった。

1470年代末、ジェンティーレと弟のジョヴァンニは元首宮殿（パラッツォ・デュカーレ）の大会議室を装飾しなおすために雇われた。彼らはフレスコ壁画法を用いずに、巨大なカンヴァスを何枚もはめこんだ。そこに描かれたのは、ヴェネツィア市の叙事詩としての共和国創設神話で、サン・マルコ広場などの識別できる場所を舞台に、大勢の群集や劇的な事件が描きこまれていた。ジェンティーレによるヴェネツィアの海での勝利の表現はまさにドラマティックかつリアリスティックで、16世紀の伝記作者ジョルジョ・ヴァザーリは感動して、「絵画で獲得されたものは海戦で獲得されたものに劣らない」と彼を賞讃した。

1479年、ジェンティーレは元首宮殿から引き抜かれ（ジョヴァンニにこの仕事の完成を任せ）、ヴェネツィア政府によってコンスタンティノープルに派遣された。トルコのスルタン、メフメト2世がイタリアの肖像画への興味を表明したので、ヴェネツィア人はこの技に熟練した画家を送ることで、彼らの古くからの敵を魅了することを期待したのだ。ジェンティーレは期待にこたえ、一連の肖像画を描いて、スルタンに「自然の事物をこのように生き生きと描く神のような才能を死すべき人間がもつことができるとは驚異である」と言わせしめ

2. 平和の時代のヨーロッパ人たち

た。メフメトがジェンティーレの技にあまりにもうっとりしたので、ジェンティーレは「何か神的な霊によって助けられ」、スルタンをキリスト教徒に改宗させるよう鼓吹されたのかもしれないと夢想するヴェネツィア人もいた。

そうはならなかった。ジェンティーレは1480年にヴェネツィアに帰還し、メフメトは翌年亡くなり、ヴェネツィアとトルコはまもなく聖戦の続行へと回帰していった。ジェンティーレのコンスタンティノープルでの作品のほとんど——さまざまなオスマン帝国の官吏のデッサン、自画像、スルタンに特別に依頼された種々雑多の官能的作品——は失われてしまった。ペンによるスケッチ数点、トルコ人書記の多彩色画、へたに修復されたメフメトの肖像画だけが残っていて、ジェンティーレがコンスタンティノープルで生み出した作品や、彼が引き起こした刺激についてのおおよそのヒントを与えてくれる。同じように、ヴェネツィアでのその後の作で残っているものも少ない——ジョヴァンニと共に描いた大会議場の連作はすべて、1577年の大火で灰燼に帰してしまった。彼の公共的であると同時に叙事詩的な堂々たるヴィジョンは、晩年にヴェネツィアのふたつのスクオーラ・グランデ（大信心会）——社会奉仕の提供にかかわる信心会——のために描いた4枚の巨大な油彩画から推測しなければならない。一人ひとりや建築の細部を念入りに描くことができる大画面で、ジェンティーレは都市自体を主役に据えた。この過程で彼が独力で始めたヴェネツィアの都市景観画家（ヴェドゥティスティ）の

左：ジェンティーレ・ベッリーニの自画像（1495年頃）。その後数世紀のあいだ、弟のジョヴァンニと義弟のアンドレア・マンテーニャの影に隠れてしまったが、生前のジェンティーレ・ベッリーニは彼ら以上の名声を享受し、ヴェネツィア元首の画家に任命された。

次頁：1481年のメフメト2世の死後、その息子バヤズィト2世は、ベッリーニの肖像画を偶像崇拝的かつ反イスラム的であるとして拒んだ。ほとんどの作品が破壊されるか海外に売られた。1479～80年に描かれたこの座る書記の肖像は、ペルシアで生きのびた。

❧ ジェンティーレ・ベッリーニ ❧

2. 平和の時代のヨーロッパ人たち

ジェンティーレ・ベッリーニ作「アレクサンドリアで説教する聖マルコ」(部分、1504〜07年)。*彼の都市景観画の多くと同じように、ベッリーニはこの作品をヴェネツィアの5つのスクオーラ・グランデ（市の社会的奉仕の大部分を請け負っていた慈善のための信心会）のひとつのために描いた。*

伝統は、2世紀以上後に、カナレットやフランチェスコ・グァルディによって頂点を迎えることになる。

しかし、ジェンティーレはまったく異なるプロジェクトでその生涯を終えた。「アレクサンドリアで説教する聖マルコ」において、彼は細部への情熱を彼自身の意匠による東方幻想に注ぎこんだ——高さ3メートル、横幅約8メートル以上の異例な大きさの異国の都市景観画で、ラクダやキリンや大きなターバンを頭に載せたパシャ（東方の高官）たちが描かれている。中心に、彼はしっかりとヴェールをかぶった女性たちを集めたが、彼女たちは聖マルコの説教に耳を傾ける聴衆で、この構図に安定感を与えている。コンスタンティノープルからの帰還後に描いた他の作品に、彼は東方のモティーフ——絨毯や陶器の碗をちらっと——を描きこんではいた。しかし、この「聖マルコの説教」こそ、彼が東方のヴィジョン（風景）をこのように大規模に描いた最初の絵であり、また他の誰にも描きえなかったものであった。彼も他のルネサンス・イタリア人も、イスラム教徒の所領を改宗させるあるいは植民地化するというキリスト教徒の夢は決して共有しなかった。しかしジェンティーレの「聖マルコの説教」は少なくとも、キリスト教世界がイスラム世界に感じた強力な魅惑を捉えることに成功したのである。

メフメト 2 世
コンスタンティノープルの征服者
1432〜1481 年

15 世紀半ば、ヨーロッパは比較的平和な状態が確立されたとはいえ、まだひとつの危険に脅かされていた——オスマン・トルコのスルタン、メフメト 2 世である。バルカン半島の群小王国だけでなく、東方との近距離ゆえに恩恵を受け、長いあいだ特権を享受してきたイタリア諸国も、突如として、自分たちが何万もの戦闘慣れした軍隊と新たな海の敵に直面したことを知った。ヨーロッパ人は東方に目を向け、自分たちが目にしたものに身ぶるいし、見なれた宗教的な敵ではなく、むしろ神の怒りが現実のものとなったと感じた。人文主義者である司教レオナルド・ダーティは、サタン自らがメフメトを世界に送りこんだのだと警告し、「彼は私のものである。彼こそ、私が心から望んでいたものだ。これこそ、邪悪な所業を与える者だ、私は彼に世界を罰する恐ろしい杖を与えるだろう」と宣言した。

メフメトはヨーロッパ人にとって恐怖となり、21 歳でコンスタンティノープルを征服したとき、「エル・ファイス（征服者）」の称号を得た。1453 年、彼はコンスタンティノープルをたった 3 週間で、教科書的な効率の良さで陥落させた。メフメトは大軍を用い——10 万以上と算定されている——都とその水路を遮断し、救援のあらゆる望みを打ち砕いた。それから、最新設計の巨大な大砲による砲撃で、コンスタンティノープルの頑丈な壁に穴を開けた。古典世界のこの最後の名残りを占領して、メフメトは急速にオスマン帝国の力を他の地にも拡大して確固たるものとし、彼の前進は動かしがたいものに思われた。彼の大軍の襲撃と砲撃に抵抗できた町や国はわずかだったし、無謀にも抵抗した場合は手ひどく罰せられた——男たちは虐殺され、女子供は奴隷に売られた。彼のイェニチェリ軍団＊はすぐにアナトリアやペロポネソスに残っていた最後のギリシア人王国を一掃し、それからバルカン半島を越えてドナウ河とベオグラードに迫り、この町は 1456 年、猛攻にかろうじて耐えていた。

阻止されることなく、メフメトは中核地域を越えて帝国を拡張しはじめた。彼はヴェネツィアからほど近くフリウリの調査のために軍隊を送り、彼の海軍はクリミアからジェノヴァ人を放逐した。彼はロードス島の聖ヨハネ騎士団の砦を包囲し、1480 年にはイタリア半島の爪先、オトラントを占領した。メフメトはいたるところに恐怖を引き起こした。彼の残虐行為に関する話があふれかえった——彼の軍隊は 5 万人以上の市民を殺害したといわれた。神学者たちは、彼の信仰は偽りであり悪魔的だと断言し、彼に対する十字軍が召集された。

メフメトは物事を違うふうに見ていた。彼のコンスタンティノープル征服はキリスト教徒にトラウマを与えたが、彼にとって

2. 平和の時代のヨーロッパ人たち

それは、ひとつの帝国から次の帝国への運命づけられた権力移譲であった。征服後、キリスト教徒の彼の敵たちでさえ、「あなたがローマ人の皇帝であることは誰も疑いません」と認めた。また、彼の軍事的冒険主義の大要は単に、ビザンティンの運営を誤った数世紀間に失われたそれらの属州——ギリシア、シリア、イタリア——を要求することだった。メフメトは特に、「貧しく、住民がまばらな廃墟の都市」コンスタンティノープルを帝国にふさわしい都に変えねばならなかった。キリスト教世界の古くからの都の陥落を悪魔のように満足して眺めるどころか、彼はこの都市のみすぼらしい近隣居住区を回って、深い悲しみを表明した。そして、仕事を始めた。

「スルタンがコンスタンティノープルを手に入れたとき、最初に配慮したのは、都市の住民を増やすことであった」と、ある年代記作家が記している。彼は征服によって、いまや彼のものとなった何千もの空き家や空き地を帝国臣民に提供することから始め、彼らが首都に居住できるようにした。征服したギリシア人たちの忠誠を得るために、彼はギリシア正教会を保持し、その総主教たちに権限を与え、彼らを「ディミ」（聖書の守られた人びと）として、彼ら自身の帝国治下で享受していた交易権より有利な交易権を与えた。同じような条件がユダヤ人、アルメニア人、その他の非イスラム教徒を臣従化させるために拡大された。ひとりのラビ（ユダヤ人司祭）が言ったように、「ここトルコ人の地で、われわれは何の不満もない」状態だったのである。

キリスト教のコンスタンティノープルは、イスラム教のイスタンブールに生まれ変わった。1世代のうちに人口は倍以上になり、メフメトが新首都のいたるところに、モスク、マドラサ（学校）、キャラヴァンサライ（隊商宿）、市場を建設させ、都市生活はまもなく回復された。彼は教育センターを創設して、教授、イマム（教師）、写字生、司書を集めた。彼の建築計画は建築家、大工、タイル製造業者にとって恩恵だった。彼自身の新たな居城、トプカピ宮殿は都市の中の都市で、廷臣、官僚、庭師、料理人、仕立屋、高級娼婦でいっぱいだった。貿易が盛んになり、メフメトの招きで、キリスト教徒の美術家や学者が群れをなしてやってきて、イタリア・ルネサンスの最新の思想とデザインをもたらした。この都市が宗教的に寛容かつ開明であるという評判に刺激されて、教皇ピウス2世はメフメトに手紙を書き、もしキリスト教に改宗するなら東ローマ帝国の新たな皇帝として彼を支持すると約束し、もし拒むときには新たな十字軍を起こすと彼を脅した。メフメトが拒んだため、ピウスは十字軍を宣言したが、これはすぐに流れてしまった。一方、征服者メフメトの新たなイスラム帝国は、その後、500年間続くことになる。

* イェニチェリ軍団：14世紀から19世紀まで存在したオスマン帝国の常備歩兵軍団。最初は、主にバルカン半島のキリスト教徒居住地から徴用されてきた軍人奴隷から成る軍団だったが、15世紀になると、キリスト教徒の優秀な子弟を徴収し、イスラム教に改宗させて軍団に採用するようになり、定期的な人材供給がおこなわれるようになった。

オスマン・トルコの無名の画家による、メフメフト2世（1480年頃）。晩年のスルタンを描いたこの作品は、ベッリーニの1479〜80年のイスタンブール訪問がもたらしたヴェネツィア-西洋様式に、トルコ人が短期間だが心酔したことによって生まれたものである。

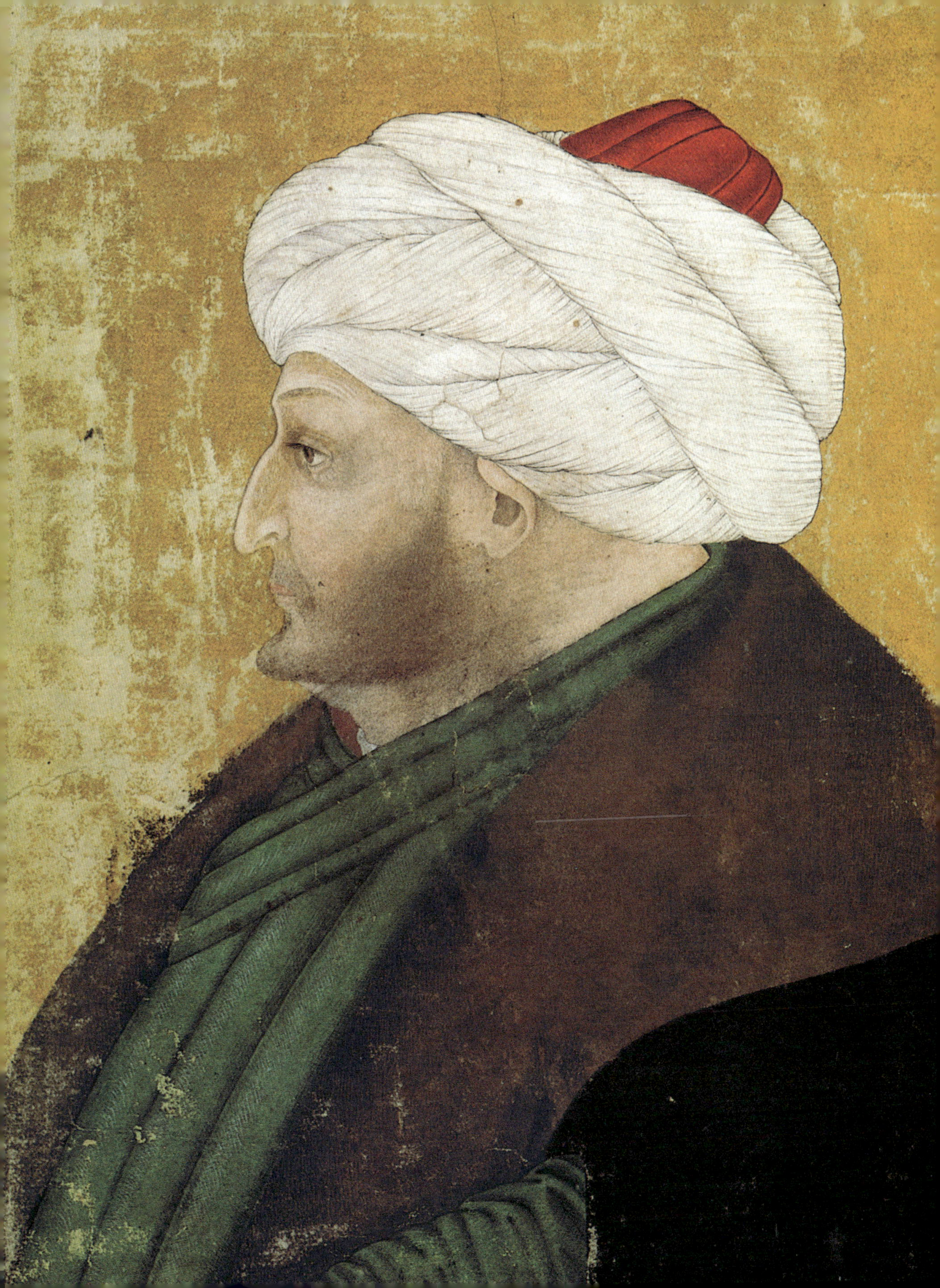

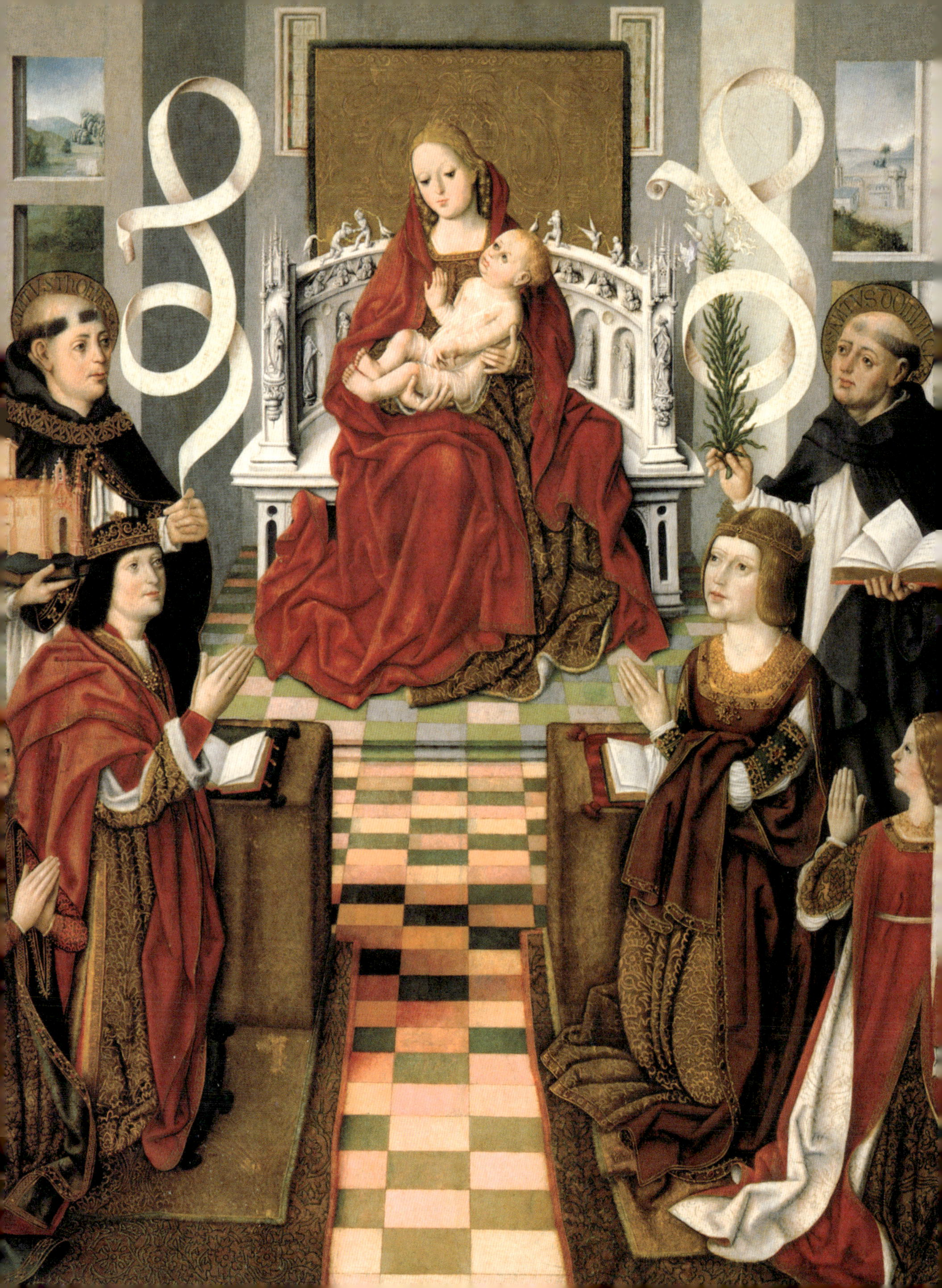

3. 勃興する諸国家
1470～1495年

　　近代ヨーロッパは、国の共通語あるいは少なくとも支配的な言語と中央集権化された政府をもつ統一国家の勃興とともに誕生したといわれる。この結合の過程は、15世紀の最後の四半世紀にはじまった。シャルル7世による輝かしい英国人放逐のおかげで大いに強化されたフランスは、その後継者たちによって、百年戦争終結までにかなり勢力を拡大させていた。シャルルの息子ルイ11世（1423～83年）はその辛抱強い狡猾さゆえに「蜘蛛王」とも呼ばれたが、ヴァロワ朝の最古の目的のひとつをみごとに達成した。分家であり時には敵であったブルゴーニュ公家を消滅させたのである。これを彼は策謀によってというより、充分なスイス傭兵を雇うことによって成しとげ、1477年、シャルル突進公を敗死させた。ルイの息子シャルル8世（1470～98年）は、ブルターニュ公国獲得によってフランスの国境をさらに広げた。これを彼は1488年に手に入れたが、侵攻によってではなく、ブルターニュ公の孤児で、不幸な11歳の娘との強制的な結婚によってであった。

　　国家統一と権力集中がイングランドで達成されるのはもっと時間がかかった。王権を争いあうヨーク家とランカスター家の規模が均衡していたため、最終的な勝利者を決定するのは容易ではなかった。1455年、両陣営は長い内乱の火蓋を切って落としたが、その過程でほとんど独立した公や伯たちの一団が、彼ら自身の領土と世襲権の利益を増大させる手段として、無能な国王候補者を奪いあった。戦闘は1471年にほぼ消滅していたけれども、王位継承の問題はまだ解決されておらず、1485年にようやく、どちらかというとよそ者のヘンリー・チューダーがボズワースの野で王冠を勝ち取った。

　　フランスやイングランドよりも分裂していたのがスペインで、少なくとも当初、国家形成はまるでおぼつかなかった。半島の支配をめぐるキリスト教徒とイスラム教徒の1世紀にわたる闘争の後、15世紀半ばには、イベリアは、ナヴァル、カスティーリャ、アラゴン、ポルトガル、イスラム教グラナダという諸王国のパッチワークであった。まあ、イタリアほど細かく分立していたわけではないが、さまざまな王国のそれぞれが、対フランス政策、対アフリカ政策、交易、軍事に関して固有の伝統と方向性を有しており、それが実質的に闘争の種だった。しかし1469年、この政治的に手詰まりな状態が変化しはじめたのは、アラゴンのフェルナンド2世（1452～1516年）とカスティーリャ女王イサベル（1451

左頁：「カトリック両王の聖母」（1490年頃）と呼ばれる作者不詳の祭壇画。*左側でひざまずいているフェルナンド王のうしろには、スペインの最初の異端審問長官トマス・デ・トルケマダが立っている。イサベル女王の背後にいるのは聖ドメニコである。彼の修道会は異端撲滅に熱心だったことで知られるが、異端審問と密接な関係があった。*

3. 勃興する諸国家

〜1504年）が結婚したからで、それによりイベリア半島の最も豊かなふたつの王国が、最大の国民と軍隊とともに統合された王冠の下に統一されたのである。この結婚によって生み出された地政学的な勢いは、迅速にグラナダ征服（1492年）、ナヴァルのスペイン併合（1515年）、そして、しばらくの間だが、ポルトガルとの合併（1580〜1640年）へと至る。フェルナンドとイサベルから始まったスペインの統一は、フランスや英国のそれに比べてより広範囲に広がると同時にすばやいものであったが、最終的に均質な統一王国は生み出されなかった。スペインは大部分が彼らの結婚前のまま変わらず、自分たちの古くからの特権と伝統に固執する、擬似王国の窮屈な連合体だったのである。

15世紀末のこれらの国の支配者たちは、統一と中央集権の努力によって王国の富を大いに増大させ、おかげで君主たちは常備軍を創設し、宮廷のある首都——パリ、ロンドン、マドリードの市内か近郊——に、大規模な官僚組織を整備することができた。自分の英国の王座への権利がやや弱いことを自覚していたヘンリー7世は、急速に王国全域に王家の威信を確立させた。ロンドンに入城して数週間のうちに、彼はより強力な大法官裁判所を創設し、ヘンリー5世の治世以来ほぼ完全に死に絶えていた司法・行政・外交の組織、国王顧問会議を復活させた。フランスでは、ルイ11世が王国の貴族たちに国王の権威を押しつけることにほぼ成功し、積極的な課税政策によって、フランスをヨーロッパで最も

ピエトロ・トリッジャーニ作、ヘンリー7世（1509〜11年）。ヘンリー・チューダーは王国を再統一し、新たな王朝の信用状強化のために芸術保護を利用し、その過程でイタリア・ルネサンス様式を英国に導入した。

3. 勃興する諸国家

裕福な王国にした——彼の息子のほとんど不成功に終わった軍事的冒険によって、彼の遺産が食いつぶされるまでは。

　スペインは、おそらく同時代の他の王国より細分化していたからこそ、統一国家形成のために、より広範かつより文化的なアプローチを選んだ。特に1478年、フェルナンドとイサベルはスペインに異端審問所を創設したが、その意図するところは、非キリスト教徒のマイノリティが多く、宗教的境界を曖昧にする元となった半島で、統一された国家宗教を創出することにあった。その後、この両王は教皇庁を説得して、スペイン教会に対する行政権を譲り受けたが、これは国家宗教の統一を促進すると同時に、王権を強化するための行動であった。新たに作り出されたスペイン王国におけるカスティーリャの支配的役割を象徴するのが、1492年のカスティーリャ語文法の創造である。これは「近代の」言語の最初の文法書であり、スペインの飛躍的な文化的アイデンティティと国際的重要性の強力な指標である。

　しかし、これらの数年間、ヨーロッパのすべてが国家統一へ向かって動いていたわけでは決してない。やはりパッチワーク国家であったブルゴーニュ公国をフランスが解体したため、君主を失った小国が多数生まれたが、そのうち最も重要なネーデルラントは、やや不快ながらハプスブルク家の手に落ちた。ドイツもまたかなり細分化されたままであって、自由都市と君主国と封建所領の雑多な寄せ集めであった。ハプスブルク家はドイツ「国」を支配していたが、彼らの権力基盤はオーストリアと低地地方にあったので、ドイツの民の大部分とドイツの諸侯にとって、彼らは文字通り周辺のよそ者のままであった。

　これらの数年間に統一国家を作り出すことにイタリアが失敗したのは、ヴェネツィア、フィレンツェ、ミラノの政治的洗練を思えば、おそらく驚くべきことではなかった。しかし、ローディの講和は半島に一定の勢力均衡を保証したと同時に、ひとつの都市国家が他の都市国家に対して正当な権利主張をすることを否定した。40年間（そして、ローディの講和に署名した者たちが亡くなった後も）、イタリアでは平和がほぼ浸透し、武器よりも大使たちの方が頼りにされることが多かったのである。しかしその結果、1490年代半ばには、小国分立状態のイタリアが固定化し、いまや国境を接することとなった新たな諸国に立ち向かうことができなくなってしまったのである。

ウィリアム・キャクストン
英国人読者のための英語の本
1492年没

ロンドンの裕福な織物商人ウィリアム・キャクストンは1453年ごろ、活気あふれる都市ブリュージュにビジネスを移した。しかし、低地方(ネーデルラント)と英国のあいだを船で毛織物、樽詰のサフラン、アーミン（白テン）の毛皮を運びながら、彼は手書き写本も売っていた。オランダ語、フランス語、ドイツ語に流暢なキャクストン自身、本の虫で、流行の大陸の文学、特にフランスの宮廷騎士道物語を楽しんでいた。一年の仕事で船の出ない凪の時期の「怠惰を避けるために」、彼は自分で翻訳をしてみることに決め、ブルゴーニュのベストセラー『トロイ物語集成』から着手した。彼の友人で、英国王エドワード4世の妹のマーガレット・オブ・ヨークもこのジャンルを楽しみ、草稿読みを申し出てくれたうえに、彼の文法をチェックし、意見を言って、このプロジェクトを激励してくれた。

他の友人たちも彼を励ましてくれた。そのうちの多くは英語を読むことはできたが、原書を読むほどフランス語の知識は充分ではなかった。学者ではなく織物商であったキャクストンは翻訳に時間がかかったし、ついには疲弊してしまった。彼は「私のペンはすり切れ、手は疲れ果ててぐらぐらするし、白い紙の見すぎで目がかすんでしまった」と書いている。書籍商として成功をおさめ、今度は自分自身で一冊作ってみて、彼は新しい印刷機に魅了された。それは20年ほど前からドイツでは流通していたが、低地地方や英国にはまだ到達していなかった。1470年代の初めにドイツにいた時期に、印刷機を自分で購入し、ケルンの店に設置した。1473年、彼はついに『トロイ物語集成』の印刷本を作り、友人たちは歓喜した。言葉は広まり、需要は高まり、熱狂的な読者たちは、彼が印刷した本にたちまち飛びついた。これは英語で刊行された最初の書物であり、キャクストンは満たすべき市場があることを知った。

この時代、読み書きができた人は少なく、ヨーロッパの書物はほとんどすべてラテン語だったが、そのラテン語を理解できる人はごくわずかだった。英国民のうちかなりの人びとが英語しか読めなかった。廷臣だけでなく、商人やその他の中流階級のメンバーたちも同様だった。彼らとて大陸の最新の冒険物語が読みたかったのだが、手書きの英語版は入手困難で、法外な値段だった。好機と見て取り、キャクストンは1476年にロンドンに戻り、ウェストミンスター大修道院の近くに店を開いた──英国初の印刷所であった。大陸の著名な印刷業者たちがすでに英国に学問書や宗教書を供給していたが、英語の書物への市場はまだ大きく開かれていた。

キャクストンの印刷所商標（プリンターマーク：印刷所のドヴィーズとも呼ばれる）。たいてい本の巻末に載せられたこの模造困難な意匠は、誤植だらけの海賊版と本物を見分ける目印であった。

　キャクストンは翻訳も続けた。そして、自分の訳文を読みやすいものにすることに大いに心を砕いた。この当時、英語には多くの方言があり、100マイル離れた住民同士が互いに理解しあうのは困難だった。キャクストンは仲間のひとりの話をあげている。ある商人が旅の途中、食事のために農家に立ち寄り、「卵はないか、と尋ねたんだが、おかみさんが言うには、わたし、フランス語は話せません。それで商人は怒ってしまった、だって、彼もフランス語なんてしゃべれないんだからね。」彼が翻訳した物語からは、他の問題も現れた。キャクストンは翻訳するとき、意訳ではなく、逐語訳をしたので、しばしば、英語に同義語が存在しない外国語にぶちあたると、それをそのまま変えずにすべりこませた。「こりすぎた言葉」を用いていると友人たちに文句を言われると、彼は大陸の「美しくはあるがあまり見かけない」言葉を削減し、母語英語の「古くからある馴染みの」表現を称揚することで解決した。

　15年以上の印刷活動で、キャクストンは100点ほどの書物を出版したが、その大部分は英語の本であった。ジョン・リドゲート、ジェフリー・チョーサーなど、人気ある英国人作家によるものも多数あった。チョーサーの『カンタベリー物語』をキャクストンは「甘美な雄弁」と呼んでいる。キャクストン自身の翻訳によるものは22冊あり、その大部分は、彼が英国人読者と分かちあいたいと思った外国の騎士道冒

3. 勃興する諸国家

チョーサーの『カンタベリー物語』の序章、1483年のキャクストンの第2版。何世紀もノルマン人による支配が続いたため、フランス語こそ最も洗練された言語であると評価されていた。しかし、キャクストンは彼以前のチョーサー同様、英語を擁護した。

険物語であった。これらの未知の著作へと購買者を誘うために、彼はプロローグに著名な読者からの輝かしいコメントを載せた。時には、ある本の魅力を自慢するのに、「公、伯、諸侯、騎士」にとって、そしてこのリストの最後に「あらゆる一般人」にとって、必要欠くべからざる書物であると宣言した。称号をもたない不運な読者も、少なくとも貴族たちと同じ本を所有することはできた。

公衆の趣味嗜好に対して注意深かったキャクストンの商売は繁盛したが、一方で、他の多くの初期印刷業者は破産した。彼が印刷機を英国に持ちこんだとき、それは瞬時の変化で社会を揺り動かすことはなかった——宗教的パンフレット戦争の時代は20年前に過ぎ去っていた。しかし彼は、はるかに多くの人びとに読み物を与えたのだった。

ハインリヒ・クラマー
魔女狩りの異端審問官
1430頃〜1505年

15 世紀のほとんどの人びとにとって、魔術は現実のものであり、キリスト教到来以前の民間伝承によって、彼らの文化に深く浸透していた。しかし、教育を受けたエリート層は民衆文化にそれほど影響されず、代わりに、10世紀に布告された迷信と異端に関する規範を導きとしていた。魔術を真面目にとらない神学者もわずかだがいて、彼らは魔術をキリスト教への脅威だと考えたりはしなかった。このような無頓着さに危機感を覚えた異端狩人のハインリヒ・クラマーが1487年、『マレウス・マレフィカルム（魔女の槌）』という題の百科全書的魔女狩りマニュアルを著した。この中で、彼は黒魔術（マレフィキア）が霰降る嵐やらい病から男性の不能まで、世界の諸悪の原因であると述べた。この本は即座に大反響を呼び、教会の悪の概念を変え、かつてのあいまいな魔女概念を結晶化してしまった。

クラマーはアルザス出身のドイツ人で、ドメニコ会修道士であった。教皇グレゴリウス9世は1232年に異端審問所を創設した折、ドメニコ会に異端者を嗅ぎ出す任務を与えていた。正統信仰の激烈な守護者である彼らは、「神の犬」（ドミニ・カニス）というあだ名で呼ばれていた。クラマーの正統信仰への熱い思いは、遠くローマにいる彼の上位者たちを喜ばせたが、彼は同僚の修道士たちには傲慢で移り気だと思われ、彼らを恨み、少なくともちょっとしたいさかいが殴りあいの喧嘩になった。ドメニコ会の資産を使いこんだと非難され、クラマーは会の財政管理局から締め出された。1474年のある説教で、彼は神聖ローマ皇帝を教皇庁の権威を侵害しているとこきおろし、皇帝フリードリヒ3世を個人的に侮辱した。その結果、監禁の宣告を受けたが、牢獄で時間を無駄にするどころか、クラマーは昇進した。ドメニコ会の総長が罰を免除し、彼を異端審問所の役職につけたのである。

クラマーは魔女を見分ける特別なこつを示して再び昇進し、南ドイツの異端審問長官となった。しかし、この地域の町々に到着するや、彼は「黒魔術」（マレフィキア）審判の伝統的な場所である法廷の抵抗にあった。地方のレヴェルでは、魔術は常に犯罪そのものというより、犯罪の方法と見なされてきた——隣人の果樹園に呪文をかけてだいなしにするのと、松明を放って火をつけるのとに違いはなかった。町の役人たちがクラマーの熱狂的行動（不寛容）にあまりにもしばしば難色を示したため、激怒した彼は、教皇インノケンティウス8世に訴えた。教皇は魔術は異端であると公式に宣言し、それによって異端審問官たちの正当性が確認された。いまや魔女裁判の明白な支配権を手にしたクラマーは、インスブルックに全力を傾けた。この町の災いは、憎しみに満ちた独身女たちがかけた呪文によるものだと信じていたのである。しかし、1485年のある聴取のおりに、彼がある容疑者に彼女の性的習慣について唐突に尋問したため、当局はますます不安になり、最終的に手続き上の間違いを理由に、この訴訟を却下した。インスブルックの司教はこの修道士を「子

3．勃興する諸国家

辱められたクラマーはケルンに隠遁し、批判者たちをやりこめるために『マレウス』を書きはじめた。魔女たちは現実のものでどこにでもいるのだと主張する、整然と述べられた論文であった。クラマーによれば、悪魔は男よりも女を魔術へと誘惑することがずっと多い。女の方が心が弱く、悪に対して影響されやすいからである。女の方が体も弱いから、魔術の力を欲しがりやすい。しかし、最も呪わしいことは、彼女たちは「男よりも肉欲に負けやすい」という事実である──クラマーは長々と述べているが、これが言いたいだけである。飽くことを知らぬ女性の肉欲が、女を悪魔の夢魔との「交接」へ導く、特に、その女が人間の男から愛されるには年を取りすぎていたり、不器量すぎる場合は。

魔女たちは農作物、牽引用の動物、人間の健康、特に生殖機能を標的にする傾向がある。たとえば、男性のペニスがいきなり消えてしまう──『マレウス』によれば、誰にでも起こる問題である。魔女たちは一度に20人か30人の男性器官を集めて、それらを鳥の巣に隠してしまう。クラマーの説明によれば、そこで切り取られた器官は「カラスムギや飼料を食べようと動きまわる」。裁判のガイドとして役立つように、クラマーは尋問の雛型と拷問のやり方も付け加えている。もし赤く熱した鉄でも自白させることができなかったら、最後の処刑について魔女に嘘をつくべきか？　クラマーはこの問題については遠慮がちだが、女は自白をしやすいが、もし女が死の恐怖によって自白したとしても、それによって魂は救われる、と示唆している。罪を認めようが認めまいが、魔女だと訴えられた女性はたいてい処刑された。火刑が省略不可能な段取りだった。自白によって魂は救われても、その邪悪な肉体は浄化の炎によって地上から一掃されねばならないのだった。

クラマーの熱狂と成功は、他の魔女狩り異端審問官たちを凌いでいた。14、5世紀の魔女パニックの初期の時代、およそ900人のヨーロッパ人が魔術の疑いで裁判にかけられた。クラマー自身は200人以上の容疑者に有罪判決を出したと主張している。にもかかわらず、ドメニコ会は最終的には彼と彼の戦術を断罪し、1500年、彼はボヘミアに送られる。異端のフス派を改宗させ、ワルド派を迫害するためであった。後者は平和主義の宗派だが、魔女に対して友好的すぎると思われた（彼らはあらゆる死刑に反対し、有罪宣告された魔女に対する死刑にも反対した）。クラマーが1505年にそこで亡くなったとき、『魔女の槌』はヨーロッパの魔女の定義を確固たるものにし、民俗魔術を異端のレヴェルへと高めていた。そして、油を注がれた魔女に対するヒステリーは、1600年までエスカレートしていく。ヨーロッパ中に流布した3万部によって、『魔女の槌』はその後200年間、「黒魔術」についての議論の枠組みを作った。1500年から1700年までのあいだに4万5千人が処刑されたと算定されるが、その多くはこの本をふりかざす審問官のせいであった。カトリックとプロテスタントが意見の一致を見ることは数少ないが、魔女狩りに関しては、どちらもクラマーの悪名高きマニュアルをひもといたのであった。

1511年にアウクスブルクで印刷されたこの木版画には、クラマーの『魔女の槌』に挙げられている魔術の慣行がいくつか描かれている。山羊の背にのっての飛行、悪魔との性交、雹を降らせる、無垢な男を不能にする。下の方には燃えさかる炎の中で死んでいく魔女たち。

フランシスコ・ヒメネス・デ・シスネロス
異端審問長官
1436〜1517年

　1469年のフェルナンドとイサベルの結婚により成立したスペインのアラゴン＝カスティーリャ連合王国には、本質的には第三の君主が存在した。フランシスコ・ヒメネス・デ・シスネロスである。フェルナンドがアラゴンとカスティーリャの先天的な闘争——どちらもそれぞれの歴史、文化的様相、伝統を有していた——にうち勝つのを助け、シスネロスは新たなスペイン帝国の共同創設者であるという賞讃をかち得た。同様に、彼がイサベルに与えた精神的な導きもその後数世紀にわたってスペインを支配し、特徴づけるあの宗教的な基調——情熱的で不寛容な——を決定づけた。

　マドリードの北の貧しい村に生まれたシスネロスは、サラマンカ大学で法学を勉強し、その後ローマに移って教皇庁宮廷に法律家として仕えた。彼の手腕は教皇ピウス2世の気に入り、1465年、トレド大司教に、最初にあいた聖職禄を彼に与えよと命じる教皇の手紙をもって、スペインに帰った。不幸なことに、大司教はその職を自分の支持者のひとりに与えたかったので、シスネロスが自分の権利を主張すると、よくある話だが、彼が主張を取り下げるまでとして、牢獄に放りこんだ。しかし、シスネロスは屈せず、6年間を牢獄で過ごし、大司教が負けてその聖職を彼に与えると、すぐにもっと好ましい教区の職と交換してしまった。このような頑固な独善性が、シスネロスの生涯と業績を特徴づけた。聖職者として成功したけれども、48歳で彼は突然フランシスコ修道会に入り、ゴンサーロという俗名をフランシスコに代えた。自分自身は無価値であるという深い感覚と、スペイン・キリスト教の古くからの禁欲的伝統への傾倒に悩まされたシスネロスは、残りの生涯を断食、硬い毛織の肌着、自分の鞭打ち、床に何も敷かずに寝ることで過ごした。

　彼の禁欲的名声を耳にしたイサベル女王は、1492年、シスネロスに自分の聴罪司祭兼首席顧問になってくれるよう求めた。すでに50代後半だったが、シスネロスの聖職での出世はまだ始まったばかりだった。1495年、イサベルが彼をトレド大司教に任命したので、彼はスペインの首座大司教にしてカスティーリャの大法官となった。しかし、特徴的なことだが、この地位を申し出られたとき、シスネロスは恥じてイサベルの謁見室から逃げ出したといわれている。女王に6ヵ月間懇願され、教皇から直接命令され、ようやく彼は従った。それでも彼は、この職につきものの華美贅沢は拒絶しつづけ、教皇の命令でようやく大司教館に居住し、ふさわしい祭服を着るようになった。高職の飾りは嫌ったけれども、シスネロスはそれとともに手に入った権力は喜んでふりかざし、まもなく、信仰と戦いと帝

『コンプルテンシアン多言語対訳聖書』(1502〜12年)。いくつかの団体が多言語対訳聖書を最初に作ろうと競争した。シスネロス版は最も包括的であるが、エラスムスが有していた出版権が失効するまで刊行することができなかった。

3. 勃興する諸国家

シスネロスの横顔、フェリペ・ビガルニー作（1515年頃）。イサベルの聴罪司祭、フェルナンドの親しい助言者、彼らの孫のカルロスの摂政であったシスネロス枢機卿は、25年間にわたり、新たに統一されたスペインの玉座を裏であやつる権力者であった。

国のなかで新生した国家という、自らのほとんど救世主的なヴィジョンをスペインに積極的に押しつけていった。

　シスネロスは自分自身の修道会の改革から始めた。フランシスコ会修道士たちの悪習――委任された教区を離れること、妾を囲うこと、説教をさぼること――を禁止し、厳罰に処した。このため、数百人の修道士がスペインを去って北アフリカに行き、イスラム教徒に改宗したという。一方で、1492年の征服後もグラナダに留まっていた大勢のムデハル（ムーア人）は王国への脅威であると決めつけ、シスネロスはこの地域に異端審問団を率いていき、彼らを強制的に改宗させ、数千冊のコーランを焼却した。予想通りにムデハルが蜂起すると、フェルナンドは軍隊を派遣した。そして反乱が鎮圧されると、シスネロスは、彼らは改宗しようが旅立とうが、反乱者として彼らの土地へのあらゆる権利を失ったのだと宣言した。数千人が北アフリカへ逃げ、グラナダをスペイン人移民者にあけ渡した。

　1504年にイサベルが亡くなると、シスネロスは本質的にフェルナンドと共同統治し、王は彼をカスティーリャの異端審問長官に任命し、教皇ユリウス2世を説得して、彼を枢機卿にさせた。1509年、70歳をとうに越えていたが、シスネロスは北アフリカ侵攻を指揮し、そのクライマックスが、アルジェリアの都市オランの征服であった。この行軍は彼の切望する対ムーア人十字軍の一部であったが、結局、フェルナンドがナポリをめぐるフランスとの戦いに巻きこまれたために放棄された。シスネロスは政務に意欲を持ちつづけた――1516年のフェルナンドの死後1年間は、摂政として仕えさえした――が、しだいに、より偉大な、より精神的な遺産を残すことに専念するようになった。1499年、彼がアルカラ・デ・エナレス大学を創設したのは、主に、そのような歴史的偉業のために学者たちを集めるのが目的であった。それこそ『コンプルテンシアン多言語対訳聖書』であった（コンプルトゥムはアルカラの古代ローマ名）。この書物のために使用されたギリシア語、ヘブライ語、アラム語の写本の多くはシスネロスの個人図書館にあったもので、彼はこの研究の大部分を監督した。1517年に完成したが、刊行されたのは彼の死から3年後のことであった。

フェリックス・ファブリ
敬虔な巡礼にして軽口をたたく放浪者
1441頃～1502年

チューリヒ生まれのフェリックスは弱冠12歳で宗教的宣誓を行ない、ドメニコ修道会に入会した。1468年、彼はドイツ南部の都市ウルムの修道院に入った。しかし、瞑想と祈祷の隠遁生活は、フェリックス修道士の性に完全に一致したわけではなく、30代後半には、彼は聖地への巡礼の旅に出たいという思いにとりつかれていた——その思いはあまりにも強く、「寝ても覚めてもそのことしか考えられなかった。」ドイツの片隅から抜け出すのは容易なことではなかった。修道院を離れるための特別免状を得なければならなかっただけでなく、彼はまた「不安だったし、生命の危険を恐れていた、〔というのは〕一度も目にしたことのない海が怖かったから」とフェリックスは告白している。

にもかかわらず、1480年の4月、フェリックス修道士は6ヵ月かけてエルサレムに旅をし、帰ってきた。旅は彼が想像した通り恐ろしいものだった。アルプスを越え、ヴェネツィアからヤッファへの航海と帰りの航海で、彼は疫病、トルコの海賊、船の難破、同行者との激しい口論をかろうじて免れた。「古くなったパン、蛆虫だらけのビスケット、腐った肉、言語道断な調理」を我慢しながら。しかし、これらの危険を冒したにもかかわらず、「われわれが聖地で過ごしたのは9日間だけだった……聖地を走りまわったが、それらが何なのか、理解もせず、感じもしなかった。」故郷に着く前にすでに、フェリックス修道士は次の巡礼行の計画を立てていたが、今度は物事がうまく運ぶはずだった。

というわけで、1483～84年、彼は4人のドイツ人騎士の巡礼に「専属祈祷師兼聴罪師」として契約し、前よりはるかに快適かつ安全に旅をし、ついにはパレスティナを越えてシナイ山のサンタ・カテリーナ修道院まで行った。この旅のあいだに修道士フェリックスは、出会ったあらゆる物、あらゆる人についての膨大な記録を書き留めた。「しばしば、ロバやラクダの背に乗ったままで〔書いていた〕。」無事にウルムに帰還するや、彼はこの観察記録、『聖地、アラビア、エジプト巡礼記』を書きあげ、故郷にいる人びとに提供した。「そうすることで彼らも、身体でなくとも心で、聖なる土地を訪ねるという悦びを味わえるように。」

このしばしば陽気な旅行報告においてフェリックス修道士が生み出したのは、ルネサンスの、最初ではないとしても、最も個人的で徹底的な旅日記のひとつであった。1500枚におよぶ手書き写本である『巡礼記』は、ファブリが訪ねた聖なる土地についてだけでなく、彼の体験についても詳細に語っている。聖人たちの遺物を訪ねると、巡礼たちは祈り、その遺体に「何度も」接吻し、それから「〔このために特別にもってきた〕宝飾品を取り出し、それで聖なる場

3. 勃興する諸国家

ファブリはよく整えられた道を通り、シナイ山のサンタ・カテリーナ修道院への旅で、聖地への2回目の旅を終えた。1509年に制作された『巡礼記』の写本の挿絵にこの修道院が見られる。

所の遺物に触れるが、接触から何らかの聖性がひょっとすると伝わるかもしれないから……こうして〔宝飾品は〕巡礼たちの友人のもとへ、以前よりもっと大切な価値のあるものとなって戻る。」彼はまた、こんなことも記録している。彼と他の修道士たち、司祭たちは聖墳墓教会のイスラム教徒護衛兵たちを買収して、聖堂の内部で一晩過ごせるようにしてもらったのだが、その後、そこで誰がミサを捧げるかで、彼ら同士で喧嘩になってしまった。

国民性の違いに鋭く気づいたフェリックス修道士は、辛辣かつユーモラスに、ヴェネツィア人の二枚舌、フランス人の高慢、トルコ人の野蛮さ、英国人の頑固さ、そして出会った者ほぼ全員が酔っ払いであると述べている。ヴェネツィアでは宿の客引きたちの殺到に悩まされた、彼のゴンドラから客引きのひとりが落っこちたときは皆で大笑いした、巡礼の帰りの船はクレタのカンディアで葡萄酒を積まねばならなかったのだが、その葡萄酒のなんと美味だった

ことか、どこにでもいるアラブの盗賊団を避けるために、月光を浴びながらラバの背に乗ってユダヤの野をこっそりと横切った。彼は15世紀の巡礼たちがエルサレム、ベツレヘム、ヘブロン、イェリコ、死海で訪ねる場所、それぞれの場所につきものの祭儀を次々と念入りに語り、また現実の体験が理想のそれにどれほど及ばないかを語った。

多くの巡礼たちと異なり、ファブリが聖地への巡礼を行なったのは、誓願や精神的危機への反応としてではなく、自己修養のためだったようだ。自分自身を「うすのろで、物わかりが悪い」という彼は、預言者たちとキリストの生誕と受難の地への巡礼行を教育的経験と見なし、そこでなら「学のない者でさえ、少なからぬことを学んで戻るだろう」と考えたのである。フェリックス修道士はこれを確かに達成した。とはいえ、『巡礼記』が明らかにしているように、最後の日々を送るためにウルムの修道院の静かな暗闇に帰った後でも、彼が新しく身につけた賢明さは、彼の機智や鋭いまなざしや個人的偏見を取り去りはしなかった。

聖地へのキリスト教徒の巡礼すべての最終目的地は聖墳墓教会であった。この木版画は、1483〜84年にドイツ人のベルンハルト・フォン・ブライデンバッハとエルハルト・ロイヴィヒが行なった旅の報告記から。

アントニオ・デ・ネブリハ
スペイン語の発明者
1441頃～1522年

　国家統一と帝国樹立の探求に燃えていた15世紀のスペイン人は、古典的人文主義研究の必要性をほとんど感じなかった。彼らの大学は尊ぶべきものではあったが、非常に伝統的で、神学、医学、法学という既存の科目に頑固に集中したままであった。ラテン語のもうひとつの教育的目的、つまり、新しい社会的かつ道徳的視野を開くというその可能性をスペイン人がはじめて認識したのは、主にアントニオ・デ・ネブリハの生涯をかけての努力のおかげであった。

　フル・ネームでアントニオ・マルティネス・デ・カラ・エ・イノホサはアンダルシアのレブリハに生まれた。後に、古典研究への自分の情熱を宣伝するポーズとして、自分の名前をラテン語化して、(生地の名のローマ風綴りを用いて)アントニウス・ネブリセンシスとしたが、一般的にアントニオ・デ・ネブリハと呼ばれている。ネブリハは弱冠15歳でサラマンカ大学に入学したが、まもなく、この大学のラテン語研究の状態に不満をもち、ラテン語が決まり文句のくり返しによる暗記によって教えられ、基本的な構造や美的理論がかえりみられないという事実を嘆いた。1461年に修辞学と文法で学位を取得すると、彼はたちまちイタリアに旅立ち、そこでその後10年間、ラテン語のみでなく、ギリシア語とヘブライ語を学んだ。1470年、彼はスペインに帰ってきたが、大学の職に何の展望もなかった――少なからず、自分は「スペイン中に広まっている〔学問の〕野蛮状態を打倒するために」帰ってきた人文主義の騎士だと宣言したためであった。職を得るどころか、彼は結婚し、家庭は子だくさんとなり、一時は貧困生活におちいった。

　ネブリハはカスティーリャ王エンリケ4世の顧問であるフォンセカ司教に付き従い、その結果、サラマンカ大学の教授職を得た。彼はただちにスペイン語にラテン語の語法と文法の諸原則を導入したいという野心を復活させ、1481年、『ラテン語入門』を出版した。これは大学用の教科書で、すぐに成功をおさめ、その後もずっと使用された(19世紀のスペインでも使用されていた)。1490年代半ばには、彼はラテン語の文法書をカスティーリャ語に訳したり、ラテン語－カスティーリャ語辞書、カスティーリャ語－ラテン語辞書を出版したりして、読者を大いに増やした。何年もラテン語に苦労していたイサベル女王も、彼の本の読者であったという。

　最終的にネブリハは、古代言語にたいする情熱から、聖書研究へと進んだ。イタリアの人文主義者たちは古典の作家を聖書より好んだが、彼は聖書の方に興味をもった。しかし、異端審問所は初期ギリシア語やヘブライ語の文献によって福音書を調べることに難色を示し、ネブリハのノートを異端の疑いで押収した。異端審問長官であったヒメネス・デ・シスネロス枢機卿自身のと

りなしと最終的な支持により、ネブリハはかろうじて研究をまとめることを許された。しかし、異端の疑いと一種の知的高慢さのせいで、彼はサラマンカ大学の同僚たちから疎遠にされ、1513年、大学の文法講座の首席教授職につけなかった。このことに心を痛めたネブリハは、1499年にシスネロスが創設したアルカラ・デ・エナレス大学に移り、スペインの学生たちに、伝統的なスコラ学とイタリアの最新の人文主義的研究方法を教えた。ネブリハは残りの生涯をアルカラで、ヴルガタ・ラテン語、ギリシア語、ヘブライ語、アラム語という複数言語による聖書、シスネロスの大事業である『コンプルテンシアン多言語対訳聖書』を編纂する学者のひとりとして、ほとんどの時間を過ごした。

その一方で、ネブリハには別のプロジェクトもあった――日常語であるカスティーリャ語の文法書である。レオン・バッティスタ・アルベルティがイタリア語で何か似たようなものを作ると言ったことがあるが、口語にもラテン語にあるのと同じように学習の基礎となるべき一般的な文法規則がある、と断言したのはネブリハが最初であった。当初、この考えは同時代人たちの笑いを誘った。イサベル女王は「私はカスティーリャ語をしゃべっているのに、どうしてそんな本を欲しいと思うかしら？」と不思議がったという。ネブリハは女王に、魂を救う上でも新しく創設されたスペイン王国をひとつにまとめる上でも、日常語のもつ力を思い出すようにと答え、「われわれの信仰の敵だけでなく、〔スペイン北部の〕バスク人もナヴァル人も、カスティーリャ語を学ぶ必要性を感じるようになるでしょう」と書いている。イサベルは納得したに違いない。彼女は1492年8月18日に『カスティーリャ語文法書』の献本を受け入れているのだから。この時、ネブリハはこう宣言したという、「女王陛下、この言語こそ帝国統一のための道具であります」――先見の明のある言葉であった。なぜなら、そのちょうど2週間前に、クリストファー・コロンブスが西に向かって船出したのだから。そして、遠からずネブリハの『カスティーリャ語文法書』は〈スペイン語文法書〉となった――その言語は、彼の国だけではなく、新世界の大部分をも統一することになる。

『ラテン語入門』中のこの挿絵には、スペインの貴顕たちにラテン語文法の基本――ルネサンス人文主義への第一歩――を教えているネブリハが描かれている。

マティアス・コルヴィヌス
人文主義者のハンガリー王
1443～1490年

15 世紀、フィレンツェが金融業と贅沢な織物産業によって富裕になっていったころ、ハンガリーは大部分が農地の封建王国として低迷していた。パリが人口約30万で活気にあふれていた時、ハンガリーの最大都市ブダの住民はちょうど1万人だった。しかしハンガリーは、アルプスの北でルネサンスを受容した最も早い地域のひとつだった。そして、そのイタリアとの結びつきは、偉大な人文主義者の王マティアス・コルヴィヌス（マーチャーシュ1世）がその32年間の治世を開始したときにさらに強固になった。人文主義的伝統で教育されたイタリア国外では最初の君主であり、教養があり、カリスマ的なこの指導者は、ハンガリーの外敵から力をもぎりとり、洗練された宮廷と、全ヨーロッパに名を知られた豪華な図書館を構えた。

マティアスは、ハンガリーの下級貴族で軍事的英雄であったヤン（ヤーノシュ）・フニャディの末子であった。フニャディは1456年の死に際して、ほとんど神話的な地位を獲得した。彼は数週間前に、ベオグラードの決戦で侵入したトルコ軍を敗走させたばかりであった。伝説的なフニャディの名に脅かされ、ハンガリー王はヤンの二人の息子をブダへおびき出し、兄の方は処刑し、弟は監禁した。しかし、この王が跡継ぎなく急死したため、ハンガリー議会は後継者選出を余儀なくされた。1301年以来、外国人がこの国を支配していたが、ハンガリー人の頭に王冠を載せられる好機が来て、1458年、彼らはマティアスを選び、少年を牢獄から出して玉座に上げ、市民は民族的誇りに満たされた。

「人文主義学問」を教えこまれたマティアスは、他の多くの若い人文主義者たちと同様、ラテン語化された名字を用い——家紋にあった烏（ラテン語でコルヴス）から、コルヴィヌスと名乗った。彼はマキャヴェッリ風に統治し、内外の脅威に対して手早く揺さぶりをかけた。議会はもっと従順な君主を望んでいた——経験豊かな君主たちでさえ、資金と引き換えに彼らにへつらったのに。しかし、マティアスは彼自身の資金を調達することによって、この問題をたくみに回避した。彼は政府を能率化し、以前は免除されていた土地所有者たちに課税し、その金を使って高給取りの傭兵軍を召集した——この黒軍は最盛期には3万兵を誇り、全員がマティアスひとりの指揮に従った。

1456年にヤン・フニャディに敗れた後、トルコ軍は再来して1458年にセルビアを征服し、北西に進軍を続けたため、西ヨーロッパは固唾を呑んで見守っていた。トルコ軍はボスニアを数年間占領し、ゆっくりとだがアドリア海へとさらに進んできた。1464年、これに対抗したのがマティアスと彼の黒軍であった。彼らがトルコの進軍

マティアス・コルヴィヌス

フィレンツェから遠く離れたハンガリーの地で、マティアス・コルヴィヌスは自分の宮廷に人文主義的趣味と装飾を採用した。1480年代作のこの浮彫り彫刻では、彼は君主の王冠ではなく、詩人のようにオークの葉の冠をつけている。

を阻止したため、全ヨーロッパで、特にイタリアでお祭り騒ぎとなった。イタリア人はハンガリーをイスラム教徒に対するキリスト教世界の防衛の最前線と見なし、教皇カリストゥス3世が書いているように、マティアスはイスラム教を根絶するヤン・フニャディの栄光に満ちた戦いを続けるために神によって送られたのだと信じた。

敵を決定的に打ち破るために、コルヴィヌスはさらに多くの軍隊を必要とした。しかし、他のキリスト教諸国は援軍派遣を拒否した。黒軍はトルコ軍のハンガリー侵攻は阻止したものの、マティアスには、全キリスト教徒の代理として一方的に責務を負うばかりの十字軍を続けるための軍資金もなければ、意志もなかった。その後、何人かの教皇たちを悔しがらせたが、彼はオスマン・トルコを制圧するのではなく、抑制することで手を打った。1465年、彼はトルコとの休戦条約に署名し、代わりに王国の北西の境界線に注意を傾けた。その後20年以上にわたって、彼は広大な領土を追加し、1485年にはウィーンを征服した――あの恐るべきトルコ軍でさえ、2度も失敗していたというのに。ハンガリーの国歌にも歌われているこの大勝利は、いまだに民族の歴史の頂点である。

しかし、マティアスは戦闘と同じくらい読書も好きだった。彼は6ヵ国語を流暢に話した。占星術にも熱中した。また、歴史書や古典文学を広く読んだ。イタリア様式の礼讃者であった彼は、古典的な彫像を注文し、ゴシック様式の建築群を流行の「古代風」様式で建てなおさせた。しかし、王国にイタリアの慣習をもたらしたのは、1476年に結婚した2番目の妻、ベアトリーチェであった。はなやかで、意志の強いこのナポリ王女は、ハンガリーは粗野だと、イタリア化が不十分だと思った。改善策として、彼女は宮廷の形式ばらない伝統に代えて王家の礼儀作法を導入し、宮廷にイタリア人を増やし、ハンガリーの食卓をフランスやイタリアのチーズ、フォーク、

アイスクリームで一変させた。

　しかし、マティアスの全業績の中で今日も最も有名なのはコルヴィナ文庫である。マティアスは2000冊から2500冊ぐらい収集したが、これは印刷術普及以前の時代には驚くべき数である。比較すると、フランス王シャルル8世が所蔵していたのは130冊だし、主要な大学でも千冊以下であった。このハンガリー王は、印刷本は一時的流行だとして拒否し、フィレンツェの最良の職人たちに数百冊の写本を注文した。じつは彼は、ロレンツォ・デ・メディチと最高の写字職人や挿絵画家たちを奪い合っており、ふたりの蔵書は、サイズと内容に共通するものが多かった。1490年にマティアスが亡くなったとき、ロレンツォは息子宛ての手紙に、「マティアスが亡くなった。写字職人が供給過剰になるだろう」と書き送り、ハンガリーからの注文を失った才能ある職人たちをすぐに雇った。

　先王同様、マティアスにも跡継ぎがなく、子供はオーストリア人の愛人が産んだ庶出の息子ひとりだけだった。晩年、彼はこの少年の王位継承権を確保しようと努めたが、議会は外国人の王を選んだ。ボヘミア王ウラースローは黒軍の維持に失敗し、ハンガリーの戦果を失った。その後の国王も全員、外国から迎えられ、マティアスは最後のハンガリー人のハンガリー王となった。

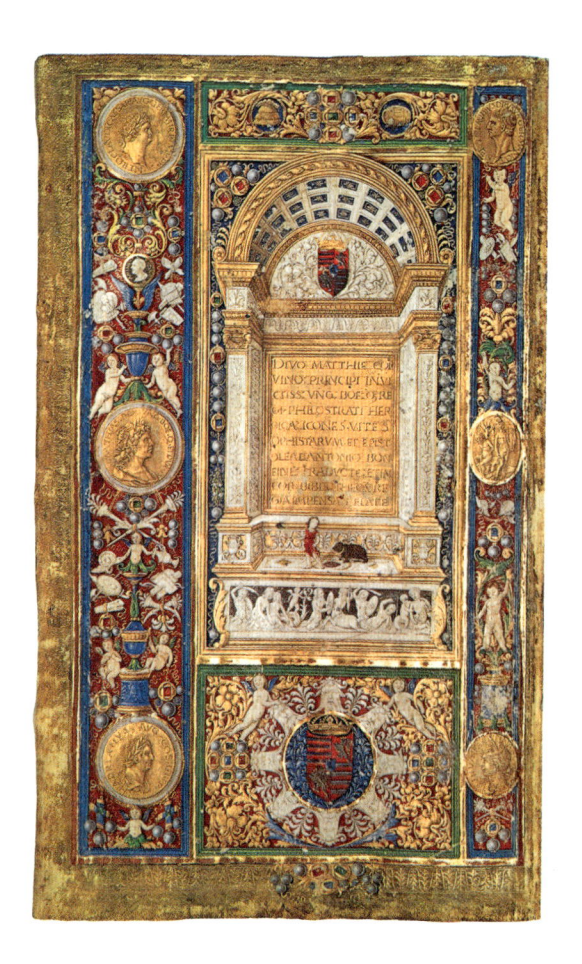

コルヴィナ文庫はヨーロッパ中の人文主義者たちの羨望の的であった。ここにあげたフィロストラトス写本の表題頁は、古代様式のモティーフで溢れている——左中央、ネロ帝とハドリアヌス帝の間のコルヴィヌス自身のカメオも同様である。

110

ロレンツォ・デ・メディチ
「イル・マニフィコ（豪華公）」
1449～1492年

ロレンツォ・デ・メディチは、生まれたときからフィレンツェの支配者となるべく帝王教育を受けた。祖父コジモは、自身の息子「痛風病み」のピエロは共和国を長く率いていく健康と精神に欠けていると判断し、ピエロのふたりの息子のうち長男のロレンツォに注意と愛情を注いだ。成長期の子供は完全な人文主義的教育を受けた——15世紀半ばにはイタリアのエリート階級の御曹子には標準となっていた、古典ラテン語とギリシア語についての幅広い教育である。1469年にピエロが亡くなる前でさえ、ロレンツォはすでに君主として暮らしていた——外交使節におもむき、美術品を収集し、馬を飼育し、コジモの代に創設されたプラトン・アカデミーで哲学的議論を先導していた。彼はまた、詩人として本物の才能を示した。彼の抒情詩や田園詩における繊細な感覚は、人文主義者たちがラテン語に心酔したために長く忘却の淵へ追いやられていたイタリアの俗語詩を救い出した。1469年、ロレンツォはローマの古い貴族の娘、クラリーチェ・オルシーニと結婚し、メディチ一族の彼の家系はイタリア貴族の仲間入りをした。彼は子供たちも巧みな結婚戦略の具として用いて、フィレンツェの古くからの貴族の子弟と結婚させ、娘のひとりなどは教皇の庶子に嫁入りした。息子のうちひとりだけが独身のままだった——彼は枢機卿になる定めだったから。

政治と外交の手腕は秀でていたけれども、ロレンツォはメディチ銀行の経営には失敗した。その資金を彼は、コジモがメディチ家のフィレンツェ支配を固めるために用いたパトロネージ（学芸保護）と買収に使いつづけた。最初から、ロレンツォは投資と貸付けの運営に無知であると同時に粗雑だった。彼はミラノ、ブリュージュ、ローマの支店長たちにほとんど責務を与えず、メディチ銀行の金と国庫を一緒にし、他の諸侯に担保なしで銀行融資を行ない、メディチ銀行の金融ニーズによってフィレンツェの外交政策を決定した。彼を政治的に批判したフィレンツェの貴族たちは、課税額を上げられた。

当然、フィレンツェの中には、ロレンツォの富や、ますます貴族的になるやり方を恐れたり、羨んだりする者がいた。1478年、敵意が表面化した。やはりフィレンツェの銀行家一族であるパッツィ家は、ロレンツォによって、美味しい税金占有から排除されていたのだが、メディチ家に対して外交で一手を失って激怒した教皇シクストゥス4世と軍事協力し、ロレンツォとジュリアーノの兄弟ふたりを暗殺しようと決意したのである。彼らの大義名分はフィレンツェの自由の回復であり、そのために、実行犯である血気盛んなパッツィ家の若者たちは、兄弟を最も公的でやりやすい場所

で攻撃した——フィレンツェ大聖堂の復活祭のミサである。ジュリアーノは刺殺されたが、ロレンツォは逃げおおせた。メディチ家に対して民衆が蜂起することが期待されていたが、これは起こらず、ロレンツォは同盟国を動員するや、パッツィ一族全員に対して容赦なき復讐を果たし、ピサ大司教のような隠れた共犯者も、フィレンツェのシニョーリア宮殿の窓から吊るし首にされた。

パッツィ家の陰謀をみごとに叩きつぶすと、ロレンツォは、民衆の恐怖と自分のまだ廃れていない人気を利用して、自分の支持者たちを通して統治する、強力で安定した政府を創り出した。もはや単なる一市民ではなく、彼は生涯の残りを深刻な妨害もなく、フィレンツェを支配した。巧みな外交政策によって、半島の勢力均衡を左右できたロレンツォは、いまや文芸への情熱に自由にふけることができると感じて、完全に学芸の保護者になりきった。マルシリオ・フィチーノやピコ・デッラ・ミランドラのような哲学者や詩人が、財政的援助を求めて、あるいは少なくとも美食と議論が楽しめる場所を求めて、この市に集まった。画家と彫刻家のためにロレンツォは、ヨーロッパ初の美術アカデミーを主宰した——若きミケランジェロが短期間だがそこで学んだ。また、彼自身がギルランダイオやボッティチェッリなどの仲間に注文した作品は少なかったが、仲介人として役立つことを楽しみ、最も富裕な友人たちと流行の最先端を行く美術家たちをタイアップさせた。

ロレンツォがメディチ銀行を破産の縁に追いやって惜しみなく金を注ぎこんだのは、同時代の美術家たちへの財政援助よりむしろ、ラウレンツィアーナ図書館のためのギリシア語とラテン語の書物、自分の別荘のための古代の彫像、宝石、コイン、メダルの収集のためだった。しかし、ロレンツォは自分の教養世界を拡大したり保持したりするために何の団体も設立しなかった。彼の死から２年後、彼の黄金時代は外国軍の侵入と地方領主たちの終りなき小競り合いを前に、こなごなに消えうせた。それとともにメディチ家も去った。洗練された趣味や一家族の支配はもううんざりだと不意に心を決めた共和政主義者たちが殺到し、ロレンツォの息子で"愚かな"（または"不運な"）ピエロを追放したのである。

次頁：ドメニコ・ギルランダイオ作「フランチェスコ会会則の確認」の部分（1482～85年）。ロレンツォ・デ・メディチは、ふたりのフィレンツェ貴族、アントニオ・プッチとこの壁画の注文者であるフランチェスコ・サセッティの間に描かれている。

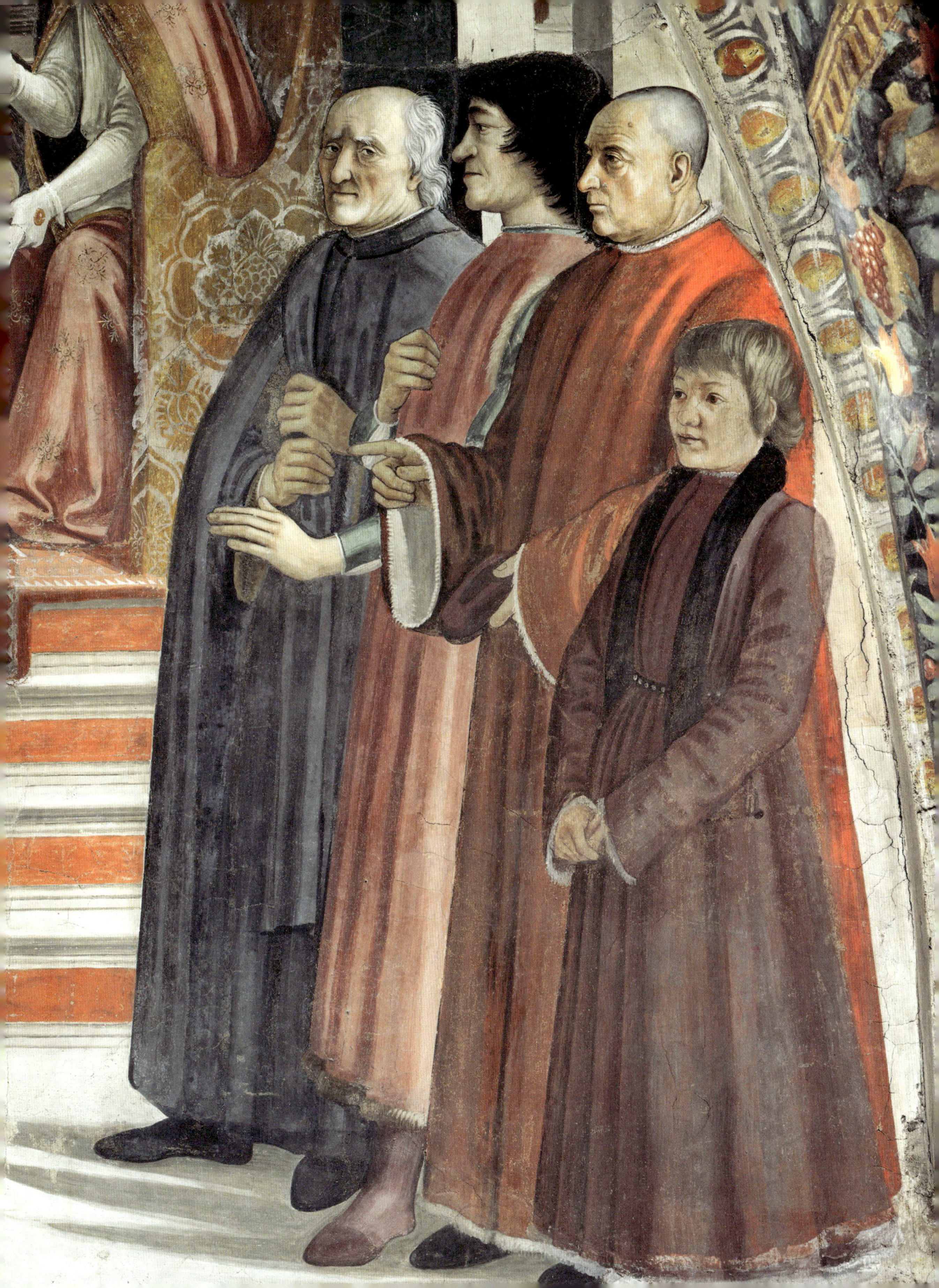

ルカ・パチョーリ
数字の神秘に幻惑されて
1445/46～1517年

フランチェスコ会修道士であったが、ルカ・パチョーリの関心は、神学よりも科学、数学、神秘主義に向かっていた。若いときは画家の徒弟だった。師は、初期ルネサンスの最も才能に恵まれ、影響力をもった画家のひとり、ピエロ・デッラ・フランチェスカであった。ピエロにはお決まりの徒弟の一団がいて、そのうちの何人かは後に有名になったが、彼が手をとってルカに描き方を教えた形跡はない。代わりに、少年は自分の特殊な才能と師自身の関心に合った教えを受けた――科学、数字、幾何学、比例と遠近法という技術へのそれらの応用である。

パチョーリは1464年にピエロのもとを去り、数年間をヴェネツィアで過ごした。そこで数学を学び、ジェンティーレ・ベッリーニとジョヴァンニ・ベッリーニに遠近法の技術を披露したと思われる。それからローマへ旅をし、教皇秘書官で絵画と遠近法の指導的人文主義学者であったレオン・バッティスタ・アルベルティの弟子兼友人となった。ここでパチョーリは数学と幾何学を独自に研究しつづけ、アルベルティが亡くなる1472年までローマに滞在した。それから彼は、フランチェスコ修道会に入会した。この修道会の説教の伝統にひきつけられたからだが、入会によって与えられる教鞭をとる機会にもひかれたからである。まもなく彼は、ペルージャ大学の新設された数学教授職を与えられた。

数十年間あちこちの大学や個人教授で数学を教えた後、パチョーリは自分の全体験を一冊の大著にまとめて、1494年、ヴェネツィアで刊行した。タイトルは『算術、幾何学、比および比例に関する全集』。この『全集(スンマ)』には格別新しい知識はほとんど含まれていなかったが、数に関する学問が応用と理論をまだ充分に区別していなかった15世紀末の数学的知識を編纂したもので、このタイトルに恥じないものだった。この『全集』の第Ⅰ部、第Ⅱ部、第Ⅴ部は算術、代数学、ユークリッド幾何学を扱い、第Ⅲ部には度量衡と通貨の為替レートの表を載せた。他方、第Ⅳ部にパチョーリは複式簿記への手引きを載せた。貸借をうまく管理するこの方法の詳細な説明が記述されたのは、これが史上初であったため、パチョーリは「会計学の父」と呼ばれるようになった。

『全集』によって得た名声のおかげで、パチョーリはまもなくミラノ公ルドヴィコ・スフォルツァから招かれ、「最も明敏な建築家、技師、発明家たち」でいっぱいの宮廷に加わった。これらの人びとの親分格だったレオナルド・ダ・ヴィンチと彼は親友になった。彼は後に「ミラノというすばらしい都市にわれわれが共に仕えていた幸せな時代」を思い出している。パチョーリはレオナルドに算術と幾何学を教えはじめ、彼

ヤコポ・デ・バルバリに帰属される絵（1500年頃）に描かれた書斎のルカ・パチョーリ。彼のお気に入りのふたつの正立方体——ドデカヘドロン（12面体）とロンビクボクタヘドロン（斜方立体8面体）——のあいだに立つパチョーリ。彼はユークリッドの理論を証明するために、さまざまな幾何学の道具を用いた。

らは1499年のフランスによるミラノ征服によって逃亡を余儀なくされ——まずモデナへ、それからフィレンツェに移った後も、それらの土地で1506年まで親しく交流した。

レオナルドとの交友によって、パチョーリは簿記や算術へのやや平凡な関心から解き放たれ、より壮大な思索へと霊感を受けた。1490年代末、疑いなく彼の傑作である大著『デ・ディヴィーナ・プロポルティオーネ（神聖比例論）』を執筆していた。この中で彼は、数学こそは「あらゆる……科学と学問の指標でありつづける」と断言している。なぜなら、「他のあらゆる科学は単なる意見であり、これら〔数学的真実〕のみが確実なものといえることは明らかであったから」と主張した。円形、正方形、五つのプラトン多面体、いわゆる黄金比といった幾何学的形体の永遠かつ本質的な不合理性は、パチョーリにとって、それらの起源が神聖であることの証拠であり、遠近法、建築、音楽の諸調、人体を美的に快いものにする上でのそれらの役割も同様であった。レオナルドは『神聖比例論』の挿絵に、銅版画で複雑な多角体を作図した。これらの側面と頂点は、神学や占星術から軍事技術まで、あらゆる科学において象徴

的かつ物質的位置を占めるとパチョーリは主張した。お返しに、パチョーリは「最後の晩餐」の神学に関して、レオナルドに助言したという。

『神聖比例論』執筆中に、パチョーリは彼の最後の研究、『デ・ヴィリブス・クアンティタテシス（数字の力について）』に着手した。この著作は未刊行のままだが、彼の他の著作同様、集成である。今度は、数学的パズル、手品、格言を集めたものだった。山積みのコイン、籠に入れた卵、救命ボート上の人間などを含む一連の論理と数のゲームだけでなく、カードの手品、火食い術、曲芸、卵にテーブルの上を歩かせる方法を紹介している。彼にとって、比例の永遠の真理からクイズや手品へと飛躍することは、なんら馬鹿げたことではなかった。数学的なパズルには長い伝統があり、パチョーリの時代をユークリッド（エウクレイデス）やピタゴラスの時代へと直接的に結びつけていた。彼らの時代、数字のさまざまな真理は人びとの交流の中で明らかにされたが、それはちょうど、イソップ（アイソポス）の『寓話』によって道徳的真理が明らかにされたのと同じであった。さらに、「学識豊かな人」がこれらの奇術のひとつをみごとにやってのけたとき、「無教養な者にとっては……それは奇跡のように見えるだろう」とパチョーリは書いている。

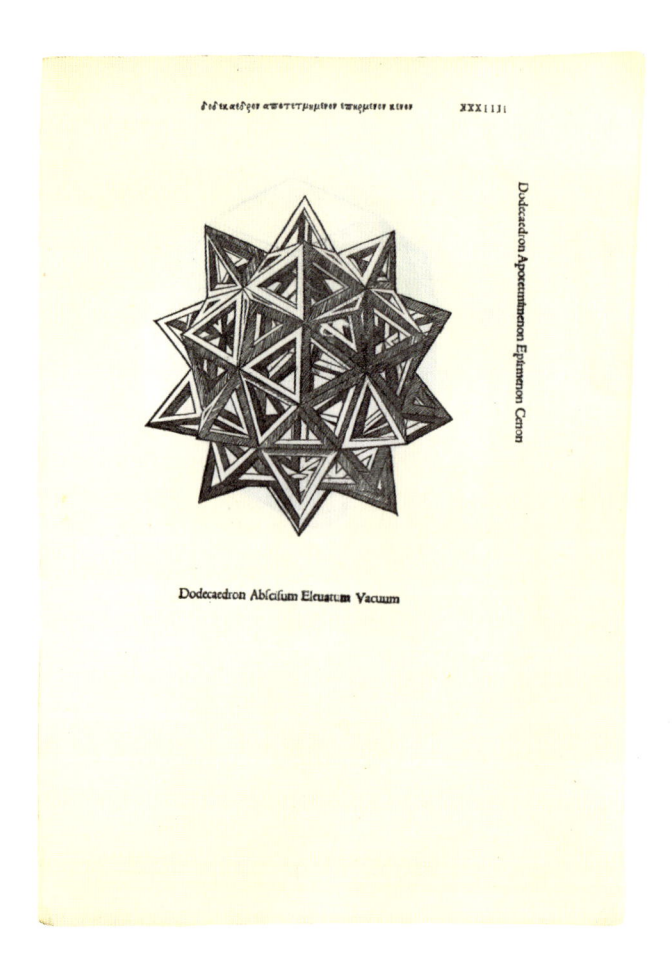

ルネサンスの偉大な共同制作のひとつから生まれ、1509年にようやく出版された『神聖比例論』は、実践的であると同時に神秘的な著作であった。パチョーリの文章に加えて、この「隆起した」ドデカヘドロンのように、レオナルドの素描が挿絵となった。

サンドロ・ボッティチェッリ
異教的絵画から黙示録的絵画へ
1445〜1510年

アレッサンドロ・ボッティチェッリは1445年、フィレンツェのなめし皮業者夫妻の8人の子供のうち7番目として生まれた。少年は金細工師として修業をはじめたが、絵を描く方が好きで、1460年ころ、フラ・フィリッポ・リッピの工房に入った。リッピは高く評価されていた画家で、コジモ・デ・メディチも顧客のひとりだった。ボッティチェッリは修得が早く、師のいたずらっぽい金髪の天使たちや透き通る肌色をたやすく再現した。彼はリッピの、はっきりした黒の輪郭線で形——手、顎の線、唇の丸み——を描く個性的な方法を応用し、なめらかな光沢のある色地と色地のあいだを分割する、優しげで脆いけれども明確な線を生み出した。ボッティチェッリはあたかも素描のごとく黒い線を用いて描き、それらは彼の線描家としての卓越性を誇示しているが、彼は生涯を通してこの技術に磨きをかけた。

1460年代末に親方の地位に達すると、ボッティチェッリはフィレンツェに自分の工房を開き、1470年代にはメディチ一族との長きにわたる交流が始まった。彼はメディチ家のために最も名高い作品を制作したが、それらだけでなく、あまり有名でない作品もある。たとえば、ジュリアーノ・デ・メディチが馬上槍試合の前にサンタ・クローチェ広場を横切るのに掲げた旗印とか。ボッティチェッリの「三王礼拝」（1475年）はメディチ家の人びとへの讃歌である。コジモは老王として聖母マリアの前に跪拝し、彼の息子たち、ピエロとジョヴァンニは壮年の王と青年の王として、同じようにひざまずいている。コジモの孫のロレンツォとジュリアーノも、見物する供の中に、美男子として描かれている。この場面の右端で、鑑賞者の方に目を向けている金髪の男がボッティチェッリの自画像である。

ボッティチェッリの制作活動の最盛期は1478年から1490年にかけてであった。「三王礼拝」が教皇シクストゥス4世の関心をひき、当時ヴァチカンに新しい建物、システィーナ礼拝堂を完成させていた教皇は、1481年、ボッティチェッリその他の代表的な画家たちをローマに呼び、礼拝堂内部の壁画装飾をさせた。この年、永遠の都でボッティチェッリは「モーセの試練」、「キリストの試練」、「コラーの懲罰」を礼拝堂の壁に描き、上部壁龕に過去の教皇たちの肖像も制作した。1482年にこれらの壁画を完成させると、ボッティチェッリはフィレンツェに帰り、故郷でメディチからの定期的な注文に加えて、自邸のために最新流行の美術を求める中流上層階級のために活発に仕事をした。彼は高価なトンド（円形画。手のこんだ細工の円形の額縁付き）やスパリエラ（羽目板として設置されたり、衣裳櫃やベンチの外側に描かれたりした物語絵）を多数制作した。

ボッティチェッリの顧客たちは、祭壇画や聖母子画のような宗教画を注文しただけでなく、世俗画も注文した。たとえば、反メディチ派の陰謀者たちが絞首刑にされている場面が、生き残った敵への見せしめとして公共の場に描かれた。1480年代、彼

3．勃興する諸国家

は最も名高い作品、「プリマヴェーラ（春）」と「ヴィーナスの誕生」を完成させた。どちらも神話を主題とした大作で、人物像は等身大で、複雑な象徴的イメージが描きこまれた。メディチ家の注文によるこの二作は、当時のネオ・プラトニズムの流儀に従っているが、背景は奇妙に平面的で、登場人物は——たとえばヴィーナス自体——腕や首が不自然なほど引き伸ばされて描かれている。優れた素描家であったボッティチェッリは遠近法の諸原理を理解していたが、この新しい美術理念を完全に受け入れたわけではなく、自分の本領である、より様式化された描き方をとったと思われる。

メディチ家の注文によるもので彼の最も野心的な作品は、ダンテの『神曲』の贅沢な写本のための一連の挿絵である。彼は1480年代初めにこれに着手し、1490年代に入っても制作を続けた。ジョルジョ・ヴァザーリはその『芸術家列伝』（1550年）中の「ボッティチェッリ伝」において、この画家はダンテのテキストを何度も何度も読み返し、この仕事にあまりにも時間をかけすぎて他の注文をかえりみなくなった、と述べている。この詩がボッティチェッリの心を強くひきつけ、彼の作品に影響を与えたのかもしれない。

1490年ごろ、彼の作品はより生硬な、より重厚な性質をおびる。フィレンツェ自体が当時、似たような転換を経験していた。古典的主題の美術は異教異端であると見なし、地獄の火をかきたてるような説教をする修道士ジロラモ・サヴォナローラに、いわば束縛されていたのである。ボッティチェッリの兄のひとりがサヴォナローラの熱烈な支持者だった。画家自身も支持して

「ヴィーナスの誕生」（1478年）：ボッティチェッリの最も有名であると同時に、最も非写実的な絵画。彼の作品中、神話を主題にしたものは比較的少なく、ほとんどはキリスト教的主題である。肖像画は多数ある。

サンドロ・ボッティチェッリ

ボッティチェッリの自画像「三王礼拝」の部分（1475年）。サヴォナローラの黙示録的ヴィジョンがフィレンツェをつかんだ1490年代、ボッティチェッリの美術はしだいに陰鬱になった。他の画家たちは盛期ルネサンスを受容していたが、彼の様式は停滞した。

いたが、どれくらい熱心だったかは不明である。この説教師の黙示録的ヴィジョンは、確かに彼のその後の芸術に題材を与えた。特に「神秘の降誕」（1501年）の頂上部では、間違いだらけのギリシア銘文で「ヨハネの黙示録」に言及している。また、絵の底部では小さな魔物たちが踊りまわっているが、このようなものが描きこまれるのは、キリストの降誕場面としては異例である。一方、家畜小屋の上部では天使たちが輪になって踊り、手にした巻紙にはサヴォナローラの寓意的著作の一冊からとった数行が記されている。

ボッティチェッリは晩年の十年間も絵画制作をつづけたが、彼の様式は不変のままだった。フィレンツェの他の美術家たち——特にレオナルド・ダ・ヴィンチやミケランジェロ——の革新性に比べると、ボッティチェッリの作品はますます流行遅れに見えた。彼がこの世を去るときにはその人気はすでに色褪せていたし、何世紀間もほとんど忘れ去られていた。1874年に批評家ジョン・ラスキンが彼の美術をよみがえらせ、「イタリアの他のどの作品をも凌駕している」と讃え、今日までつづいているボッティチェッリ崇拝を生じさせた。

ジョスカン・デ・プレ
休みなき合唱隊指揮者、スター作曲家
1450 頃〜 1521 年

ジョスカン・デ・プレはルネサンス音楽において測り知れないほど重要であったにもかかわらず、その人物像はいまだにはっきりしない。北フランスのピカルディーエノーに生まれたジョスカンは、幼くして孤児になった。後に彼は、フランドル語のあだ名ファン・デ・ヴェルデ（野原の）を使って、それをフランス語にし、デ・プレと名のった。彼は近くにあるサン・カンタンの大聖堂の聖歌隊で歌っていたというが、この教会の当時の記録は失われて久しい。彼が古記録にはっきりと登場するのは 1477 年になってからで、フランスの反対の端、エクス・アン・プロヴァンスの公爵家聖歌隊に現れた。多年にわたり、彼は歌手兼作曲家として稼ぎのよい地位を探して移動をつづけた。1480 年代初め、パリ、フェラーラ、果てはハンガリーでも過ごしたようだが、1483 年、彼はミラノのスフォルツァ公の聖歌隊におさまった。そこから、公の弟のパヴィア司教アスカニオ・スフォルツァに仕えることになり、アスカニオが 1484 年に枢機卿になると、ジョスカンは供をしてローマへ行った。まもなく彼は、教皇庁聖歌隊に職を得た。彼がヴァチカンの歴代の聖歌隊員同様、自分の名前をシスティーナ礼拝堂の壁に彫ったのはこの時であろう——存在が知られている彼の唯一の署名である。

名誉な地位ではあったが、ジョスカンはヴァチカンの聖歌隊員としては長く留まらなかった。1498 年にはスフォルツァ公にふたたび仕え、ミラノが 1499 年にフランス軍に征服されたときには、フランスに逃げたようだ。数年後、イタリアに戻り、今度はフェラーラ公エルコレ 1 世に仕える。エルコレの宮廷はイタリアで最も音楽活動が盛んな場所のひとつであったが、ジョスカンがその聖歌隊にいたのはほんの数年で、その後、疫病が発生したため、フランスへ逃げ帰った。こうしてようやく、齢およそ 50 にして、彼はついに居を定め、生誕地からほど近いコンデ・シュール・レスコーで生涯を終える。

ジョスカンは放浪したことによって、当時の二大楽派の様式を結びつけることができた。彼の故郷フランス-フランドルの伝統では、対位法の重視により、濃密で非常に装飾的なポリフォニー（多声音楽）が生み出されたが、これは並外れた静穏さを目的とするもので、その代償に歌詞が理解し難いものとなることが多かった。ジョスカンがミラノで初めて出会ったもっと抒情的なモノフォニー（単旋律）のイタリア様式は、人文主義的方法に従い、対照的に、歌詞を第一とし、音楽は伴奏であった。彼は故郷の様式に忠実でありつづけたが、イタリアの和声のエネルギーとその明確に表現された歌詞を充分に学び、それを北方の旋律の創意と静謐さとにうまく統合させた。この混合から生まれた優美な盛期ルネサンスのポリフォニーが、彼の名と結びつけられる

1510年ごろに作曲された
ジョスカンの「ベアタ・ヴェル
ジネ（祝福されし聖母）のミ
サ」のオープニング。ジョスカ
ンはこのミサ曲の5つの部分を
別々に書いたが、それらはヴェ
ネツィア人オッタヴィアーノ・
ペトルッチによって集められ、
統一された作品として1514年
に刊行された。

ようになる。

　ジョスカンの名声は、特に世俗音楽の作曲家として、イタリアとフランスですでに広まっていたけれども、それを確固たるものにしたのは1501年、ヴェネツィアの印刷業者オッタヴィアーノ・ペトルッチ（1466～1539年）が、活版印刷による史上初の楽譜集に彼の曲を載せたときであった。ペトルッチはこの本――ジョスカンその他の作曲家によるフランス語の歌アンソロジー（主にフランス語とフランドル語）――を『和声音楽百選』と名づけた。この『百選』は、ヨーロッパの音楽文化に革命を起こした。それまで、楽譜は手書き本であり、せいぜい間違いだらけの印刷本で、不完全な木版が多かった――歌手たちは自分の譜表に書き写さねばならなかった。ペトルッチの『百選』は初の大量生産された楽譜であり、値段はかつての楽譜の20分の1で、ますます人気のフランス-フランドルのポリフォニー様式を正確に記譜してもいた。この本の主流である四部合唱曲の歌手や演奏者たちがページを開くと、個々の楽譜がたいへん読みやすく、読譜や演奏が容易なように、見開きページの両側に2声部ずつ配置されていた。

　『百選』でジョスカンの名を宮廷や大聖堂以外の聴衆に紹介した後、ペトルッチは歌曲、ミサ曲、モテット（宗教曲）、イタリア起源のフロットーラ（マドリガルの前身）のアンソロジーをさらに数十冊出版した。この安価な楽譜集は、新たな、音楽の国際様式――6世紀前のグレゴリオ聖歌以来ヨーロッパで初めての――を活性化するのに貢献した。その核は、北方様式と南方様式の融合にもとづいたジョスカンの歌曲であった。この新たな印刷技術が与えてくれた好機による恩恵を享受しただけでなく、ジョスカンは宗教音楽と世俗音楽双方の新しい歌と器楽の楽譜を多く産み出してこたえた。彼は70歳近くで亡くなるまでに、約370曲を作曲した。まるでジョスカン様式ではない他の多くの曲も刊行されたが、これは夢中になった同時代人が彼の名のもとに発表したもので、明らかに、近代初の国際的な音楽界のスターの名に乗じようとしたものであった。

アルドゥス・マヌティウス
ポケット本の印刷販売業者
1450？〜1515年

グーテンベルクが活版印刷で聖書を出してから10年もたたないうちに、情報産業が勢いよくヴェネツィアに到達した。5年もたたないうちに、この都市は、よくある新技術のバブル・ブームを迎えていた。まず、印刷所が雨後の筍のように生まれ、人文主義、古典、宗教的な著作を大量生産した。じっさいに売れるかどうかまだ試されていない製品の供給が過剰になったため、印刷業者の破産が続発した。1473年には、整理合併された少数の印刷業者が事態を収拾していた。これらの業者は、冒険をせず、限られてはいるが少なくとも需要が安定している大聖堂や修道院向けの宗教的著作に製品を特化していた。

にもかかわらず、1480年代末にアルドゥス・マヌティウスがやってきたころ、ヴェネツィアはやはりヨーロッパ有数の出版の中心地であった。教皇領出身（「ローマ人アルドゥス」と署名している）の彼は最高の人文主義教育を受け、ラテン語やギリシア語文学にたいする精通と、一流の学者や何人かの君主との友好関係を自慢している。しばらくのあいだ、彼の仕事は人文主義者の典型的なもので、貴族の子弟に古典を教え、副業としてラテン語やギリシア語文法を書いて小遣い稼ぎをしていた。しかし、アルドゥスにはもっと大きな夢があり、その夢ゆえに、結果的にヴェネツィアにたどり着いた。

コンスタンティノープル陥落後の多くの人文主義者たちと同様、アルドゥスも、ギリシアの学者たちと彼らの蔵書が散逸して、ギリシア文学自体が永遠に消えてしまうことを恐れていた。愛するように教えられたこれらの著作に対して責任を感じたアルドゥスは、この危機に立ち向かうべく印刷業に従事した――生活の糧を求める職人としてではなく、学者兼歴史的遺産の保護者として。ヴェネツィアという選択は簡単に出た。この都市は印刷技術において傑出していただけでなく、ギリシアからの避難民が数千人も居住していた。アルドゥスが写すべき古典の蔵書を有している者もいれば、彼のために文法学者、植字工、校正係として働いてくれる者もいた。

アルドゥスが印刷所を立ちあげて経営するのに充分なだけの長期貸付金を確保するには、およそ6年間かかった。彼はまた、古典ギリシア語のための鋳型フォント（書体）をデザインしなければならなかった。ラテン語と違って、まだ複数の型が存在しており、個々のアルファベット、発音区別符号、省略記号、合字（リガチャー）を含む数百におよぶ型があった。短い詩や文法書をいくつか試し刷りした後、彼は最初の偉業となるものを送り出した。アリストテレスの全集（1495〜98年）である。5巻に達したこのフォリオ（二つ折り本）（サイズは31×21cm）、アルドゥス版アリストテレス全集は、西洋世界最大の哲学者の史上初の標準版を、非常に読みやすい、余分なものを取り除いたかたちで、読者に提供した。何世紀ものあ

いだアリストテレスの著作は、注釈や校訂にまみれて紹介されていたのだ。

アルドゥス印刷所はつづいて、ホメロス、ツキディデス、ヘロドトス、ソフォクレス、エウリピデス、デモステネスなど、残っていたギリシア語のカノン（正典）に取り組んだ——全部で58点、そのうち30点が初めて刊行されるものだった。すべてが読者の気を逸らしたり慰めたりする伝統的な注釈のない、テキストのみで印刷された。これが、これらの作品のどれもアルドゥスを儲けさせてくれなかった理由かもしれない。人文主義学者のうち、注釈なしでギリシア語を読めるほど精通していたのは5％ほどに過ぎなかったからである。その結果、ギリシア文学は彼の中心的活動であり個人的情熱ではあったけれども、アルドゥスはますます、古典作家と同時代の作家によるラテン語とイタリア語の著作を出版するようになった。実際に印刷所に利益を生み出したこれらの作品をデザインする過程で、アルドゥスは印刷術にも、文学の世界全体にも、革命をもたらした。

このような革新のひとつが、完全に新しいフォーマットであった。活字父型彫刻師であり活字デザイナーでもあるフランチェスコ・グリフォと長年仕事を共にしながら、アルドゥスは筆記体を発展させて新たな書体を作り、これを外国人の書籍販売業者たちはすぐに「イタリック体」と呼ぶようになった。この書体は伝統的なローマ体やゴシック体よりも多くの文字を紙面にのせることを可能にしながら、非常に読みやすかった。アルドゥスはこの書体をウェルギリウス著作集（1501年）に初めて使い、革命的に縮小された八つ折り本（8.5 × 15cm）に印刷した。彼は広告ビラ（これもアルドゥスの革新）で、この小型本を「リーブリ・ポルタティレス（携帯用の本）」と呼んだが、まさにその通りだった。「持ち歩ける本」は

1501年にアルドゥス印刷所から刊行されたウェルギリウス著作集。アルドゥス・マヌティウスは生涯に130点以上の本を出版したが、これは彼の最も革新的な労作であった。その工夫は読みやすくするために新たに考案された筆記体と、持ち運びやすさのために縮小された八つ折り本フォーマットであった。

3. 勃興する諸国家

もはや図書館の中にとじこめられず、誰もがポケットに忍ばせることができるようになった。

アルドゥスは他にも、それほど重要ではないが新しい工夫を行なった。句読点を近代的な形にととのえたのも彼が初めてだったし、ノンブル（頁番号）の慣行を始めたのも彼である。しかし、アルドゥスはふたつの領域で達成できなかったことがあった。最初の多言語対訳聖書出版のための資金と学者たちを集められなかったこと——その名誉はスペイン人のものとなる——と、切望していたヘレニスト（ギリシア学者）の学識者同志によるギリシア語の「新アカデミー」の創設である。彼のいちばんの遺産は印刷所であった。アルドゥスの息子と孫のもと、アルドゥス印刷所は1597年まで出版をつづけ、900点以上の書物を売り出し（その多くが数千部発行された）、人文主義者の企てとしてまさに中核となる、古典の正典を保持するというアルドゥスの夢を実現した。

フランチェスコ・コロンナ著『ポリフィルスの夢』（1499年）。アルドゥス印刷所の最も非凡な（かつ謎めいた）出版物のひとつが、盛期ルネサンスのベストセラーとなったこのロマンティックな夢物語である。奇想をこらした木版挿絵を大量に掲載し、その書体とレイアウトは、アルドゥス・マヌティウスによって優雅なフォーマットに整えられた。

レオナルド・ダ・ヴィンチ
「この男は何も成し遂げないだろう」
1452〜1519年

レオナルド・ダ・ヴィンチはその生涯を通じて、熟練した絵画技術ゆえに歓迎された——彼は岩窟や植物、水といった自然現象を再現描写できたし、人体の優雅な動きの把握もみごとだった。とはいえ、彼の評判はほんのわずかな作品にもとづいていた。完成作12点ですら、彼の手になるものと確証されてはいない。しかし、これらの中に、芸術のカノン（規範、正典）として全世界で最も喝采を受ける作品が2点ある。「最後の晩餐」（1495〜98年）と「モナ・リザ」（1503〜19年）である。どちらの絵も現在、鑑賞するのに良い状態ではない。前者はレオナルドの壁画技術のミスから本質的に自爆してしまったものだし、後者は驚くほど小さな作品で、もともとの色彩のあたたかい感じをほとんど留めていない。しかし、美術界で安全な地位を確保しているこの2作品は、何世紀にもわたって崇拝と議論を生み出しており、当時におけるこれらの革新性を理解するのをむずかしくしている。

レオナルドの生涯は3期に分けられる。第1期はトスカーナの田舎の公証人の庶子としての誕生からはじまり、徒弟時代を通してつづき、フィレンツェで青年美術家として開花するまで。第2期は、30歳くらいになり、ロレンツォ・デ・メディチの奨励でミラノに移り、ルドヴィコ・スフォルツァ公のために宮廷美術家、舞台装置デザイナー、技師として壮年時代の大部分を過ごした。1499年にミラノがフランス軍に征服され、レオナルドの生涯は最後の、ひどく落ち着かない第3期が始まる。彼はモデナ、フィレンツェ、ローマへと旅をし、またミラノに戻り、その後、フランス王フランソワ1世から恩給を授かる客として、ロワール河流域のアンボワーズで人生を終える。

宮廷から宮廷へ、プロジェクトからプロジェクトへと放浪しながら、レオナルドは仕事の注文を途中で放り投げることで有名になっていった。彼は絶えず契約に署名し——修道院や兄弟会や政府とも——前払い金を受け取り、準備のデッサンを制作し、絵を描きはじめるが、それから、その仕事を放棄して、他の注文や顧客に向かってしまう。彼は気が散りやすかった。描くことに飽きてしまって、線描はほとんど進歩がなかった。仕事中の彼を見て、教皇レオ10世（彼には一度も注文を出さなかった）はこうつぶやいたという。「この男は何も成し遂げないだろう。作品に取りかかってもいないのに、その作品の仕上げについて考えているのだから！」

同時代人はレオナルドの絵画技術や自然への洞察について激賞したが、彼が1481年に自分の才能のリストを作成したとき、何よりもまず強調したのは、舞台装置デザイナーと軍事技師としての能力であった。リストの最後に、彼は絵も描けると挙げただけだった。ルドヴィコ・スフォルツァと過ごした数年のあいだに、彼はミラノの要塞化と軍備と排水設備を革新する終わりなき計画を濫造し、金属鋳造、開削、動力生成といった工業における完全に新しいアプ

3．勃興する諸国家

ローチを提案した。これらの計画のうち実現されたものはわずかだった。いちばんましなので、ルドヴィコの父フランチェスコの騎馬像のような終わり方をした。部分的に製作されたが途中で放棄され、その後、スフォルツァ王朝の栄光に捧げられた記念碑への資金提供に無関心なミラノ市民によって破壊されたのである。

近代におけるレオナルドの名声は彼の手稿にもとづいているということが、定説となっている。この私的なメモの膨大な宝庫は彼の死後に集められた——約8000枚の手稿のうち多くが両面に書かれ、わずかに手のひらサイズのものもある。文章と素描を自由自在に織りまぜ、レオナルドは観察を記録したり、アイディアを出したり、時にはただ空想を楽しむためにこのノートブックを使っていた。彼は美術理論に関して熟考したことを刊行するつもりだったが、これは実現しなかった。余計な詮索を避けるために、彼はすべてのメモを鏡文字で書いていた。

レオナルドは自分のアイディアを秘密にしていたため、彼の非凡な才能は同時代人には知られないままだった——時々は自慢したり、茶目っ気のあるヒントを出したりしたけれども。光学、天文学、人体解剖学、機械工学、飛行学へのパイオニア的な洞察の大部分は、後世の思想家たちによって再発見されるか再発明されねばならなかった。それでも彼は、ひとつの重要な確信を広めた——中世スコラ学の演繹法は捨てて、自然を直接的にかつ注意深く観察しなければならないという確信を。「目に見えないものである魂を定義する〔時間を浪費する〕代わりに、経験によって知ることのできる事

前頁：「モナ・リザ」（「ラ・ジョコンダ」とも呼ばれる）（1503〜19年作）。*西洋文明の最も有名な絵画である「モナ・リザ」はじつに小さい作品で、わずか77×53cmである。レオナルドはこの絵を晩年の放浪の歳月、一種の護符のように常に持ち運んだ。*

右：レオナルドの手稿から、いわゆる「ウィトルウィウス的人間」（1487年頃）。*古典ローマの建築家ウィトルウィウスの理論に由来するレオナルドのこの素描は、人体と自然世界の間の、伝統的な幾何学的かつ象徴的な関係を要約している。*

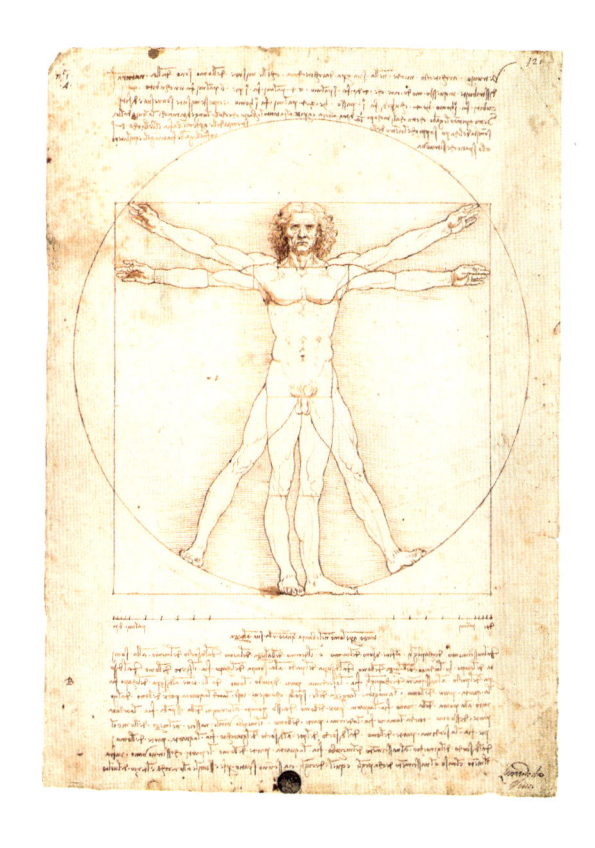

3. 勃興する諸国家

左:「レオナルドの素描」フランチェスコ・メルツィ帰属（1515年頃）。メルツィはレオナルドの晩年の弟子で、フィレンツェからローマやフランスへと師の供をした。レオナルドが亡くなると、その素描、模型、手稿の大部分を相続した。

次頁:レオナルド作「岩窟の聖母」（1495〜1508年）。レオナルドのスフマート技法——輪郭線と色彩を段階的にぼかしていく手法——はボッティチェッリやヴェネツィアの画家たちが好んだシャープな輪郭線との決別を画するものだった。これが盛期ルネサンスの特徴となる。

物を研究する方がずっとましだ。経験だけは間違わないから。」

しかし、レオナルドはまた人文主義も拒んだ。彼の見解では、人文主義は1世紀間、西洋思想をふたたび活気づけた後、権威崇拝というスコラ学と同じ轍を踏んでしまった。必然的に、直接的な個人の体験を重んじるレオナルドは、人文主義者のアカデミックなエスタブリッシュメント（権力階層）とは仲違いし、辛辣な態度をとった。三十代になってようやくラテン語を習得し、ギリシア語を学んだことのなかったレオナルドは、こうこぼしている。「私が満足に読めないからといって、無遠慮な連中が私を無学な人間だと中傷していることはよく知っている。愚かな奴らだ！……私の関心は他人の著作を通してではなく、体験を通して事物にあたることなのだと、彼らはわかっていない。」結局、一代の天才は最高の絵を描くことなく、最高の思想を読まれることなく没し、わずかな支持者と、実現されなかった多くの偉大な夢を後に残した。

レオナルド・ダ・ヴィンチ

D. JOÃO II

ジョアン2世
「無欠王」
1455〜1495年

敵のスペイン人たちには「暴君（エル・ティラノ）」と呼ばれたポルトガル王ジョアン2世は、同胞から「無欠王（プリンシペ・ペルフェティオ）」と呼ばれた。これは彼の礼儀作法が完全無欠だったという意味ではなく、彼が王権を掌握するのに情け容赦なく不道徳な方法、ニッコロ・マキャヴェッリが『君主論』でみごとに描きだすことになる権謀術数を用いて完全無欠だったことを指していた。

1481年に即位したジョアンは、父のアルフォンソ5世のアフリカ遠征のせいで国庫が空っぽになっていること、貴族たちが隣国スペインと組んで彼に陰謀を企てていることを知った。辛抱強く誰が敵かを見きわめてから、新王は司法テロをくり出し、スペイン女王イサベラと結託したとして、首謀者であるブラガンサ公を突然、逮捕し、処刑した。彼は迅速に他にも大勢を片づけた。エヴォラ司教は牢獄で毒殺したし、従兄は手ずから刺殺してやった。生き残った者たちは、公けの場で、王に対する忠誠の新たな、非常に詳細な宣誓をしなければならなかった。

貴族たちを処分したので、ジョアンは貴族たちによる窮屈な支配に長年いらだっていた都市の商人たちに、以前より大きな交易の自由を許すことができた。ポルトガル経済の未来は海外にあると確信していたけれども、ジョアンは父親のモロッコ征服計画を踏襲するつもりはなかった。代わりに彼は、偉大な伯父エンリケ航海公——ポルトガルを海外への冒険の道に引きこんだ人物——の導きに従った。エンリケの資金援助のもと、継続的な遠征隊により、アゾレス、マデイラ、カーボ・ヴェルデなどの西アフリカ海岸沖の多くの島にはすでに移民がなされていた。さらに、探検隊は南へ進み、モーリタニアを越えた。そして、もしアフリカ海岸が移民には危険すぎたとしても、少なくともポルトガルのカラヴェル船〔訳注：三本マストの外洋向き帆船〕なら、儲けの多い香料・金・奴隷交易が確立しているサハラ越えルートを迂回することが可能だった。

1460年にエンリケ公が亡くなるまでには、ポルトガル人はアフリカのはるか彼方の地、ベニン帝国まで定期的に足を運んでいた。しかし、このような政策への王家の支援はアルフォンソ5世の治下にほぼ終わっており、再開されたのはようやく、ジョアンが治世の初期に新たな遠征隊を熱心に派遣しはじめたときだった。1482年、彼はサン・ジョルジュ・ド・ミナ（エルミナ、現在のガーナ）に新しくポルトガルの要塞、交易センター、街を建設した。そこから遠征隊はさらに遠くへ進むことができた。ディエゴ・サオは1484年にコンゴ河口に到達

ジョアン2世、1500年代初頭の肖像画、作者不詳。**真にグローバルな戦略的ヴィジョンをもった最初のルネサンス君主であるジョアンは、消滅しかけていたポルトガルの探検計画を作りなおし、帝国を創造した。**

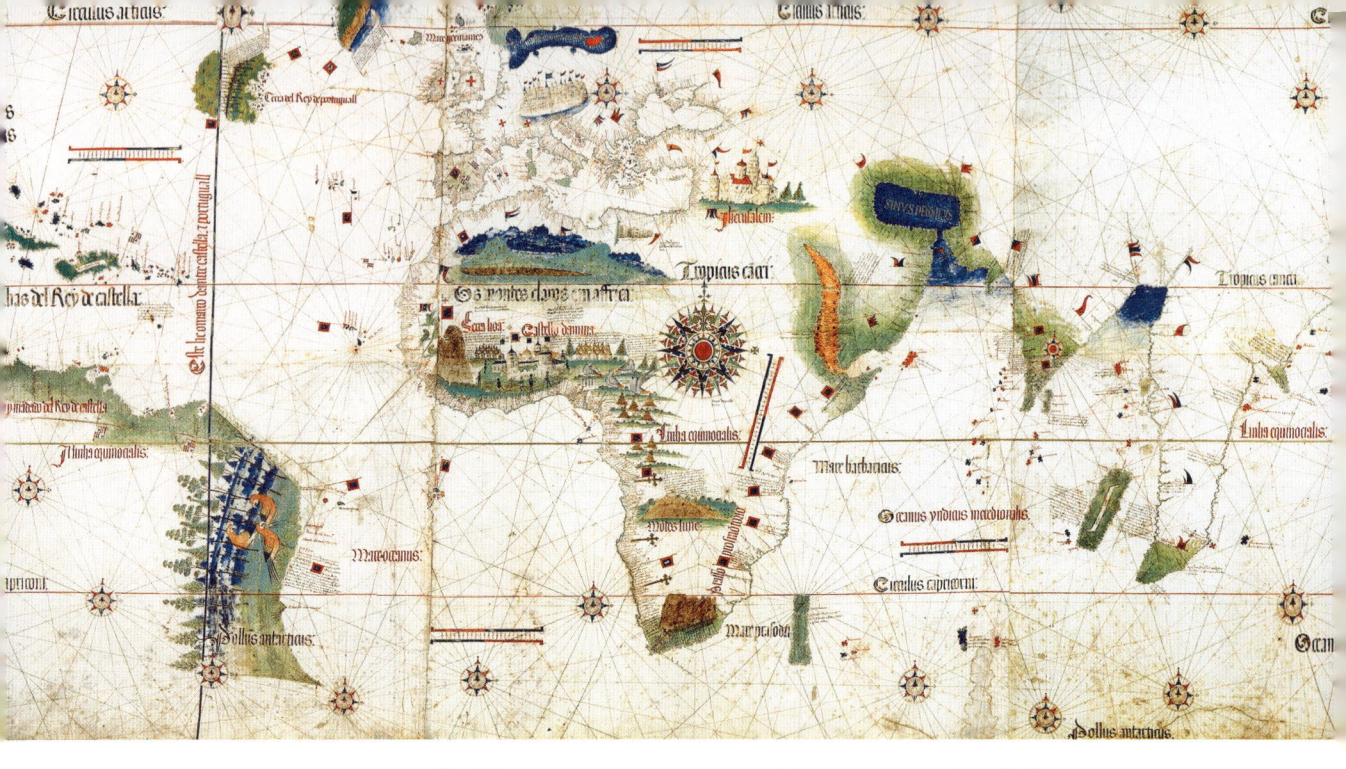

1502年にイタリアの地図製作者アルベルト・カンティーノが作ったいわゆる「平面球形図」。これは、新世界の存在を知り、ポルトガル帝国の全版図を示した最初の地図である。大西洋を2分する線はスペインとポルトガルの領土を分けるもので、トルデシリャス条約（1494年）の取り決めであった。

し、バルトロメウ・ディアスは1488年にアフリカの南端を通過した。当時としてはめずらしいことだが、ディアスの旅はじつは、ジョアンとその「学者委員会」が考案した二方面実験のちょうど半分であった。その同年、ジョアンはインドへの紅海およびペルシア湾ルート探検に遠征隊を派遣し、その過程で東アフリカをはるか南のモザンビークまで探検させた。この二重の努力により、インドへの海の路が実際にあり、それをポルトガルが完全に支配できることを王は確認できた。彼の楽観主義のしるしに、ディアスがアフリカの南端に与えた名前「カボ・ダス・トルメンタス（嵐の岬）」をジョアンは「カボ・デ・ボア・エスペランサ（喜望峰）」に変えてしまった。

ジョアンの積極的な帝国計画は、小さな国を非常に豊かにしたが、同時にスペインとの一連の植民地争いに新たな火をつけた。スペインにはスペインの探検計画があった（両国は1450年代にカナリア諸島をめぐって言い争っていた）。この争いはアルカソヴァス条約で解決された（1479年）が、それはカナリア諸島をスペインに与え、そこより南の地はすべてポルトガル領にすると約束するものだった。しかし、ジョアンのこの独占状態は短く、突然に終わった。1493年3月、スペインへと航海中のクリストファー・コロンブスがリスボンに立ち寄り、西方に新たに発見された土地のことを話したのである——彼はこれらの土地はアジア海岸沖の島々であると主張した。ジョアンは即座にコロンブスをポルトガルの領海への侵犯者として訴え、戦争に持ちこむぞとスペイン人を脅した。スペイン王フェルナンドは西方の海には戦うだけの価値はないのではと疑っていたが、それでもすばやくこの知らせを（スペイン人の）教皇ア

レクサンデル6世に知らせた。教皇は親切にも、アゾレスとカーボ・ヴェルデ諸島の西100レグア（555キロメートル）以上の距離に位置する島はすべてスペインに与えてくれた。ジョアンは激怒したが、交渉のあいだ、少なくともスペインと教皇の大使たちの前では、なんとか怒りを抑えた。彼の抑制は報われた。その後のトルデシリャス条約（1494年6月7日）で境界線は1500キロメートル、もっと西に移された。十年後、この新たな取り決めのおかげで、ポルトガルはブラジルの多くの部分を主張できることが明らかになった。もっと早くの秘密の遠征隊によって、ジョアンはすでにこの境界線の向こうに新世界があることを知っていたのでは、という疑いもあるが、彼がそれを認めたことはなかった。そうではなく、生涯の残された日々に、彼はポルトガルからインドへ行くルートの突破口となる航海の計画に熱中し、ついにそれは1498年、ヴァスコ・ダ・ガマによって達成される。

ヴァスコ・ダ・ガマの肖像、作者不詳（1510年）。ジョアン2世のポルトガル帝国への夢を最終的に実現したのはヴァスコ・ダ・ガマであった。彼はジョアンの従弟で後継者であったマヌエル1世に、1497年、アフリカを回ってインドへ到達するという仕事を与えられた。

アントニオ・リナルデスキ
ばくち打ちの瀆聖者
1501年没

アントニオ・リナルデスキについて知られている唯一のことは、嫌な奴だということだ。トスカーナの小貴族の家に生まれ、父のジョヴァンニは遺書を作るに充分なだけの資産があった——その遺書の中で、アントニオを「卑劣な息子」と呼んでいるが、おそらく息子に暴力をふるわれたのだろう。1500年にジョヴァンニが亡くなった後、アントニオは義理の母や異母妹たちと相続について争った。法廷沙汰がおちつくと、彼は遺産の分け前のほとんどを酒と賭博で浪費してしまった。彼は梅毒のせいで頭がおかしかったという者もいた。

1501年7月11日、リナルデスキの放縦は限度を越えてしまった。フィレンツェの居酒屋「イチジクの木」でサイコロ賭博をしていた彼はあり金をすってしまい、上着と自制心も失ってしまった。仲間たちにあばよといいながら、彼は聖母マリアをののしった。当時の多くのばくち打ちと同じように、彼も聖母を幸運の女神と思っていたのだ。遠くまで行かないうちに、彼はやりすぎてしまった。通りに落ちていた手のひら大のロバの糞を拾いあげ、サンタ・マリア・デリ・アルベリギ教会の入り口上に描かれていた聖母の壁画に投げつけた。どうやら誰にも見られていなかったが、アントニオは自分がしでかした冒瀆にパニックになり、走って逃げて、街の郊外にある別荘に身を隠した。

この瀆神行為を発見するや、当局は周囲に聞きこみをし、まもなくリナルデスキが「イチジクの木」で聖母をののしっていたことを耳にした。7月21日には警吏たちが郊外の修道院まで跡をつけ、そこで、逮捕の瞬間、彼は短剣で自殺しようとしたので、自らの罪を認めたも同然だった。血は出たけれども深手ではなかったので、リナルデスキは市の牢獄バルジェッロへと連行され、そこで賭博と瀆聖と自殺未遂の罪に問われた。彼は裁判官たちと司祭に懺悔をし、その夜、バルジェッロの窓から首を吊るされた。

リナルデスキの犯した罪はふつうなら重罪ではなかったが、この時代のフィレンツェは政情不安だった。数年前にメディチ家が追放され、千年王国を説いた説教師サヴォナローラは処刑された。15世紀の比較的安定した時代は消え去り、親メディチ家のエリート層のメンバー、サヴォナローラの熱心な支持者たち、急進的な共和主義者、その誰もが政権を奪いあっていた。一方で、外国人やイタリア人の軍隊がフィレンツェの自由を脅かしていた。リナルデスキの災難のちょうど2ヵ月前、悪辣なチェーザレ・ボルジアがフィレンツェの城壁下に軍隊を野営させ、莫大な賄賂を手にしてようやく去っていった。そんな時代に、このような瀆神的行為を見のがして、誰が神の怒りを招きたいだろうか？

しかし、リナルデスキの非道徳行為は、民衆の恐怖と同様に信仰心も目ざめさせた。壁画に投げつけられた糞のほとんどは落とされていたが、小さな塊がくっついたまま残っていて、聖母の額近くで「まるで乾い

フィリッポ・ドルチアーティ作「アントニオ・リナルデスキの物語」(1502年)。9枚の連作から、この3枚は (右から左に)、居酒屋「イチジクの木」を去る場面、立ち止まり、ロバの糞の塊を拾う場面、聖母の壁画にそれを投げつける場面。どの絵でも16世紀への変わり目の、フィレンツェの街の様子が精密に描かれている。

た〔漆喰の〕薔薇の輪のようだった」。誰かがそれが冠に似ていることに気づき、まもなく、群集が教会の前に集まり、聖母さまがこの侮辱を栄光に変えられた、と叫んだ。彼らは聖母像の前でろうそくに火をともした。大司教が見にやってきた。リナルデスキの処刑後、この像は洗浄されたのに、「冠」の跡が残った。癒しのパワーがあると噂され、病人や身体障害者がすぐに、壁にエクス・ヴォート (治癒祈願のための奉納物)を掛けるようになった。瀆聖の行為から信仰が生まれ、1ヵ月もしないうちに、当局は礼拝堂を建設するために、この教会に隣接する家々を壊しはじめた。1520年代には、この教会の前にあったもともとの広場全体が囲まれ、汚された聖画は主祭壇の上の位置へと移された。

この事件の記憶は18世紀初頭にはほぼ立ち消えてしまっていた。1502年にフィレンツェのある二流画家がこの事件を記念して描いた絵が残っていなかったら、忘れ去られてしまっただろう。9コマ漫画のように分割されたこの板絵連作は、祭壇画の下に配置されるのが通例だった小型の物語絵、ルネサンス期のプレデッラ (裾絵) に似ている。細部は念入りかつ鮮明で、リナルデスキの憤激、冒瀆、逮捕、裁判、処刑の物語があますところなく描かれている。

犯罪と懲罰以外にも、この作品には見るべきものがある。ミケランジェロの「ダヴィデ」やレオナルドの「モナ・リザ」と同時代でありながら、この板絵を鼓舞していたのは、ロレンツォ・デ・メディチのフィレンツェ人文主義に負っている精神とはまったく異なる。むしろサヴォナローラの罪と贖罪と救済についての説教に近い精神であった。1枚目から3枚目まで、リナルデスキの頭のまわりを飛びまわって彼を誘惑する小さな魔物は、4枚目では追い払われ、罪人が法と教会への服従を選ぶ6枚目と8枚目では天使が代わりに登場する。最後の板絵では、リナルデスキは完全に悔悟し、自分自身を神に委ね、二天使が彼の魂を魔物たちからみごとに奪い返している。初めの方の場面ではサイコロと糞で堕落していたアントニオ・リナルデスキの浪費生活は、罪深い行為の放棄と救済のための高慢さの放棄によって終わる。この板絵は描かれた説教であり、騒乱の年月の中で、フィレンツェの社会的秩序全体に向けられたものであった。

4．突然の衝撃
1490〜1515年

多くのヨーロッパ人は、1500年が近づいてくるのを悪い予感をもって眺めていた。いつもの黙示録的恐怖に悩まされていたわけではなかった。というより、それまでの2世代にわたってようやく獲得された安定と持続の感覚が、急激に消え失せていくような気がしていた。特にヨーロッパの最も新しく最もダイナミックな王国であるスペインでは、変化はすさまじかった。1492年1月2日、スペインにおけるイスラム教徒の最後の牙城であったアルハンブラ宮殿要塞が、フェルナンド2世とイサベル女王にあけ渡された。こうして、780年をついやした半島をイスラム教徒から取り戻す十字軍は終わったが、国土回復運動(レコンキスタ)を活気づけていたキリスト教勝利主義の精神は、次の世紀に入ってもスペイン人を鼓舞しつづけた。

フェルナンドとイサベルは、なによりもスペインにキリスト教統一体を作りたいと考え、1世紀にわたってキリスト教徒・ムーア人、ユダヤ人によって構成されていた社会組織の解体に乗り出した。1492年3月31日、両王はアルハンブラ勅令を発布し、新たに拡大した王国に居住するすべてのユダヤ人に対し、キリスト教に改宗するか国外に出て行くか、さもなければ死刑に処すると言い渡した。受洗を選んだのはたった6万人ほどで、その3倍から10倍のユダヤ人（正確な数は不詳）が他国への移住を選んだ。一挙にスペイン王国は、1500年前からの社会的存在とその企業家・資産家階級の大部分を一掃したのである。同時に、新たに洗礼を受けた数千人のコンヴェルソ（改宗ユダヤ人）の信仰が信頼できるのかという大衆の不安が、新国家に不信の空気を生み出した。

この勅令が発布されてわずか2週間後に、フェルナンドとイサベルは、西方へ航海してアジアへ達する計画をもつジェノヴァの航海者クリストファー・コロンブスへの資金提供に同意した。1493年にコロンブスが帰還した後、ヨーロッパ人のほとんど——エリート層、学者たち、一般の男女——が彼のなしとげたことを理解するには、ほぼ1世代がかかった。しかし、ポルトガル王ジョアン2世はすばやく、スペインが新たに発見した土地と海に関して不公正な権利主張をしたと非難した。スペインとポルトガルがこの問題を解決し、ヨーロッパの外の世界を両国で二分割したトルデシリャス条約（1494年）は、コロンブスの発見以上にヨーロッパの君主たちの関心を引きつけた。

1492年という年は、イタリアにとっても同じくらい重要な転換点だった。半島の長期

フランスの海岸沖を航行するポルトガルのカラック船団（1520年代の無名画家の作品）。ここでは、カラック船というポルトガルの新しい大西洋航海技術や、扱いにくい大三角帆を張りオールで漕ぐガレー船という伝統的な地中海航海技術が一堂に会している。

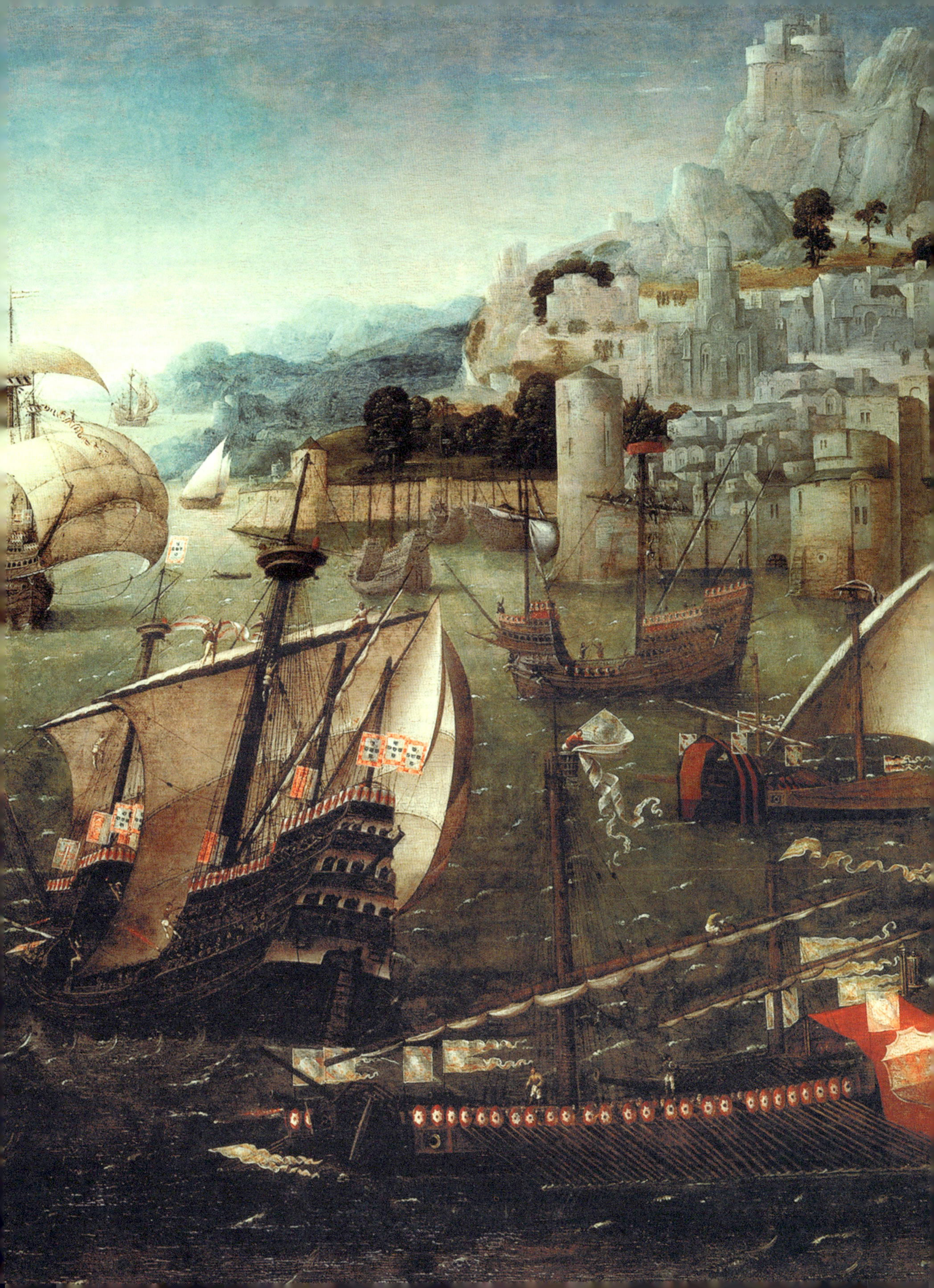

4. 突然の衝撃

にわたる勢力均衡が急速に崩壊していく始まりを画したからである。4月9日、フィレンツェの実質的な君主であり、イタリアの長い平和の時代を陰から導いていたロレンツォ・デ・メディチが、43歳の若さで亡くなった。その3ヵ月後、教皇インノケンティウス8世も逝ったが、彼はロレンツォの後押しで教皇位に選出され、縁戚でもあった。スペインとイタリアのこのような政治景観の急激な変化は、ヨーロッパの社会秩序全体に広く影響を及ぼした。

　スペインのユダヤ人追放は即座に影響をもたらした。人口統計学的大変動はまず隣国ポルトガルを襲ったが（数年間、ユダヤ人避難民がポルトガルの人口の10％にまでなった）、まもなくさらに遠くに達した。この新たなディアスポラは、何世紀ものあいだ彼らが休眠していた場所でのユダヤ人の権利とアイデンティティの問題を再燃させた。アントウェルペンとアムステルダムへのユダヤ人移民の到着は、同化の試みを刺激したが、同時に公然たる暴動の火花を散らした。ヴェネツィア周辺のセファルディム（スペイン系ユダヤ人）の住民が急激に増大したため、1516年、ヴェネツィア元老院は、ユダヤ人を市内のゲットーと呼ぶ閉鎖された地域に居住させることを票決した。しかし、はるかに寛大だったのが、オスマン・トルコのスルタン、バヤズィト2世（1448年頃～1512年）で、スペイン系ユダヤ人たちの商業知識を賞讃した彼は、自分の艦隊をグラナダに派遣し、彼らを地中海東部地域（レヴァント）に運んだのである。フェルナンド王は「自分の国を貧しくして、私の国を豊かにしてくれた」と言い放った。バヤズィトはテッサロニキ、サラエヴォ、イスタンブールにユダヤ人の繁華な共同体を創設した。彼らは西方の新しいものを色々ともたらしただけでなく、1493年ごろには、イスタンブールにレヴァント初の印刷所を開いた。

ムーア人の洗礼。フェリペ・ビガルニー作の浮彫（1520年頃）。*征服され、スペインに留まることを選んだムーア人は、キリスト教徒への大量改宗を耐えることを強いられた。*

4. 突然の衝撃

ヴァスコ・ダ・ガマのカリカット到着を想像で描いたフランドルのタペストリー（1510年頃の制作）。*実際には、洗練された先住民とガマの最初の接触は大失敗だった。彼の贈り物があまりに粗末だったので、先住民の首長は侮辱されたと怒り、彼を投獄した。*

　4回の航海で、コロンブスは西まわり航路がアジアへ至るという具体的な証拠を挙げられなかった。しかし、彼が発見した島々により近い位置にある北ヨーロッパに、コロンブスに追随する者が大勢生まれたのは、彼の努力ゆえである。1496年には、英国王ヘンリー7世が傍若無人なトルデシリャス条約にいら立ち、航海の準備を始めて、ヴェネツィア人の探検家ジョン・カボットに、英国のために伝説に名高い北西航路を探すように依頼した。カボットのささやかで最終的には不首尾に終わった試みの後、英国とフランスの漁師たちは規則的に航海を行ない、まもなく、カボットが発見した「ニュー・ファウンド・ランド」周辺に、広大かつきわめて利益の多い新たな漁場を見出していった。

　1492年のロレンツォの死によって、またその2年後のナポリ王フェランテの死によって、イタリアに残された権力の空白におびき寄せられ、運だめしをしてイタリアの群小国家から得られるものならなんでもつかみとってやろうと、最初にフランスが、次にスペインがやってきた。その後60年間、両陣営は半島支配をめぐって一連の破壊的な戦闘を行なった。教皇庁も一時はスペイン人の手に落ちた。ロドリーゴ・ボルジア枢機卿が聖ペテロの玉座を買収したのだが、史上最も腐敗した教皇選挙のひとつといわれている。1492年8月11日、教皇アレクサンデル6世と名のってボルジアが即位したとき、ロレンツォの次男ジョヴァンニ・デ・メディチ枢機卿は——彼も理想主義者ではなかった——こう言ったという。「いまやわれわれは、狼を権力の座につけてしまった。おそらくこの世界が始まって以来、最も強欲な狼だ。逃げ出さなければ、われわれ全員がむさぼり食われてしまうだろう。」結果的には、アレクサンデルとその子供たちは、彼の予言を実現すべく全力を尽くした。

クリストファー・コロンブス
「大洋の提督」
1451〜1506年

ク リストファー・コロンブス（イタリア語ではクリストフォロ・コロンボ）は、毛織物業者で時々チーズも売っていた男の息子であったが、ジェノヴァが生み出した息子ともいえる。多くのジェノヴァ人同様、彼も生活の糧を求めて海に出た。若いころにレヴァントを訪ね、西アフリカのギニア、イングランド、アイルランド、そしておそらくアイスランドにさえ足を伸ばしたらしい。1470年代初頭にはリスボンに住んでいたが、そこで弟のバルトロメオが地図製作者の職を見つけていた。自分の航海の実体験とバルトロメオの地理学の訓練を結びつけて、コロンブスはおのれの生涯を決定づける確信に至った――それは、西へと航海していけば東方の香料の豊かな島々に到達できるというものだった。その後の20年間のほとんどを、しばしば貧困におちいりながら、コロンブスは耳を傾けてくれる人になら誰にでも、自分の主張を訴えた――スペイン王、ポルトガル王、ジェノヴァ人、ヴェネツィア人、そして英国人にまでも。しかし、全員に断られた。

「ジェノヴァの歴史がはじまって以来、コロンブスほど航海術に秀でた専門家は生まれなかった」ことには多くの人が同意したけれども、彼の計画に投資するだけの時間、関心、金をもった君主は、当時ほとんどいなかった。コロンブス兄弟の地図を真剣に研究した者たちは、コロンブスはヨーロッパから中国の海岸までの距離を実際の距離のたった5分の1に計算し、地球の大きさをひどく過小評価し、ユーラシアの大きさを誇張していると考えたが、あいにく彼らはまったく正しかった。しかし、コロンブスはついにスペインのフェルナンド王とイサベル女王を説得し、諮問委員会の反対意見を押さえ、航海計画のために必要な資金と船団を提供してもらった。やや早まってはいたが、両王は彼を大洋の提督兼インド諸島の総督にも任命した。

コロンブスと120人の男たちは、1492年8月3日にカラック船1隻（サンタ・マリア号）とカラヴェル船2隻（ニーニャ号とピンタ号）で出発した。彼はまずカナリア諸島へと航海し、それから9月6日に西を目指し、旧世界を後にし、未知の海へと乗り出した。おだやかな風に吹かれてようやく5週間後、10月11日に、船員のひとりが海から新鮮な花をすくいあげた。翌日、船団は小さな島に接近した。今日のバハマのどこかで、コロンブスはサン・サルバドル（聖なる救世主）と命名した。彼はそれからキューバ――「人類の目がこれまで見たなかで最も美しい島」――の北岸沿いに進み、イスパニョーラ島に要塞を建設し、故郷へ向かって船出し、1493年3月15日にスペインに帰還した。

遠征隊が持ち帰ったのは、少量の金と煙

次頁：クリストファー・コロンブス、リドルフォ・ギルランダイオによる肖像（1520年頃）。コロンブスの生前に描かれた肖像は知られていない。この肖像は正確なものとして一般に受け入れられているけれども、彼の死後、彼に会ったことのないフィレンツェの画家が描いたものである。

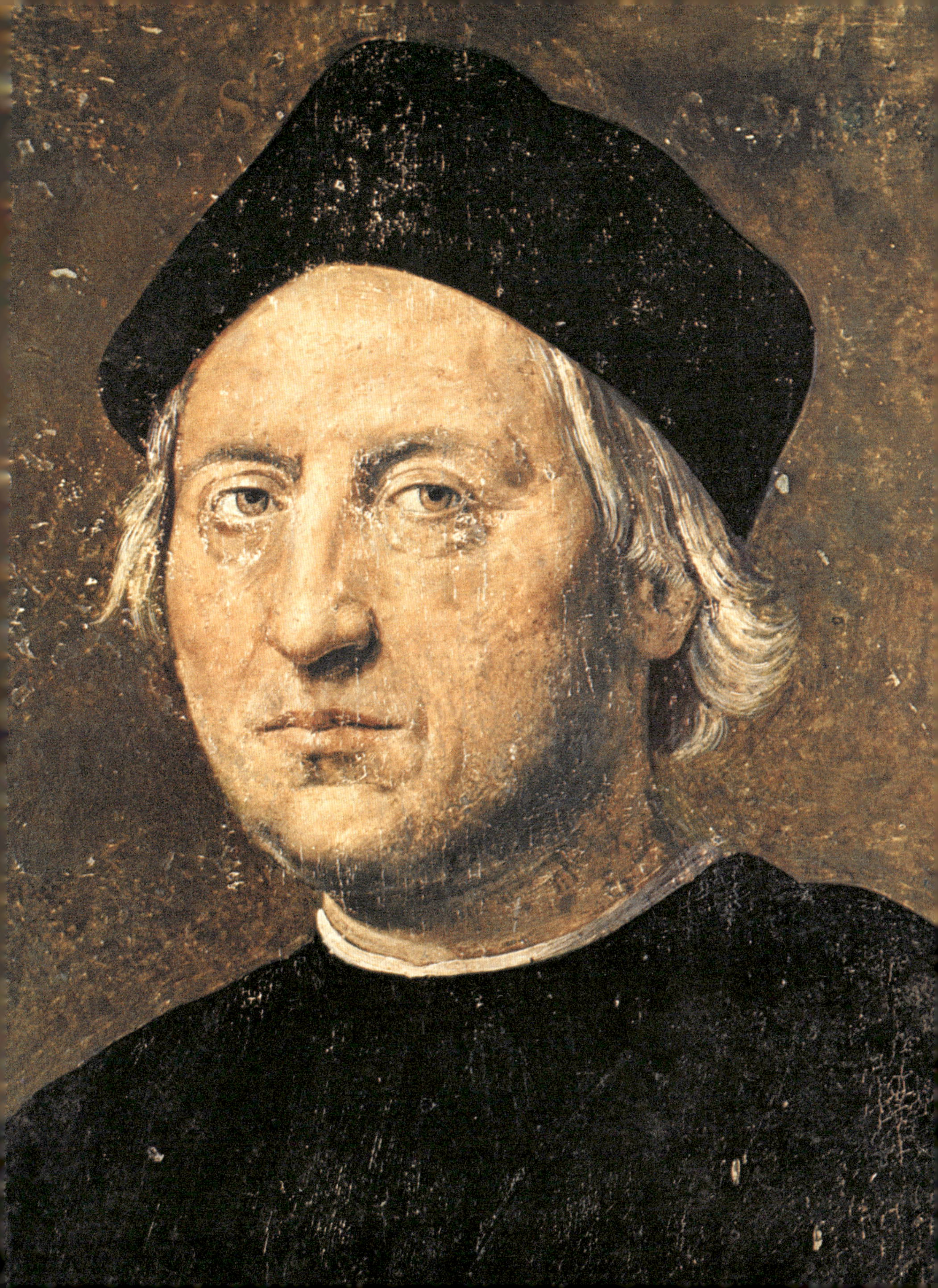

4. 突然の衝撃

草、オウム数羽、コロンブスが拉致してきた先住民10人ほどであり、香料はなかった。彼が発見したのはジパングでもなければ香料諸島でもなかった。また彼は、カラック船サンタ・マリア号を失った。イスパニョーラ島で沈没したのである。それでもスペイン人は、帝国建設事業のこの新たな指針に熱狂し、コロンブスを英雄として歓迎した。6ヵ月後の再航海には、1200人の志願者と17隻の船がたやすく集まった。コロンブスの最初の航海と同じように、第2次航海（1493〜96年）、第3次航海（1498〜1500年）、第4次航海（1502〜04年）も、ヴィジョンに満ちた計画、数々の大発見、チャンスの取り逃し、慢性の海図読み

1494年に刊行されたコロンブスの『第1回航海記』にはこのように「インスラ・ヒスパニア（イスパニョーラ島）」の幻想的な木版画が挿入されている。この新たな「スペイン人の島」が豊かな植民地になるとフェルナンド王に確信させることを期待したものだった。

取りミスの混在が特徴として見られた。彼は北大西洋を楕円形状に時計回りする風に乗って横切ることの専門家であることを証明したが、「ガンジス河の向こうのインド諸島」には到達していないという山ほどの証拠を無視した。オリノコ河の河口で、これほど大量の淡水は大きな大陸の高い山々でなければ流れてこないことは明らかだったのに、コロンブスはこの大陸はアジアであり、山々はエデンの園だと主張した。パナマの海岸に沿って航海しながら、彼は現地の住民から、内陸にたった数日間旅をすれば別の巨大な海があるという噂を耳にしたのに、夢にとらわれて、この問題を追求しなかった。

航海者としての失敗以外に、コロンブスは行政官としても、とんでもなかった。探検に行くために居住地をしょっちゅう空っぽにしたので権威を維持できず、無頓着になったり残忍になったりをくり返し、入植者を乱暴に扱ったので、彼らはついに反乱を起こし、彼を鎖につないでスペインに送り返した。彼は出会った先住民に対して残酷で、ある者は虐殺し、ある者には金や食料の供出を強制した。逃亡した者たちは猟犬で狩り出した。彼は「国王陛下、女王陛下のお望みのままに、多くの偶像崇拝者の奴隷を」供給できますと自慢して、イサベル女王を恐れさせた。

コロンブスは打ちひしがれて生涯を終えた。スペイン宮廷の外縁をうろうろし、自分に対してなされたと彼が思いこんだ多くの不正行為についてますます失望しながら。しかしじつは、世界は彼の偉大なヴィジョンから前へと進んでいた。スペイン人の移民たち、幸運を求める者たちは、東方への中継基地としてではなく、それ自体が活気ある植民地であるカリブ海地域に、群れをなして集まった。1498年、別の方向に船出して、インド諸島への最も有益な航路をポルトガルのために切り拓いたのはヴァスコ・ダ・ガマであった。その3年後、ブラジル海岸の海図を作るポルトガルの遠征隊に参加した別のイタリア人アメリゴ・ヴェスプッチが、自分で航路計算した結果、コロンブスは間違っていたと結論した。これはまさに新世界であった。

ジョン・カボット

ヴェネツィア出身の航海者、イングランドから探検に出発
1451頃～1498年

　少年時代にヴェネツィアに連れてこられ、1475年に市民権を与えられたジョン・カボット（ジョヴァンニ・カボト）は、他のヴェネツィア人たちが何世紀もやってきたのと同じ道を進んだ——レヴァントでの商取引である。彼の息子セバスティアーノが後年述べているが、カボットはメッカまで行き、隊商がそこに運んできた香料と絹に驚嘆した。彼はこれらの豪奢品すべての産地を尋ねたが、誰も知らなかった——ただ、さらにはるか東方の産だということしか。宗教的対立のためにシルクロードがキリスト教徒に閉ざされてしまったことを熟知していたカボットが、この時点で、これらの富すべての産地に到達する夢を見はじめたと推測する者もいる。

　カボットの商売の夢は明らかに彼の商才を凌駕していた。というのは、1488年、彼は破産し、借金取りから逃れるためにヴェネツィアから逐電しなければならなかったのだ。数年間の放浪の後、彼はバレンシアにおちついたが、ちょうどその1493年、クリストファー・コロンブスがスペイン凱旋ツアーで通過した。この偉大な男の第1回航海の話を聞き、コロンブスは実際に中国に到達するには充分な距離を航海していないと確信したカボットは、スペイン両王に、もっと北のルート沿いの航海のための資金提供を請願した。しかし、すでに探検家を抱えていた両王はにべもなかった。

　それからカボットは、英国で運だめしをした。彼には楽天主義になるだけの理由があった。英国は地球をスペインとポルトガルで二分割した1494年のトルデシリャス条約に縛られ、大いにいら立っていた。さらに、ブリストルの船乗りたちは、すでにアイスランドを越えて北大西洋、西大西洋探検の経験があった。それでも、カボットがロンドンのイタリア人銀行家やブリストルの商人たちから必要な資金をかき集めるのに1年以上かかった。1496年3月5日、カボットの友人たちがついにヘンリー7世を説得して、北方航海への王家の特許状を発行させ、スペインの領海への侵犯を後援し、一方で、彼が発見する「異教徒や不信心者」の土地と富への商売独占権を彼に与えた。ヘンリーの特許状は、ブリストルの商人たちに船を5隻用意するようにと命じるものだったが、彼に与えられたのは1隻だけだった。おそらくあまりに急ぎすぎたのだろう、彼は1496年の夏に帆を上げたが、船の装備のひどさ、悪天候、未知の海のために、乗組員たちに反乱を起こさせただけだった。

　1年後の1497年5月初頭、カボットは18人の乗組員をちょうど50トンという小さなマシュー号に乗せ、ふたたび挑戦した。5週間後、彼は陸地を「700リーグの距離に発見」し〔1リーグ＝約4.8km〕、これこそ「大ハーンの国の本土」だと主張した。補給のために一度だけ上陸した後、カボットはおよそ1ヵ月間、海岸に沿って南下し、それから8月6日にブリストルに帰港した。コロンブスの最初の航海に比べれば、これは期間も短く、大きな意義のない

4. 突然の衝撃

ヘンリー7世がジョン・カボットに与えた特許状。「これまですべてのキリスト教徒に知られていなかった……異教徒と不信心者の島、国、地域のすべてを発見し調査すること」を彼に許可している。

旅であった。カボットはこの島をおごそかに「ニュー・ファウンド・ランド（新たに発見された島）」であると主張し、英国の旗だけでなく、ヴェネツィアの旗も立てた。しかし、彼はひとりも原住民に会わなかった——皮製の罠と骨でできた針だけが、彼が持ち帰った人間の居住の証拠だった。彼が接岸した正確な場所も不明だったが、その後、ニュー・ファウンド・ランドのケープ・ボナヴィスタかケープ・ブレトン島のどちらかに結論はおちついた。しかし、カボットが持ち帰ったものは、ブリストルの男たちにとってはいくらか良い知らせだった。彼は漁師たちの夢、グランドバンクス（浅瀬の世界的な漁場）の位置をつきとめたのだ。そこにはタラが濃密な群れで集まるので、籠網漁ができるのだった。彼はこの新たに発見した島をバカリャオス、「タラの島」とも呼んだ。

カボットは帰還すると名士扱いされた。彼は英国に愛国主義的な景気づけと、領土主張の権利と、香料や黄金よりも手に触れられる富を与えた。「彼はたいへんな名誉が与えられました」とヴェネツィアの同胞が書いている。「彼は絹の服を着て出かけ、大提督と自称しています。」しみったれのヘンリー7世でさえ、航海後、まず彼にわずか10ポンドを与え、その後、次の航海のために、カボットの船団のうち1隻に資金を援助した。今回はずっと大きな仕事だった——船5隻に船員は約300人で、ロンドンの商人数名や修道士たちの派遣団が含まれていた。カボットの小船団は1498年5月初頭に船出したが、まもなく帰還した1隻の例外をのぞいて、歴史から消えうせた。同時代の手紙やずっと後に書かれたカボットの息子セバスティアーノの回想録によれば、探検者のうち数人は帰ってきたが、カボット自身は帰ってこなかった。おそらく、バカリャオスで没したのだろう。ポルトガルの探検家ガスパル・コルテ゠レアルが1501年にこの地域を訪ねたとき、彼は先住民から、この遠征の唯一残った痕跡らしきものを提供されたが、それは折れたイタリアの剣と、ヴェネツィアの工場製の銀のイヤリングであった。

大西洋を何度か渡ったフアン・デ・ラ・コサの「世界地図」。*1500年ごろに描かれたもので、カリブ海地域、キューバ、南アメリカを含む新世界を示した最初の地図である。*

ジロラモ・サヴォナローラ
フィレンツェの炎
1452〜1498年

20歳、同年齢の多くが外に出て狩りをしたり浴びるほど酒を飲んでいる時期に、ジロラモ・サヴォナローラは室内で座って、陰鬱な詩を書きなぐっていた。そのひとつ、「世界の破滅について」で彼は、人間性は「あらゆる悪徳によって地に落とされた。／二度と立ち上がらないだろう」と嘆いている。両親は真面目な若者が地元のフェラーラ大学を卒業した後、そのまま故郷の町におちつくことを願っていたので、1475年、息子がこっそりとボローニャの修道院に入ってしまったときはがっかりした。彼は父母を慰めるために優しい手紙を書いたが、数ヵ月後、彼らがまだ悲嘆に暮れていると、彼は黙っていられなくなり、「何を嘆いているのですか、あなたがたは目が見えないのですか?」と書き、キリストがその戦う騎士のひとりとして彼を選んだことを祝うべきだと主張した。

1482年春、サヴォナローラはフィレンツェに送られ、ドメニコ会のサン・マルコ修道院で論理学を教えたが、そこでの彼の職務には市民への説教も含まれていた。しかし、彼の粗野な話し方や奇妙な北イタリア方言は都会人であるフィレンツェ市民に嫌われ、恥をかかされた修道士はボローニャに呼び戻されると、説教技術に磨きをかけることに骨を折った。サヴォナローラはフィレンツェで少なくともひとりの男に感銘を与え、その男、哲学者のピコ・デッラ・ミランドラが友人のロレンツォ・デ・メディチとともに、サヴォナローラをサン・マルコで論理学を教えるようにと呼び戻した。人を射るような瞳と突き出した鼻をもつこの小さな修道士は、1490年、以前に比べてはるかに磨かれた、自信に満ちた男として戻ってきた。

繁栄の1世紀によってフィレンツェは裕福で教養があり、世俗的な品物への趣味をもつ上流階級を生み出していた。サヴォナローラは説教壇から雷鳴を落とし、彼らの生ぬるい信仰心、貪欲、フィレンツェが豊富に提供していた官能的な快楽ゆえに、彼らをきびしく叱責した。彼は寡頭制を捨てるようにと呼びかけた――この考えは貧乏人を慰め、金持ちを悩ませた。他方、サヴォナローラが自分を通してキリストが語りかけているのだと主張したとき、聖職者たちは大いに動揺した。修道士の2、3時間に及ぶ説教がしだいに黙示録的になっていき、同時代の出来事が市民の悩みの種を増した。ロレンツォが亡くなったばかりのフィレンツェは不安定になり、フランスは侵攻するぞとイタリアを脅かしており、多くのキリスト教徒にとって終末を予告する1500年が目前に迫っていた。

サヴォナローラの支持者は、たちまち数と熱意を増大させていった。敵対者たちは彼らを、説教のあいだにいつも彼らが大声で泣くことから、「泣き虫野郎ども」と仇名した。彼は子供たちを徴募して、親類や隣人の不道徳な行動を報告させた。そして、謝肉祭のあいだ、少年少女たちは白い服を着て街路を行列し、祝祭の放蕩の邪魔をした。彼らは街じゅう、遊戯のカルタ、鏡、異教的主題の美術、鬘や官能的な書物――不敬虔の匂いのするものなんでも――を探

ジロラモ・サヴォナローラ

フィレンツェの信者たちは、サヴォナローラの火のように激しい説教を聴くために夜明け前から長い列を作った。この1496年の木版画には、巨大な大聖堂の中で満員の群集に説教する彼が描かれている。彼は自分自身を神の地上での伝声管と呼び、恐ろしい予言で数千人に催眠術をかけた。

しまわり、それらをシニョーリア（政庁舎）広場に山積みにし、サヴォナローラはこれらを焼いて、「虚栄の焼却」とした。莫大な数の貴重品が失われた。ボッティチェッリでさえ、自作の絵を多く火中に投じたといわれている。

サヴォナローラは未来を知っていると主張し、フィレンツェ市の罪は神の怒りをまもなく呼ぶだろうと予言した。1494年にフランス王シャルル8世が軍を率いて到着したとき、修道士は自分の正しさを証明して喜びの声をあげた。不道徳なフィレンツェには罰が必要だったと彼は宣言し、困惑するフランス王を温かい挨拶で迎え、王が侵入してきたことに感謝の意さえ捧げた。シャルルはフィレンツェに害を与えずに去ったが、この出来事は、さらに多くの人びとに、この修道士と神との特別な絆を確信させた。1490年代半ばには、1万5000人の群集が彼の説教を聞くためにフィレンツェの巨大な大聖堂に押しかけた。そこで

サヴォナローラは、フィレンツェこそより純粋なカトリック信仰を生み出す新たなエルサレムであると宣言して、市民の自尊心をかき立てた。

トスカーナのこれらの事件の風を感じ取った教皇アレクサンデル6世は、1495年、サヴォナローラへの神の啓示と彼のキリスト教刷新計画を議論するため、修道士をローマに召喚した。正当にも疑いを抱いたサヴォナローラは出頭を拒否し、かくして、この小さな修道士と教皇庁との戦いの火ぶたが切って落とされた。3年間、説教を中止せよ、自分が神の声を伝える者だと称するのを止めよという命令をサヴォナローラは無視し、1497年3月、アレクサンデル6世はついに彼を破門した。この劇的な一歩に修道士の支持者たちは驚愕し、フィレンツェ市は教皇と預言者かもしれない者のどちらを支持するかという論争に揺れ動いた。サヴォナローラを憎悪していたフランチェスコ会修道士たちがドメニコ会修道士

4. 突然の衝撃

たちに火の審判の挑戦をしたとき、フィレンツェ市民はどちらに神のご加護があるのかを見ようと群れ集まった。しかし、突然の豪雨で審判は中止され、激怒した群集はこの見世物をインチキだとして、サン・マルコ修道院に押しよせた。サヴォナローラと助手の修道士ふたりは捕らえられ、数週間の尋問と拷問の後、異端者として有罪宣告を受けた。1498年5月、3人の修道士は、サヴォナローラが「虚栄の焼却」の舞台としたのと同じシニョーリア広場で絞首刑にされ、燃やされた。翌日、サン・マルコ修道院は異端の痕跡を取り除くために、浄化の儀式を行なった。数週間後、フィレンツェ市全体が教義浄化の指示を受け、当局はサヴォナローラの支持者たちを追放し、彼の著作のすべてを押収した。

2時間の修道服剥奪の公式行事の後、サヴォナローラと他のドメニコ会修道士2名はシニョーリア広場で絞首刑にされ、それから火刑にされた。1498年制作の、処刑の様子を描いた絵。

ヤコブ・フッガー
教皇と皇帝に資金援助
1459～1525年

ル ネサンスの最も富裕な一族は低い身分出身のことが多いが、フッガー家ほどつつましい身分から出世したケースはほとんどないだろう。一族の始祖ヨハネス（あるいはハンス）・フッガーは小さな町の織物職人だったが、1367年にバイエルンの首都アウクスブルクに移住し、まもなく布地の輸入に手を拡げた。息子のひとりヤコブ（父）は成功し、アウクスブルクの商人組合に役職を得た。そして、ヤコブの息子数人のうちウルリッヒとゲオルクはさらに優れていて、ハプスブルク家の皇帝フリードリヒ3世、その息子マクシミリアン1世、そして皇帝父子がブルゴーニュを訪問する際の彼らのそれぞれの随員たちに服装一式を用意する契約を取った。フリードリヒは感謝の意を表してフッガー兄弟を騎士に叙し、紋章を与え、彼らに商売だけでなく、金融業を営む許可を与えた。

ヤコブの末息子のヤコブ（子）はもともと聖職につく定めで、こういった事業にはかかわっていなかった。しかし、1473年、ウルリッヒは弟をヴェネツィアに送って、最新の商業慣行を学ばせることにした。（当時バイエルンではほとんど知られていなかった）複式簿記に魅せられた早熟なヤコブは、自分の簿記のスキルを用いて、フッガー家のさまざまな事業の収益性を試算してみた。その褒美としてウルリッヒは、ヤコブにインスブルックでの家業の経営を任せた。数年を経て、彼は支配者ハプスブルク一族の地方の当主に相当額を貸付け、代わりにアルプスの豊かな銀鉱の経営権

（と利益）を手にした。1490年代には、ヤコブは一族の商売のほとんどを運営し、エジプトで船積みした原綿を、ヴェネツィア経由でアルプスを越えてアウクスブルクへと輸入し、絹や香料といった他の輸入品も加えていった。彼は低地地方やスペインへと直接これらの製品を運ぶために船を建造させ、自分の利益を鉱物採掘業へつぎこんだ。その結果、彼はハンガリー、ボヘミア、シュレジエンで生産される銀と銅（青銅製の大砲に欠かせない原料）の大部分の支配権を獲得した。

自分の商業網を確立すると同時に、フッガーは一族の大銀行を経営し、手元不如意の諸侯への大金の貸付を専門にした。すでに、簿記、信用状、為替手形に関するすべての専門家であった彼は、フッガー銀行の諸支店、倉庫、鉱山をアウクスブルクの本店事務所と結びつける専用の通信事業を立ちあげた。まもなく彼のクーリエ（配達人）は、商業時事通信を配布するようになった。これは事務所間の定期的な連絡方法で、政治経済の錯綜した変動を支店長たちに通じさせ、競争に間違いなく一歩を先んじられるようにするものだった。

フッガーの財政力は16世紀初頭、ハプスブルク家を権力の座に押し上げた。皇帝マクシミリアン1世が1519年に死んだとき、選挙で選ばれる神聖ローマ皇帝の座を争う競争者が数人いた。7人の選帝侯は当初、マクシミリアンの孫のカール（カルロス）・フォン・ハプスブルクに支持を約束していた。しかし、選挙が近づくと、選帝侯のうち数人が態度をあいまいにしてきた。

4. 突然の衝撃

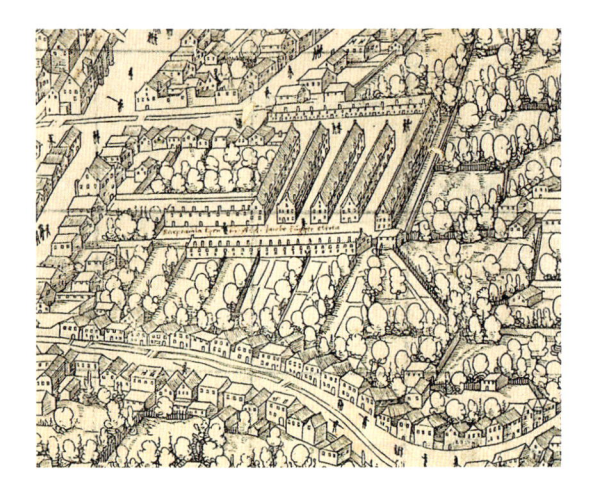

高齢者用の慈善住宅フッゲライは、16世紀のアウクスブルク景観図にも今日と同じように見られた。1521年刊行のイェルク・ゼルドとハンス・ヴァイディット作のこの地図にもはっきりと描かれている。

カールが約束した以上の賄賂を、フランス王フランソワ1世から受け取れるのではという可能性を耳にしたからである。ヨーロッパの勢力均衡は、ヤコブ・フッガーが介入するまで、どちらに転んでもおかしくない状況だった。銀行カルテルを組織して、驚異的な85万フローリン（約3メートルトンの純金）＊を集め、フッガーはカールのために、とどこおりなく選挙を買った。彼はまた効果的にヨーロッパの金融市場をフランソワの代理人たちに対して閉ざしてしまったので、彼らは相応の賄賂を用意できなかったのである。

フッガーはまた、教皇庁の事業への財政援助にも重要な役割を果たした。最も有名なのは、1517年のレオ10世による、ローマのサン・ピエトロ大聖堂再建の資金を集めるために、ドイツの信者たちに免罪符を売るという悪名高い計画であった。帝国中を触れてまわった免罪符売りのスローガンは、「コインが募金箱でチリンと鳴れば、煉獄から魂が天国へと跳び上がる！」であった。しかし、フッガーがそれらのギルダー（グルデン）、ペニヒ、グロート＊＊をすべて集め、それから彼の個人的分け前50％を引き、信用状によってローマへ移して、ようやく魂は天国へ跳ぶわけであった。

フッガーの動機に利益がどれほど、また信仰心と同胞愛がどれほど関与したのかはわからない。敬虔なカトリック教徒だった彼は、アウクスブルク中に聖堂を建設し、同時にフッゲライと呼ばれる高齢者用の慈善住宅を建設したが、これらはいまだに残っている。彼はまた帝国の財政に関与しており、ヤコブが亡くなるまで、カールは本質的にフッガー銀行を自分の国庫のように扱っていた。しかし、フッガーの巨大な事業は巨大な敵をも創り出した。マルティン・ルターは、彼が教皇庁への財政支援に果たした役割ゆえに、彼を個人的に断罪した。一方、フランソワ1世やその他大勢は、彼がカール5世をすでに強大な君主から世界にまたがる国家の長にしてしまったことを非難した。ヤコブ・フッガーは自らの経済戦争のほとんどに勝利したけれども、後世フッガーの名が曇っていったとき、彼の敵対者たちは、歴史という戦争において勝利を収めたのである。

＊フローリン：1252年から1523年まで鋳造されたフィレンツェの金貨の単位。純金56グレインを含んだ。イタリア語ではフィオリーノ（複数形がフィオリーニ）。
＊＊ギルダーはフローリンと等価。オランダでの呼び方。ペニヒはドイツの通貨の単位で、100ペニヒが1ドイツマルク。グロートは英国の銀貨の単位。1グロートは4ペンスに相当。

右頁：アルブレヒト・デューラー作のヤコブ・フッガーの肖像（1519年頃）。この肖像画が制作された当時、帝国伯であったフッガーは、おそらくヨーロッパで一番裕福で強力な男であった。

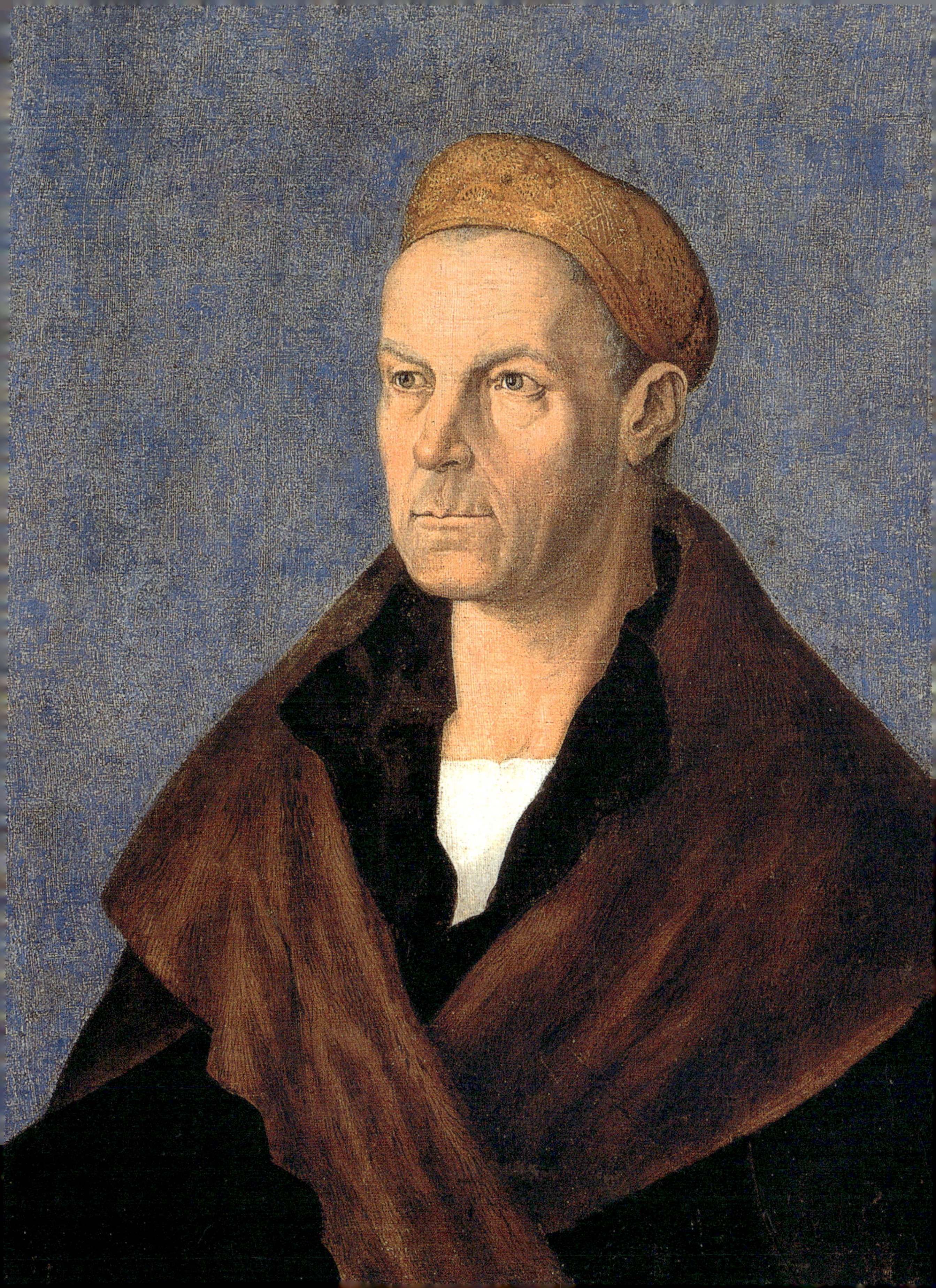

デジデリウス・エラスムス
節度ある革命家
1466/67～1536年

デジデリウス・エラスムスによれば、スコラ学の哲学者たちは無益な問題で悩んでいた。たとえば、神はキリストをこの世に男性として送る代わりに、「女や魔物やロバや胡瓜や火打石の性質」を彼に与えることができただろうか、などと問うている。それでは、胡瓜が説教をしたり、奇跡を起こしたり、十字架にかけられたりしただろうか。エラスムスの言っていることはほとんど冗談なのだが、じっさい、スコラ学者たちは女と魔物とロバの可能性については議論していた。このような自問自答ではキリスト教徒の心をかき立てることはできない、また、空虚な儀式は信徒たちを信仰から遠ざける、と彼は考えた。エラスムスはキリスト教を福音書によってふたたび活気づけようとした。これは、15世紀にはつぶされてきた散発的な改革の試みである。しかし、人文主義と印刷機を助けとして、彼は改革運動に新たな推進力を与え、その推進力は、カトリック教徒と最初期の新教徒双方の主流を、しばらくのあいだ、引きつけたのだった。

エラスムスは司祭と医者の娘のあいだの2番目の非摘出子としてロッテルダムで生まれた。両親は結婚していなかったが、ふたりで子供たちに最善の教育を確保してやった。しかし、両親が亡くなった後、後見人たちは少年たちをさっさと修道院に送り出した。自分が望んでいた大学教育を受けられなくなったエラスムスは、修道会の制約に縛られていら立った。彼は古典文学に慰めを見出し、1492年に、しぶしぶながら司祭への叙任に同意したときには、古典ラテン語学者にして洗練された作家になっていた。立派なラテン語の知識は扉を開く鍵だった。それは修道院の門を開いて、エラスムスを外の世界に出してくれた。カンブレーの司教が彼を一時的に雇用してくれたのである。そして、ひとたび修道会の壁の外に出たエラスムスは、二度とそこへ帰らなかった。

1495年、彼は威信あるソルボンヌことパリ大学の神学部に入学した。しかし、そこでのラテン語のレヴェルの低さと退屈な講義に失望。倦怠とのしかかる貧困をまぎらわすために、使い勝手のいいラテン語入門書を書き、裕福な学生の個人教授をした。そのうちのひとり、若い英国貴族が1499年、彼を英国に招いてくれた。オックスフォード大学でエラスムスは初めて、人文主義者のコミュニティとつながりをもった。可能なかぎり最も精確なテキストを求めて、ラテン語訳ではなく原典の古代ギリシア語の著作を研究していた学者は少数だった。新約聖書もギリシア語で書かれたのだとエラスムスは知っていたものの、何世紀ものあいだ、目にできるのはラテン語訳のみであった。最古のキリスト教のテキストから、聖書のより純粋なヴァージョンを生み出すことはできないだろうか？　彼の人生を変えた、そして歴史をも変えたであろう決意をもって、エラスムスは人文主義的研究方法をキリスト教の著作に応用することにした。彼は神の世界にもっと近づくために、ギリシア語を学ぶことを決意したのである。

彼はギリシア語研究に難色を示すソルボンヌを捨て、フリーの教師として働きながらギリシア語を独習した。1506年、個人教授の仕事でイタリアに行き、3年間旅をして過ごした。彼のお気に入りの都市はヴェネツィアで、ここでは印刷業者のアルドゥ

ハンス・ホルバイン（子）作のエラスムスの肖像（1523年）。デジデリウス・エラスムスは貧しい生まれから出世して、当時の一流の学者となった。新しいラテン語聖書を作るために、彼は教会が承認している聖書を避け、最古のギリシア語原典から新約聖書を訳しなおした。

ス・マヌティウスが、西方の最も偉大なギリシア語学者を集めていた。1508年、エラスムスはイタリアを去って英国へ行き、その途上、彼の最も有名な著作、『痴愚神礼賛』に着手した。前の英国旅行のときに知りあったトマス・モアを楽しませるために書いたこの諷刺作品は、心の伴わない典礼全般と、特に修道士を嘲笑するものだった。エラスムスは、靴の紐を特別に結んだり、決められた時間だけ眠ったり、決まった色の服を着たり、「あらゆることを書物によって」行なおうとする彼らの欲求を嘲った。信仰の外側の飾りに執着して、彼らは「服に間違ったベルトを締めているからと大騒ぎをする」。修道士たちは「岩に吸いついた海綿のように同じ場所で」暮らしてきたことで、神が彼らに褒賞をくださると信じていた。このように思い違いをしたキリスト教徒たちは、「愚かさから逃れえぬ何か」のために祈っている、なぜならそれは結局、「何も知らずにいることに同意している」のだから。

　キリスト教を固く包みこんでいる、人間がでっちあげた愚かさを少しずつ取り除くために、エラスムスは初のギリシア語新約聖書を準備し、1516年に出版した。このテキストと並べて、直接にギリシア語から訳した新しいラテン語版も載せ、初期の写本とヴルガタ訳聖書——法律的に唯一許されていた聖書の版——の相違点を記した。彼はこの本を教皇レオ10世に献呈し、教皇はこのオランダ人の学識を歓迎した。しかし、正統信仰の教会人としての立場から、エラスムスの聖書を受け取ることは、教会が1200年間、欠陥のある文書に従ってきたと認めることになるのでは、と心配した。

　1520年までに、エラスムスは大陸の一流人文主義者ほぼ全員と交流のある名高い学者になっていた。ますます激化する宗教論争において、彼は冷静な穏健派であり、最初、両陣営は彼を味方にしようとした。しかし、彼がくり返しどちら側につくことも断ったため、カトリック陣営は彼とドイツの若き神学者マルティン・ルターの類似点を指摘しはじめた。両者はいくつかの点で一致していた。たとえば、ふたりとも俗語聖書を支持し、聖遺物崇拝、聖人崇拝、免罪符販売をしりぞけた。しかし、エラスムスは1524年、ルターの教義の重要な特徴である運命予定説を非難し、ルターと決別した。ルターは最初エラスムスを賞讃していたが、彼はあまりにも憶病であまりにもとらえどころがないと見なすようになった。「エラスムスは鰻だ、彼を捕まえられるのはキリストだけだ」とルターは断言した。

　ルターがエラスムスを断罪した後も、保守主義者たちは彼のルター派的学問を非難したが、エラスムスは晩年の何年間、自分のカトリック信仰を擁護するのに費やした。彼は最後まで、宗教的分裂は防ぐことができると信じており、晩年には『教会和合回復論』と題した楽観的な小本を出版した。彼はヨーロッパのベストセラー作家であり、ある算定によれば、1536年に死去したとき、ヨーロッパで流通していた全書籍のうち10～20％の著者であった。1世代のあいだ、エラスムスのひそみに倣っていた人文主義者たちも、結局はどちらかの陣営の過激論者のせいで、影がうすくなった。1559年、カトリックの指導者たちはエラスムスの全著作を禁止し、彼が決して支持したことのなかったプロテスタント運動と彼を、本質的にひとまとめにしてしまった。1528年の手紙でエラスムスは、フランシスコ会の修道士たちは「ルターがかえした卵を生んだ」のは彼だといって非難したと書いている。そして、彼によれば、これは「大鍋一杯の粥を彼らにふるまうべき」壮大な宣言だが、「私が生んだのは雌鳥の卵だが、ルターはまるで異なる羽根を生やした雛をかえしたのだ」。

ニッコロ・マキャヴェッリ
史上初の政治学者
1469〜1527年

ニッコロ・マキャヴェッリの名は、彼が没するまでに、個人的不正と政治的冷酷と同義語になっており、生前の彼を知っていた者ならそのことに驚いたことだろう。人当たりのよい公務員で、劇作家、哲学者であった彼の著作で出版されたのは1冊だけだったが、本人が宣言したその目的は、「市民に互いに愛し合い、党派争いをやめ、個人の計画よりも公共善を選ぶ義務を負わせる」ことだった。

マキャヴェッリは公共心をもった市民層、200年以上にわたって共和国を献身的に支えてきた忠誠心あるフィレンツェ市民の出身だった——そのため、ニッコロの父ベルナルドは、メディチ家の政権掌握に抗議して市政から引退し、子供たちを品位ある貧困の中で育てることを選んだ。その結果、ニッコロはフィレンツェの人文主義者エリート層に入れるだけのギリシア語教育を受けられなかった。しかし、彼のラテン語の知識は、古典世界への深い陶酔をいざなうのに充分だった。

彼はとりわけ共和政ローマの文学を愛し、公務への参加のみが人間の真の価値——ヴィルトゥ（徳、力量）——を人間としても市民としても発展させるという意見を奉じた。ヴィルトゥはレオナルド・ブルーニやレオン・バッティスタ・アルベルティが説いた市民的人文主義の核であったが、宮廷風の雄弁と新プラトン主義が浸透したメディチ家の治下には流行遅れのものとなっていた。しかし、1494年にメディチ家が追放されるとフィレンツェには共和政が復活し、マキャヴェッリの時代が到来した。彼は次の14年間、フィレンツェの主要な公務員および活動的な大使であり、故国の安全保障と外交の任を負った。共和国の伝達係、外交官、諜報員としての仕事によって、彼は当時の政治がいかに行なわれているかについて特別な視野を与えられた。彼はあいにく外交官として最良ではなかった——狭猾な交渉には衝動的すぎ、率直すぎ、分かりやすすぎた。しかし彼は、自身の政治的経験と、キケロとリウィウスの著作に彼が見出したものとの類似点を認識するに至った。彼は「古代の王国や共和国がわれわれに提供しているすばらしい実例」に驚愕したが、一方で、仲間の外交官や官僚たちに「〔この〕歴史の真の知識が欠如していること」を嘆いた。

同時代の政治的洞察のために古典文学を用いることは、1512年にメディチ家がフィレンツェを奪還しなかったら、マキャヴェッリの個人的趣味で終わったかもしれない。彼らが帰還してからなされた報復は、当時の水準からは穏健なものだったが、マキャヴェッリに対しては親切ではなかった。逮捕され、拷問された彼は、それからすべてのうちで最も破滅的な罰を与えられた。フィレンツェの南にある彼のつつましい農

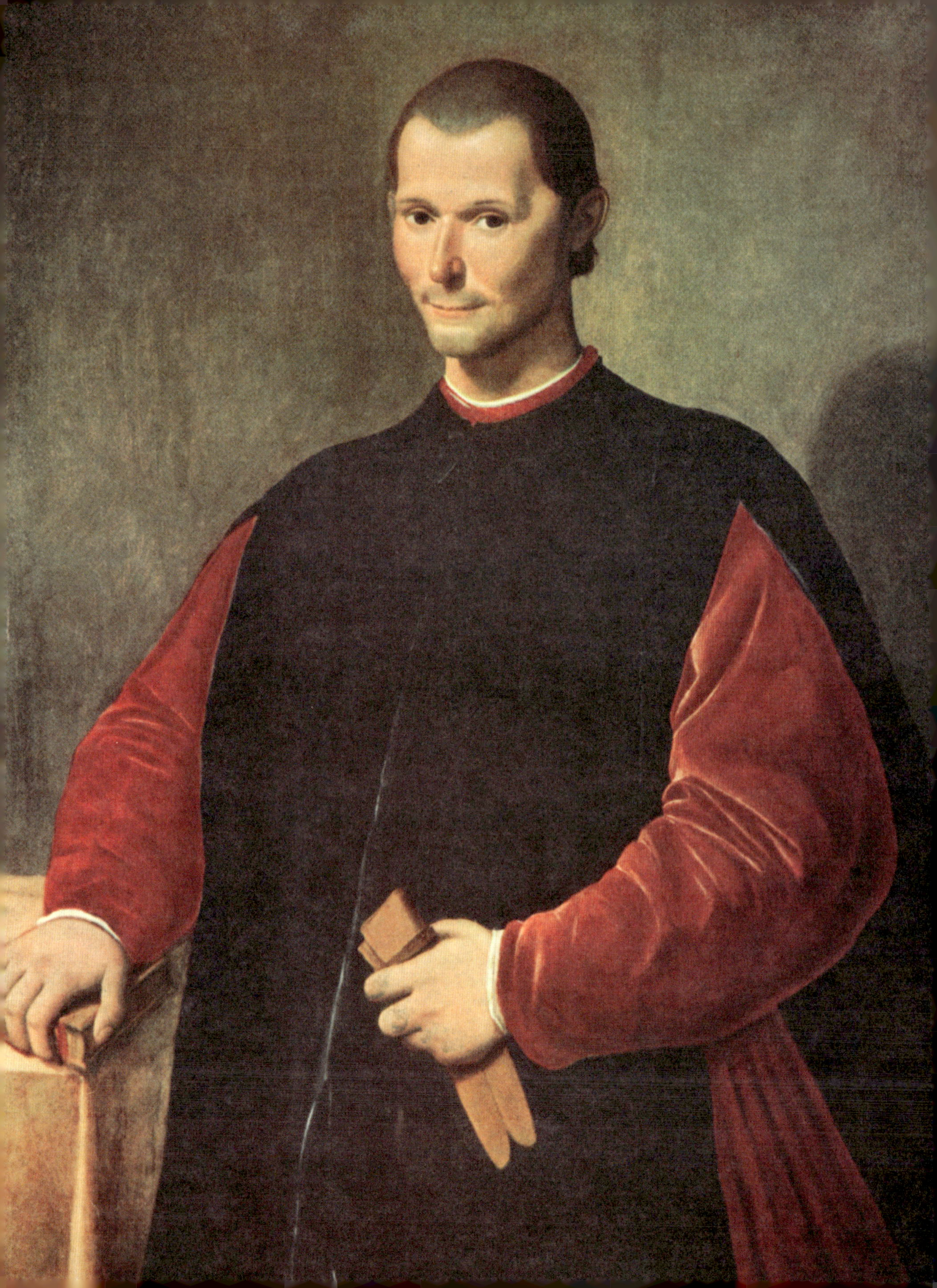

地への追放で、そこで彼は無視されたまま、およそ10年間を過ごした。副次的活動に夢中になり、マキャヴェッリはふたたび自分自身を、古典の視点から、恩顧を失って田舎に追放されたローマ貴族として想像した——孤独の中で単純な農作業、読書、執筆によって自分自身を再発見する人物として。不本意な隠遁を祝福と見なし、それから執筆を開始したさまざまな論文によって、政治学の諸原則が実質的に創造された。

彼の著作のうち最も永続性のあるものは、フィレンツェから離れて最初の年に着手された2冊であった。『リウィウスの最初の十巻に関する論考』（1513〜16年）において、マキャヴェッリは共和制政体の業績を吟味した。『君主論』（1513年）においては君主制を調査した。生涯そうしてきたように、彼は古典の（時には聖書の）世界からの実例を用い、同時代の政治力学を説明した。『君主論』において、こういったことから彼が導きだした結論が、彼と彼の哲学を「マキャヴェッリ風」として呪われたものにすることになる。それは、君主たるもの、国家の安全のため、権力の掌握の過程で、あらゆる道徳的束縛から自由に行動し、嘘をつき、二枚舌を使い、脅迫を用い、時には殺人も犯さねばならないというものだった。じつは『君主論』は、指導書というよりも現実の叙述であった。というのは、

マキャヴェッリは個人的には混合政体を好んでいたからで、彼は古代の政体においても同時代の政体においても、「ひとつの政体のもとに君主、貴族、民衆の力が結合された場合、これらの三つの力が相互に監視しあう」さまを記している。

マキャヴェッリは追放による苦痛を最初は強く感じていたが、フィレンツェ当局が市内の友人たちを訪問することを許可すると、その苦痛は軽減した。彼の著作の手書き原稿を読んだり、意見を言ったりすることによって、友人たちが彼の名声を生き生きと保ち、ついにフィレンツェの支配者であるジュリオ・デ・メディチ枢機卿を説得して、マキャヴェッリの罪を半ば許して、彼を市の御用歴史家に任命させ、『フィレンツェ史』執筆を注文した。一時的なものとはいえ、ふたたび地方政府での公職に就くと、マキャヴェッリはルネサンスの良き宮廷人らしい考え方を学ばねばならず、共和制の過去をあまり多く語らず、メディチ家を誹謗せずに、故郷の都市の歴史を語った。彼はこれには成功したらしい。というのは、彼は死の直前に『フィレンツェ史』を完成させたが、それは好ましくない部分を充分に削除したものだったので、彼の新しいパトロン、いまや教皇クレメンス7世となったジュリオ・デ・メディチに受け入れられたからである。

左頁：この最も有名なマキャヴェッリ像は、没後60年ほどたった1580年代に、サンティ・ディ・ティートによって描かれた。テラコッタ製のマキャヴェッリの胸像に由来するもので、その胸像も、彼のデスマスクにもとづいたものだった。

トンマーゾ・インギラーミ
教皇庁のヒーロー、舞台のヒロイン
1470/71 〜 1516 年

ラファエロの肖像画のモデルとして今日は主に思い出されるトンマーゾは、机の前に座った姿で描かれている。飾り気のない、中年の、ややずんぐりした男で、修道士の服と帽子を着用している。気取ってはいないが、祝福された者のように浮遊しているかに見える。執筆の最中で、上方の光を見つめ、明らかに、はるかな、おそらく神々しい思考に打たれている。インギラーミはたまたまヴァチカンで働いていたが、彼には神学よりも古典の方が適していた。生涯を通じて、彼はその演技力によって特に有名で、ルネサンス演劇の巨星のひとりだった。彼を不滅なものとしたこの絵で、彼はじつはラファエロとしめしあわせていささか演技をし、霊的な調子を出すだけでなく、ひどい斜視だったという事実を隠せるようなポーズを取っている。

トスカーナの地方都市ヴォルテッラに小貴族の子として生まれたトンマーゾは、2歳になる前に孤児となった。しかし、親切な伯父がまもなく彼をフィレンツェに連れて行き、そこで彼はロレンツォ・デ・メディチの保護下に置かれ、ロレンツォは修辞学と芸術の教育を受けられるようにしてくれた。「豪華公（イル・マニフィコ）」の侍者として、トンマーゾはまもなく古典研究への才能を示し、弱冠13歳で教皇庁宮廷への紹介とコネを充分に備えて、ローマへ送られた。ラテン

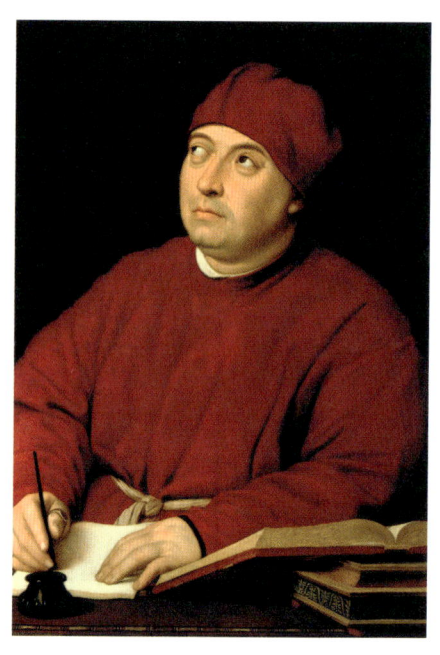

ラファエロ作のトンマーゾ・インギラーミの肖像（1509年）。*画家は役者が霊感に打たれた瞬間として、インギラーミに動と静のふたつの要素を与えている。*

語古典の完全な教育を受けて、インギラーミはその朗唱技術によって急速に認められた。20歳のときには、彼は、魔法にかけられたような観衆の前で、ラテン語の詩を何時間でも即興で朗唱することができた。まもなく彼は古典演劇を演じはじめ、それはヴァチカンの教養人サークルの中で大流行した。セネカの悲劇『ヒッポリュトス』の女主人公パイドラを演じる芝居は大人気を

博し、彼はそのイタリア語版から、フェードラ（あるいはフェードロ）を芸名とした。

芝居が政治的で、政治が芝居がかっていた世の中で、インギラーミはどちらの舞台でもすばやく出世した。教皇使節として皇帝マクシミリアン1世の前でみごとな演劇論をぶった彼は、宮中伯（パラティン）の位を与えられた。アレクサンデル6世からユリウス2世、レオ10世までの歴代教皇はお互い軽蔑しあっていたが、フェードラへの評価に関しては一致しており、全員が彼に名誉を与えた。聖職者誓願をしたことはなかったが、インギラーミは重要かつ高給の教会職員のメンバーとして認められており、枢機卿団の秘書官やヴァチカン図書館長（現在では枢機卿のみが務められる役職）も務めた。学識があり、都会的で、常に言葉遣いが上品で、出会う誰に対しても一見感じのいいインギラーミは、特に信心深くはなくとも、ルネサンス・ローマの教養の頂点を体現していた。ラファエロは、教養と洗練された知人たちのパンテオン（華やかな集まり）における彼の特別な位置を認識し、壁画大作「アテネの学堂」（1510～12年頃）の中に、エピクロスとして彼を描いている。

学者というより役者であったインギラーミは、ほとんど著作を残さなかった。しかし、彼はもうひとつ自分の肖像を無名の画家に注文し、ラファエロの優美な空想とはかなり違った状況の自分を描かせた。この作品は、16世紀初頭に交通事故から彼を救ってくれたキリストと聖ペテロと聖パウロにインギラーミが捧げたエクス・ヴォート（奉納画）であった。ラファエロの洗練と構図の熟練は欠いているが、この絵は劇的な物語を語っている。セプティミウス・セウェルスの凱旋門近くのヴィア・サクラ（聖なる道。コロッセウムが背景に描かれている）をロバに乗って進んでいたフェードラは、驚いたロバに放り出され、牛の荷車の下敷きになったが、奇跡によって、からくも逃げ出して、圧死をまぬがれたのである。たくましい荷車引き、不安そうな同僚、そしてなによりもインギラーミの恐怖の表情が統合されて、ルネサンスの日常生活によくあった風景となっているが、それはラファエロの様式化された美術や、フェードラ自身が演じた古典悲劇とはほど遠いものであった。

この未遂の悲劇の描写から、インギラーミはこの事件で受けた傷がもとで、1516年に45歳という若さで亡くなったのではないかという推測もなされた（ラファエロの死はそ

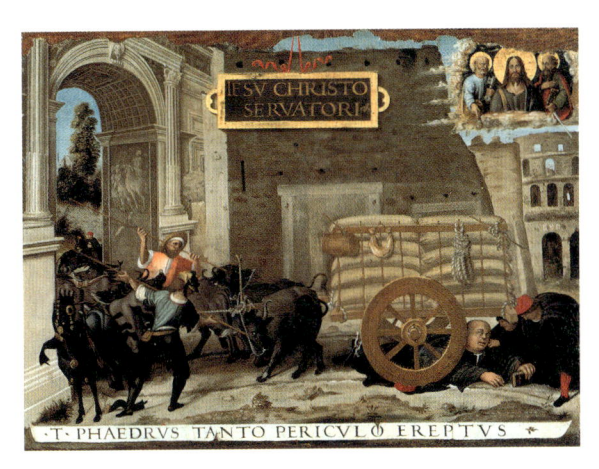

1505～08年に描かれたインギラーミのエクス・ヴォート（奉納画）。彼はサン・ジョヴァンニ・ラテラノ聖堂へ行く途中の事故であやうく死にかけた。この絵は、今もその聖堂にかけられている。

の4年後である）。しかし、これはありそうもない。フェードラが着ている司祭服から、この絵は——つまりこの事故は——1508年より少し前だとわかるからである。

アルブレヒト・デューラー
ドイツにルネサンス到来
1471〜1528年

アルブレヒト・デューラーの意見では、彼の同胞のドイツ人美術家たちは中世の型にはめこめられてマンネリにおちいっていた。彼らには教えが必要だ、「なぜなら、彼らにはあらゆる実際の美術理論が欠けており、作品をより良いものにするために学ばねばならないから」と彼は書いている。それゆえ彼は、ドイツの画家たちをゴシックのパラダイムから解き放ち、15世紀イタリアの新たな旗印によって彼らを整列させるという使命に乗り出した。才能ある画家、素描家、広く旅行した作家として、デューラーは南北間の文化の伝達者となり、イタリア・ルネサンスの別ヴァージョン、古典的アイディアと最新の科学的理論、それに北方方的な細部にわたる自然主義志向を合わせもったものを同胞に紹介した。

デューラーはニュルンベルクに生まれ、1490年に徒弟修業を終え、それから4年間の「遍歴修業」に出かけ、ドイツ西部でさまざまな工房を訪ね、木版画師としての技術に磨きをかけた。コルマルでデューラーが影響を受けたのは、亡くなったばかりの銅版画師マルティン・ションガウアーの作品で、ドイツの情感とネーデルラントの自然主義という最上の要素を結合させていた。ションガウアーの画風はデューラーに、生涯を通じて、特にその後の主題の顔の表情に影響を与えた。

1494年に結婚するとすぐ、新妻アグネスをびっくり仰天させたのだが、デューラーはニュルンベルクの家をあとにし、画家としてイタリアへの巡礼に出発した。ヴェネツィアでの1年のあいだに、イタリア美術の神話的主題と古典的な比例を学び、水彩と銀筆で、繊細で細部までないがしろにしない風景画と自然の習作を多数完成させた。当時、そのような美術は完成作品への準備段階と見なされていたが、デューラーの精巧な作品は、自然世界を、背景を埋めるだけのものから価値ある美術的主題へと昇格させ、このふたつの分野を、油彩画に匹敵する地位へと上昇させるのにあずかって力があった。

ニュルンベルクに戻ると、デューラーは作品を顧客の指示に従わせるのではなく、前もって在庫品を用意しておく新たなビジネス・モデルをもった工房を設立した。彼は銅版画と木版画に集中したが、これらは伝統的な絵画や彫刻と異なり、貯蔵しやすく、価格も求めやすく、船で運ぶのも容易であった。加えて、彼の版画は驚くほど写実的であった。デューラー以前、ほとんどの木版は比較的に刷りあがりが粗雑であった。しかし、彼の革新により、明快でニュアンスに富んだ図像が生まれた。抜け目なく選ばれた主題は彼に成功をもたらした。学者や人文主義者たちは彼のキリスト教的作品に目を向けた。それほど教養のない者

デューラーは、ヤン・ファン・アイクのような初期の北方画家たちの写実的な様式で制作をつづけた。しかし、先人たちと違い、1502年のウサギの習作のように、花や植物を独立した主題として扱った。

1502

4．突然の衝撃

左：1490年代末、デューラーの黙示録に材をとった木版画は、1500年に世界が終わると信じていた人びとを強く引きつけた。左から右へ、黙示録の四騎士は、人類に跳びかかる死、飢饉、戦争、疫病を示している。

次頁：裸の自画像（1503年頃）。イタリアの理想化されたヌードと対照的に、デューラーの大胆な自画像は人体のありのままの、美化のない習作である。現代のある美術史家によれば、この作品は、西洋美術において400年のあいだ、「先行者もなければ後継者もなく」唯一無二の存在であった。

たちは宗教的場面を好んだ。多くのキリスト教徒が世界の終末だと信じた1500年の直前、黙示録に題材を得たデューラーの版画は特別によく売れ、彼の金庫を満たし、さらには彼の名声を広めた。

　イタリアの最高の美術家たち同様、デューラーはモデルブック——伝統的な美術家たちが用いた図像を集めた手本集——を使わなかった。中世の思想家たちの考えでは、美術は欠陥のある平凡な現実からではなく、対象の完璧なイメージから生まれるものだった。そして、ドイツの美術家たちは玉座の聖母子を描く場合、現実の女性を現実の椅子に座らせて描くのではなく、モデルブックを見て描く習慣だった。デューラーのアプローチは人文主義者的であった。「美術は自然にもとづく。そして、それを引き出す者は誰でもそれを得る」と彼は宣言した。

　1505年にふたたびイタリアを訪ねたとき、彼はすでに有名人であり、イタリアの収集家たちは、ドイツの風景や急勾配の屋根をもつ建築の描かれた彼の版画をむやみに欲しがった。しかし、ヴェネツィアからの手紙で、彼はイタリア人に自分の絵画を拒まれたことを悩んでおり、彼は導き手としてヴェネツィアの偉大な作品、特にジェンティーレ・ベッリーニの作品に目を向けた。この巨匠の影響を受けてデューラーが描いた「ロザリオの聖母」（1506年）は、あざやかなヴェネツィア風の色彩とドイツ風の景色——植物の細部、遠方にニュルンベルク、そして、イタリア人を困惑させたことに、皇帝マクシミリアン1世と教皇ユリウス2世が同じ高さで描かれている——の融合である。この絵は「賞讃は多かった、利益はほとんどなかった」と不平をこぼしているが、彼が「顔料の扱い方を知らない」と言った者たちを沈黙させた。

　ドイツに戻ると、デューラーは突然、画

162

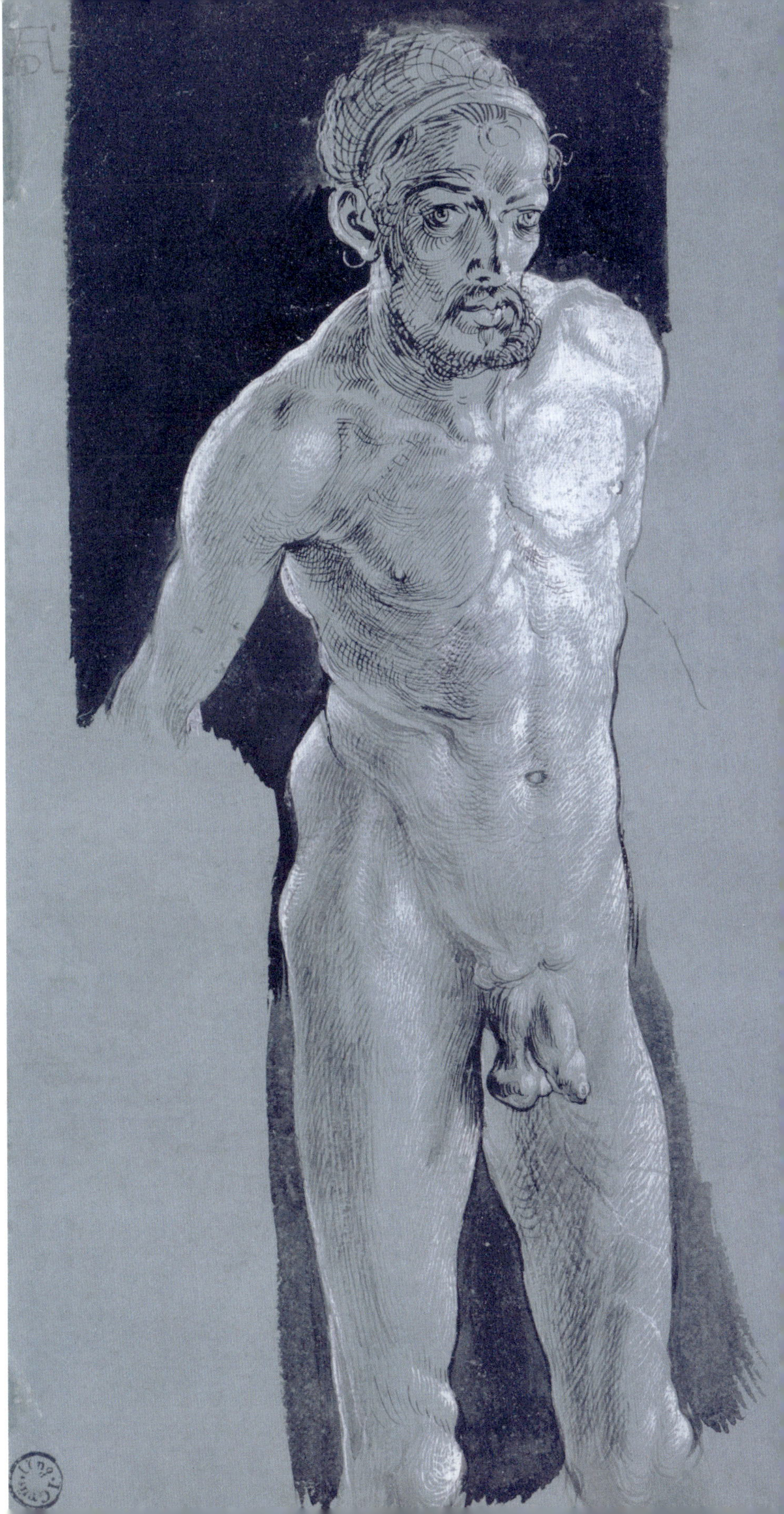

4. 突然の衝撃

家として多くの注文を受けた。1512年にニュルンベルク訪問中の皇帝マクシミリアン1世が、彼によるシャルルマーニュの理想化された肖像を賞讃し、彼自身の肖像を何枚か依頼した。1520年と21年にネーデルラントに旅したデューラーは、デジデリウス・エラスムスと皇帝カール5世に会い、ふたりから肖像画の注文を受けた。

モデルの個性を伝える先駆的画家として、デューラーはくり返し自分自身を主題として描くことによって、肖像技術を磨いたように思われる。13歳のとき、銀筆で驚くべき自画像素描を制作し、生涯を通じて、さまざまな画材で、さまざまな服装で自分を描きつづけた。ある素描ではありのまま裸の自分を、別の自画像では明らかにキリストに似たポーズで、地味な茶色の上着を着た自分を描いている。以前の美術家たちは、群集場面の周辺に自画像を忍びこませる傾向があったが、デューラーは自画像を独立した美術作品として扱い、ルネサンスの高められた自意識を反映する新ジャンルを生み出した。

彼が受けた教育は限られていたけれども、デューラーは熟練した数学者であり、自信に満ちた作家であり、淫らな詩や無数の手紙や旅行記を残している。1525年から亡くなる1528年まで、彼は自分が得た知識の多くを記録し、比例論、遠近法論、軍事要塞論を書いた。皮肉にも、彼が亡くなって数十年間は、多くが個人コレクションの中に隠されてしまった絵画より、彼の著作の方が大きな影響力をもったかもしれない。しかし、彼の版画は広く流通しつづけ、版画制作者たちに深い影響を及ぼしつづけた。今日もまだ影響を与えつづけているように。

1500年に描かれたデューラーの自画像。銘文にはこう記されている。「私、ニュルンベルクのアルブレヒト・デューラーは28歳の年に、ありのままの色彩で私の似姿を描いた。」彼は一連の独立した自画像を制作した最初の画家であり、レンブラントその他のために道を敷いた。

ニコラウス・コペルニクス
天球観の革命家
1473～1543年

ポーランドのトルン市に生まれたニコラウス・コペルニクスは、価値があったとしても静かに成就した生涯を送ったのだが、その後、生涯の最後に出版された書物がそれを覆い隠してしまった。その書物を、彼は臨終の日に一度だけ手にしたといわれている。若くして孤児となったニコラウスは、母方の叔父に育てられた。この叔父は後にエルムランド（あるいはワルミア。ポーランドの北中央部）の領主司教となった。叔父の導きで、コペルニクスはまずクラクフ大学で学び、それからイタリアへ行き、1503年にフェラーラ大学を教会法で卒業した。イタリア留学中に医学も学び、学位は取得しなかったが、非公式に医者として治療にあたりながら、ワルミアの首都オルシュティンで、大聖堂の聖堂参事会員および市の行政官を務めた。患者の世話をしながら、彼は徹底的な調査によって荒れ果てた領地を洗い出し、オルシュティンが包囲されたときには首尾よく市を防衛し、また神聖ローマ帝国のいずれの小国家が貨幣鋳造権を有しているのかを突き止めた。

その明白な能力と縁故の良さにより、コペルニクスは少なくとも司教選抜候補者名簿に登録された。彼はまた経済と貨幣鋳造改革を十分に深く探求し、悪貨は良貨を駆逐するという「グレシャムの法則」の背景となる理論を、サー・トーマス・グレシャム自身より半世紀ほど前に考え出した。しかし、彼の真の情熱は、私的なものだったが、天文学であり、学生時代から魅了されていた。フェラーラ留学中、彼は天文学理論の講義に出席し、自分自身の見解を述べはじめた。1500年の聖年のローマで月食を目撃し、ポーランドに帰るとすぐにオルシュティン城に観測所を設立し、そこで彼は太陽の動きを表に記録したが、その表は今も城の内壁に残っている。

コペルニクスは、当時ほぼ普遍的に受け入れられていたプトレマイオスの複雑な天動説（地球中心説）を熟知していた。彼はまた、地球ではなく太陽が宇宙の中心であり、諸天体はその軌道上を回っているのだと主張する数少ない古典の学者についても学んだ。いくつかの計算をした結果、コペルニクスは太陽と諸天体の動きを説明すると思われる太陽中心説（地動説）を考えついた。1514年、彼はこの考えを『コメンタリオルス（小概要）』という本にまとめ、友人たちに配った。

『コメンタリオルス』で提唱した簡単なモデルを、地球の動きと太陽との関係に関する完成した理論にするのに、コペルニクスは1531年までかかった。ヨーロッパの辺境で新しい宇宙論を研究している者がいるという秘密が漏れ、まもなく、他の学者たちが――そして何人かの司教が――説明を求める手紙をよこした。自分のモデルの神学

4．突然の衝撃

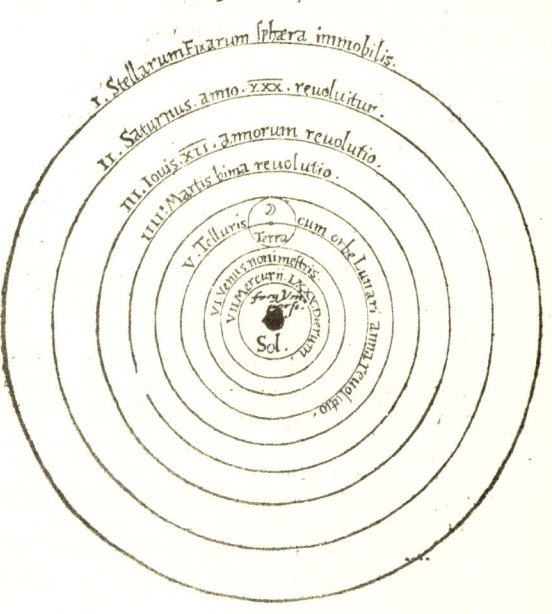

コペルニクスの『天体の回転について』(1543年)の一頁。ここでコペルニクスは初めて太陽中心説（地動説）を証明した。この一冊はデンマークの天文学者ティコ・ブラーエが有していたもので、彼による註釈が頁の底部いっぱいに書き込まれている。

的意味についても理論的な困難についても多いに悩んだコペルニクスは、答えることをためらった。結局、1539年、数学者のゲオルク・ヨアヒム・レティクスがヴィッテンベルク大学の自分の職を去り、いまや老いたコペルニクスのところに移り住み、本を出版するようにと説得した。レティクスの激励と指導のもと、コペルニクスの理論はゆっくりと姿を現し、「第一の報告」となり、それから三角法に関する章となり、最終的に1543年、『天体の回転について』が完成した。

　天文学上の重要性だけでなく、コペルニクスの考えには広大な宇宙論的意味があった。それは人類と地球を神の宇宙の中心から引き抜いただけでなく、宇宙のサイズを大幅に増大させたのである。コペルニクスによれば、地球はもはや天の下の確固たる点ではなく、一度に二通りの動きをする。つまり太陽の周囲をめぐりながら、その軌道上で自転しているのだ。天空の星々の広がり、四季による太陽の変化、諸天体の動き、すべてが、われわれの地球のこのような二重の動きによって説明される。

　その題名を越えて革命に火をつけることになった本だというのに、『天体の回転について』は当初、ほとんど興奮を引き起こさなかった。その理由の一部は、この本が出版されたとき、ルター派の神学者によって加えられた序文が——その序文を、多くの読者はコペルニクスが書いたと思った——この著作が単なる仮説モデルであって現実を述べたものではないと、重要性を控え目に言ったからだった。さらに、この理論にはいくつか重要な欠陥があった——とりわけ、諸天体が太陽の軌道上に完璧な円を描いて回っているという仮説。そのためこの理論は、当初、却下すべきだと主張した継

トビアス・シュテンマーの木版画によるコペルニクス像（1587年）。スズランを手にしているのは、コペルニクスが医者としての訓練を受けたことを示唆するためである。スズランは、民間療法で記憶刺激剤として使われた植物であった。

ぎはぎのプトレマイオス・モデルよりも不精確なものになってしまった。それでも、少なくとも何人かが、コペルニクスが聖書の直解主義とキリスト教の宇宙論に与えた脅威をすばやく認識した。その出版と著者の死から3年もたたぬうちに、すでに、異端審問所は『天体の回転について』は異端として廃棄すべきだと主張していた。

イザベッラ・デステ
「ルネサンスのプリマ・ドンナ」
1474〜1539年

フェラーラ公エルコレ・デステ1世は巧みな政略的縁組のおかげで、ふたりの嫡出の娘がまだ幼いうちに、立派なお似合いの相手を見つけた。妹娘のベアトリーチェは、まもなくミラノ公になるルドヴィコ・スフォルツァに嫁がせた。イタリアで最も権力ある男の配偶者として、彼女は気まぐれで高慢でやや残酷になり、贅沢とスペクタクルを性急に追い求めた後、3番目の息子のお産の際に、たった21歳で亡くなった。エルコレの長女イザベッラはもっと慎重で、あるいは少なくとも頭脳明晰で、夫や同時代人の多くより長生きし、後に「ルネサンスのプリマ・ドンナ」と呼ばれるようになる。

16歳でマントヴァ侯フランチェスコ・ゴンザーガ2世と結婚したイザベッラは、イタリアで最も洗練された中規模の宮廷を率いる立場にいた。マントヴァは、専門的技術と人文主義的知識を合わせもった画家アンドレア・マンテーニャを、1450年代末から宮廷画家としていた。イザベッラは近くのウルビーノ宮廷の特質を取り入れた。ウルビーノの女主人はフランチェスコの妹エリザベッタで、首席廷臣たるバルダッサーレ・カスティリオーネの爽やかな弁舌がその宮廷を擁護していた。イザベッラとフランチェスコは文芸保護の手を拡げ、ゴンザーガ家礼拝堂聖歌隊を創設し、作曲家、楽器製作者、中級の人文主義詩人数名を雇い入れた。イザベッラにとって、詩作は曲がつけられてようやく完成するものだった。そこで彼女は、廷臣たちの詩のために覚えやすい曲を作るようにと作曲家たちに依頼し、人気のある歌詞にもっと洗練された曲をつけさせたが、これが「フロットーラ」と呼ばれる歌曲形式となった。

侯妃として、イザベッラの第一の責務は跡継ぎを生むことだった。そして、初産こそ遅かったが、その後15年間で7人の子を産んだ。彼女はまた、フランチェスコのひんぱんな留守——ほとんどはヴェネツィア軍の傭兵隊長として、1年間は人質として——のあいだ、小国の事実上の君主役を務めねばならなかった。しかし、彼女は収集と装飾と美術パトロネージに変わらぬ関心を持ちつづけた。家計は比較的限られていて、メディチ家やスフォルツァ家の流儀で壮大な公共的事業を起こす余裕は、彼女には一度もなかった——ウェルギリウスの記念碑計画は無に帰した。しかしストゥディオーロ（私的な小書斎兼応接室）では、彼女は自分の新たな家族と自分自身を称揚することが可能だった。イザベッラはギリシア語どころかラテン語も熟達しなかったが、古典に、特に古代の美学とキリスト教の道徳を混合した新プラトン主義的装いに熱中した。人文主義者の助言者たちに導かれて、彼女は美術家に自分のストゥディオーロの壁を飾らせるために、凝った比喩的な情景を案出した。老いたマンテーニャの仕事ぶりが緩慢すぎるとわかると、彼女はペルジーノ、コジモ・トゥーラ、ロレンツォ・コスタを採用した。

自分の装飾計画を追求しているうちに、イザベッラは、従順な職人ではなく、霊感

を受けた創造者としての美術家たちの新たなエートス（精神）に直面せねばならなかった。彼女は一度、ペルジーノが卓越した技量の追求を先行させ、彼女が描いてほしかった凝った寓話を変えてしまったことで大いに小言を言った。そして、才能があって扱いやすい美術家を探して、次から次へとパトロネージを代えた。イザベッラはマントヴァのようなつつましい宮廷に最高の美術家たちを招くのはほとんど不可能だと悟った。そして、個人的に手紙を書いたり、代理人を使ったりしてしつこくねだったにもかかわらず、ラファエロやレオナルドといった巨匠たちが彼女に与えたのは約束した作品の習作のみで、それらを彼らが完成させることは決してなかった。彼女がジョヴァンニ・ベッリーニから受け取ったのは、本当に描いてほしかった神話画ではなく、既製品の聖母子画だった。このような困難に直面し、イザベッラは結局、当時の偉大な美術家たちの作品例を所有するためだけに、もともと他の者が注文した作品を購入することにした。その結果、彼女はおそらくしぶしぶながら、美術家の天才という概念の発展を助長し、貴族のパトロンたちの優位性を狭めた。しかし、同時に彼女は、まったく新しいものの誕生に力を貸した——中古美術品の市場である。これはその後、美術家とパトロンの役割を再編することになる。

イザベッラはイタリアの美術と趣味の裁定人としてロレンツォ・デ・メディチの後

アンドレア・マンテーニャ作「パルナソス」（1497年）。イザベッラがこの宮廷画家に注文した何枚かの古典的主題の作品うちのひとつ。古典のさまざまな神々、踊るミューズたち、衝撃的な裸像のヴィーナスが描かれている。このヴィーナスがイザベッラ・デステだという説もある。

4. 突然の衝撃

ティツィアーノ作のイザベッラ・デステの肖像画（1534～36年）。*大画家は最初、イザベッラを実年齢―60歳近く―の容貌のままに描いた。しかし、その結果に彼女が激怒したので、画家は20歳の顔に描きなおした。*

継者たらんと思っていたが、特に1519年の夫フランチェスコの死後は、資金と個人的影響力が決定的に欠けていた。彼女は数年間摂政としての立場を享受したが、その後、息子のフェデリコ2世が玉座に就き、彼女は1525年にローマに行くことを決意した。そこで彼女は2年間を過ごした――彼女自身の小さな宮廷をもち、新たに古代美術品を探し、次男エルコレを枢機卿にしようと、レオ10世の従弟の教皇クレメンス7世に休みなく働きかけながら。これに彼女は成功したが、あまりに時間がかかったため、1527年にローマを占領し劫掠した背教者のハプスブルク帝国軍によって人質にされるところだった。帝国軍の指揮官で、まだ兵士たちへの支配権をいくらか握っていた三男のフェランテが折よく調停してくれたおかげで、ようやく彼女は逃げられた。身ぶるいし、軽んじられたと感じながら、彼女はマントヴァに帰還したが、古典美術作品の多くを失っていた。自分の宮廷を効率よく運営し、ファッション、音楽、装飾をヨーロッパ趣味で磨いた数年間の後、イザベッラは美術家や廷臣たちから徐々に見捨てられた。独りになった六十代の彼女は、ソラローロの小さな封土に引きこもり、生涯を通じて収集した古代美術品や二千点にのぼる絵画を眺めながら、最後の日々を過ごした。

チェーザレ・ボルジア

「権力の座に登ったすべての者が、見習うべき人物」

1475〜1507年

ルネサンスのイタリアは、教養ある傭兵隊長や人文主義者の領主を輩出した——宮廷においても戦場においても気持ちよくふるまう君主たちを。しかし、チェーザレ・ボルジアはそういう君主ではなかった。野望に身を焦がした彼は、洗練を気取ることはなく、権力を求める終わりなき覇気のみがあった。15世紀から16世紀にまたがる十年間に、彼は彗星のように閃光を放ってイタリアの舞台を横切り、図書館も歴史的建造物も残さなかったが、半島の政治地図を永久に変えてしまった。

ボルジア家はもともとスペインのバレンシア出身だが、ローマにやってきて宗教界で財を築いた。チェーザレは大叔父と父親が教皇であった。父のロドリーゴ・ボルジアは1492年、教会史上最も露骨な聖職売買と賄賂により、教皇の地位を買った。アレクサンデル6世として玉座に昇った後、ロドリーゴは腐敗した淫蕩な生活習慣をつづけ、言い逃れをすることも恥じることもほとんどなかった。縁戚に聖職を叙任するネポティズム（閥族主義）は、忠実な官僚を作り一族の権力を固めるために確立されていた手段であったが、アレクサンデル6世はイタリアにボルジア家の覇権を確立するため、容赦ない態度で、（自分が父親であると認めた）自分の子供たちを利用しようと企んだ。娘のルクレツィアと他のふたりの息子にとって、これは政略結婚による同盟を意味した。しかし、明らかに最も有能なチェーザレには、アレクサンデルは最初、教会での人生を心に描いていた。彼はまずこの少年を大司教に叙任し、次いで1493年には、弱冠17歳の彼を枢機卿にした。

チェーザレはヴァチカンでの放縦な生活を享受し、しばしば父の政府の代理人や大使を務めたが、それでも兄のジョヴァンニが享受している世俗的生活とチャンスをうらやましく思っていた。1497年、ジョヴァンニが灰色の状況で暗殺された後、チェーザレは自分の人生の方向転換を許された。1498年8月、彼は枢機卿の位を放棄し——そんなことをした史上初の人物だった——、そして、ルネサンスの典型的な政治芝居だが、フランス王ルイ12世がすぐさま彼をヴァレンティーノ公に叙した。即座に作られた称号だった。この新たなフランス‐ボルジア枢軸を利用して、アレクサンデルは1499年、ロマーニャ地方の手に負えない諸都市を服属させるためにチェーザレを派遣した。アペニン山脈の北側のロマーニャ地方は教皇領の一部であったが、数世紀にわたって見せかけの独立を享受していた。

数回の軍事行動の過程で、チェーザレは、軍事力、悪巧み、裏切りによって、みごとにロマーニャの小領主を実質上すべて制圧し、そしてだいたいは殺してしまい、また、おまけに教皇領マルケ地方も同じように制

4. 突然の衝撃

圧した。アレクサンデルはチェーザレを、彼が征服したこれらのすべての土地の公として叙任し、イタリア中部に強力な新国家を創設したが、これは50年間の勢力均衡を決定的に脅かすものだった。ルイ12世の後押しで、チェーザレはまずミラノを、それからフィレンツェを占領した。ローマでは、何世紀にもわたりこの都市をめぐってほぼ反対勢力なく争ってきた大豪族たちを打ち負かした。フィレンツェは、何をしでかすか予測できない傭兵隊長に彼らの習慣的なやり方で答え、賄賂を贈ってお引き取り願った。この代表団に同行していたニッコロ・マキャヴェッリは、チェーザレの果断な性格とフランス、スイス、イタリアの部隊を混成した彼の軍隊の無敵な様子に驚愕し、上司に絶え間なく手紙を書き送った。

そして突然、終わりが来た。1503年8月、教皇アレクサンデル6世が急死し——原因は、マラリアか毒か梅毒か、誰にもわからなかった——その瞬間、チェーザレ自身も病の床にあり、彼の特徴である迅速かつ果断な行動がとれなかった。同年10月、回復してはいたけれど、チェーザレはボルジア家の仇敵ジュリアーノ・デッラ・ローヴェレが教皇ユリウス2世として選出されるのを阻止するのに充分な賄賂を支払うことができなかった、あるいは望まなかったのか——その後ユリウスはたちまち、チェーザレから公領を剥ぎ取った。チェーザレがスペイン支配下のナポリに逃亡すると、アラゴン家のフェルディナンド（フェランテ）は彼を捕らえさせ、鎖につないでバレンシアへと船で送り返した。2年後、チェーザレは牢獄から大胆かつ巧みに脱走したが、数ヵ月後、ナヴァラの国境での小競り合いで戦死した。

ボルジア家は舞台から消えうせたが、彼らの痕跡は残った。アレクサンデルは家族を教会より、いや神よりも優先したが、彼は行政者としては驚くほど有能で、ローマと教皇国家にいくらか平和をもたらした。これに関して教皇は確かにチェーザレに助けられたし、チェーザレがロマーニャ地方をまわって支配していた数年間により、歴史的な無政府地域は、ようやく秩序ある統一国家らしきものになった——結局はボルジア王朝ではなく、教皇庁の手に入ってしまったとしても。しかし、チェーザレの最も永久的な遺産は、ニッコロ・マキャヴェッリの『君主論』に与えた影響にあり、そこでは、この崇高なまでに不道徳で、しかし圧倒的に有能なルネサンス君主は、「権力の座に登ったすべての者が見習うべき人物」であると賞讃されている。

1500年代初頭に描かれたチェーザレ・ボルジア。1498年、新しく作られたヴァレンティーノ公として、チェーザレ・ボルジアは自分自身を北イタリアの支配者にする計画に着手した。フランス軍の支援を得て、彼はほとんど成功した——1503年に、父の教皇アレクサンデル6世が予期せぬ死をとげるまでは。

CAES·BORGIA·VALENTINV

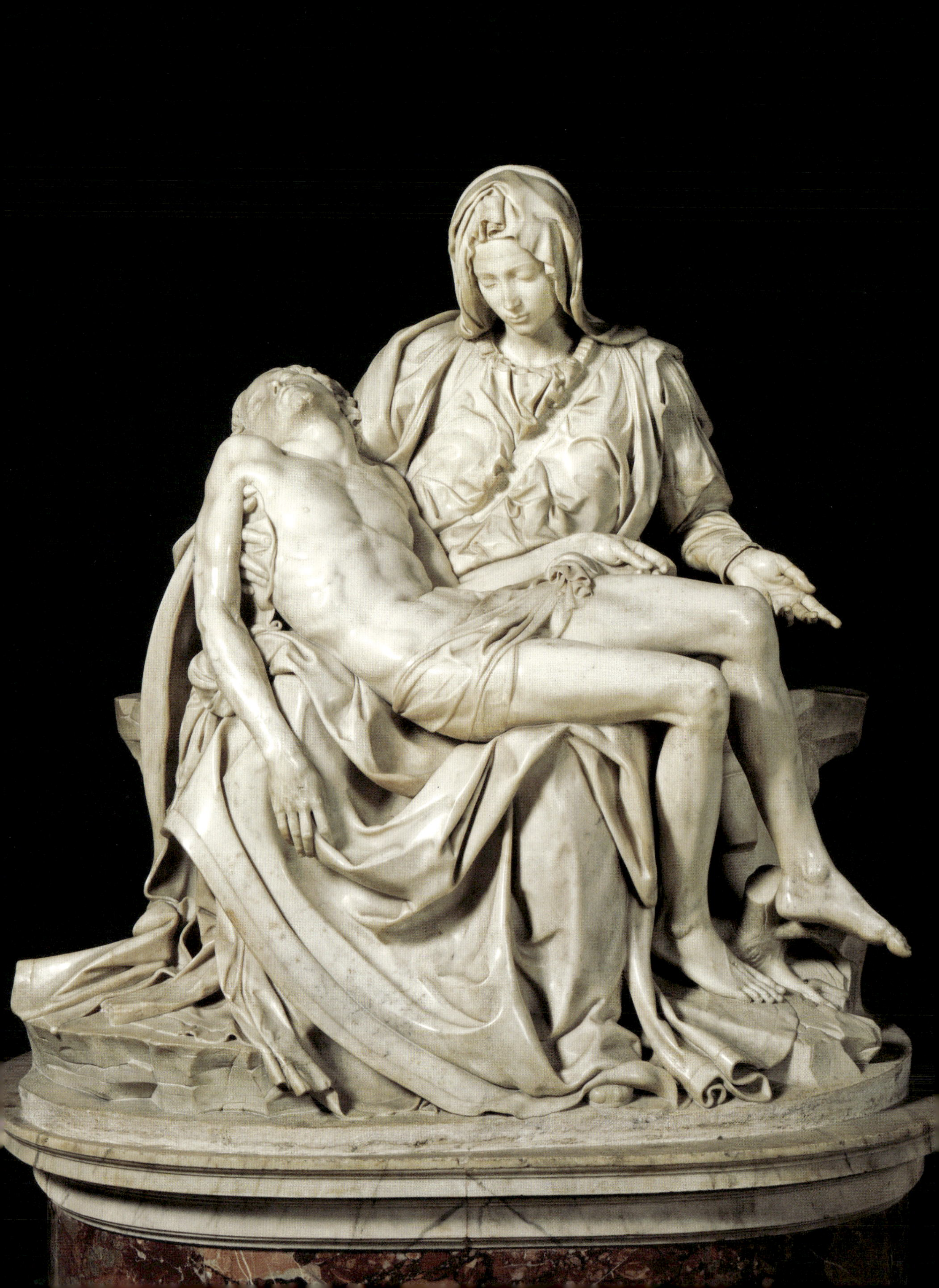

ミケランジェロ・ブオナローティ
絵画と彫刻で成し遂げた奇跡
1475～1564年

「その驚嘆すべき美術をこの世の自然に匹敵するものとした」と認められたミケランジェロ・ブオナローティだが、かんしゃく持ちでもあり、パトロンたちとも同業の美術家たちともよく喧嘩したし、石を彫るという埃っぽい仕事で生計を立てねばならないことに対して、神経過敏でさえあった。レオナルドと同じように出藍の誉れで、ミケランジェロは自分の最初にして唯一の師より優れていて、師の面目を失わせた。師ドメニコ・ギルランダイオは親切な画家で、弱冠15歳のミケランジェロをロレンツォ・デ・メディチのプラトン・アカデミーに入れることができて、この上なく喜んだ。人文主義者たちが古典の文学や美術について議論するこの当代の饗宴（シンポジオン）こそ、ミケランジェロが受けた唯一の学校教育であった。アカデミーの学者たちは、より古典にもとづいた美術である彫刻のために、彼に絵画を捨てさせたが、誰もあえて彼にラテン語やギリシア語は教えようとはしなかった。

この牧歌的生活は長続きしなかった。1492年にロレンツォが死に、熱狂的なサヴォナローラの勢力下にあるフィレンツェは、ミケランジェロの美術的趣味にたいして、そしておそらく性的趣味にたいして、批判的でありすぎた。1469年には彼はローマにおり、ラッファエーレ・リアーリオ枢機卿の注文による「バッカス」で、有力な聖職者たちとの生涯を通じての交際が始まったが、これはミケランジェロが古典的理想の人体を具体化した最初の、しかしほぼ完全な作品である。この「バッカス」はあまりにも官能的で異教的だったので、多くの者に衝撃を与えた（リアーリオは受け取りを拒否した）が、若きミケランジェロは、あるフランス人枢機卿のために1497年から99年にかけて制作した「ピエタ」で、さらに大きな永続的な成功を収めた。イタリアではほとんど知られていなかった主題のこの作品は、半島じゅうにこの彫刻家の名を広めた。サヴォナローラ後のフィレンツェ共和国が、風雨にさらされて傷み、また一部に鑿痕のある大理石の塊を、記念碑的な「ダヴィデ」の立像に変えられる誰かを探していたとき、この注文を得たのはミケランジェロだった。

1501年から04年にかけて彫られたこの作品によって、ミケランジェロはまだ28歳だったが、ルネサンスの美術家たちのパンテオン（殿堂）に入った。彼は「バッカス」

ミケランジェロ作の「ピエタ」（1497～99年）。最初の大作を完成させたミケランジェロだったが、この彫像の作者が別の美術家であるといわれているのを偶然耳にして激怒し、聖母の帯に「フィレンツェのミケランジェロ・ブオナローティこれを作った」と彫ったが、後にこの行為を後悔した。

4. 突然の衝撃

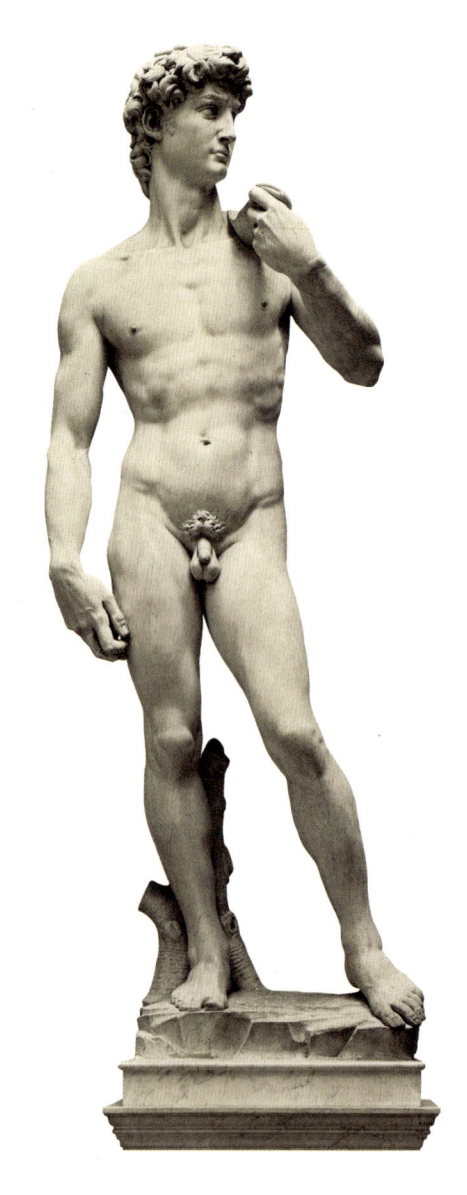

ミケランジェロの「ダヴィデ」(1504年)。フィレンツェ政府によって、市の共和政的自由の象徴として注文されたこのダヴィデ像は、メディチ家の支持者たちには認められなかった。1530年、この像は徒党を組んだ若者たちが政治的な喧嘩をした際に何度か傷つけられた。

次頁：ミケランジェロの「最後の審判」(1537～41年)。この作品はそのイコノグラフィー（図像表現）よりも裸体描写によって論争の的になり、ミケランジェロがまだ制作中でさえ不道徳だと攻撃された。トレント公会議に従って、これらの人物像の性器は、1565年に上から塗り消された。

よりさらに、古典の男性裸像の本質を把握し、なめらかな皮膚の引きしまった筋肉とダイナミックな「コントラポスト」のポーズは、古代ギリシアやローマの最高傑作に匹敵するか、それを超えているとして、鑑賞者たちを驚愕させた。この「ダヴィデ」は、フィレンツェ大聖堂の上部壁龕のひとつに設置するために注文されたのだったが、それは取りやめられ、挑戦的なフィレンツェの自由への記念碑として、市庁舎であるシニョーリア宮殿の前に置かれた。

　「ダヴィデ」を完成させた後、ミケランジェロはローマに戻った。教皇ユリウス2世のために、一族の壮大な墓碑を彫るようにと召されたのであった。しかし、1508年、ユリウスは方向転換し、ミケランジェロに彫刻をやめて、ヴァチカンのシスティーナ礼拝堂に広大な天井画を描くよう命じた。結局、全部好きなように描いていいなら、という条件でこの注文を受けたミケランジェロが創り出したのは、彼自身の入念かつ大胆な宣言であり、神との契約ゆえに苦難する人類の視覚的物語であった。その結果生まれた作品は、「創世記」に題材をとった9つの大場面を中心にし、西洋美術における最も聖画的な作品のひとつとなった。ミケランジェロは同時に、14の小場面、6人の預言者と6人の巫女、イエスの先祖たち、20人の筋肉隆々たる男性裸像——総

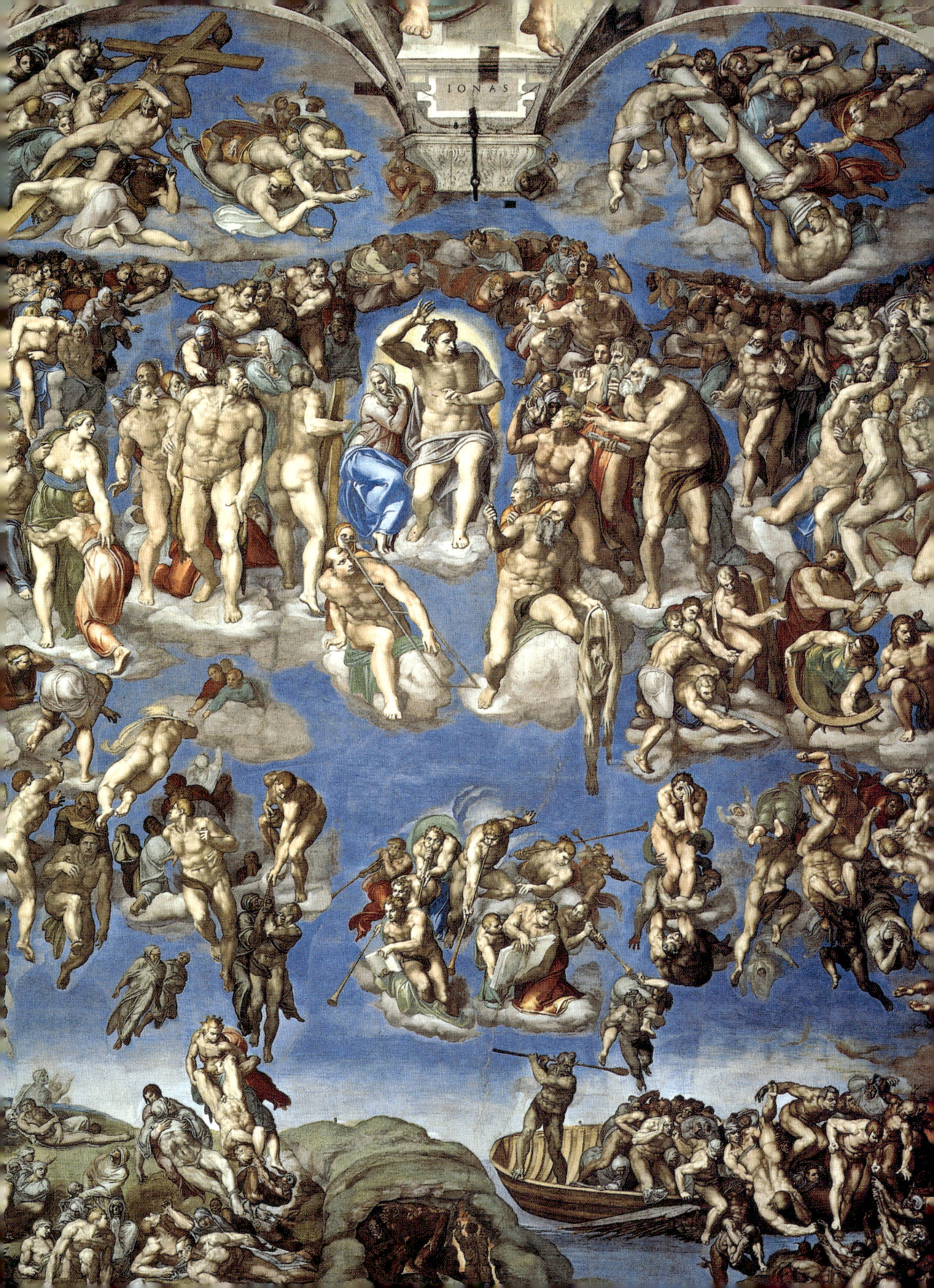
IONAS

4. 突然の衝撃

ラファエロの「アテネの学堂」(1510年)の部分。「泣く哲学者」と呼ばれたヘラクレイトスのこの描写は、ミケランジェロの本物そっくりの肖像だと一般的に考えられている。しばしば気むずかしかった年長の同業者をラファエロが優しくからかった捧げ物である。

勢300人以上を、罪と苦難と人類の神へ到達したいという欲求を主題とした、息もつけない叙事詩のうちに描きこんだ。

システィーナ礼拝堂壁画は完成までに4年以上を要したが、即座に、教会とルネサンス精神と人間の精神にとっての記念碑であると認められた。ある同時代人は、「この作品が公開されると、世界中の人びとが、ミケランジェロがなしとげたことを見るために駆けつけた。そして確かに、それはあらゆる人を驚愕で無言にさせるようなものであった」と述べている。しかし、その後ミケランジェロは彫刻に戻った。彼はユリウスの墓碑は完成できなかったが、フィレンツェに戻って1519年から1534年にかけて、メディチ家の教区教会であるサン・ロレンツォ聖堂のファサードとメディチ家の墓廟礼拝堂を設計し、後者をメディチ家の御曹子たち、寓意、聖人のさまざまな立像で満たした。

年を取るにつれてますます怒りっぽくなりながら、ミケランジェロは大きな注文を受けつづけた。60歳近くになって、彼はシスティーナ礼拝堂に戻り、「最後の審判」(1537～41年)の大壁画を描いた。これはその渦巻く構図と身をよじる人物像によって、盛期ルネサンス美術をマニエリスムへの道へ、そしてその後バロックへの道に向けた。ミケランジェロの彫刻は、老年になるとますます未完成が多くなり、ますます内省的なものとなったが、その特徴は、古典的規範(ノルム)をルネサンスの人物表現へと完全に統合させたことであった。嫌々ながらの画家であったが、ミケランジェロは記念碑的な明晰さ、色彩の大胆な用い方、形体の彫刻的表現を導入して、絵画という美術形式を革命的に変えた。彼の技術は、レオナルドやヴェネツィアの画家たちが流行させた柔らかくて不鮮明なスフマート(ぼかし)と決別し、ルネサンス美術の最後の偉大な時代の到来を告げた。死ぬときも、ミケランジェロはまた別の分野で、ローマのサン・ピエトロ大聖堂の建築家として忙しく働いていた。知らせを聞いた者たちの多くが、彼は芸術に捧げられた人生を送り、「何世紀ものあいだ暗黒に投げ込まれていた世界に光を」取り戻したという意見で一致し、彼の死を、イタリア美術のルネサンスの終わりを画するものとして見た。

バルダッサーレ・カスティリオーネ
完璧な宮廷人
1478〜1529年

マントヴァ侯国の裕福な貴族の息子で、君主ゴンザーガ家と密接な関係があったバルダッサーレ・カスティリオーネは、子供のころから宮廷サークルで成功するように訓練された。最高の人文主義教育を与えられたが、ほとんどの人文主義志望者とは違って、大学で法学を学ぶ道は選ばなかった。その代わり、彼はミラノのルドヴィコ・スフォルツァのもとに行き、一種の廷臣見習いとして仕えた。1499年、父親が亡くなり、ルドヴィコが失脚すると、彼はマントヴァに戻り、遺産を相続し、フランチェスコ・ゴンザーガ2世とその妃イザベッラに仕えることによって、さらに自らの宮廷教育をつづけた。

カスティリオーネの社交術を認めたフランチェスコは、この被保護者を外交使節として何度も派遣した。一方ローマで、若き大使は訪問中のウルビーノ公グイドバルド・ダ・モンテフェルトロとその非凡な妃エリザベッタ・ゴンザーガ（フランチェスコの妹）に偶然出会った。兄のかけがえのない大使を盗むことになるとはまったく考えず、1504年、エリザベッタはカスティリオーネに、フランチェスコを捨ててウルビーノに移るように説得した。彼はここで、公妃の小さな僻地の領国に輝かしい宮廷を引き寄せる手伝いをするのが楽しく、自分が適任であると悟った。

その後12年間、最初はグイドバルド（1508年に跡継ぎを残さず没）のもとで、その後は新公フランチェスコ・マリア・デッラ・ローヴェレのもとで、カスティリオーネはイタリアで最も輝かしい思想家たち——ピエトロ・ベンボ、ジュリアーノ・デ・メディチ、ビッビエーナ枢機卿など——の相手をし、画家ラファエロの親友になった。エリザベッタ・ゴンザーガに激励され、彼は夜会、芝居上演、音楽会、舞台での討論コンクール、朗読会を企画し、牧歌詩や宮廷の仲間たちに関する長い手紙を書いた。

カスティリオーネその他の、幸運にも経験した者たちにとって、ウルビーノはヨーロッパの最も洗練され、教養のある社交の場のように思われた。しかし長くは続かなかった。1516年、フランチェスコ・マリアは、メディチ家の者をウルビーノ公の座に就けたいと考えた教皇レオ10世によって、公国から追放された。廃位されマントヴァに亡命した公の後を追ったカスティリオーネは、何もすることがなくぶらぶらしていたが、結果的には、家庭をもち、最後には大作を書くことができた。『宮廷人の書』は、ウルビーノの宮廷に——ひいてはいかなる社会的集団であろうと——光り輝く成功をもたらすにはどのような種類の男女を必要としたかを説明する試みであった。

1507年3月の4日続きの夕べに交わされた理想化された長い会話という設定で、

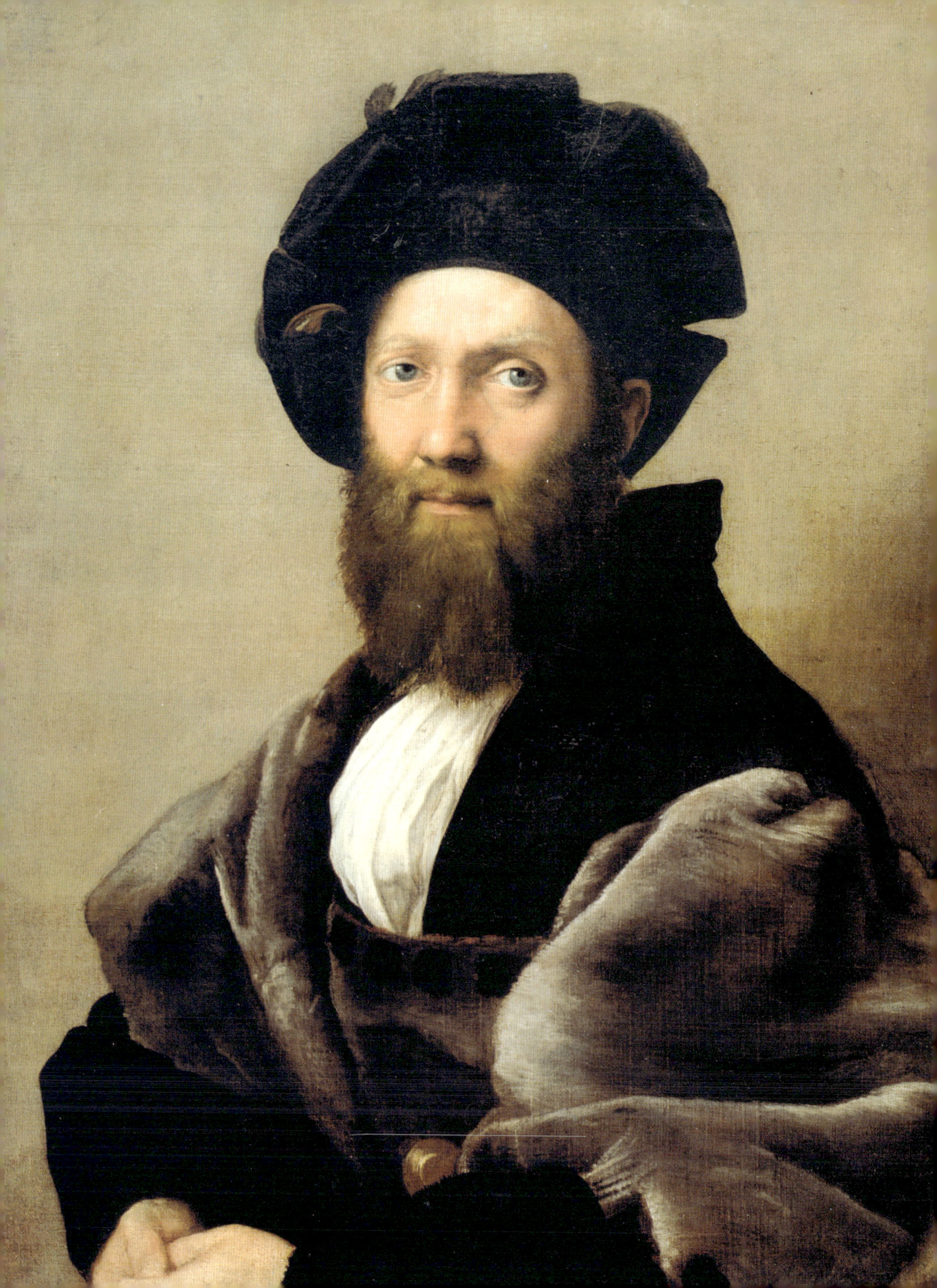

『宮廷人の書』は、20人強の現実の紳士、学者、軍人、作家、才子を含み、完璧な宮廷人（男女を問わず）とはどのような特質をもつかを議論したものであった。エリザベッタと、そのからかい好きな女官エミリア・ピアのユーモラスではあってもきっぱりした監督のもと、彼らが重要なものとして挙げたのは、出自に加えて、運動競技、楽器演奏、軍事技術、ラテン語に熟練していること、さらにお世辞、貞潔、冗談、地口であった。この過程で彼らが考え出したのは、ルネサンスの社会的価値と願望の要約である。これを実現した者が普遍人（ウオモ・ウニヴェルサーレ）であり、多くの分野の知識があるけれども、自己中心的にならないように、決してそれらのどれにも深く関与しない、あるいは自分が熟達していると知っていても、強制されるか詮索されるかしなければ、それらを披露することはないような人物なのだ。このような装った無頓着性がカスティリオーネの宮廷の理想を支配しており、彼はこれを自分自身の言葉で「スプレッツァトゥーラ」と命名したが、それは「あらゆる芸術的技巧を隠し、いかなる言行もわざとではなく、やすやすとしているように見せる」ことであった。

『宮廷人の書』執筆後のカスティリオーネの生活は、あまり幸福ではなかった。1520年に若い妻が亡くなり、彼は聖職に入ることを決意した。彼は外交の世界に戻ったが、今度はローマ教皇特使としてスペインに渡り、そこで1529年、彼の愛した洗練された宮廷から遠く離れて、疫病にかかって亡くなった。彼の著作の方はずっと幸運だった。1528年にヴェネツィアのアルドゥス印刷所から出版されると、すぐさま大評判になり、100年もたたないうちに何十回も版を重ね、翻訳された。優しくからかうふたりの婦人の指導のもと、雄弁かつ温かく討論する、威勢がいいけれども友好的な男たちが登場し、その主題とその推論の枠組みの両方において、礼儀正しく博識な談話に関して、当時、どのように認識されていたかを描いた『宮廷人』は、多くの意味でルネサンス文学の決定的な作品でありつづけた。

『宮廷人の書』以来、男女がより礼儀正しく、しかしより不真面目になったとはよく言われてきた。多くの者が、このようなふるまいをイタリア式マナーと呼んだ。他の者たちはこれをただの偽善と見なした。しかし、この著作は文明化された行動の新しいモデルを素描したものであり、それはその起源であるエリート層から社会的階層を下って拡がってゆき、後にジェントルマンという概念を定義することになる。確かにカスティリオーネは、宗教と復讐という名目でまもなくヨーロッパを風靡することになる、戦う聖職者や改革運動をする君主たちとくらべると、もっとジェントルな代替案を提案していたのである。

ラファエロが1514〜15年に描いたバルダッサーレ・カスティリオーネの肖像画。この有名な肖像画は、豪華だけれども控えめな服装をしたこの宮廷人を見せている。それでも、彼のポーズにはある種のパトス（熱情）がある。彼の優しいまなざしはおそらく、親友であった画家に向けられている。

ラファエロ
盛期ルネサンスの巨匠
1483〜1520年

美術家には嵐のような気性の人間が集まるものだが、画家ラファエロ・サンツィオはゼフィロス（西風・春風の精）だった。ハンサムな紳士で、性格が良くて、それ以上に礼儀正しい都会人だった。彼は人生においても作品においても申し分のない外交官であり、異なるアイディアを吸収しては、それらを自分の明快な美術のなかで調和させた。彼の均衡のとれた調和は盛期ルネサンスの典型となったが、それはレオナルドが1480年代にはじめたものを、ラファエロ自身、ミケランジェロ、そしてティツィアーノが16世紀へと引き継いだのである。しかし、彼のライヴァルたちはさら先に進みはじめていた。そして、盛期ルネサンスが1520年のラファエロの死によって勢いを失い、その後1527年に、ローマ劫掠で音を立てて消えたのは偶然ではない。

ラファエロはイタリア中部、緑の起伏が続く丘陵地帯にあるウルビーノで生まれ育った。ウルビーノ公の宮廷画家という父親の地位によって、この少年は、美術と貴族階級の社会的文化的環境と接触することになった（洗練されたウルビーノの宮廷は、イタリア全土に名高かった）。11歳で孤児となったラファエロは1500年ごろにペルージャに移り、イタリアで最初に油彩で描いた画家のひとり、ペルジーノのもとで学んだ。彼は師の作品をあまりにも器用に再創造したので、師弟の作品のうちいくつかはどちらの手になるものか、何年も議論された。徒弟修業が完了すると、ラファエロはペルージャで何作か祭壇画を制作した。ほとんどは油彩だが、フレスコ壁画もいくつかあり、ペルジーノの軽快で甘美な様式に、より幾何学的に処理された人物像を加えている。

フィレンツェの美術ブームの末期が過ぎ去る前の1504年ごろのある時期、ラファエロはこの都市を訪問した——才能があり、感受性豊かで礼儀正しいと彼を賞讃するウルビーノ公妃の推薦状をたずさえて。この時期の彼の作品はほとんどが肖像画と小さな宗教画だが、フィレンツェに戻ってきたばかりのレオナルド・ダ・ヴィンチの影響を示している。ラファエロは聖母子画を何十枚も制作し、理想化された古典美をもつ人物像を表現した。ペルジーノの柔らかい光と色彩に、彼はレオナルドの物語表現と動きを加えた。ある絵では膝をつく子羊にのっかろうとする幼児キリストを描き、別の絵では、マリアの膝の上で身体を捻る、おちつかない幼児キリストを描いた。ラ

ラファエロの壁画「ガラテア」。この作品は盛期ルネサンス美術の縮図である。神話の登場人物、均衡のとれた構図、超越的な美。彼はこの作品にふさわしい魅力的なモデルを見つけることができなかったとき、「私の心にある理想」を描いた。

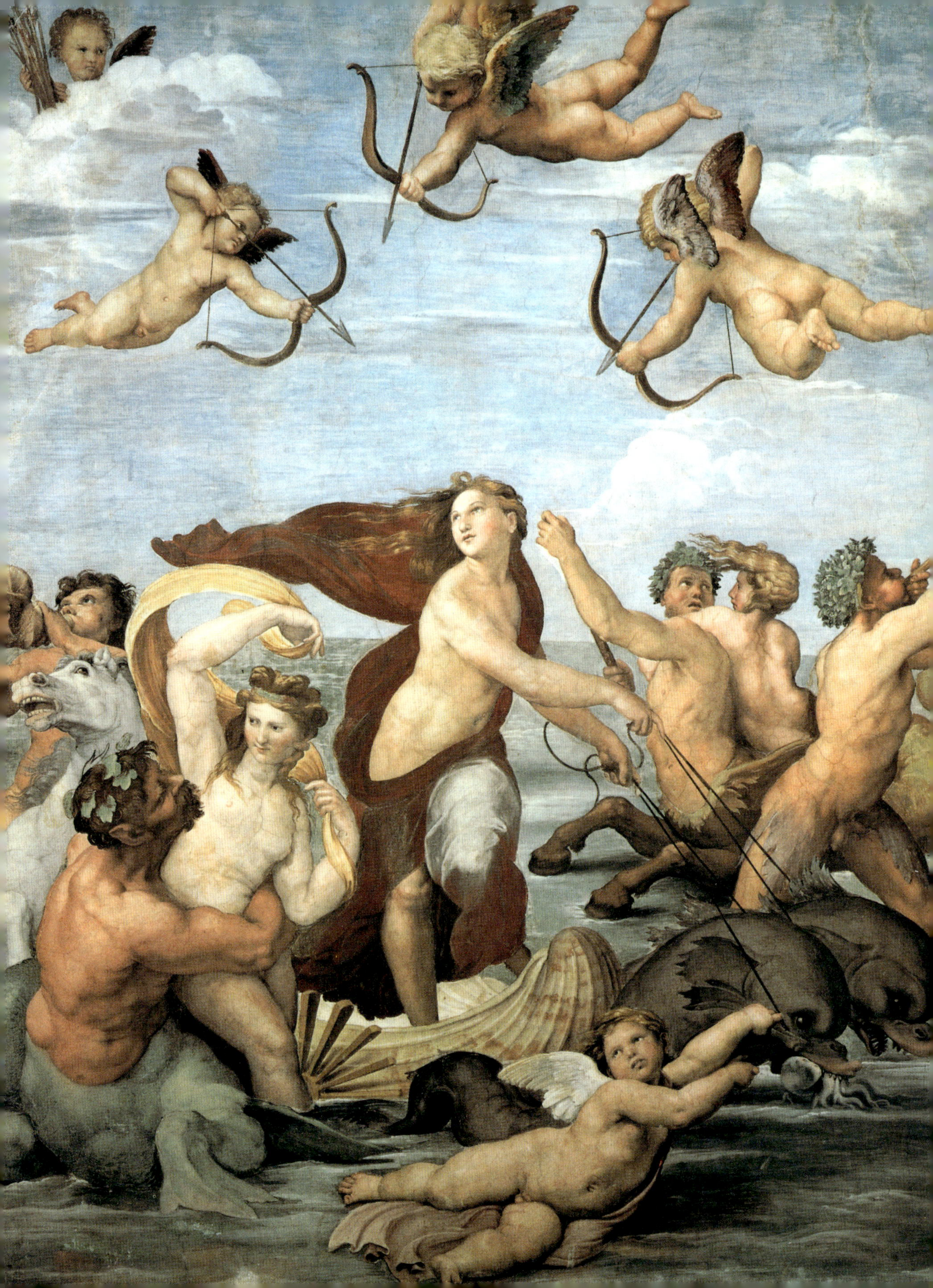

4. 突然の衝撃

ファエロの世俗的肖像画は、レオナルドが1503年ごろにフィレンツェで着手した「モナ・リザ」の影響を受けた。彼はレオナルドの革新的な上半身構図を借り、モデルの腰から上を描き、両腕と両肘で明確な三角形の底部を固定した。しかしラファエロは「モナ・リザ」のメランコリックな色彩はとらず、明快で鮮やかな色調と多くの色数を用いた。

1507年には、美術世界の震源地がフィレンツェからローマに移った。イタリアの主要な美術家や建築家たちがヴァチカンに集まり、壮大な新サン・ピエトロ大聖堂の建設をめぐって興奮に湧きたっていた。教皇ユリウス2世はラファエロを雇って、彼の私室、教皇の諸室（スタンツェ）に壁画を描かせた。ひとつの部屋で、ラファエロは神学、法学、詩学、哲学の大寓意画を描いたが、それらの群像場面や筋肉隆々たる人物像には、当時システィーナ礼拝堂で天井画を制作中だったミケランジェロの影響が見られる。「アテネの学堂」（1510～12年頃）は形式的にも意味的にも、盛期ルネサンスの具現である。ローマ時代の建築を背景に、ラファエロはアリストテレスとプラトンを、古代の哲学者や科学者——その多くは彼の友人をモデルに描かれた——の中心に置いた。

ラファエロは生涯の残りをずっとローマで暮らし、最上流階級の人びとと交わり、

この自画像を描いた1506年ごろ、若きラファエロはすでに引く手あまたの注文を受けていた。顧客たちはしつこくねだって、ウルビーノ出身の天才画家に自分の似姿を描いてもらった。

ラファエロは「アテネの学堂」にギリシアの哲学者を21人描いたが、実際のアテネ人はそのうちの半分だけであった。1510年から1512年にかけて描かれたこの調和のとれた配置の構図は、完璧なブルネレスキ風遠近法で構築された背景を舞台としている。中央で、プラトンとアリストテレスが構図を固定する焦点となっている。

非常に大きな工房を経営した。教皇・枢機卿たちが肖像画を注文し、レオ10世は彼に、大タペストリー連作用の聖書場面のデザインと、サン・ピエトロの増築計画（後に、ミケランジェロによる改築のためにほとんど破壊された）を依頼した。ラファエロの作品のほぼすべては肖像画かキリスト教の主題であった。ガラテアの物語のような神話の主題を描くよう注文されたとき、ラファエロは失われた古代美術を再現する助けにと、古典文学に手がかりを求めた。ローマのファルネジーナ荘のためのこの壁画（1512年完成）は、彼の初期作品には見られないエネルギーによって、海の妖精とトリトンの物語を新たに想像したものである。

ラファエロは好色な男だったといわれており、「大変な女好きで、いつも喜んで女に奉仕した」が、結婚はしなかった。1514年に有力な枢機卿の姪と婚約するが、なんのかんのと理由を見つけては結婚を延ばし、結局、その女性が折よく死んでくれたので、この問題は解決した。じつは、彼はパン屋の娘マルゲリータ・ルーティと、長年良好な関係を保っており、彼女の肖像を何度か描いている。彼が色好みだという評判はあまりに根強く、37歳で熱病で亡くなったとき、ベッドの上で頑張りすぎて突然死したのだという噂が流れた。

レオ・アフリカヌス
建前はキリスト教徒、心は放浪者
1490 頃～1554 年頃

レオ・アフリカヌスはベストセラーとなった旅行ガイドブックの著者で、二流のセレブみたいなものだったが、歴史的には捕まえどころがないままである。彼の生涯については、彼自身がガイドブックの中で言及している以上のことはほとんどわからず、熱心な信奉者たちが何世紀も探求した結果、発掘されたのはほんの一握りの古文書での言及と、自筆の断片であった。グラナダで生まれたアル・ハッサン・イブン・ムハンマド・アル・ワザン・アル・ファーシは、スペイン人がグラナダを征服した1492年ごろ、キリスト教徒による支配を拒んだ多くのムーア人同様、両親に連れられてモロッコに移った。おそらく彼はフェズのアル・カラウィン大学で学び、14歳までにはすでにモロッコを発って、第1回目の長期旅行でコンスタンティノープル、ベイルート、バグダッドへ旅したと推定される。1509から10年にかけて、彼はフェズのスルタンの大使であった叔父と旅をし、サハラを越えてティンブクトゥーへ行き、ソンガイ皇帝の代表団と会った。アル・ハッサンによれば、2年後、ティンブクトゥーをふたたび通過したが、今度はサハラ沿いに東に旅し、ガオ、アガデスに行き、その後スーダン、エジプトへ行き、北アフリカ海岸沿いにモロッコに戻ったという。

アル・ハッサンがこの第2回ティンブクトゥー旅行を実際に行なったのか、それとも他のアラブ人旅行者による旅行記を読んで書き写したのか、これに関しては疑問が残る。しかし、1517年に彼がコンスタンティノープルに戻ったのは確かである。というのは、この時は彼自身がモロッコ大使として、トルコのスルタン、セリム1世を訪問しているからである。それから彼はナイル河岸のロゼッタ港に進み、オスマン・トルコがエジプトを征服するのを折よく見物した。カイロやアスワンに立ち寄った後、アル・ハッサンは紅海を渡ってアラビアに行った——彼の著作では言及されていないが、おそらく、イスラム教徒の義務としてなすべきハジ、すなわちメッカへの巡礼のためであった。モロッコへの帰途、クレタ島近くのどこかで、アル・ハッサンの学者・外交官・放浪者としてのキャリアの発展は突如として終わった。キリスト教徒の海賊によって捕虜にされたのである。

おそらくアル・ハッサンの所有していた地図や原稿から、大物を捕らえたことに気づいた海賊が、彼を教皇レオ10世への贈り物としてローマに連行した。1年以上の囚人生活の後、彼はキリスト教徒に改宗することによって自由を得た。アル・ハッサンの改宗は偽りで、イスラム教徒が入りこむことはほとんど不可能な社会を探究する好機だったためと、牢獄から逃げるためだけになされたのだと近年は主張されている。ただひとつ確かなことは、彼の洗礼式がきわめて公的かつ祝祭的性格のものだったことである。教皇レオと数名の高位聖職者が彼の代父となり、1520年1月6日、盛大な儀式が行なわれ、アル・ハッサン・アル・ワッサンは、このような行事では慣習的なことだが、彼の第一の後援者の名を取り、ジョヴァンニ・レオーネ・デ・メディ

チという洗礼名を授かったが、後に縮めてレオ・アフリカヌス、つまり「アフリカのレオ」と呼ばれた。

束縛から解放され、新たに造り出されたレオ・アフリカヌスはローマとボローニャのあいだを行き来し、両地でアラビア語を教え、『コスモグラフィア・エト・ゲオグラフィア・デ・アフリカ』と自ら名づけた原稿を書きはじめる。自分の元のメモから書き起こしつつ、彼が創り出したひとつの地域とひとつの文化についての旅行記でもあり地理研究書でもある書物は、そこに入ることを拒まれているがゆえに、激しくヨーロッパの人びとを魅了した。この著作をレオは刊行しなかったが、1550年、ひとりのヴェネツィア人画家がこれを『デッラ・デスクリッティオーネ・デッラフリカ（アフリカ誌）』として、章分けし、正確な句読点をつけ、数巻本という西洋化した形式で、出版した。

『アフリカ誌』は数十回も版を重ね、即座にルネサンスの最も大衆的で永続的な読み物として、ベストセラーのひとつとなった。英語版の『アフリカ誌』は拙劣なラテン語版から訳されたもので、1600年に出版された。しかし、この題名は内容と裏腹で、レオの北アフリカ旅行をたどるだけで、サハラの南端にようやく着いたところで終わってしまう。それでもこの英訳は、ヨーロッパ人にそれまで未知だった多くの王国や、ティンブクトゥーなどの都市を紹介した。レオはこの地域を楽しく、よく統治され、おとぎ話のように豊かなものとして叙述し、何世紀も続くこの遠い辺境の地への憧れに火をつけた。イスラム教アフリカについての彼の記述は、ほとんどの読者にとって広大な空白であるものを埋めてくれる、途方もなく重要なものであった。スペインのレコンキスタ（国土回復運動）とオスマン・トルコの優勢により、スペインとレヴァント交易を通じてのアラブ－キリス

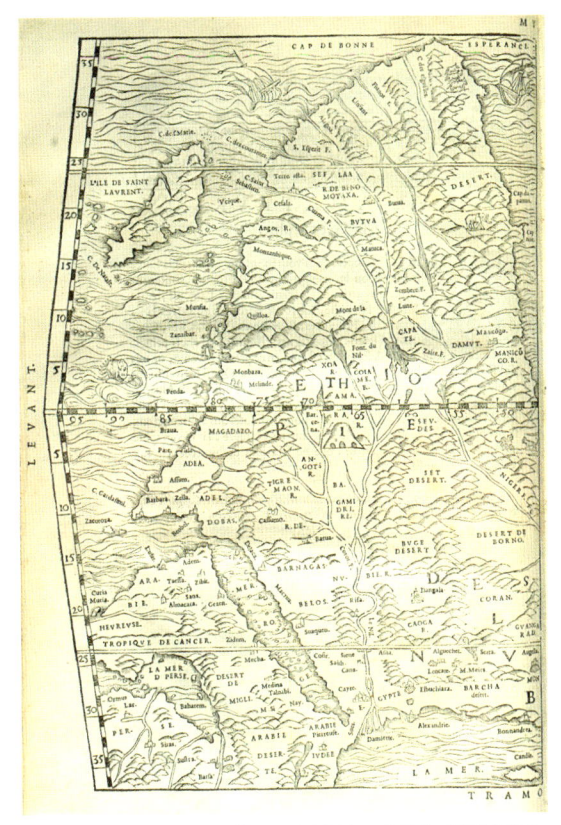

レオ・アフリカヌスの『アフリカ誌』の初版に添付されたアフリカの地図。*1550年にジョヴァンニ・ラムージオが編纂した出版物の一部。*

ト教徒の信頼できる知的交流が決裂すると、この地域は急速に、より威嚇的でより神秘的なものとなっていった。

レオ・アフリカヌスは『アフリカ誌』の成功をおそらく知らなかった。この著作が出版されるずっと以前── 1527年からそれほど時を経ずして、彼は事実上歴史の記録から消えてしまった。マグレブに帰り、そこでイスラム教徒に戻ったのだという説もある。ヨーロッパの生活に定着し、アルプスの北まで旅したのだという説もある。彼が最終的に選んだのはどの信仰か、彼の終の棲家はどこか、これもまた、彼についての他の多くのことと同様、彼がかつて興味をそそるように述べた諸都市と同じように、知ることができない謎のままである。

SALVATOR
...leifet ihn wol, er ist sein Werth-
...t sich aus für ein got auf erdt
...wil mit Wercken erwerben
...s ich verdint mit meinem sterben

ERZOG HANNS FRIDRICH ZVE SACHSE
...Warheit hab Ich frei bekandt
... aufgesezt leut vnd landt
... hat der Bapst gestieftet an
... gebürt ihm noch sein lohn

Ph. MA[RTINVS]
Philippe dre[...]
Wier haben [...]
ein vngeschli[...]
den Wier rei[...]
Ich wil ihn [...]
vnd versuc[...]
Christus l[...]
die Warhei[...]

PHILIPVS MELANTHON
Waes mir von Gott befohlen ist
daes richt Ich aus zu diese frist
dafür wil ich zu seiner Zeit
tragen die Kron der Herligkeit

5. 旧秩序の崩壊
1510〜1535年

1513年ごろ、ニッコロ・マキャヴェッリは、当時イタリアを揺り動かしていたさまざまな大事件から利益を得たいと望む者たちに警告して、こう書き記している。「物事の新しい秩序を導入することを指導する以上に処理がむずかしく、成功の見こみが疑わしく、首尾よくやるのに危険が伴うことはない。」この新しい秩序がどのようなものになるか、じっさい誰にもわからなかったが、マキャヴェッリ自身はひとつ恐れていることがあった。イタリアの勢力均衡、40年以上つちかってきた平和が外国勢力の侵入によって一掃されてしまい、すぐに元に戻らないことである。フランス、スペイン、ドイツ、スイス、そしてイタリアの、規律に従わない軍隊が半島を行ったり来たり荒々しく縦断しつつ、互いに殺しあいながら、田園地帯を略奪した。イタリアの伝統的な大国、フィレンツェ、ミラノ、ナポリ、ヴェネツィア、教皇国家はこの状況を制御する力を失い、団結しようが、個々にやろうが、悲劇的な結末を止められなかった。1527年、名目上は皇帝カール5世に仕えるドイツとスペインの兵士たちの群れが、暴動を起こして南方へと放浪し、ローマを恰好の標的と見定めた。無防備な城壁を打ち破り、スペインとドイツの襲撃者たちは、トルコ人がコンスタンティノープルで引き起こした以上の破壊行為をローマで行なった。1ヵ月後にようやく、戦利品でふくれ上がりながら、だらだらと出て行ったとき、彼らは文字通り、イタリア・ルネサンスを奪い去ったのである。

ローマを略奪したドイツ兵の多くは原始プロテスタントであり、ルターの使徒として、彼に否定された後でさえ、彼の名のもとに略奪を行なった。彼らにとって教皇庁がその正当性を失ったのは、あまりにもイタリア的であり——近隣と相争うことにあまりに忙しく、人文主義者の古典ローマ幻想に魅せられすぎて、魂を救済できないからであった。過度にイタリア化した教皇庁へのこの嫌悪は、ヨーロッパに長いあいだ強固に根づいていったが、スペイン（1482年、カトリック両王がグラナダ戦争を開始）とフランス（1516年、フランソワ1世によるミラノ公国併合）の気のきいた君主たちは、この敵意のチャンネルを国家建設へと巧みに切り替えて、彼ら自身の「国家の」教会と聖職者団を確立した。しかし、ドイツにはこのように中央集権化された支配権がなく、その半独立の諸君主国と大司教領と勅許を受けた諸都市は、ルターの教えに結束力を見出し、名目上の宗主である神聖ローマ皇帝（および教会擁護者）カール5世からの独立を主張した。

プロテスタントの宗教改革は、最初の数年間、教皇にも皇帝にも、修道士同士の単なる

教皇庁を諷刺した、16世紀ドイツの無名画家による絵。マルティン・ルターとフィリップ・メランヒトンが、教皇クレメンス7世を丸砥石にかけて回している。キリストとザクセン公フリードリヒ3世が了承して見守っている。

5. 旧秩序の崩壊

言い争いに思われていたが、まもなく君主同士の争いに発展した。スウェーデン国王グスタヴ1世が1523年に新教を奉じ、1533年にはスカンディナヴィア全域がルター派となり、バルト海東岸地域も同様であった。しかし、ルターは最初から、もっと地域に即した個人的なキリスト教を求めており、これは君主たちの支配からこぼれ落ちてしまうものだった。特にドイツが苦しめられたのは、1524〜25年の農民戦争から、1534〜35年、ライン都市ミュンスターにごく短い期間確立した黙示録的な再洗礼派の神聖政治に至るまでの、ポピュリストの宗教的暴動であった。1525年から34年のあいだに、英国王ヘンリー8世もまたローマと決別した。しかし、スウェーデン王グスタヴと異なり、ヘンリーの当初の目的は教会改革ではなく、キャサリン・オブ・アラゴンとの離婚を達成することで

あり、教皇に許可を出させなかったのは、彼女の甥であるカール5世であった。その結果、英国教会派(アングリカン・コンフェッション)と後に呼ばれるものは、少なくともヘンリー8世の治世のあいだは、ルター派やジャン・カルヴァンが創設したもっと福音的なプロテステンティズム（新教信仰）よりも、ローマに神学的に近いものに留まっていた。

　この世代の政治経済上の変動は、新たなテクノロジーの波によって、さらに激しいものとなった。1440年代に攻囲戦での大砲使用とともに始まった火薬革命は、16世紀初頭には、火縄銃式マスケット銃によって野戦へと拡がった。1490年代には見なれた武器ではあったが、火縄銃が戦争に完全に組み入れられたのはようやく16世紀初頭になってのことで、スペイン人の砲兵隊*（テルシオス）が、火縄銃兵と槍と剣で武装した兵をコーディネートしたのであった。この統合部隊が、騎兵隊でも他のいかなる形の歩兵隊でも相手にできることは、イタリア戦争のあいだに、立派に、またくり返し証明された。皇帝軍のテルシオスはパヴィアの戦い（1525年）で最大の成功を収め、敵の死者1万人に対し、味方は500人を失ったのみ、フランスの貴族たちのほとんどをなぎ倒し、フランソワ1世さえ捕虜にしたのであった。1世紀以上続くことになる火縄銃の地位がパヴィアの戦いで確保されたころ、ドイツの時計職人が、その後継者となるものに最後の一手を加えていた。ホイールロック（火打ち石と回転する輪を使った引金）である。すでに1530年代初めに、ベンヴェヌート・チェッリーニがこの最新式の銃を何丁か所持していると得意になっていたが、これがあれば、どんな天候だろうと、夜だろうと、馬にまたがったままで戦えるのであった。

　マスケット銃の訓練、大砲鋳造、新世代の複雑な要塞建築への投資、これらには相当な費用がかかり、最も富裕な国家でなければ不可能なことであった。このような軍事技術の変化により、多くの小都市国家から少数の大国への権力の移譲が加速された。しかし、スペイン、フランス、英国が新たに優勢な立場にたったことに対しては、もっと弱い権力にも有利に働く印刷技術の普及によって、ある程度のバランスが保たれた。特にプロテスタントの宗教改革の成功は、印刷業と結びついていた。印刷業は俗語聖書、賛美歌集、カテキズム（教理問答）を、神学者と一般大衆双方のために生産することによって、神の言葉の優越というルターの宣言を実際的な面から実現するのに非常に役立った。印刷機はまた、1520年代、1530年代のますます緊迫した宗教的雰囲気の中で、よりいっそう攻撃的な要素として役立った。カトリック側もプロテスタント側も、安価な小冊子、非難文書、レポートを大量生産し、大衆にアピールするために、パロディーや木版の戯画で他の宗派を攻撃した。16世紀初頭には、印刷機は学問・文学・音楽の普及のための偉大な革新的力だったが、次の世代によって、近代の最初の大プロパガンダ戦争における強力な武器であることが証明されたのである。

　*テルシオス：槍兵と火縄銃兵で構成されたスペインの部隊で、約3000人から成った

1500年代半ばの装飾写本に描かれたマリニャーノの戦いにおけるフランソワ1世。ミラノの入り口でのフランスの勝利をなしとげたのは、騎士たちの武勇ではなく、膨大な数の大砲で、立ち向かったスイスの槍兵たちをすさまじい流血に染めた。

1535
A·V

ハイレディン・バルバロッサ

海賊王
1546年没

バルバロッサのほとんど卑賤の出自から、ほとんど無限の富と権力への出世は、彼の名の変遷によって跡づけられる。彼はヤクポ・ル・フズル、つまりヤクプの息子フズルとして生まれた。父は1462年のオスマン・トルコによるレスボス島（ミティレネ）征服に参戦したトルコのシパイ（騎士）であった。島内の封土を受領したヤクプは、同時に、そこでギリシア人キリスト教徒の女性を娶り、それから、おちついて陶器製造業経営にとりかかった。夫婦は6人の子を授かり、フズルは3男であった。家業は発展してささやかな船を所有するようになり、次男のオルクが船長となって、レヴァント中に陶器を運びながら、機会があればちょっとした海賊行為にふけった。最初は窯で働いていたフズルも、すぐに海賊に身を投じる。20歳で、フズルは自分の船をもち、トラキアの拠点からエーゲ海中の品物を運搬し、かつ強奪しはじめた。

臨時の海賊行為は、非常に不安定な時代であった1490年代の東地中海周辺ではよくあることだった。オスマン・トルコはこの地域の制海権を強化しつつあったが、ヴェネツィアや聖ヨハネ騎士団といった古くからの勢力がまだ領地をもち、この地域に大規模な海軍を維持していた。オルクやフズルのような小さな雑魚にとって危険な時代だったが、彼らはまもなく、トルコとエジプトのエリート層に強力なパトロンを見つけ、保護者になってもらい、ガレー軍船を装備してもらった。

略奪に熱心で喜んで聖戦をおこなう兄弟は西地中海に移動し、アフリカのバーバリー海岸沿いのスペインの占拠地を争奪した。オルクはこの地、特にアルジェにおけるイスラム軍駐留の定着に指導的役割を果たした。彼の「戦場でのあだ名」は、敵味方双方から贈られた言葉の合成語だった。ムーア人からは感謝の意をこめてババ・オルク、つまり「オルク親父」と呼ばれたが、他方、イタリア人は彼を、その特徴である赤髭から「バルバロッサ」と呼んだのである。オルクは1518年に戦死したが、彼の名はキリスト教徒のあいだに恐怖を呼び起こしつづけ、フズルは兄の権力を受け継いだとき、一緒にその名も受け継いだのである。自分の鳶色の髭を赤く染めてまでして。

この新たなバルバロッサは、急速に先代を凌駕した。スペイン、バレアレス諸島からシチリア、サルデーニャ、イタリアま

ハイレディン・バルバロッサ、アゴスティーノ・ヴェネツィアーノによる銅版画（1535年）。アゴスティーノがこの年に制作したオスマン人を主題にした2枚一組の版画の片方である。もう片方は、バルバロッサの保護者である主君スレイマン大帝で、ヴェネツィアで専用に作らせた巨大な帝冠をかぶっている。

で、キリスト教徒の海岸と海路で略奪行為を働き、略奪品で財を築き、多くのヨーロッパ人を捕虜にしたため、「アルジェにキリスト教徒の雨が降る」と言われた。同時に、バルバロッサは休みなく働いてオスマンの勢力を拡大し、スルタン、スレイマン大帝から褒賞として、オルクのかつての地位——アルジェのパシャ（総督）と、カプダン・イ・デリャ（トルコ海軍の提督）——を与えられた。スレイマンはまた、アラブの称号「ヘイレディン（善き信仰）」を授け、その後、彼はハイレディン・バルバロッサ

1543年、バルバロッサとフランス軍が行なったニース占領のための連合艦隊作戦を描いた、16世紀のオスマンの写本装飾画。この都市は、彼らの共通の敵カール5世の手中にあった。

と呼ばれた。彼は冷酷残忍で、あまりに悪名高かったので——200隻の船と3万人のイェニチェリ兵（88頁参照）を指揮した——いくつもの沿岸の町が、彼の帆を目にしただけで降伏した。彼は名目上、キリスト教徒領のシチリア島やナポリに半永久的な海軍基地を設立し、また9ヵ月間、フランスのトゥーロン港を実質的に併合し、この町の大聖堂をモスクに変えてしまった。彼は、

スレイマンの同盟者であるフランソワ1世が金約3メートルトンに値するものを支払うまで、ここを去らなかった。

　1545年、イタリア沿岸の最後の破壊的掃討を実行した後、バルバロッサはイスタンブールに引退した。彼は莫大な財宝、2000人ほどの奴隷、そして18歳の新妻——レッジョ・カラブリアを略奪中に捕らえた女性——を伴った。トルコ人は鳴り物入りで歓迎し、彼を「海の王」と呼んだが、ある意味、彼はずっとそうだった。彼がわずか1年後に熱病で亡くなると、大建築家シナンの設計による壮大な墓廟が彼を記念して建てられた。

　ハイレディン・バルバロッサは、無から始めてオスマン世界の高い地位へと昇った多くの海賊のひとりであった。こういった男たちにとって、スペインは敵だったが、イタリアはお気に入りの獲物だった。彼らは16世紀のあいだずっとイタリアを略奪し、沿岸の村々をすべて根こそぎにし、ナポリやジェノヴァといった商業中心地を、一度に何ヵ月も遮断し、テヴェレ川の河口に碇を下ろしさえした。もし教皇が1時間もせずに馬で去らなければ、あやうく、狩猟のために外出していた教皇を捕らえるところだった。フランス軍と帝国軍が半島をめぐる終わりなき戦いで田園地域を荒らしていたのに、イタリアは水平線の向こうからくる第三の脅威に直面していた。1520年から1600年にかけて、イタリア人は、かつてルネサンスを刺激していた彼らの伝説的な富が雲散霧消するのを見た——略奪されたり、人質の身代金にされたり、沿岸に見張りの塔を建てるために費やされたりして。軍人たちが戦い、海賊たちが金持ちになるにつれて、イタリア人自身は困窮し、弱体化し、減少した。

ルーカス・クラナッハ（父）
宗教改革の画家
1472～1553年

　マルティン・ルターがどんな容貌だったかがわかるのは、ルーカス・クラナッハのおかげである。1522年に制作された絵で、クラナッハは「ゲオルク」という偽名である城に潜伏中に、修道士なのに髪が伸びてしまい、印象的な髭を生やした逃亡者を描いた。裕福な美術家、市長、町の薬屋であったクラナッハは、友人ルターだけでなく、その他の宗教改革の大立者の肖像画を数多く制作した。彼は画家の息子で、ニュルンベルクの北80キロほどのところにあるクローナハの父の工房で訓練し、1501年ごろ、ウィーンに移った。そこで彼は人文主義者たちと交際し、彼らの肖像画を、ドナウ派の伝統で描いた。それは、劇的な背景と中央の人物像が競って注意を引く印象的な様式であった。クラナッハの主題の背景では、森と丘が、あたかも象徴的な花と植物がモデルの情報を伝えるかのような意味をもって反響している

　1505年、クラナッハは神聖ローマ皇帝を選出する任にあるドイツの7人の選帝侯のひとり、ザクセン公フリードリヒ3世の宮廷画家としてヴィッテンベルクへ行った。王侯貴族の肖像画、狩猟の場面、祭壇画がこの時代のクラナッハの作品の大部分である。しかし、彼は他の仕事にも従事し、貨幣、衣装、謝肉祭の仮面、紋章をデザインし、必要とあれば壁画も描き、すべて、驚くべき速さで仕上げた。彼はヴィッテンベルクでルターに会い、そこでふたりは親友になった。画家は1525年のルターの結婚式で花婿の付き添いを務め、お互いがお互いの子供の代父となった。クラナッハはルターのヴィジョンを、宗教画、挿絵入り本、宣伝用の戯画によって視覚化した。彼はルターの画期的な著作である1522年のドイツ語訳聖書の装飾を担当し、儀式によってではなく、信仰によって救済に導かれるというプロテスタントのメッセージのある、多数の「法と福音書」の教訓画を創造した。議論を呼んだ彼の作品の中には、「キリストの受難と反キリスト」（1521年）という小冊子があり、2画面一組でキリストと教皇を対照させている。ある一組ではキリストが茨冠を載せられているが、教皇は三重冠を受け取っている。別の一組ではキリストがペテロの足を洗っているのに、玉座の教皇は嘆願者に自分の足に接吻することを許している。

　クラナッハの工房のメンバーたちは、師と同様、すばらしいスピードで美術品を生産した。たとえば、画家の息子ハンスとルーカス（子）は、増大する需要に合わせて、ルターの肖像画の複製を数千枚も生み出した。同じように人気があったのが、ルーカス（父）の女性裸像であった。イタリアの美術家たちは、女性を、理想化したヒロインの形式で描写することによって、女性裸像をさしさわりのないものにした──あるいはそういうふりをした。これに

ÆTATIS SVÆ LXXVII
·1550·

ルーカス・クラナッハ（父）

たいしてクラナッハは、このような見せかけとはさっさとおさらばした。彼は1509年の「ヴィーナスとキューピッド」で、わずかな布を身につけた、意味ありげな眼差しのヴィーナスを描いている。同様に、1532年作の「ヴィーナス」は、平塗りの黒地を背景にした「自然な」、ただの金髪美女で、彼女が裸の状態でいることを正当化する何の象徴も舞台装置もない。この絵はあまりに淫らであるとして、2008年にロンドンのその筋が公開に難色を示した（その後、是認され、問題なくクラナッハの作品の展覧会の宣伝ポスターに使われたが）。

クラナッハ工房制作の千点以上の絵画が現存しており、それらは大量の注文があったことを示している。彼の顧客のすべてが宗教改革側ではなかった。クラナッハはルター派の仲間内で確固たる位置を占めた後でも、カトリックのパトロンたちから注文を受け、1520年以後、彼はそれ以前よりも多くの聖母子画を描いている。1520年代、30年代、クラナッハはアルブレヒト・フォン・ブランデンブルク枢機卿からも注文を受けているが、この高位聖職者は、ルターが95ヵ条の論題を出す動機となった免罪符の販売を支持していた。

クラナッハの偉大な魅力と生産性は、彼の生涯を通してかなりの収入を確保したが、彼は3人の選帝侯に宮廷画家として次々に仕え、ほぼ半世紀を過ごしたのである。彼はまた、美術界以外でもめざましい働きをした。1537年、40年、43年とヴィッテンベルクの市長を務め、また羽振りのいいビジネス経営でさらに財産を増やした。1520年、実入りのいい薬剤師の許可状を得て、医薬、香辛料、封蝋、インクを扱う町の唯一の薬屋となった。宗教改革の小冊子への募る関心を満足させるため、書店も開

上：「ヴィーナスに愚痴をこぼすキューピッド」（1525年ごろ）。クラナッハの女性裸像の多数あるヴァリエーションのひとつ。このような絵は、16世紀のドイツのパトロンたちのあいだできわめて人気があった。

き、同僚たちとともに儲かる出版社をはじめた。ルター自身は自分の著作への支払いを一度も受け取らなかったが、クラナッハがザクセンで最も富裕な男のひとりになれたのは、ルターの著作を販売したからでもあった。

1550年、画家は工房を息子に譲り、1552年、ワイマールに移って、そこで翌年、亡くなった。彼の墓では、手にパレットをもち、穏やかに休息している姿のクラナッハの等身大浮彫りが人目を引くが、記銘は彼を「ピクトル・ケレリムス（最速の画家）」と讃えている。

前頁：*自画像であれ彼の息子の作であれ、この絵は1550年、81歳で亡くなる3年前のクラナッハの容貌をとらえている。長い人生のあいだに、この多産な画家は、ルター夫妻をはじめとして宗教改革の指導者を多く描いた。*

トマス・モア
「善きカトリック王国」の擁護者
1478〜1535年

すばやい機智と悪戯なユーモア感覚で、トマス・モアは最も陰気な同僚にさえ笑いの発作を起こさせた。しかし、友人たちをからかう一方、硬い馬巣織*の下着で彼の肌は傷つき、衣服に血がにじみ出た。にもかかわらず彼は、秩序と服従を何よりも大事にする才人だった。彼は悪法でもそれに従わねばならないと主張した。英国がローマから離れようとしていた時期に、彼は英国で最も有名なカトリック正統派信仰の擁護者となり、伝統への献身は、最終的に死へとつながった。

モアはロンドンの裕福で影響力ある家柄で生まれ育ち、オックスフォード大学に通い、そこで、リベラル・アーツ（自由学芸）を学ぶと同時に、喜劇の習作を書き、それを演じて劇的才能の片鱗を見せた。彼の同輩たちは学位を得てのちに、イタリアで人文学を学びはじめたが、モアはオックスフォードを飛び出した。彼は法学を学ぶことに決めた。法学は宗教と違い、彼にとって生命のカオスを檻に入れてくれる予測可能な構築物であった。彼は最終的に人文主義のすべてを受容したわけではないが、古典にはよく通じていたし、人文主義運動の極印である古代ギリシア語を学んだ。彼と友人デジデリウス・エラスムスはとりわけギリシア語の諷刺詩を楽しみ、ふたりは古代のテキストをいくつか共訳した。モア自身、諷刺的エピグラム（短くて辛辣で機智のある警句）を、口臭から人生の儚さまであらゆるものについて、何百も書いた。ある警句では、政治的表現への比喩として、放屁まで使った。「ちょっとおならすることが、ときどき人の命を救う」と書いて、彼は人体も国家も同じようなもので、最高の健康のためには自由な発散が許されるべきだと主張した。

エラスムスが1519年に書いた手紙によれば、彼の友人（モア）は聖職者になろうかと考えたが、貞潔の誓いを守れないのではと心配していたという。モアはその後の著作で好色についてくどくど語っており、かなり彼の心を占めていたことを示唆している。1505年、裕福な若い田舎の娘、ジェイン・コルトと結婚し、彼女は6年間に少なくとも4人の子供を生んで亡くなった。モアの実用主義とすばやい決断は有名だが、彼は1ヵ月もたたぬうちに再婚した。今度はアリスという名の裕福で元気な未亡人で、ジェインより18歳年長で、モア自身より8歳年長だった。エラスムスの証言では、アリスは「美人とはいえなかった」が、子供たちを献身的に育て、夫を楽しませもすれば怒らせもする度胸と落ち着きで、所帯を切り盛りした。

1510年から1518年にかけて、モアはロンドンで犯罪者たちの裁判を行ない、私的な訴訟業務を行ない、いくつかの役職で国王（ヘンリー8世）に仕えた——1529年からは大法官として。そして、（1516年）彼の最も著名な本を完成させた。彼はこれに『ユートピア』という題をつけたが、ギリシア語の「どこにもない場所」から彼が作った造語である。この本は、地理学的にも道徳的にも、「われわれの世界とまったく正

---

*馬巣織：縦糸に麻糸、横糸に馬の尾の毛を用いて織った粗い織物で、肌にチクチクする。モアの馬巣織の下着着用には、修道士などと同じような禁欲や苦行の意図があったと思われる。

トマス・モア。ハンス・ホルバイン（子）の素描（1527年頃）。モアは真面目で信心深い男だったが、にもかかわらず、悪ふざけの名人だった。義理の娘から真珠の首飾りをねだられたとき、彼は白エンドウで作った輪を優雅な箱に入れて贈った。

5. 旧秩序の崩壊

半ば諷刺であり、半ば哲学であるモアの『ユートピア』は、理性によって統治される理想的社会を描写している。その生産的な市民が享受するのは、1日6時間の労働、無料の教育、そして花嫁候補の女性の裸身を吟味する権利――もちろん、付添い人と同席だが――である。

反対の」理想的世界を想像したものである。1520年代、彼は国王の主要な顧問の一員としてますます大きくなっていく影響力を行使し、ルター派運動に反対し、プロテスタントの書物を禁止し、異端者を迫害し、この両者を多数、焼き滅ぼした。しかし、モアが教会法を強制しているとき、国王は自分の「重大事」をめぐってローマに異議申し立てをはじめた。彼は最初の妻キャサリン・オブ・アラゴンと離婚してアン・ブーリンと結婚するための許可を、7年間も請求しつづけていた。教皇に再婚を禁じられると、ヘンリー8世はカトリック教会は的外れだとし、新たに英国国教会を設立し、自分がその長となった。苦悩に満ちたモアは、もはや自分の良心にも国王にも従えず、1532年、大法官職を辞した。彼はヘンリーの治世中、異端者の火刑を主張した英国で最後の重要人物であった。

モアはチェルシーの家に隠遁し、反異端の小冊子を次から次へと書いたが、彼の諷刺詩に見られた陽気な感性が、硬化して気むずかしい議論になってしまった。彼はヘンリー8世の結婚問題に関しては、厄介事を避けたいと願って沈黙していたが、1534年、意見を公けにすることを強制された。この年、ヘンリーはアンを英国の王妃として認め、英国のカトリック教会との決別を認めるという宣誓を市民に求めたのである。モアはヘンリーの新しい妻は喜んで受け入れたが、英国とローマとの関係についてはコメントするのを辞退した。

モアは考え直すようにとロンドン塔に送られたが、独房に拘禁されるのは、罰というより褒賞だった。何年も前なら喜んで禁欲生活を送っただろうに、今のように家族への愛情がなかったろうから、とモアは娘に語った。1年間、塔内でモアはヘンリーに従って宣誓するという答弁を拒み、1533年7月1日、彼はついに国家反逆罪で裁判にかけられた。誰よりも法を熟知していたモアは、宣誓を拒む理由を説明することを冷静に拒否した。沈黙を守ることで有罪判決を避けられるのでは、とまだ期待していたのだ。しかし、法廷は彼を大逆罪で有罪とし、7月6日に死刑を宣告した。その日、最後まで落ち着いた態度で、彼はがたがたする足場を登り、死刑執行人に許しを与えた。「勇気を奮い起こせ、そしておまえの務めを果たせ」と彼は言ったという。最後の頼みとして、彼は処刑人によく狙うようにと付け加えた。「わしの首はとても短いからな。」

マルティン・ルター
新しい教会
1483〜1546年

宗教改革は落雷とともにはじまった。1505年7月のある日、ドイツのエアフルトの町の郊外で雷雨に襲われ、若きマルティン・ルターは地面に叩きつけられた。おびえた彼は、命が助かるなら修道士になります、と宣誓した。2週間後、彼はアウグスティヌス隠修会に入った。カトリック教義は自分の楽しみを否定することが神を喜ばせると教えており、アウグスティヌス修道会は敬虔な苦行のための機会を多く提供していた。

修道士として、ルターは禁欲の標準から見ても極端まで行った——たとえば、懺悔で自分の罪を詳述するのに6時間もかけた。しかし、自分の努力は不充分ではと、まだ悩んでいた。修道院長はルターの知性に何か気にかかるものを与えようと思い、神学の博士論文執筆に着手するよう命じた。ルターは聖書を細かく調べてみたが、神が認めた「善行」が恩寵をもたらすという証拠は見つからなかった。実際、それらは神的な報酬を引き出すための利己的な行為のように思えはじめた。カトリック教義の中核にあるこの元帳システムは、それが救済のために必要らしく思わせるために教会によって作り出されたものだとルターは断じた。急進的な新しい考えが彼の頭に浮かんだ。恩寵は、神から信徒への贈り物なのだ。祈祷や教会への現金払いによって購入されるものではない。

こうして、1517年、ローマに建設中の新しい豪華なサン・ピエトロ大聖堂のための資金を募るため、ドメニコ会修道士の免罪符売りヨハン・テッツェルがザクセンに到着したとき、舞台はととのった。その時にはヴィッテンベルク大学の教授になっていたルターは、嫌悪感でいっぱいになった。彼は免罪符販売に対する異議を百ヵ条近く集め、論争に参加するようにと同僚たちを招いた——おそらく、教会の扉に声明と告知を釘で打ちつけて。

彼の95ヵ条を議論するために姿を現した者はいなかった。しかし、ルターの論題は、彼が知らないうちに印刷業者たちが複製を印刷して販売したため、それ自身の生命をもつようになった。8週間もしないうちに、このテキストはヨーロッパ全土に流布した。彼の思想が影響力を得たため、ローマは免罪符を疑問視することは異端だと主張し、1518年、ルターはアウクスブルクでの集会に召喚され、自説の撤回を命じられた。彼は告発側が免罪符の正当性を裏づける聖書の一節を引用できるならば撤回するとして、拒否した。立腹した役人たちはこの尋問を切りあげ、ルターの友人たちは彼が鎖に縛られてローマに連行されるだろうと聞き、彼をヴィッテンベルクに早々に帰した。

それ以前の改革の努力はほとんど、ラテン語を話すエリート層のあいだで生まれていた——そして却下されていた。しかし、

5. 旧秩序の崩壊

1617年に宗教改革百周年を画して印刷されたこの宣伝画は、プロテスタンティズムの歴史の頂点を描いている。この場面でルターは左側で、彼のテーゼ（論題）を非常に強力な羽根ペンで記しており、それはローマまで到達して教皇の頭から三重冠を突き落としている。

ドイツ語で書かれたルターの教えは、そのような狭いサークルを越えて広がった。そして、新しい印刷技術が改革者たちに自分の思想を、かつて反体制者たちができると夢見た以上に、より遠くより早く配信することを可能にした。ルターは1521年、今度はヴォルムス市での別の集会に召喚されたが、そのときには有名人だった。カール5世自身の前で尋問され、ルターはふたたび自説の撤回を拒否したため、皇帝は正式にルターを異端者であり、死刑に値すると宣言した。ルターを危険から救うため、彼の支持者たちは彼のヴィッテンベルクへの帰途、誘拐劇を演じ、同情したある君主が所有するヴァルトブルク城へと彼を送りとどけた。

隠れている間に、ルターは多産な執筆活動を行ない、彼の最大の業績のひとつを生み出した。ドイツ語訳聖書である。ほとんどエラスムスの新訳ギリシア語聖書から訳したのだが、彼は誇張的な教会言葉ではなく、口語的散文を用いた。これは大評判を呼んだ。1522年の初版はたちまち売り切れた。値段が1と2分の1フローリンもした――その半額で太った豚が市場で買えた――のにもかかわらず。

ルターが1年ほど後にヴィッテンベルクに現れたとき、彼の運動は北ヨーロッパのほぼ全域に根づいていた。彼は、神と俗人のあいだに聖職者という門番を置かないという新しい教会教義の青写真を描き、生涯の最後の20年間ずっと、ルター主義を定義しつづけた。たとえば、彼は俗人信徒は聖体拝受(ユーカリスト)のパンと葡萄酒の両方を受けると主張した。カトリック教義では、司祭のみがミサの間に葡萄酒を許されていた。玄人はだしの音楽家であったルターは、信徒たちが聖職者たちのラテン語の聖歌を受動的に聞くのではなく、歌による礼拝ができるようにと、ドイツ語の讃美歌を書いた。彼はまた、あらゆる社会階級――男子だけでなく女子にも――への教育を擁護し、また、夫と妻の愛の行為は修道女の祈りと同じように聖なる行為であると主張し、聖職者の独身という400年続いたポリシーを取りやめにした。

ルター自身、42歳で妻を娶った。カテリーナ・フォン・ボラは、鰊の樽に隠れて修道院を抜け出した元修道女だった。家庭生活が彼には合っていたようだ。彼はいくつかの点でむずかしい男で、敵――教皇、イングランド王、改革者仲間のエラスムス

でさえ——を激しく攻撃したけれど、妻や子供たちのことを論じるとき、ルターの口調は柔らかくなった。たとえば、結婚式の後、彼は目覚めて彼の横の枕に妻の2本のおさげを見るときの喜びを述べている。彼はまた、子供たちの日常に深くかかわっていた。幼児のひとりが慰めてもきかずに1時間もわんわん泣き叫んだ後、ルターは途方に暮れて、「こういうことが、教父たちに結婚をけなさせた理由なのだ」と断言した。しかし、長男について、彼はこう書いている。「ハンスは経験を積みはじめており、自分自身を楽しい厄介者にしはじめているのです。こうしたことこそ結婚の悦びであり、教皇はこれに値しません。」

1529年頃に描かれたルターの肖像画。彼は暗記した祈祷をくり返して回数を数えたり、聖遺物を崇拝するのは、神の機嫌をとろうとして、「自分の靴を磨いたり、身じまいしたり、着飾ったりする」ようなものだと断言した。

バルトロメ・デ・ラス・カサス
西インド諸島への宣教師
1484～1566年

　クリストファー・コロンブスが新世界を発見してセビーリャに戻ってきたとき、9歳のバルトロメ・デ・ラス・カサスは、スペイン帝国の凱旋に喝采をおくる群集の中にいた。わずか1年後、バルトロメとアメリカとのより深い遭遇がはじまった。コロンブスの第2次航海に同行していた父のペドロが持ち帰ってきたお土産──それが彼専用の先住民奴隷だったのだ。8年後、ラス・カサス一家はイスパニョーラ島へのスペイン人移民の潮流に加わり、当地の農園主貴族となり、彼ら自身のエンコミエンダ──先住民奴隷を働かせるプランテーション──を経営する。しかし、1510年ごろ、バルトロメは心を変えて聖職の誓いを立てた。しばらくのあいだ、彼は聖務と世俗的活動を結合させていた──彼個人のエンコミエンダを経営してさえいた。しかし彼は、自分の信仰と植民地保有国の現実とのあいだにある本質的矛盾を和解させることが、ますますむずかしくなってきた。

　ラス・カサスが見たように、新世界の先住民は「控えめで、忍耐強く、穏やかで……怨恨や憎悪や復讐心が欠けている……哀れな人びとだ。彼らはほとんど何も所有していないだけでなく、世俗的な品物への欲求も持たないのだから。このような理由で、彼らは高慢ではなく、憤激もせず、貪欲でもない。」コンキスタドーレス（スペイン人征服者）の貪欲は、このような無垢な者たちを手早く処分してまった。というのも、「この羊小屋の中に…スペイン人がやってきて、いきなり獲物をあさる野獣のようにふるまい……先住民を殺戮し、威嚇し、苦しめ、拷問し、破壊したのだ」と彼は書き留めている。最初から、金の採掘や自分たちの農園で働く労働者を必要とした入植者たちは、先住民を捕まえて奴隷にするのは自由だと感じており、抵抗した者や逃げようとした者は殺した。

　1513年のコンキスタドーレスたちのキューバ占領のあいだ、従軍司祭だったラス・カサスはそのような行動を直接目撃し、新世界におけるスペイン人の事業全体が不道徳であると同時に不法であると確信するようになった。1514年に自分自身の農園で先住民に説教しながら、彼は突然の啓示を受けた──明瞭な良心をもつ者は先住民を奴隷にできない。彼はその結果、自分の奴隷たちを解放し、自分のエンコミエンダを売った。教区を離れる許可をごまかして入手すると、彼はスペインへと船で帰り、そこで自分が新たに発見した先住民の権利についての熱意をシスネロス枢機卿に説き、枢機卿は「インディアンの保護者」という称号を与えて彼にこたえた。彼の嘆願は若きスペイン干カルロス1世（後に神聖ローマ皇帝カール5世）に非常に感銘を与えたので、王はラス・カサスにベネズエラ沿岸

彼の死後何年もたってから描かれた、17世紀の作者不詳のバルトロメ・デ・ラス・カサスの肖像画は、正確な似姿ではないとしても、この修道士の熱烈さをとらえている。

の細長い土地を与え、ユートピア的入植地を始めさせた。そこでは、先住民とスペイン人の農夫がともに汗を流し、農耕技術を共有し、彼らの生産物を販売して利益を得ると期待されていた。しかし、この植民地は惨めな失敗だった。ラス・カサスが徴募したスペイン人のうち誰も本当に農業がしたい者はなく、近隣の兵士たちがまもなく攻撃してきて、彼の小さな村を破壊した。

　この頓挫に困惑したラス・カサスは、この虐殺への異議を公言していたドメニコ修道会に入った。その後20年間をイスパニョーラ島で過ごしたり、メキシコや中央アメリカにスペインが新たに征服した領土をめぐったりしながら、彼は先住民に対するスペイン人の残忍行為と見なしたものの詳細な報告を集めた。1537年、彼は教皇パウルス3世を説得して、「スブリムス・デウス」勅書を発布させた。これはアメリカ・インディアンを理性ある民として、彼ら自

5. 旧秩序の崩壊

新世界におけるスペイン人の残忍行為。ラス・カサスのスペイン人の残酷さについてのセンセーショナルな報告にテオドール・ド・ブリがつけた多くの扇情的な挿絵のひとつ（1552年）。

身の土地での本来の主権をもたせ、勝手に奴隷にしてはならないことを教会の政策信条としたものだった。1542年、ラス・カサスはカリブ海の先住民に対する不正行為についての論文、『インディアスの破壊についての簡潔な報告』をカール5世に献呈し、彼のぞっとするような話に恐れをなした王は、急いでいわゆる「インディアス新法」を通過させ、友好的先住民の奴隷化とエンコミエンダ制度を廃止した。8年後、ラス・カサスは彼のキャリアの絶頂期を享受していた。アメリカの原住民は「先天的奴隷」であるというアリストテレス主義的主張を擁護していた人文主義者のフアン・ヒネス・デ・セプルベダに対して、この新法を公然と、またみごとに擁護したのである。

自分の主張が公式に支持されたにもかかわらず、ラス・カサスの作戦行動は純粋に成功したわけではなかった。アメリカの植民地に新法を課すという試みは、スペイン人入植者たちを内乱へと導いた。新法を実施しようとしたとき、ペルー総督は打ち負かされ、殺害された。ラス・カサス自身、南メキシコのチャパス司教区を授かったのだが、あまりに危険だとしてこの地位を断り、代わりにスペインに引退して恩給生活を送った。入植者たちは、強制労働なしでは自分たちは新世界で金持ちに決してなれないと声高に抗議した。そして、この問題のためにラス・カサスが用意した解答は、悪い状況をますます悪化させてしまっただけだった。それは、インディアンを使う代わりに、スペイン人がアフリカ人奴隷を輸入するというものだった。

ティツィアーノ
ヴェネツィアのダイナミックな色彩
1485頃〜1576年

1516年に偉大なるジョヴァンニ・ベッリーニが亡くなった後、ヴェネツィアには、その弟子のティツィアーノ・ヴェチェリオに匹敵する画家は残っていなかった。その後、亡師をしのぎ、ティツィアーノは半世紀以上にわたってヴェネツィア共和国の主要な美術家として君臨し、半島じゅうで、また国外で敬意をかち得た。国際的な顧客層をもつ初のイタリア人画家であったが、彼は典型的なヴェネツィア様式でパトロンたちを楽しませた。フィレンツェとローマの画家たちは均衡と調和を重視し、数学的正確さをもつ彫刻的な形を描いた。一方で、ヴェネツィアの画家たちは幾何学よりも色彩によって、より抒情的な構図を編み出した。ティツィアーノのパレットには異例なほど広範囲の色彩が含まれており——非常に高い彩度をもつ顔料も多かった——彼はそれらの色彩を革新的な方法で用いて、非常に写実的な質感を表現した。

ティツィアーノは10歳のときドロミテ地方の村を出て、南に110キロ旅してヴェネツィアに着き、ジョヴァンニ・ベッリーニのもとで学んだ。師の新しい油彩技術は光を表現し、やわらかい輪郭線の人物像で情景に雰囲気をかもし出すものだった。この様式に若き画家は、情熱とエネルギーの感覚をさらに加えた。そして、彼の画歴の前半の作品は、まさに活気と色彩が溢れんばかりである——たとえば、1523年に完成された「バッカスとアリアドネ」がそうである。彼の生き生きした筆致は、18世紀末や19世紀初頭の絵画以上に味わい深く、また成熟期の作品の多くは、印象派の霞んだやわらかさを先取りしているようだ。

1516年、ティツィアーノはベッリーニに代わってヴェネツィア共和国の公式画家となり、その後15年間、ヴェネツィア市内の、また周辺の重要な祭壇画をいくつか制作した。ある注文、「聖母被昇天」はいまだに世界最大の板絵のうちに数えられる。フランチェスコ会のサンタ・マリア・デイ・フラーリ聖堂のために1518年に完成させたこの作品は、高さ7メートル、幅3.65メートルほどの空間をおおっている。ティツィアーノは南の画家たちの左右対称の秩序を採用せず、騒々しく揺れ動く人物像を三層に積み重ねている。地上から離れられない使徒たちは空を見上げている。マリアは丸ぽちゃの天使の一隊によって天へ向かって引き上げられ浮遊している。そして頂点では、父なる神が彼女を歓迎している。2年間この絵に従事しながら、ティツィアーノはフラ・ジェルマーノという修道士のお決まりの批判を我慢した。修道士は使徒たちが聖母と父なる神と比べて大きすぎるのではないかと心配していたのだ。ティツィアーノが人物像は離れて見たときに適正な大きさになることを説明しようとしたが、この修道士は納得せず、外部の専門家によってようやく説得された。

1526年、ティツィアーノは同じ聖堂のためにもうひとつ、大祭壇画「ペーザロの聖母」を描いた。その人物像は伝統的だった——玉座の聖母子の前に、パトロンたち

5. 旧秩序の崩壊

がうやうやしく跪拝する。しかし、その構図は当時としては急進的だった。水平のラインを強調し焦点を中心に置いたレオナルドの「最後の晩餐」やラファエロの「アテネの学堂」とは異なり、この絵は人物像をはっきりと斜めに配置している。中心になる人物であるマリアは、中心を外れて対角線の頂点に座っている。そして、ティツィアーノは明暗の対比、あざやかな色彩、遠近法の線を用いて観者たちの眼を彼女に引きつけている。彼のその後の作品は、しばしば対比的というより補完的に色彩の幅を用いている。多くは以前ほど熱狂的でないが、それでも情動と官能は充満したままである。たとえば、世俗的な裸像である「ウルビーノのヴィーナス」(1538年)はソフト・フォーカスで描かれたように見える。彼女は寝台に魅惑的に横たわり、頭を斜めに傾けて色っぽい目で観者をまっすぐに見つめている。

ほぼ全生涯をヴェネツィアで制作したティツィアーノは、比較的に旅が少なかっ

た。彼は1年間ローマを訪問し（そこでミケランジェロが彼の色彩を賞讃したが、彼の線描技術をあざけったといわれている）、イタリアの他の諸都市は何度かの短い訪問で、アウクスブルクには2回、最も重要な顧客のひとり、カール5世に会いに行った。そこで、皇帝は彼自身の肖像画を注文し、ティツィアーノはこれらを1540年代に完成させた。カールはこの画家を非常に高く評価していた。ある日、ティツィアーノがカールの肖像画を制作中に絵筆を落としてしまった。ハプスブルク家の君主は自ら膝を落として絵筆を拾ったといわれている。このような肖像画によってティツィアーノは有名になり、また注文が殺到した——彼は16世紀の非常に多数の重要人物（男女）の肖像画を描いたので、ある初期の伝記作者は、それら全部を数えあげるのは困難だと述べている。

晩年になると、ティツィアーノは工房の中だけで制作し、初期の作品の焼きなおしをすることが多かった。疫病がヴェネツィアを襲い、彼とともに市の人口の約3分の1にあたる5万1000人の命を奪ったとき、彼はとっくに80歳を越していた。彼のヴィジョンは、同時代のヴェネツィアの画家、ティントレットやヴェロネーゼだけでなく、17世紀の画家、ルーベンス、レンブラント、ベラスケスにも影響を与えた。さらにその後、ティツィアーノの羽のような筆致と輝かしい光は、印象派の父エドゥアール・マネに霊感を与えた。マネはルーヴルでティツィアーノの傑作を研究し模写しながら、何時間も過ごしたのである。

前頁：*16世紀初頭、世界の最も良質な顔料はヴェネツィアで販売されていた。この「バッカスとアリアドネ」(1520～23年)でティツィアーノは、使用可能な色彩をほぼすべて使った。*

右：*伝統的な明快な輪郭線で縁取られた人物像と決別し、成熟期のティツィアーノは、この1562年ごろの自画像に見られる、自由奔放で生き生きした筆致を採用した。絵を完成させるとき、彼は絵筆を放し、自分の指先を使って、色と色の境界を混ぜ合わせた。*

ニコラウス・クラッツァー
王家の時計職人兼占星術師
1486/87～1550年以後

16 世紀初頭には、イタリアの文化活動において大勝利を収めた古典的世俗的価値観が、神聖ローマ帝国、フランス、低地地方（ネーデルラント）、ハンガリーでも広範囲な支持者を獲得した。しかし、人文主義のこととなると、英国は大陸より立ち遅れていた。最初はフランスとの戦争、そして王位継承争いの100年間のせいで、英国人には、ラテン語の修辞学やギリシアの科学を習得したいという知識欲が少なかった。硬化したスコラ哲学がオックスフォードとケンブリッジを支配し、一方でロンドンやサウサンプトンで活動するわずかなイタリア人は、おそらく人文主義者よりも活発な商取引をする銀行家が多く、彼らの業務は、定期的に外国人排斥の暴動を引き起こした。

英国の保守的で軽んじられた文化活動は、チューダー朝初期の王たちによって改善されはじめた。若きヘンリー8世は、大陸の知的サークルで流行している最先端の思想や装飾美術に追いつくことにとりわけ熱心で、新しい学問に通じた部外者を宮廷に招くこともしばしばだった。それにこたえたひとりがニコラウス・クラッツァーだった。のこぎり職人の息子としてミュンヘンに生まれたクラッツァーは、ケルン大学に入学し、1599年に最初の学位を受けた。その後、彼はウィーン近郊のある修道院で、天文学をしばらく学んだ——とにかく、写本を非常に正確に書写した。彼の博識は明らかにエラスムスに感銘を与えるのに充分だった。

エラスムスは、ヘンリー8世の使節としてネーデルラントを訪れていたトマス・モアと聖職者のカスバート・タンスタルに彼を接触させた。するとタンスタルはクラッツァーが「高地ドイツ語」を流暢な母国語として話すことをヘンリーに手紙で知らせ、彼が仲介役の外交連絡係として、つまり高地ドイツ語を話す帝国諸侯の間でのスパイとして役に立つことを示唆した。

明らかに、クラッツァーには他に野望があった。というのは、1517年ごろ、彼は自分に科学的知識があるという主張を支えるのに充分な科学機器——アストロラーベ、天球儀、プトレマイオスの書物——をたずさえて英国に行ったのである。彼はのこぎり職人の息子以上のものになりすますことに成功したように見える。というのは、1520年には彼は、トマス・モアの子供たちに天文学と数学を教える仕事を得たのだから。翌年、彼はトーマス・ウルジー枢機卿の被保護者として、オックスフォード大学で天文学の初歩とアストロラーベの作り方についての講義をはじめた。しかし、この職務は1524年に終わった（彼は私用や国王の用事でロンドンや国外で過ごす時間があまりに多かったらしい）。その後、クラッツァーはヘンリーの「天文学者」兼「国王の時計の考案者」、つまり、王室の時計・日時計デザイナーとして、その俸給でなんとかやっていかねばならなかった。

クラッツァーが受けていた年に20ポンドというつつましい支払い額は——王室の

❦ ニコラウス・クラッツァー ❦

1528年、ホルバイン（子）は時計職人としての仕事道具に囲まれ、お気に入りの創造物のひとつを手にしているクラッツァーを描いた。ブロンズ製の多面体の日時計は、最初の携帯用時計と考えられる。

5. 旧秩序の崩壊

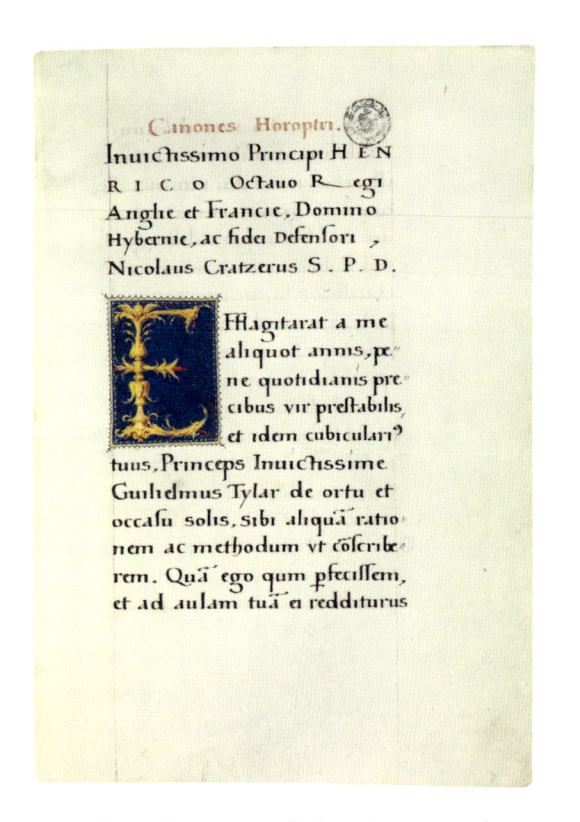

ニコラウス・クラッツァー著『カノネス・ホロプトリ』(1519年) の表題紙。これはクラッツァーによって設計された日の出、日没、黄道帯における太陽の位置を予測する装置の取り扱い説明書である。頭文字装飾はホルバインによる。

集会を記念するためであった。彼はオックスフォードの修士号取得を祝って、もうひとつ、1日中時間がわかる多面体の文字盤を作った。その文字盤に、彼は自分のことを「国王ヘンリー8世の天文学者」と記し、「陛下は私を大切にして下さった」と書いている。「私がその世代の賞讃の的であったとき」、たとえ「常にドイツ風に酒を飲んでも、どんな酒でもそこにあるだけ、飲みほせた」。

クラッツァーはまた、機械時計も設計した。これらのうちのひとつを彼は、フランス人の時計職人ニコラ・ウルシアンと一緒に、ヘンリーのためにハンプトン・コートに組み立てた。コペルニクス理論にもとづいて、この時計は時間だけでなく、日、月、黄道帯上の太陽の位置、月齢をも示し、さらにロンドン橋での高潮も示した——これは、ヘンリーが専用の船で町に向かうときに役立った。不幸なことに、この偉大なルネサンスの人工物の機械装置と装飾は、何世紀ものあいだに完全につくりなおされ、オリジナルな部分はほとんど何も残っていない。クラッツァーの多数の日時計もまた、ほとんどが消失した。唯一残っているのは、オックスフォードに保存されている金メッキされた真鍮製の握りこぶし大の多面体で、これはホルバイン作の二枚の絵に描かれている。おそらく、ホルバイン自身こそ、クラッツァーが英国にもたらした最も重要な人文主義的発見であった——ヘンリーの宮廷に居場所を探すようにとこの同郷者を説得したのは彼だと推定される。確かに、クラッツァーに不朽の名声を与えたのは、彼の教えや考案した物ではなく、ホルバインだった。というのも、彼はホルバインのモデルとなり、自分の職人道具に囲まれ、彫り刻まれた多角体の日時計をつかんでいるのだから。

鷹匠はこの2倍を得ていた——宮廷における彼の地位の低さを反映している。おそらく、言葉の問題もあった——クラッツァーはヘンリーに30年間仕えた後でも、王はまだ彼が英語をうまく話せないことをからかった。しかし、オックスフォードで教えていたあいだでさえ、天文学の講義によってより、最新の天文学理論を複雑な時計に組み入れる彼の技術によって、重んじられたことは明らかである。彼は最初の日時計をセント・メアリー教会に掲げたが、それはウルジー枢機卿がオックスフォードの聖職者たちを召喚して、ルターを有罪とした

ベルナルド・ファン・オルレイ
絵画的タペストリーの製作者
1488 頃～1541 年

1547 年、英国王ヘンリー 8 世が亡くなったとき、彼の財宝の中にはかなりのタペストリーが含まれており、それを端から端まで敷いてみれば 5 キロの長さになっただろう——2700 点以上あった。多くは小さなベッドカバーかその類だったが、何枚かは数百平方ヤード〔1ヤードは0.9144メートル〕に及ぶ巨大なセットであった。それらは唖然とするほど高価で、一揃いが 1500 ポンド以上した——装備のととのった戦艦 1 隻が買える額である。イタリアでは、ラファエロがシスティーナ礼拝堂のためにデザインしたタペストリーのために、教皇レオ 10 世が約 1 万 6000 デュカーティを費やしていたが、ミケランジェロが礼拝堂の天井画全体のために受け取った金の 5 倍の額である。ルネサンスの君主たちが富と権力の誇示によって世界の人びとを眩惑したいと考えたとき、彼らはタペストリーを使った。

贅沢な織物へのヘンリーとレオの趣味を共有していたのは、神聖ローマ皇帝カール 5 世であった。彼の豪奢なコレクションの呼び物は、ブリュッセル生まれのタペストリー職人、ベルナルド・ファン・オルレイの多くの作品であった。画家としてそのキャリアを始めたファン・オルレイは、ロマニスム派のメンバーであった。15 世紀末から 16 世紀にかけて、イタリアの要素を自分たちの作品に組み入れた北方の美術家たちのグループである。ファン・オルレイ自身がイタリアで学んだというのはありそうもない。彼の父ヴァランタンもまた美術家だったので、父が師だったと思われる。1515 年、ベルナルドはハプスブルク家への奉公に入り、1518 年、マルガリータ・フォン・アウストリアが、カール 5 世を含む宮廷のメンバーの肖像画を何枚か注文した。ファン・オルレイはまた、大きな祭壇画を多数描き、ルネサンス様式の装飾と建築的デザインを組み合わせたが、それらを彼は、おそらくイタリアの作品の銅版画を研究して学んだのだろう。

1520 年代初頭にはネーデルラントで主要な美術家となり、ブリュッセルで肖像画、祭壇画、ステンドグラスを専門にした名高い大工房を経営していた。おそらく、織物製品の贅沢な販売価格に引かれて、織物業に鞍替えし、イタリアのトレンドとフランドルの革新を混合させて、新しい様式を創り出し、ネーデルラントのタペストリーを一変させた。

ファン・オルレイの時代以前は、織物作品はせっせとパターン化され、統一のとれた構図をもつ美術作品というより、壁紙のようなものだった。タペストリーは一般的に画家によってデザインされ、また、その時代の壁画のように、織物の情景にはリアルな奥行きとヴォリュウムの感覚が欠けていた。ミルフルール（千花模様）や果物が背景の空間を、兎、猿、一角獣が競い合っていた。画家が下絵、織工のための青写真のようなものを描き、それを紙か麻に移す。予定されているタペストリーの寸法は、ファン・オルレイのハプスブルク家用の最大のタペストリーの場合だと、約 8 メート

ル×4.25メートルであった。はじめに、職人たちは機に頑丈な無地の縦糸を通し、その結果、ぴんと張られた糸の表面にデザインの輪郭を記す。それから、下絵を参照しながら、縦糸にカラフルな横糸を上下前後に通していき、織物が同時に一筋の細い線に見えるようにする。

ファン・オルレイが1520年代に織物業を始めたときには、ブリュッセルの織工たちは、輪郭、影、睫の一本一本に至るまでの細部などの絵画的効果を達成するために、フランドルの進んだ技術を用いていた。ファン・オルレイは洗練されたデザインを生み出したが、それらはこの新技術を十分に利用したもので、手のこんだ服の襞、巻き毛、人物の手の裏に透けてみえる血管に特に力を入れた。友人のアルブレヒト・デューラーに刺激されて、彼は写実的な風景画を生み出し、それらの背景に、今までのタペストリーにはなかった激しい情感を吹きこんだ。ラファエロの下絵によるシスティーナ礼拝堂のためのタペストリーは、1516年から1530年にかけてブリュッセルで織られたが、彼はまたラファエロからも影響を受け、イタリアの写実的な均衡と遠近法を取り入れ、人物に新しい量感と重量を与えた。

タペストリーは実用的な贅沢品であり、しめっぽい城の室内を断熱すると同時に明るくした。特別な贈り物でもあり、巻きあげて荷馬車に放り投げ、宮殿から宮殿へと、あるいは狩猟の季節には贅沢な天幕へも、持ち運ぶことができた。1520年、ヘンリー8世とフランソワ1世が17日間の頂上会談のためにカレー近郊の野で豪奢を競ったとき、両者はさまざまな方法で互いに見栄を張ろうとした――それには織物の積極的な誇示も含まれた。この会談のために持っ

ベルナルド・ファン・オルレイを描いたと長いあいだ考えられていたアルブレヒト・デューラー作の素描（1521年）。*ふたりの美術家は友人で、デューラーはそのころ、ブリュッセルのオルレイの家を訪問したことが知られている。*

ベルナルド・ファン・オルレイ

「パヴィアの戦い」のタペストリー連作から「フランソワ1世の降伏」（1526～31年頃）。フランス王は左側で人質に取られている。中央には黒い甲冑を着たカール5世が勝ち誇り、馬上で戦場を見わたしている。この巨大なタペストリーは羊毛と絹で織られ、明るい部分には銀糸金糸を使っている。

てこられた織物があまりに豪華だったため、そこは「金襴の陣」と呼ばれた。

　タペストリーは富の象徴であり、持ち運びできる宣伝ポスターとして役立った。たとえば、ファン・オルレイの「パヴィアの戦い」（1526～31年頃）は、帝国軍のフランス軍に対する勝利を不滅のものとした戦闘場面からなる7枚連作のタペストリーである。これは戦場で捕虜にされたフランソワ1世にとっては屈辱的敗戦であった。この連作の中心作品は大きさが37平方メートルで、フランス王を瀕死の馬から引きずりおろす3人の男を描いている。ファン・オルレイの最も有名な連作「マクシミリアンの狩り」（1530～33頃）は12枚のタペストリーで、狩猟、収穫、祝宴という豪勢な舞台を設定して、ハプスブルク家の名士たちを描いている。どの作品もブリュッセル周辺の見分けられる場所を舞台にし、「狩猟への出発」の一枚などは、背景にブリュッセル市の壮大なパノラマ的景観が見られる。建物の細部があまりに精確なので、ある礼拝堂は改築工事中なのが見られる——その一時的な藁葺き屋根から、この場面は1528年から33年までのあいだの年月だとわかる。

　ファン・オルレイが亡くなって数十年もしないうちに、贅沢な織物産業は解体しはじめた。カトリック教徒のスペイン王フェリペ2世が宗教改革を支持するネーデルラントを圧迫したからである。織工や織物商人たちのほとんどは新教徒としての教育を受けており、フェリペの権限が及ばないさまざまな都市へとちりぢりに去っていった。1567年、フェリペは1万の兵士を率いて侵攻し、さらにタペストリーの生産と商取引を破壊した。この侵攻の後、約6万人がこの地域を出て、ほとんどは隣りのドイツの国々へと逃げた。そこで、四散した織工たちは新たにもっと小さい工房を立ちあげた。しかし、ネーデルラントのタペストリーの黄金時代は、その後、二度と、かつての輝きを取り戻すことはなかった。

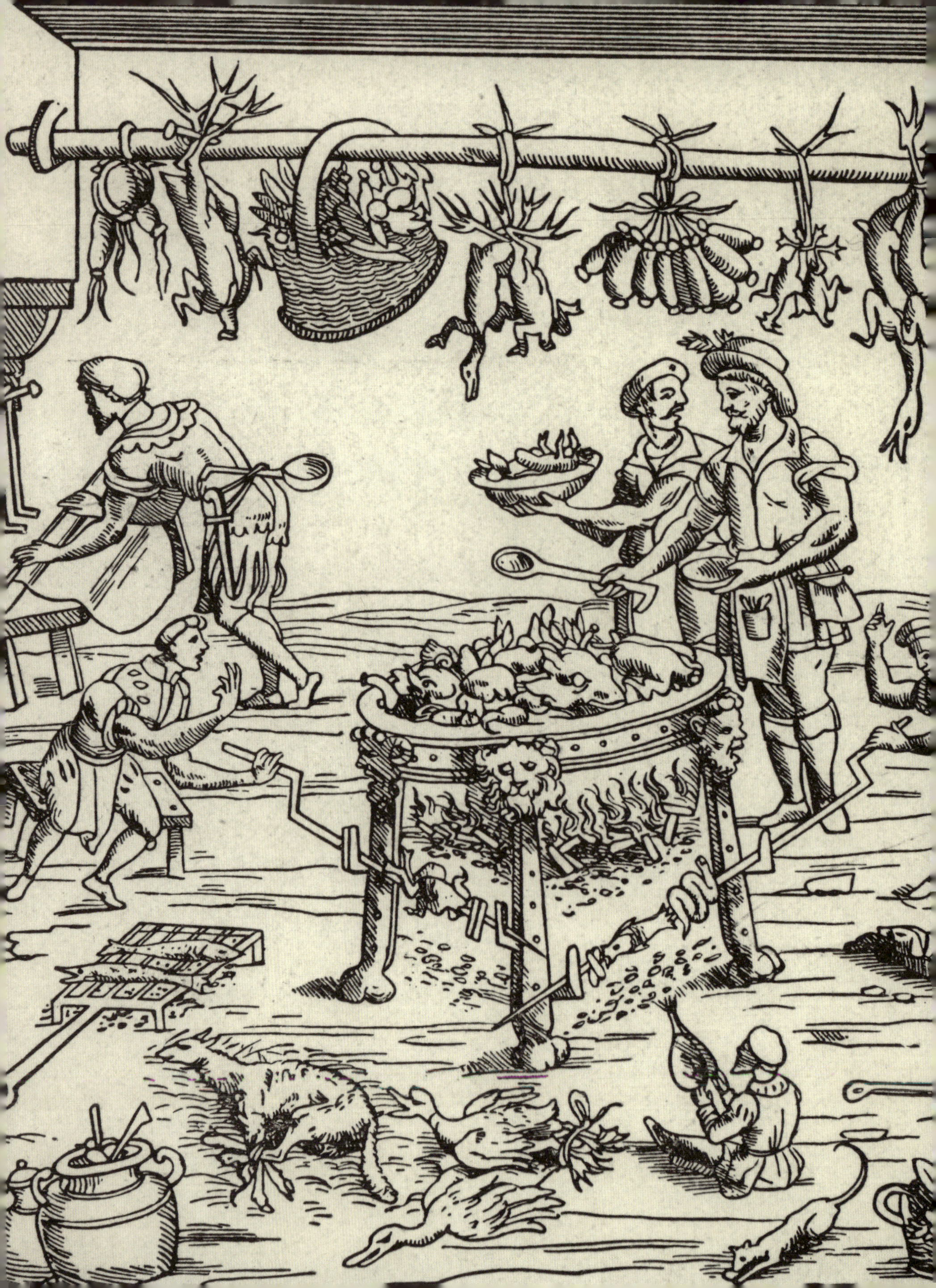

クリストフォロ・ダ・メッシスブーゴ
古典的イタリア料理
1490頃～1548年

ルネサンスの宮廷文化の隆盛は15世紀にイタリアとネーデルラントではじまり、16世紀にヨーロッパ全体に広まった。メディチ家、エステ家、スフォルツァ家、ゴンザーガ家といった「野心家(アッリヴィステ)」の君主たちは、古典の修辞学や中世の騎士道の理想を誇ったが、彼らの時代の普遍的価値観は、富をこれでもかと誇示することであった。これを彼らは、衝撃と驚愕を与えられる方法で達成した。ルドヴィコ・スフォルツァがレオナルド・ダ・ヴィンチに注文した巨大な騎馬彫像から、イサベッラ・デステが収集した古代のコイン、メダル、小彫像の目眩(めまい)がするようなコレクション、ギリシア語もラテン語も読まない持ち主による百科全書的に古典を網羅した図書館から、ミラノの歴代公が維持した猟犬5千頭を飼う犬舎、メディチ家の仮装した従僕数百人による贅沢な模擬戦から、20歳のベアトリーチェ・デステの真珠と金をちりばめた48枚のドレスの個人コレクションまで。

豪放かつ官能的なライフスタイルを活気づけるひとつの要素は食事であった。文字通り豊かな消費のための機会であった大宴会は、社会的結合の最も伝統的な形式を、人に印象づけるための好機に変えた。戦場で干戈を交えることにますます興味がなくなるにつれて、15世紀末のイタリアの小君主たちは、はてしない食の戦いを行ないはじめた——誰が最も贅沢な食卓を準備できるか、最も多様性と特殊性に富んだ料理を用意できるか、コースとコースのあいだに最も凝った娯楽を提供できるか、という戦いである。

必然的に、過剰を争うこの文化は、それ自体のヒーローたちを生み出した。「スカルコ」と呼ばれるシェフ兼宴会総監督である。これらの豪華で見世物的な正餐がますます悪名高くなるにつれて、ヨーロッパ各地の君主たちが自分自身のスカルコを、あるいはせめてこの主題についての良いガイドブックを、賞讃と羨望のまなざしで探し求めた。王侯貴族の正餐のための技術への手引書を提供した最初の人物のひとりが、クリストフォロ・ダ・メッシスブーゴで、30年近く、料理長としてフェラーラのエステ家に仕えた。彼の出自は不詳である。メッシスブーゴという名はフランドル起源を指しているかもしれないが、彼はフェラーラの人びとの趣味、うぬぼれ、弱点に、地元の人と同じように通じていたと思われる。

メッシスブーゴは自分の作品(料理)について徹底的なメモを取り、彼の最も名高い正餐の解説をまとめ、個々の料理のレシピも多数含めた。彼の死後まもなく、これ

クリストフォロ・ダ・メッシスブーゴの宴会手引書から。木版挿絵。1549年、彼の死後に出版された。この挿絵にはあらゆる種類の肉の準備と貯蔵が描かれている。料理人が台所の召使たちに囲まれて、ローストにたれをかけながら焼いている。

5. 旧秩序の崩壊

らは『宴会、料理の準備と食器・小道具全般について』として編纂され、出版された。メッシスブーゴの宴会は、だいたい夜の9時からはじまり、翌朝の3時か4時までつづき、8品か9品のコースからなる。これらの各コースに1ダース以上のさまざまな料理が出される——あぶった肉、焼いた肉、ゆでた肉、揚げた肉、ヴォリューム豊かに見せるためにさまざまなパイと混ぜた魚、スープ、パスタ。始まりは少量の冷たいアンティパスト（前菜）で、果物、サラダ、お菓子、数千個の牡蠣でしめくくる。最後に、トリオンフォ（凱旋）と呼ばれる凝った砂糖製彫像もあった。この料理と物流の結果は驚くべきものであったろう。1529年に催されたある宴会は、104名の客に対して料理を2835品出し、料理人、小姓、給仕の小軍団を必要とし、それにはコースとコースのあいだに「テーブルを拭き、〔それから〕洗い、掃き、その場所に香水をふりかける」のだけが役目の者3人が含まれた。

メッシスブーゴはしばしば、自分の料理がフランスかドイツの起源だと強調している。また、ルネサンス宮廷のコスモポリタン的精神に満ちているけれども、彼の『宴会』は、シナモン（肉桂）、クローヴ（丁子）、ペッパー（胡椒）をベースにして砂糖とワインビネガーを混ぜたソースなど、中世の味も保っていた。同じ肉や魚を次々とつづくコースでくり返すのは、料理上は明らかな不協和音だが、意外な組み合わせで客を周期的に驚愕させつつ、豊富さによって圧倒することを目的としていたのだ。この点において、メッシスブーゴの料理（キュイジーヌ）は、同時代の多声音楽（ポリフォニー）と大いに共通するところがあった。競いあい、時には不協和音を奏でる主題を、同じ場所で全体的効果（アンサンブル）としてまるごと楽しむのである。このような音楽がこういった宴会で目立って演奏されたことも驚くべきことではない。楽隊は祝祭の開始を告げ、新しいコースがくるたびに紹介し、コースとコースのあいだでは「ディヴェルティメント」を演奏したのである。大きな行事の場合、メッシスブーゴは芝居も入れ、何幕かに分け、一晩中かけて上演した。

彼の『宴会』からはっきりわかるのは、メッシスブーゴが料理人であると同時に主催者であり、舞台の総監督であったことで、これが、さもなければ卑屈な職業から社会的に出世できた理由を説明するかもしれない。エステ家に対する長い奉公のあいだに、彼は地元の貴族の女性と首尾よく結婚することができた。そして1533年、皇帝カール5世によってパラティン（宮中伯）に叙爵されたのである。死ぬときまでに、彼はヨーロッパで最も高名なシェフとして名声を確立していたし、それは、死後出版の本がベストセラーとなることを保証していた。

ヴィットリア・コロンナ
神のごとき詩人
1490〜1547年

ヴィットリア・コロンナの両親は、両家の結合から勝利が生まれるようにと願って、娘にこの名を選んだ。コロンナ家はローマの大貴族で、ヴィットリアの父ファブリツィオは偉大な傭兵隊長、つまり職業軍人のひとりだった。母アニェス・ダ・モンテフェルトロは、さらに偉大なふたりの傭兵隊長――ウルビーノ公フェデリゴ・ダ・モンテフェルトロとミラノ公フランチェスコ・スフォルツァ――の孫であり、曾孫であった。彼らの子孫はイタリアに、戦争、文化、豪奢さにおいて新しい光り輝く時代を到来させるだろうと期待されていた。

じつは、一族の勝利はもっと微妙なものだった。ヴィットリアの兄アスカニオは、彼自身も軍人だったが、税金をめぐって、名目上の上主である歴代教皇と闘うことで生涯のほとんどを費やした。ヴィットリアは一族の芸術的精神的才能の最良の部分を受け継いでいたが、当時の政治的変動に抵抗するために有していた武器はもっと少なかった。ナポリ・アラゴン家の王フェランテからの激しい抑圧にあい、コロンナ家はわずか4歳の彼女を、フェランテのアラゴン人総司令官の息子、6歳のフェルナンド・フランシスコ・ダヴァロスと婚約させた。ふたりは1509年、イスキア島で結婚した。この島はダヴァロス家の多くの封建領のひとつで、イタリアにおいて増大しつつあるスペイン領の一部であった。この結婚はきわめてうまくいったが、ふたりはいつも遠方から愛情を伝えねばならなかった――花嫁と1年を過ごした後、フェルナンド・フランシスコはフランス軍と闘うために北イタリアにたったのである。葬儀その他の公式な機会での短い訪問以外、彼がイスキア島に戻って暮らすことはなかった。1525年、パヴィアの戦いで負傷し、亡くなった。

未亡人として残され、子供もなく、ヴィットリアは悲嘆にくれ、自殺さえ考えた。彼女は時代をののしった。男たちは「狂乱に引きずられ、名誉以外なにも考えず、危険に飛びこみ、憤怒して叫ぶ、〔一方〕私たち女は、憶病な心で、眉を寄せて嘆き、あなた方を待つ」。幸運にも、彼女には廷臣、賞讃者、時には求婚者の献身的なサークル――ルドヴィコ・アリオスト、ピエトロ・アレティーノ、バルダッサーレ・カスティリオーネという身分ある詩人や学者――があり、他にも何人かの従姉妹が居館に定住していて、彼女の回復を手助けした。ナポリ湾に浮かぶ自分の牧歌的な島で、彼女は文筆の手腕を発達させることにし、その後20年間の大部分を、抒情詩と書簡詩を作って過ごした。彼女の初期の作品のほとんどは恋愛詩であった――1530年代半ばには、彼女は少なくとも130篇、このような「リーメ・アモローゼ（恋愛詩）」を書いていたが、それらは『デヴィーナ・ヴィットリア・コロンナのリーメ』という題名で1538年に出版された。このころ、彼女はローマで「最後の審判」を制作中のミケランジェロと深い交友で結ばれた。ふたりは10年近くにわたって詩と親密な手紙を交換し、ミケランジェロは彼女の似像を、いく

5. 旧秩序の崩壊

上：ヴィットリア・コロンナ、ミケランジェロの素描（1540年頃）。このスケッチの横に、ミケランジェロは彼女のために十字架磔刑やピエタを含む信仰の言葉をいくつか小さく書き込んでいる。

恋愛詩によってヴィットリアの名声は確立され、アリオストは彼女の「甘美な様式はこの上ないものだった」と書いているが、彼女自身は徐々に、信仰の問題にもっと関心を抱くようになっていった。イエスを自分の抒情詩の「弱い吠え声」の舵であったダヴァロスに取って代えることを、彼女は決意した。彼女は、キリスト教世界が深い宗教的分裂を広げつつある問題について友人たちと書簡で話しあい、200篇以上の瞑想詩を書き、これらを「リーメ（ソネッティ）・スピリチュアーリ（霊的詩）」と呼んだ。彼女はローマに移ってある修道院内に家を持ったが、修道女の宣誓は立てなかった。その代わりに、ベルナルディーノ・オキーノやレジナルド・ポール枢機卿、ピエトロ・ベンボといった改革主義の聖職者を含む主要な神学者たち幾人かと絆を形成した。マルティン・ルターにも耳をかたむけてみたらというまわりの呼びかけに誘われて、彼女はポールを自分の精神的助言者とし、ヴィテルボにある田園の隠遁所に、彼と一緒に引っ越した。

16世紀に帝国間や信仰間の衝突が激化したとき、ヴィットリア・コロンナの上品な宮廷の優雅さと霊的静謐さの世界は、お笑い草ではないとしても、ますます不適当なものに思われた。1530年代に彼女がそのように高貴な希望をもって支持した改革主義者たちは、1540年代にピエトロ・カラファ枢機卿が先鋒を務めた、カトリック反宗教改革の標的にされた。ベルナルディーノ・オキーノが1542年にスイスに逃げ、自らカルヴァン主義者であると宣言したとき、和解の時代は突如として終わり、改革主義者たちと交流していた者は誰でも——ヴィットリア自身を含めて——いまや容疑者であった。彼女はこの「呪われた世紀、邪悪なハルピュイア〔顔と体が女で鳥の翼と爪をもつ貪欲な怪物〕ども、名誉、生命、時、富は眼を楽しませても、心の中は空虚な時代」を嘆いたが、彼女の時代は明らかに過ぎ去っていた。彼女が亡くなったとき、トレント公会議がすでに開催中であった。彼女もまた異端審問所による調査の対象であるという噂が流れていた。

次頁：ヴィットリア・コロンナの『リーメ』（1540年）。この表題頁は彼女の詩集の第3版で、「霊的十四行詩（ソネット）24篇追加」と銘打たれており、彼女の芸術が恋愛詩優勢からより宗教的な主題へと進んだことを示している。

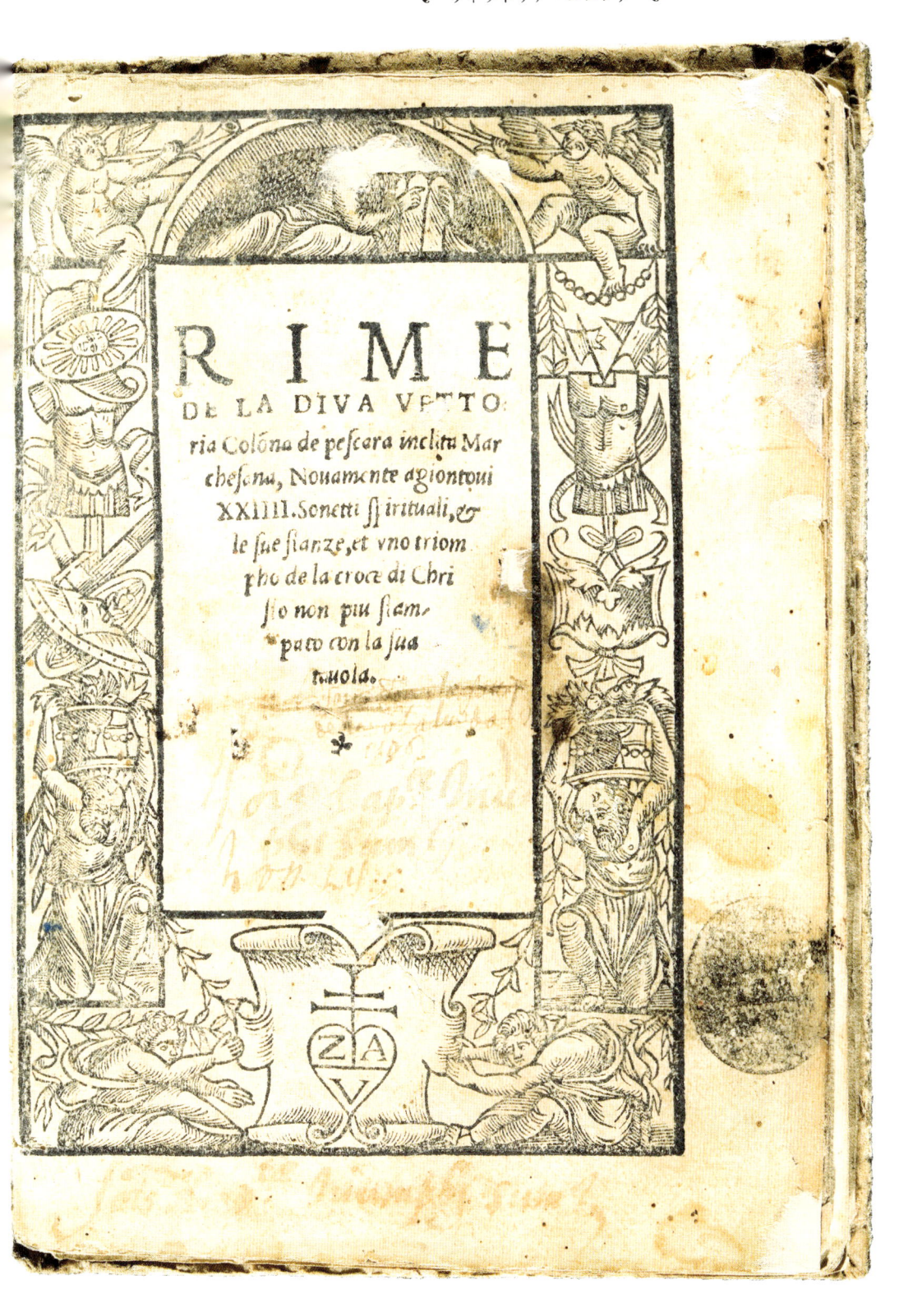

RIME
DE LA DIVA VETTO
ria Colõna de pefcara inclita Mar
chefana, Nouamente agiontoui
XXIIII. Sonetti ſpirituali, &
le fue ſtanze, et vno triom
pho de la croce di Chri
ſto non piu ſtam
pato con la ſua
tauola.

マルグリット・ド・ナヴァル
詩人にして文芸保護者の王妃
1492〜1549年

1492年、マルグリット・ダングレームが誕生したとき、両親はがっかりした。父のアングレーム伯はフランスの王位継承権第2位だったので、男子が望まれていた。フランスの王位は男子のみが受け継ぐことができたからである。1494年、マルグリットの弟が生まれ、彼女の人生の行路が変わった。わずか2年後に父が亡くなり、幼児フランソワを明白な継承者として残した。マルグリットの母ルイーズ・ド・サヴォイアは、この少年の国王即位を確かなものすることに生涯を捧げ、マルグリットを、少年のもうひとりの母として育てた。ルイーズ自身が異例なほど良い教育を受けていたため、彼女はマルグリットとフランソワ、さらにアングレーム伯の庶出の娘すくなくともふたりも、一緒に教育を授けた。彼女は子供たちにスペイン語とイタリア語を自分で教え、一方、一流の人文主義学者や聖職者がラテン語、神学、哲学を教えた。貴族の標準にてらしてみても厳格で包括的なカリキュラムだったが、マルグリットはたやすく、弟より優れていることを示した。

しかし、どんな教育よりも、彼女がフランスにとって最も価値があるのは、花嫁候補としてで、政治的同盟のための展望があった。英国の老王ヘンリー7世が求婚したが、十代のマルグリットは、王は年寄りすぎているしイングランドは霧が深すぎると抵抗した。この結婚を拒否し、彼女はいつか「若くて裕福で高貴な男性と結婚するわ——ただし海峡を越えなくていい人と！」と宣言した。結果的に、1509年、彼女はアランソン公シャルルと結婚し、フランス南西部の領土紛争をおちつかせた。シャルルは彼女の要求に合致していたが、彼女と共通の関心はほとんどなかった。数年後、彼女はある詩にこう書いた。「読書も勉強もしたことがないので、彼は決して雄弁家だとは見なされなかった。」

同時代の報告によれば、マルグリットは長身で、青紫色の瞳の印象的な女性で、才気煥発で魅力的だったという。彼女は弟のフランソワ（1世）にとって大きな財産で、妻のクロード王妃よりはるかに公的な役割を果たした。王妃は内気で、王のおかげで絶えずお腹が大きかった。マルグリットは政府の長たちと文通し、政務に気を配り、外交使節の指導さえも行なった。彼女が務めた最も重要な外交使節は1525年、フランソワが皇帝軍に敗れて捕虜になったパヴィアの戦いの後であった。マルグリットは弟の解放交渉のためにマドリードへと旅をし

フランソワ・クルーエの素描によるマルグリット・ド・ナヴァル（1540年頃）。彼女はフランス王である弟よりも知性に優れ、生涯学問をつづけて、人文主義者たちに広く賞賛された。申し分なく評価されている書物を執筆しただけでなく、宗教改革者たちを保護し、フランソワ・ラブレーなどの作家を支援した。

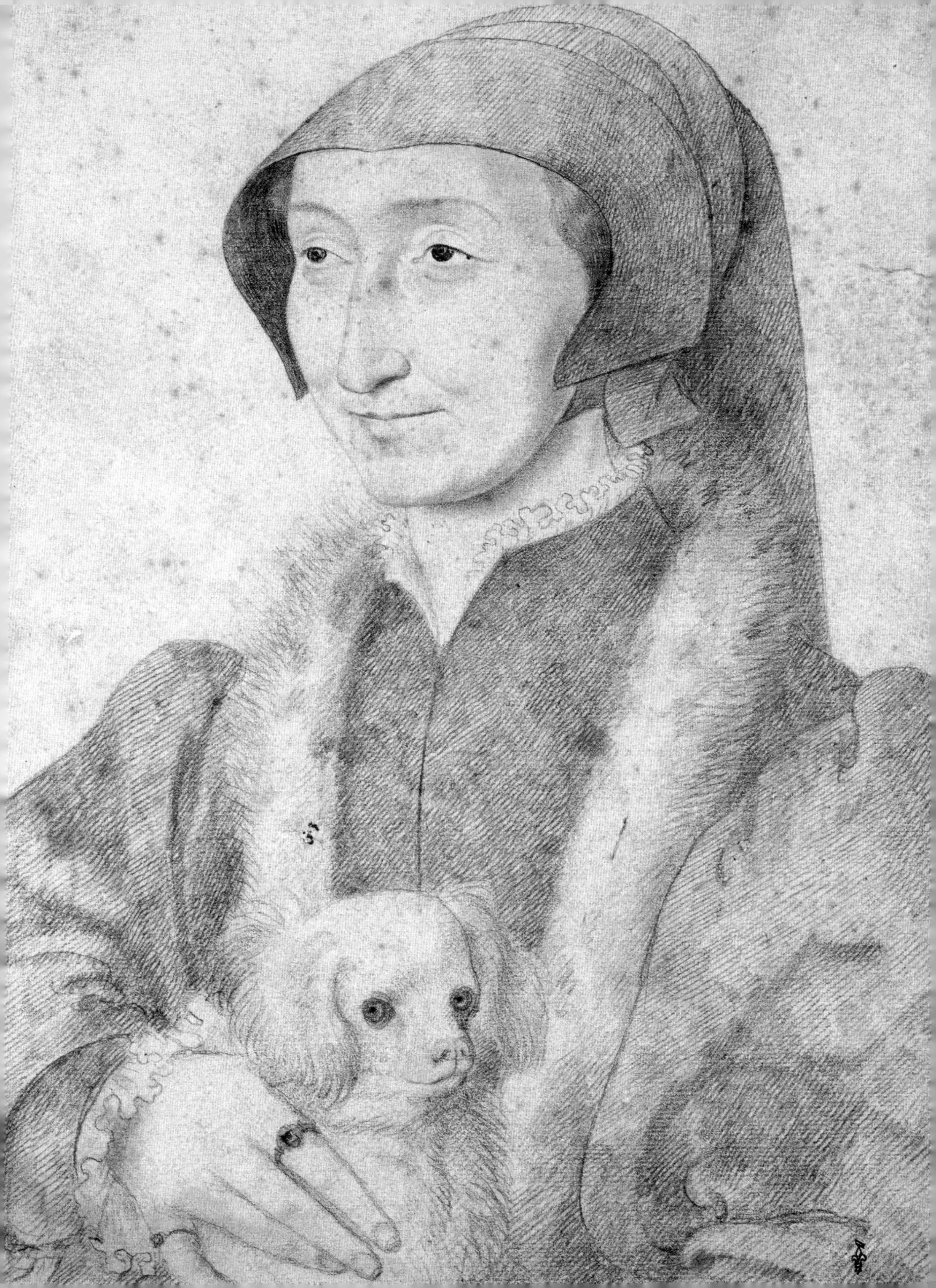

た。彼女は一室内で、皇帝カール5世とふたりだけで顔を突き合わせた——礼儀作法として、女性のお付きがひとりいたけれども。フランソワはブルゴーニュとイタリアの領土への権利を失ったが、結局は無傷でパリに帰還した。

マルグリットの夫もまたパヴィアで闘い、致命傷を受けて亡くなった。1527年、35歳のマルグリットはナヴァル王アンリ・ダルブレと再婚した。ナヴァルはフランスの保護下にあるピレネー山脈の小国である。彼女より10歳年下のこの暴れん坊は、賭け事と「スペインの婦人たち」が弱点だった。しかし、彼の鋭い知性に彼女はひきつけられ、ふたりはお互い一緒にいて楽しかった。翌年、彼女は娘のジャンヌを産む。未来のアンリ4世の母である。1530年にも妊娠し、マルグリットは重要な行事を欠席せねばならなかった。かつて神聖ローマ皇帝とやりあった女性は、こう書いている。「なんて悔しいんでしょう……赤ん坊ひとりのために落ちぶれさせられるなんて。」男の子が生まれたが、5ヵ月後のクリスマスの日に突然病気になり、数時間もたたないうちに亡くなった。途方にくれたマルグリットは、その日からずっと喪服しか着なかった。

多くの詩と劇を書いた熟練作家としてすでに実績があったが、息子を失った後、彼女はよりシリアスな作品を作りはじめた。1531年、『罪深い魂の鏡』を出版した。この敬虔で死にとりつかれた詩作品は、彼女の宗教改革者的信条を披瀝するもので、保守的な神学者たちの怒りを招いた。彼女はエラスムスの福音運動を信奉したが、それはカトリック教会との決別ではなく、変革を求めるものだった。彼女はフランスの人文主義者たちを熱心に支援し、フランソワ・ラブレーや、1523年に最初のフランス語訳新約聖書を訳して刊行したルフェーヴル・エタープルを保護した——このふたりの書物は、パリ大学神学部ソルボンヌによって禁書にされていたにもかかわらず。

進歩的な学者たちに代わりとなる教育機関を与えるため、彼女は弟の国王フランソワを説得してコレージュ・ド・フランスを創設させた。ここは現在でも、反オーソドックスな講座をすることで名高い。

マルグリットは宗教詩を多く書いたが、彼女の最も有名な作品は『エプタメロン(七日物語)』である。これはイタリアのジョヴァンニ・ボッカチオが1353年に書いた『デカメロン(十日物語)』のフランス版として、彼女が構想したものである。洪水のため山にとり残された旅人たちによって語られる70ほどの話からなっている。水が引くのを待つあいだに、5人の男と5人の女が話をしてお互い楽しませることにする。彼らは16世紀の社会のさまざまな関心に光をあてるような諸問題について討論し、そのテーマには男女の考え方の深いギャップも含まれている。ドラマティックな例として、女性たちが、嫌がる乙女に無理強いしようとする登場人物を断罪するのに対し、男性たちは探求の失敗は不名誉だと抗議している。取り違え、離れ家の災難、秘密の逢い引き——それぞれの物語はスリリングからスラップスティック(ドタバタ騒ぎ)へ、心の痛みへと展開する。ボッカチオにならって、マルグリットは百話を計画したが、完成させる前に1549年に亡くなった。1558年、ようやく出版される前に未完の「デカメロン」に直面して、この大作を『ヘプタメロン』と名づけたのは、機智に富んだ印刷業者であった。

ピエトロ・アレティーノ
「王たちを鞭打つ男」
1492〜1556年

職人の男と、アルバイトでモデルもしていた娼婦のあいだに私生児として生まれたピエトロ・デル・トゥーラは、早くに単にピエトロ・アレティーノ、「アレッツォ出身のピエトロ」と名のることに決めた。たしかに、彼が親から受け継いだものとして誇れるのは、自分の早熟で争い好きな精神以外にはさしてなかった。学校にはほとんど行かず、十代のとき近郊のペルージャでしばらく美術教育を受けたが、その後、詩人になると決めた。1516年、彼はシエナにいて、彼の諷刺詩のひとつ——教皇レオ10世の象ハンノの死を悼んだ諷刺詩——が途方もない大富豪、シエナ人銀行家アゴスティーノ・キージの目をとらえた。キージが商売の都合でローマに行くとき、アレティーノもついていった。

レオ10世時代のローマは諷刺詩人にとって絶好の狩場だった。ペンの標的には事欠かなかった。というのも、都は世俗的な聖職者たち、共謀者である銀行家たち、飢えた新参者たちでいっぱいだったからだ。諷刺詩人たちが嘲笑するための理想的な場所もあった。彼らは時事についての詩や諷刺詩を、ローマの有名な「しゃべる像」、パスクィーノのトルソ（四肢のない胴像）に貼り付けていた。ローマに到着直後、アレティーノはこれらの半無名の作品を、社会的コメントの挑発的かつ庶民的な形式に変えてしまい、そうすることで同時に自分の名を挙げ、また多くの敵を作った。

ローマの寛容な雰囲気は、1522年、レオの死と教皇ハドリアヌス6世の選出によって急激に消えうせた。アレティーノはハドリアヌスが選ばれる前に彼を激しく中傷していたので、急いでローマを去らねばならなかった。しかし、ハドリアヌスの教皇在位期間は短く、1523年にジュリオ・デ・メディチが教皇クレメンス7世として後を継ぐと、アレティーノは、この新たなメディチが先任者と同じように寛大であることを期待して戻ってきた。ところが、ローマの時勢は変わっていて、文化宗教面の空気はますます不寛容なものになっていた。不道徳にたいする新たな取締りにより、アレティーノの親友マルカントニオ・ライモンディが逮捕された。この銅版画師はわいせつな『イ・モーディ（体位集）』を（1524年に）出版したために投獄されたのだった。アレティーノは彼の解放のために、すねた子供のような異議キャンペーンを率い、自分自身もライモンディの性交術に同調して『好色詩（ソネッティ・ルッスリオージ）』を1526年に出版した。彼のあからさまにポルノグラフィックな詩を非難した聖職者たちは、アレティーノのパスクィナード（諷刺詩）でさらに串刺しにされ、ついに彼とひとりの高位の司教が公共の場でののしりあいをはじめ、平手打ち、蹴り、ぶん殴り、唾吐きへと悪化した。その後、この司教は刺客をアレティーノへと差し向けたが、クレメンス教皇が介入する気を見せなかったので、諷刺詩人はふたたびローマを去ることに決めた——今度は永

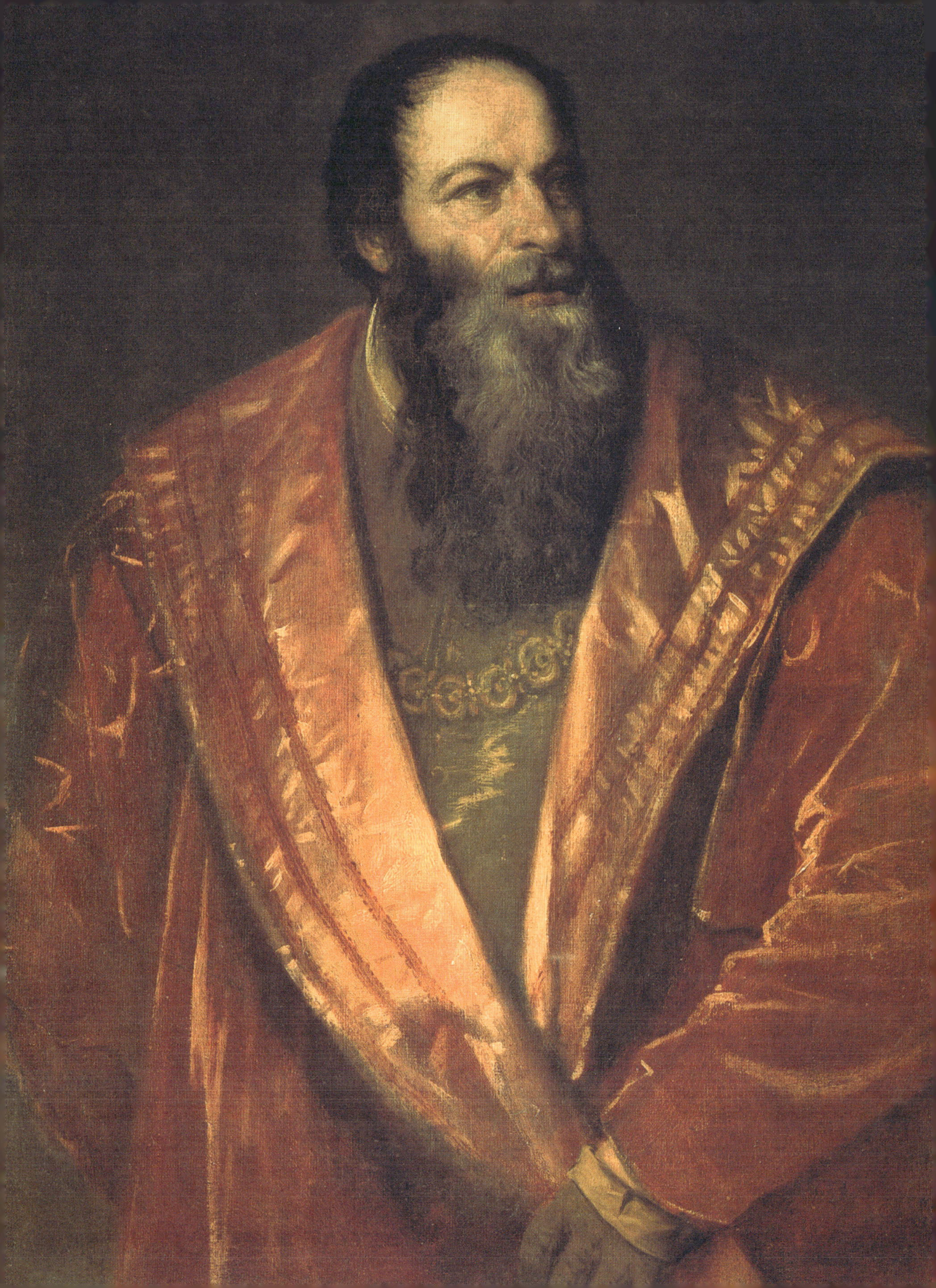

ピエトロ・アレティーノ

前頁：アレティーノはティツィアーノの親友で、かれは3度描かれている。この最も有名な肖像画は1545年作。アレティーノはお返しに、ティツィアーノをヨーロッパ中のエリート層のパトロンに宣伝した。

右：マルカントニオ・ライモンディの『イ・モーディ』（1524年）の挿絵I。このような銅版画のために彼は逮捕されることになった。この美術家への嘲笑的擁護のために、アレティーノは自分も『好色詩（ソネッティ・ルッスリオージ）』を書き、さらに大きなスキャンダルを引き起こした。

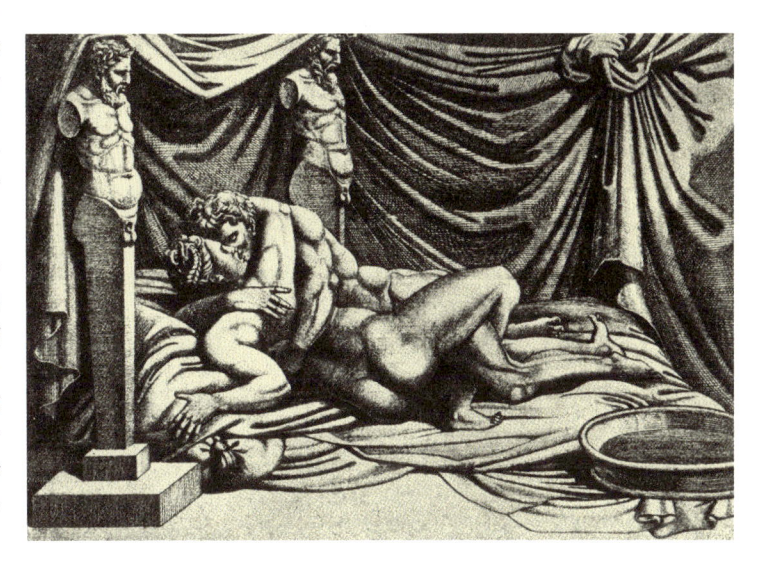

遠に。

1年間、北イタリアの諸宮廷の扉を叩いてまわった後、アレティーノは1527年にヴェネツィアにおちついた。つつましいが大運河沿いの好位置にあるカ・バッローニを借り、彼は、自分で言っているが「インクの汗で生活費を稼ぐ」ことに決めた。これはリスクのある野望だった。彼を真似た多くの者が貧困の中で死んだ。アレティーノが成功した要因のひとつは、この都市であった。きわめて国際的で、新刊の宣伝に熱心な印刷業者が群れをなしていたヴェネツィアは、諷刺詩人やポルノ作家が共和国の名誉を毀損しない限りは、彼らを放っておいてくれた。しかし、同じように重要だったのは、アレティーノの作家としての幅の広さであった。散文のためにほぼ詩をやめてしまって、彼は想像できる限りの市場をターゲットとし、礼儀作法、道徳、神学、悲劇、喜劇についての論文、そして——まったくの新ジャンルとして——ヨーロッパ中の貴顕善人に宛てた半分フィクションの「書簡」を大量生産した。ヴェネツィアという安全な止まり木で、彼は自分が好きに選んだ人物を褒めるもけなすも言いたい放題、まもなく、彼に自分のことを書かれたくない王侯貴族から支払われる「恩給」で、アレティーノは実際の本の売り上げと同じくらい稼ぐようになった。彼は「俺の天才への貢納金を払ってくれる公爵、領主、君主、その誰ひとりとして俺は会ったことがない」と自慢したが、それは文字通りの意味だった。

アレティーノはずっとカ・バッローニを自分の売春宿のように経営し、多くの友人に開放していた。彼は最後の日まで、その無制限の大食と姦淫をやめることがなかった——ペットの猿が彼の長靴を履いて歩こうとしたのを見て、笑いすぎて死んだという。彼の死後、素敵にぴったりなエピターフ（墓碑銘）がすぐに流布した。

> ここにトスカーナの詩人アレティーノ眠る、
> あらゆる者を罵倒したが、キリストは例外、
> その言い訳は、「あいつには会ったことがない」

ウィリアム・ティンダル
聖書を英訳して密輸
1494 頃〜 1536 年

「LET THERE BE LIGHT（光あれ）」、「THE POWERS THAT BE（当局者）」、「SALT OF THE EARTH（地の塩）」などのフレーズを使ったことのある者は誰でも、ウィリアム・ティンダルの作品をすでによく知っている。詩才のあった司祭ティンダルは、最古のキリスト教写本をもとにして、最初の英訳聖書を作った。彼の優雅な韻文は、現代版聖書の中に今でも鳴り響いている。マルティン・ルターと同じようにティンダルは、聖書を信徒たちの母国語に訳すことに反対していたカトリック教会から聖書をもぎ取るために働いた。ティンダルやその他の改革者たちの見解では、教会は、キリスト教の創立期のテキストよりも、教会の権力を高めるために中世に考案された教義を信頼していた。ティンダルの生存中に、カトリックの覇権は弱体化しはじめたが、1536年には教会はまだ充分影響力があり、彼を異端の罪で処刑した。

英国北西部に生まれたティンダルは、オックスフォード大学で学士と修士の学位を取得し、1515年に聖職者になり、おそらくケンブリッジ大学で古代ギリシア語を学んだ。ギリシア語原典をもとにして最初の聖書を編纂したエラスムスと同じように、ティンダルは、最古の写本こそ実際の神の世界に最も近いと信じた。エラスムスのラテン語版新約聖書は、ルターの大作であるドイツ語訳聖書の基盤として用いられた。そして、ティンダルが彼自身の国のために思い描いた英訳版は、彼がラテン語ヴルガタ版の歪曲と判断したものを取り除き、聖書の真の「進行と秩序と意味」を明らかにする、より純粋なテキストであった。海外でのルターの勢いに驚いた英国の当局がこのような翻訳を禁止したため、この計画に資金を提供してくれるパトロンが見つからず、1525年、ティンダルはケルンに行き、そこで自分の翻訳を完成させ、印刷業者と契約した。しかし、そこでもカトリックの役人たちが印刷中の店に襲いかかり、ティンダルと助手は資料を拾いあげてケルンから逃げた。

ティンダルの新約聖書は1526年にようやく日の目を見たが、道具やガラス器、はては干し葡萄やイチジクといった船の積荷にまぎれこませて、英国へと密輸入せねばならなかった。それは先駆的なテキストであるだけではなく、人を動かさずにはおかない書物であり、それ自体、強力なものとなった。英語、ラテン語、ギリシア語だけでなく、ティンダルはドイツ語、フランス語、ヘブライ語、スペイン語、イタリア語も知っており、おそらく、他の言語にも少し通じていたのかもしれない。言葉の扱い方を知っている男であった。広い読者層に訴えるために、彼は生きた日常的なアングロ・サクソン語を用いて、記憶しやすくリズミカルな散文を創り出したので、現在でも読むことができる。しかし、この本は保守主義者たちの恐れをますます強くした。ティンダルがエラスムスと同じように、初

期のテキストにカトリック教義と矛盾する数節を見出したからである。公認されたラテン語ヴルガタ聖書は、たとえば、「priest（司祭）」と「do penance（告悔をする）」という言葉を使っていたが、ティンダルは、ギリシア語の原語は「長老」と「悔悟する」という意味だと考えた。このどちらも、教会のヒエラルキーが不適切であることを暗に意味していた。

英国におけるカトリック正統信仰の最も熱烈な擁護者であったトマス・モアは、ティンダルを選び抜いて、特に辛辣にこきおろした。モアは若いときに自分自身が俗語訳聖書に挑戦していたのだが、改革運動が地歩を占めると、彼は反異端の論文を書き、一般論として翻訳を、各論としてティンダルを断罪した。ティンダルはこれに回答して薄い本を出したが、それは何よりも、モアの信仰が聖書と矛盾していることを指摘していた。これがモアの神経に触ったにちがいない。彼は激昂し、個人攻撃と嘲笑的批評を混ぜた論理的な返答を50万語──2千頁以上──も書いた。

1534年、ティンダルは新約聖書の改訂版をアントウェルペンから発売した。この都市は、カトリック支配の神聖ローマ帝国領であるにもかかわらず、キリスト教人文主義の主要な中心地であり、したがって改革者たちにとって比較的安全であった。しかし、ヘンリー・フィリップスという名の英国人国外居住者が、彼を、保護する仲間たちからうまく引き離した。破産者で反ルター派であったフィリップスは意見を同じくする当局から金を受け取り、ティンダルを野外におびき出した。彼と友人になった後、町の他の地域での晩餐に招待し、帝国当局に彼らの獲物の場所を知らせたのである。友人との温かい食事を求めてきたティンダルは路上で逮捕され、ブリュッセル郊外の城にぶちこまれた。

彼は1年以上監禁されていたが、1536年8月、異端の罪で裁判にかけられ、有罪を宣告され、処刑のために世俗の当局に引き渡された。司祭という地位ゆえに、ふつうの異端者より迅速な死が許された。逮捕者たちが彼を薪に囲まれた火刑柱に縛りつけるやいなや、彼らは親切に彼の首を絞め、それから火をつけて彼の身体を焼き尽くした。しかし、彼の聖書は生きつづけた。そして、わずかな変更だけで、英国の教会当局が認可した聖書（欽定訳聖書）として採用された。ジェイムズ王訳聖書とも呼ばれるこの欽定訳聖書は、新約聖書のうち84％が、旧約聖書のうち75％がティンダルの訳文からなる。その後の英訳聖書のほぼすべての版が彼の影響を受けている。「givu up the ghost（死ぬ）」、「filhty lucre（恥ずべき利益）」、「fight the good fight（大義のために戦う）」などの熟語を考えると、英語世界はいまだに彼から逃げることはむずかしい。

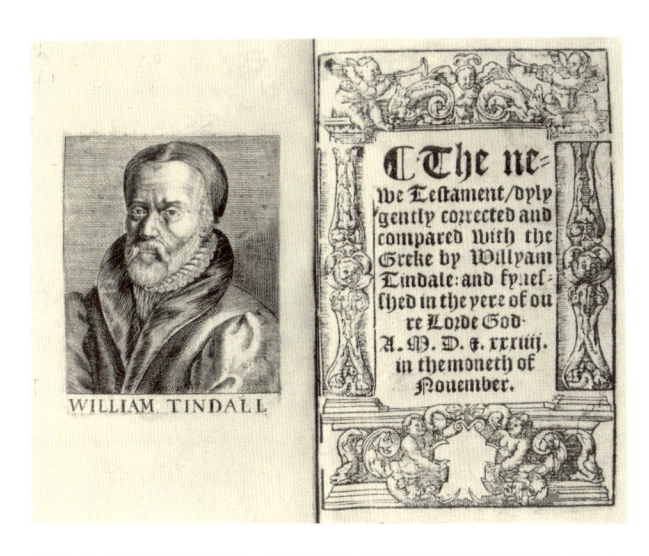

世俗の人びとが司祭という媒介なしに母国語で聖書を読むことを可能にする俗語訳聖書を教会は禁止した。1534年に改訂版英訳新約聖書（上図）を刊行した後、ティンダルは聖書翻訳の罪で、異端者として処刑された。

フランソワ・ラブレー
大食漢の巨人（ガルガンチュア）的才能
1494 頃～1553 年

フランソワ・ラブレーは神学を勉強し、複数の言語を習得し、古典文学を信奉した。彼はさらに進んで医学の学位を取得し、一流の医者としての名声を獲得した。しかし、歴史の中に彼の位置を固定したのは、卑猥な諷刺作品『ガルガンチュア』と『パンタグリュエル』である。これらは複雑な哲学と議論の余地がある神学を、巨大な性器や「陽気に自分たちのベーコンを摩擦しながら」性交する夫婦と並置している。

1510 年ごろ、ラブレーはフランス西海岸近くのフォントネイ・ル・コンテにあるフランシスコ修道会に入った。そこではカリキュラムに、近年復活した古代ギリシア語が含まれていた。進歩的な人文主義者たちにとって、ギリシア語は新約聖書の知られている最古の版へのアクセスを許すものだった。しかし、初期のテキストはしばしば、認可されている唯一の聖書、ラテン語ヴルガタ版聖書と矛盾していた。その結果、ギリシア語は王国内の宗教の正統性を絶えず監視する強力な団体、パリ大学神学部（ソルボンヌ）によって異端的と見なされた。そして、ラブレーの修道院も従順に、関係するすべての資料を没収した。

若き修道士は近郊のヴァンデー地方にあった制限の少ないベネディクト会修道院に移り、そこでギリシア語の勉強をつづけ、少なくとも 3 人の私生児の父親となり、おそらく医学を学びはじめた。彼は、当時千年以上たっていたにもかかわらず、最先端のテキストと見なされていたガレノスやヒッポクラテスの古代ギリシア語の著作を読むことができた数少ない医学生のひとりであった。修道士たちは医学の実践を禁止されていたので、1530 年ごろ、彼は修道会を離れて医者になった。彼の選択は背教と見なされ、赦免には教皇の特免が必要だった。数年間とかなりの金がかかったが、ラブレーはその後、教会との良好な関係を手に入れた。

ラブレーはパリ司教——穏健な聖職者で、重要なパトロンとなった——に主治医として仕え、その後、リヨンの高名な病院に起用された。フランス東部の人文主義者たちの中心地であったリヨンで、彼は『パンタグリュエル』を書き、1532 年に出版した。この本はひとりの医師の方向性を反映しているように思われる。ワイン愛飲家アルコフリバス・ナジエール（フランソワ・ラブレーのアナグラム）による序文は、ユーモアの癒し効果を認め、彼の物語は痛風の患者も梅毒病みも慰めると自慢している。物語自体は、身体とその機能への粗野で率直なアプローチを取っている。たとえば、巨人の子供ガルガンチュアがノートルダム大聖堂の頂上へ登り、「par ris（笑いをとるために）」コッドピース（股袋）を脱いで、不幸にも下にいた町の人びとへ「小便」したので、260,418 人の市民が溺死する。この事故にちなんで市の名は「paris（パリ）」となったのだ、というラブレーの冗句である。性器のイメージがきわ立っているが、エロティックというよりスラップスティックである。ガルガンチュアの祖先の男たちは「自分たちの腰まわりに 5、6 回も結べる」ほど長い壮大な「穴掘り道具」を見せつけ

る。不幸な男たちは「偽善的なコッドピース」で、「その中には風しか詰まっていない——女性には大変残念なことに」。他方で、女性の解剖学はぎょっとするもの、あるいは危険でさえある。老女がスカートをぽんと跳ねあげて悪魔を追い払ったり、ある登場人物は、病気になった女性の外陰部を使って、パリを囲む防御壁を建てようと提案したりする。

しかし、『パンタグリュエル』と『ガルガンチュア』（1534／35年？）の下品な言葉の下には、教会や上流階級や、中世のスコラ哲学にしがみついている頑迷な学者たちへの敵意が隠されていた。ラブレーはパリの反人文主義者の図書館を嘲笑し、そこには以下のような題名の書物があるという。

フランソワ・ラブレー、作者不詳の 16 世紀の肖像画。『ガルガンチュア』の語り手として、ラブレーは次のようなマニフェスト宣言をした。「陽気な人間、良き友人、良き酒飲みであること——私にとって、それが名誉と栄光となる」

1537年版の『ガルガンチュア』の表紙。ラブレーは大評判を呼んだ『パンタグリュエル』に先行する物語としてこの作品を執筆した。両作とも難解かつ卑猥で、ラブレーは利用できるほぼすべての文学的文化的伝承を題材とした。

『処女の小便法』、『媚薬に対する司教の解毒剤』、『人前で放屁する方法』。彼は同じようにファルツスニッファー卿やキスミャス卿のような登場人物によって、貴族も槍玉にあげている。横柄なパリの貴婦人も同様に、発情期のメス犬のエキスを振りかけていたために、昂奮した60万匹の猟犬におしっこをかけられる。

伝統的なカトリック信仰を標的にして、ラブレーはコキュ（寝取られ男）の守護聖人に呼びかけ、焼きリンゴによって死の苦しみを味わう殉教者について語り、聖女ニトーシュ（Nytouche）──「触れないで」という意味──を創りだす。「教皇狂」たちは先を争って儀式を空洞化し、教会法を聖書より上に置き、教皇の尻に接吻しようと列を作る。人文主義者教育についての名高い箇所で、ラブレーはヴルガタ版聖書を拒んで、ヘブライ語の旧約聖書とギリシア語の新約聖書に軍配を上げる。また、別の箇所で、壁もなく厳格なスケジュールもないユートピア的修道院や、書物でふくれた複数言語の図書館を想像する。

ラテン語ではなく口語フランス語で書かれた『ガルガンチュア』と『パンタグリュエル』は、エリート層の学者たちにも中流階級にも絶大な人気を博した。ラブレーの人気が上がれば上がるほど、カトリック当局の恐れも増大した。1540年代、ソルボンヌは異端の知識をもつ作家たちの作品を禁書にした。フランソワ1世の姉で改革精神をもつマルグリット・ド・ナヴァルから支援されていたにもかかわらず、ラブレーもこれに含まれていた。1546年、物語の第三書を刊行した後、ラブレーはソルボンヌの管轄外の帝国都市で1年を過ごした。彼がフランスを離れた理由は不詳だが、彼が国外にいた時期は、フランスの人文主義的作家、印刷業者が何人か処刑された後であった。

穏健な信徒であったラブレーは、教会からの分裂よりも改革を擁護し、プロテスタントも同様に攻撃した。1550年、ジャン・カルヴァンがラブレーの消極性を印刷物で攻撃すると、ラブレーはカルヴァン主義者を詐欺師、嘘つき、「卑劣な誘惑者」とひとまとめにした。彼の第四書には太ったソーセージ人が登場する。これは北方の好戦的な野生の人種で、マルティン・ルターに似た感じの、マスタードを撒き散らしながら空を飛ぶ豚を崇拝している。ほとんどすべての人を楽しませる──また傷つける──何かがあったラブレーの本は、書店の棚から飛ぶように売れた。16世紀のうちに、彼の著作は百回も版を重ね、また海賊版があふれた。彼が亡くなった後でさえ、ラブレー風の散文は登場しつづけた。二流、三流の作家たちが自分たちの騒々しい物語で、彼の名声に乗じたのであった。

ハンス・ホルバイン（子）
王侯貴族の鏡
1497/98 ～ 1543 年

ドイツ・ルネサンス美術の偉大な第１世代はデューラー、クラナッハ、グリューネヴァルトといった巨匠を輩出した。しかし、それにつづく世代には、真の巨匠はひとりしかいなかった。ハンス・ホルバイン（子）は同名の父や叔父たちに訓練され、その後1515年に遍歴画家としてバーゼルを目指して旅立った。この活気ある商業文化の中心地で、ハンスはさまざまな美術品を生み出した。木版画からステンドグラスの図案、最初の注文絵画――1515年、バーゼル市長夫妻の小さなダブル・ポートレート――まで。この初期の作品は、すでにホルバインの特徴的な様式を有している。すなわち色彩や質感に対する線の優越、人物像のための三次元の舞台装置の巧みな創造、伝統的なドイツ・ゴシックとも、同時代の先輩アルブレヒト・デューラーの作品とも対照的な、身ぶりや表情の静穏さ。

その後10年間、ホルバインはバーゼルで成功を収め、おそらく1517年ごろ、北イタリアに短い旅をした。彼は地元の未亡人と結婚し、画家組合に加入し、書物のための木版画を制作した――マルティン・ルターのドイツ語訳聖書も含む。そして、地元の書店に通っていた人文主義者たちのあいだに、絵を注文してくれる最初の顧客たちを見出した。最初は、当時の多くの美術家たちと同じように、ホルバインも宗教画を生活の糧とし、教会や個人のパトロンのために描いていた。しかし間もなく、モデルの個性を重んじるフランドルの写実主義がしみこんだ彼の肖像技術の方が儲けになることがわかってきた。彼の初期の顧客の中には、当時バーゼル滞在中だった高名な人文主義者、デジデリウス・エラスムスがいた。エラスムスはさまざまなポーズで複数の肖像画を注文したが、自己宣伝の道具としてそれらを友人や賞讃者たちに送ろうと考えたのであった。ホルバインの肖像画は彼の要求に完璧にこたえ、この作家を、学問にはげむ静穏かつ孤独な姿で描き出した。

1520年代半ばには、バーゼル市民の関心事は、宗教画であろうと世俗画であろうと、絵画を注文することよりも宗教改革であった。エラスムス自身、「世界のこの地域では芸術が凍りついている」と述べている。エラスムスはホルバインに英国に行ってみるように激励し、親友のトマス・モア宛ての紹介状を書いてくれた。モア一家の家庭教師だったニコラウス・クラッツァーも似たような推薦状を書いたかもしれない。バーゼルの市民たちに暇をもらった後、ホルバインはその後２年間、モア（彼を「すばらしい美術家」と呼んでいる）、モアの家族とその知的サークルのメンバーたちを描いて過ごした。充分な支払いを受けて、ホルバインはバーゼルに帰り、家族のために家を買うことができた。賞讃され、仕事は

5. 旧秩序の崩壊

ハンス・ホルバインの自画像（1542〜43年）。ホルバインは亡くなる少し前にこの小さな絵をペンと色チョークで制作した。おそらく自己宣伝の作品だが、彼の疲労が写し出されている。

いっぱいあったが、それにもかかわらず、4年後、彼はふたたび旅立った。おそらく、バーゼル市を絶えず揺り動かしていた宗教論争に関心がなかったためだろう。

1532年に英国に戻ると、ホルバインはモアの凋落を知り、たちまちかつてのパトロンを見捨てた——エラスムスは大いに怒り、「彼は私が推薦してやった人びとを騙した」と文句を言った。しかし、才能ある美術家だったので、容易に新たなネットワークを作り出した。ホルバインの新しい顧客の中にはロンドン在住のルター派ドイツ人商人たちもいて、彼らのために1530年代初頭、多数の肖像画を描いた。さらに、ヘンリーの新妻アン・ブーリンと新任の国務大臣トマス・クロムウェルを中心に、宮廷人サークルもいた。彼の肖像画はしだいにサイズが大きくなり——しばしば等身大となった——また、モデルが手にする書物その他の品々、あるいはモデルが身につけている絹、天鵞絨（ビロード）、金、刺繍、革、毛皮を描写する彼の奇跡的な技量によって、よりいっそう注目すべきものとなった。

1536年、ホルバインは国王の美術家に任命され、まもなく、ヘンリーの宮廷のデザイン分野全般——壁画から、政府の礼服、ボタン、バックル、甲冑、本の装丁まで——に関与した。しかし、彼の最大の貢献は、やはり肖像画であった。王家の人びとと廷臣たちの、等身大やミニアチュールの肖像、150枚以上をもって、ホルバインは、ヘンリーの世界のエリートたちがいかに見えるかの——あるいは見えねばならないかの——詳細きわまりない鏡を提供した。周知のごとく愛妻家だった君主のためのホルバインのやや奇妙な任務のひとつは、お妃候補の女性を訪問して彼女たちの肖像スケッチを描き、その結果を持ち帰ってヘンリーの品定めに供することだった。そのような作品のひとつが未亡人になったばかりのデンマーク王女クリスティナで、彼女のスケッチはヘンリーを非常に喜ばせた。「というのも、王はそれを見た後かつてなくご機嫌になり、楽師たちに一日中楽器を奏でさせた」という。クリスティナ自身はそれほど乗り気ではなく、「私に頭がふたつあったら、喜んでひとつをイングランド王のお好きなように差し出すのですけど」とだけ語ったという。ジェイン・シーモア、アン・オブ・クレーヴ、キャサリン・ハワードの肖像では、ホルバインの骨折りは幸福な成果を得た。彼女たちの結婚は幸福ではなかったけれども。

ハンス・ホルバイン作「デンマーク王女クリスティナ」(1538年)。この肖像画はヘンリー8世をたいへん喜ばせたと伝えられる。クリスティナはちょうど16歳だったが、3年前に亡くなった夫、ミラノ公フランチェスコ2世の死後、喪服を着つづけていた。

ニッコロ・タルタリア
吃音の数学者
1499/1500～1557年

ニッコロ・フォンターナ、それが本名だが、彼は子供のとき非常に貧しく、アルファベットを教えてくれる教師に払う金が足りなくて、Kまでしか教えてもらえなかったという。そして数学はというと、もちろん、まったく誇らしいことに、独学であった。困窮したのは、ただの郵便配達人だった父親が1506年に殺されたからで、彼もまた6年後、フランス軍がブレシアを占領して掠奪したとき、顔と顎をひどく傷つけられた。サーベルを振りまわす略奪者の一撃で死ぬところだったが、ニッコロは母の根気づよい看病のおかげで健康を取り戻した。しかし、顔にはひどい傷が残り、明瞭に話すことができなくなった。大人になると、彼は個性的な攻撃的自尊心で反応し、濃い髭を生やして傷を隠し、多くの書物にニッコロ・タルタリア（どもりのニッコロ）と署名した。

自尊心と数学の才能と激しい野心だけでは、真の成功には大学という信用状や貴族の保護を必要としたルネサンス末期のイタリアで、良い報酬を保証されるのに充分ではなかった。長いこと、彼はヴェローナの「アバクス学校」*で商人の子弟に教えるしかなかった。しかし、タルタリアは野砲を最大距離に飛ばすための位置と照準についての地元の軍人たちの活発な議論に参加し、彼らの注意を引いた。彼は自分が数学用語でそれらを考えなおすことによって、これらの問題を解決できることに気がついた——当時「自然哲学」と呼ばれていたものにおける飛躍的な進歩であった。1537年、自著『ノヴァ・シエンティア（新科学）』でタルタリアは自らの洞察を発表し、運動中の物体の諸問題を数学的に考察した初めての人物となった。アリストテレス的な基礎知識のせいで、彼は運動量や重力を完全に理解できずにいたが——これらを最初に理解したのはガリレオであった——タルタリアは数学と現実世界の状況をひとつにまとめて、まさに新しい科学をもたらした。

1530年代末には、タルタリアは要塞設計から火薬の調合、沈船の引き上げ方法までの広範囲にわたる軍事的諸問題を数量化し、自分の小さな居場所を確保していた。しかし、彼の真の情熱は純粋数学で、これは彼が大学教授の座を手に入れる唯一の道でもあった。タルタリアが社会的名声を獲得したのは、エウクレイデス（ユークリッド）とアルキメデスの最初の信頼できるイタリア語訳を生み出したことと、古今の数学者たちを困惑させてきた諸問題を解決したことによってであった。これらの中でも代表的なのは、3次方程式の解法を「$ax^3 + bx^2 + cx = d$」という公式で発見したことである。これはかつて同胞イタリア人たちが「イル・クーボ（立方）」と呼んで挑戦したもので、タルタリアの先任教授ルカ・パチョーリは解決不可能と見なしていた。

他の数学者とほとんど交流することなく研究しながら、タルタリアはこの「イル・クーボ」の解法を発見したが、当時の伝統にしたがって、その公式を秘密にしていた。詳細を隠したまま、彼は一種の数学者同士の対決で自分の解法を防衛した。それは、彼とひとりの挑戦者がお互いに送った3次方程式を公開するというもので、この挑戦者は似たような公式を用意していたが、その応用が理解できないでいた。この結果と「討論」は満足すべきものだった。タルタリアは「イル・クーボ」のほとんどの公式を解いたとして名声を獲得し、まもなくジェロラモ・カルダーノなどの高名な数学者から祝いの手紙を受け取った。彼は故郷ブレシアで有料の講座を開くことにもなった。

　しかし、16世紀半ばの科学と数学は激烈なビジネスだった。1539年、カルダーノによってミラノに招かれたタルタリアは、「イル・クーボ」の解法を彼に示すことにしぶしぶながら同意した。カルダーノはそれを決して公表しないと誓った。しかし、カルダーノは自著『アルス・マグナ（偉大なる術）』（1545年）でこの公式を発表した。彼はタルタリアへの謝辞を表明していたけれども、この裏切り行為を知って、ニッコロは偏執狂的憎悪を覚えるに至った。彼は1546年に、自著『問題と発見』で反撃にでた。これは弾道学に関する初期の著作の焼き直しであったが、ほとんどは3次方程式の歴史に焦点を当て、カルダーノをけなしたものだった。タルタリアは敵対者たちに挑戦して別の数学対決を行ない、順当にこれに勝利した。しかし、カルダーノは3次方程式のより包括的で広く応用できる解法をともに見出した弟子を送りつけてきただけだった。公開決戦の舞台はととのった。数学の熟練とほぼ同じくらいなめらかな弁論が重視される舞台で、より上位の公式で武装したカルダーノの弟子はタルタリアを圧倒した。言葉がうまく出てこず、方程式も解けなくなったニッコロはブレシアに逃げ帰った。彼の不面目の噂が大学当局者に伝わると、彼の俸給は支払われなくなり、それから解雇された。辱められ、援助してくれるパトロンもなく、タルタリアはヴェネツィアに移り、そこでふたたび商人の子弟に数学を教え、科学のための基礎数学や愛する3次方程式に関する著作からわずかな利益を享受しながら、晩年を過ごした。

ニッコロ・タルタリアの『問題と発見』の1554年版の表題紙。この銅版画による肖像画で、彼は濃く髭を生やしているが、顎の大きな切り傷を隠すために伸ばしたものであった。

＊アバクス学校：アバクスは古代・中世にヨーロッパで使われた算盤（そろばん）のような計算板。これを使って商業の基礎を教える初等教育学校。

❦ 6. 新しい波 ❦

6. 新しい波
1530～1550年

  ル ネサンスの最後の世代は、統合と再定義の時代であった。100 年前に最初の人文主義者たちは、世俗的個人主義、市民社会、修辞を賞揚する古典文献とともに、北イタリアの共和制都市国家に、うってつけの読者層を見出した。15 世紀初頭の美術家たちはこのような社会的環境の中で働き、古典的で自然主義的な舞台装置の中で、親密さや静謐さを重視するエリート商人層にパトロンを見出した。当然、市民的人文主義も 15 世紀の美術も、これらの都市国家が衰退するとともに流行遅れとなった。それに取って代わったのが宮廷文化で、富よりも血筋や育ちの良さを重視し、修辞学より信仰を尊び、共和政古典主義よりも帝政古典主義を好んだ。文学においても美術においても「マニエラ」、すなわち作品が構成される「流儀」が、内容よりも重要となった——それ以降、このように活気のある行為、色彩、葛藤の表現は、マニエリスムと呼ばれるようになる。

  美術・文化の趣味におけるこのような変化は、世俗権力のより広範囲にわたる縮小を反映するものであった。数世代が既存の権威に対する挑戦を経験した後、初期ルネサンスを支配していた金融業者、探検家、軍人、下級貴族、その他の「どこの馬の骨かわからない連中」は、疎外されたり、既存のエリート層に吸収されたりした。最終的に、ロレンツォ・デ・メディチ、フランチェスコ・スフォルツァ、ヘンリー・チューダー、クリストファー・コロンブス、ヤコブ・フッガーといった連中は、新たな権力構造を生み出すよりも、既存のそれに加わることに関心があったのだとわかった。くり返し、土地と血統が新たな金や革新に対して勝利をおさめ、新参者は、充分な金をもっていればほとんど誰でも、落ちぶれた貴族と結婚できることを発見した。貴族たちの、名誉、形式、誇示、洗練された暴力への強迫観念は、一時衰退したかに見えたが、16 世紀半ばには力を取り戻した。

  最初の騒乱がおちつくと——略奪を働く軍隊がイタリアから撤退し、ドイツ帝国内での宗教闘争が下火になると——これらのエリートたちは、軍隊を徴集し資金を出すという伝統的な責務から解放された。代わりに、彼らは建設と購入に富を注ぐことができた。彼らは競って、アンドレア・パッラーディオのような建築家に新たなタウンハウス（都市内の宮殿）、別荘、庭園を注文し、北イタリアからフランスへ、はては英国まで、優雅な新古典様式を普及させた。彼らの装飾的要求はまもなく、タペストリー、ガラス、家具製造業に必

ジョルジョ・ヴァザーリ作「シエナ征服を計画するメディチ家のコジモ 1 世」（1556 年）。コジモが偉大な戦略家として描かれているが、軍人君主というルネサンスの理想は、フランソワ 1 世とカール 5 世の死とともに終わりを告げた。

6. 新しい波

然的なブームを引き起こした。同様に、都市の雑踏の中を殿様旅行したいという彼らの欲求から、四輪馬車製造上の技術的革新に火がついた。ハンガリーの職人たちが開拓したこの新しい産業が、エリート層の顧客に提供したのは、快適で頑丈な四輪大型馬車で、本質的に動く宮殿であり、視覚的にも文字通りにも、所有者を都市の群集より高い位置に上げることができたのだった。貴族的な自己表現のもっと刹那的な諸形式がその頂点に達したのはフィレンツェにおいてであった。その宮廷で、メディチ家出身の新たな大公コジモ１世と妃エレオノーラ・ディ・トレドは、膨大な富を祝祭、仮面舞踏会、馬上槍試合、模擬戦へと注ぎこんだ。他のエリートたちには、フィレンツェは、バロック期のヨーロッパを支配することになる演劇的で、かつてなく階層的な宮廷のモデルを提供した。それは、コジモの遠縁にあたるカテリーナ・デ・メディチ（カトリーヌ・ド・メディシス）が1533年にフランス王家に嫁入りするにともなって、アルプスの北に輸出され、壮大なものとされた。

この豪華絢爛の展開の中心にローマがあった。1527年の劫掠でひどく破壊されたとはいえ、永遠の都は時間を浪費したりはせず、再建に着手した。教皇庁の独占事業を保持する富裕な銀行家や、教会君主としての自己確立に熱心な世俗的な枢機卿たちは、競って、ローマの空いた市街地を自分たちの別荘と庭園に変えた。これらの高位聖職者たちの浪費と贅沢な軽薄さは、宗教改革者たちの怒りをいっそうあおった――彼らはこの世界を個人の救済の観点から眺め、その政治的信条は、教義に関する論争として表現された。1510年代20年代にマルティン・ルターによって始まったプロテスタンティズムは、次の世代にはいっそう対立的になり、ジャン・カルヴァンやツヴィングリの福音主義的教義がスイス、ラインラント、ネーデルラント、スコットランド、フランスの多くの地域で、大規模な改宗者を獲得した。教皇庁が――そして教会の守護者であるカール５世が――うろたえるのを止めてプロテスタントの挑戦に立ち向かうまでに10年がかかった。1534年に教皇パウルス３世が選出されてようやく、そして1542年にピエトロ・カラファ枢機卿によるイタリアの異端審問所再編によって、プロテスタンティズムに対するカトリックの対抗がはじまった。しかし、この時までに新旧両信仰間の中間地帯はすべて、事実上消えうせていた。

アルプスの南のトレント市で1545年にようやく開催された公会議は、およそ20年かけて、カトリック信仰の吟味と改革を完成させた。会議は1563年に、教会の伝統的な慣行と教義を鳴り物入りで再確認して閉会したが、批判者たちへの妥協を受け入れなかったため、この公会議は、西ヨーロッパがカトリックとプロテスタントの両陣営へと決定的に分裂したことを示すものとなった。この世紀の残りの年月、どの領土が最終的に誰の手に入るかについて以外、論争を続けた者はほとんどいなかった。しかし、キリスト教の統一維持には失敗したとしても、カトリック改革は少なくとも新しい修道会を多数生み出し、それらはきたる数世代に、個々人の信仰を指導しかつ強固なものにした。聖ウルスラ会は敬虔な女性たちに教職に就く機会を与え、一方、テアティーナ会、カプチーヌ会、そしてなによりもイエズス会は、全霊をかけて献身できる男たちに、カトリック教義を、異端者や不信心者に説く機会を与えた。フランス、イタリア、南ドイツの係争地域で使命に着手したこれらの情熱的な教会擁護者たちは、やがて世界全域への宣教に乗り出した。彼らは布教によって地球を股にかけた探検家となり、それまで西洋の影響に触れたことのなかった人びとにメッセージを運んだ。その過程で彼らは、後についてきたヨーロッパの市民や軍

6. 新しい波

の当局者をしばしば引き入れたが、彼らが好んで言ったように、キリストの導くところには、ヨーロッパの軍隊も必ず従ったのである。

パスクァーレ・カーティ作「トレント公会議」(1588年)。教会の勝利への寓意的オマージュではあるが、この絵は同時に、会議が高位聖職者たちの審議会として進行する様子を描いている。

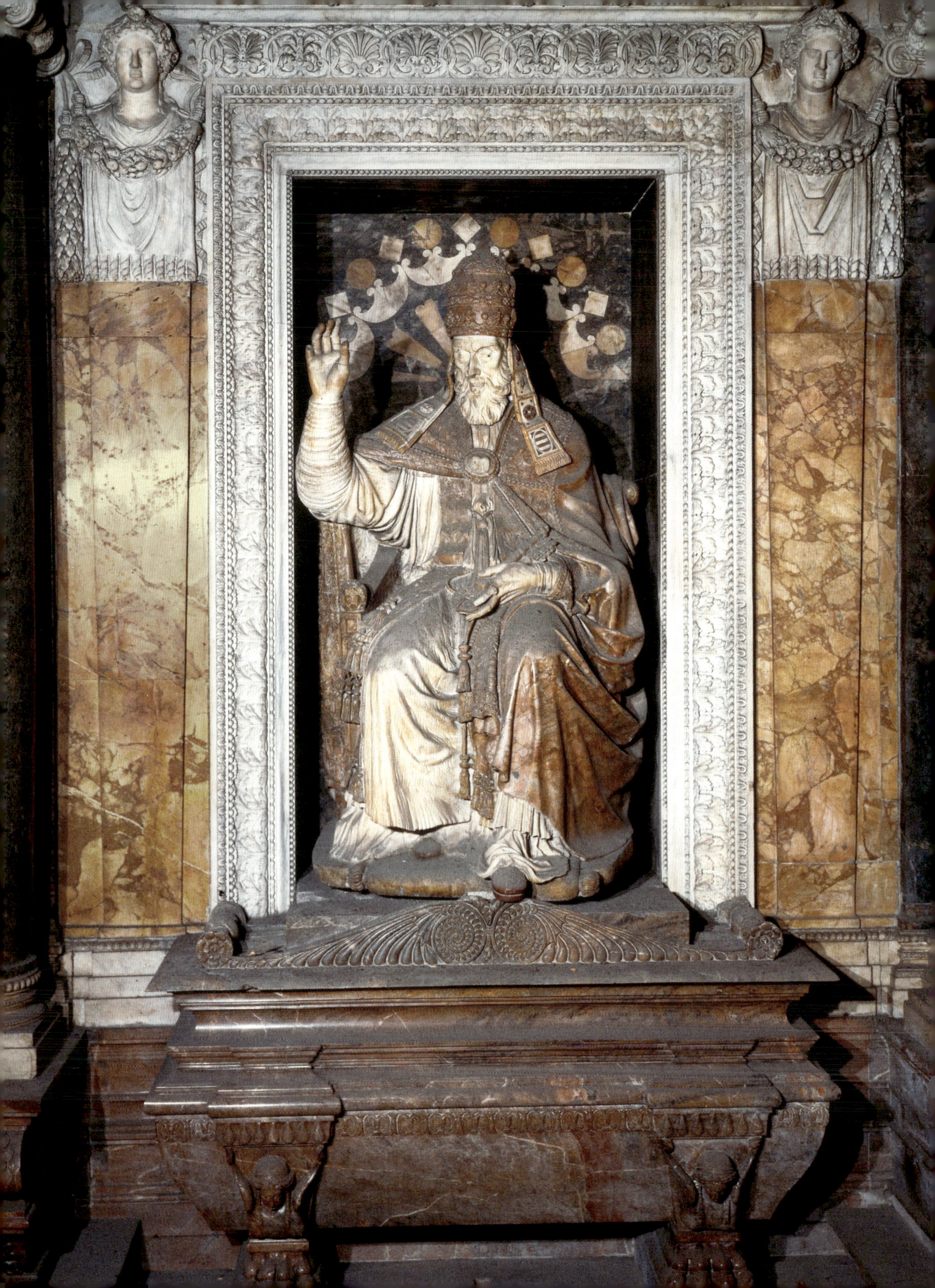

教皇パウルス4世
最も憎まれた教皇
1476〜1559年

　1555年5月15日、ジョヴァンニ・ピエトロ・カラファが教皇に選出されたとき、彼も皆と同じようにびっくりした。71歳で、教会を運営するにはやや年寄りだったし、人気もまるでなかった。彼自身、「私は人に親切にしたことがない」と認めていたという。多くの者が、この老枢機卿は名誉を受けないだろう、教皇在位期間たった22日で亡くなった前任者のマルケルス2世より早く逝くことになりかねないから、と考えた。にもかかわらず、カラファは三重冠を受け、統治することを決意した。皇帝カール5世が彼の登極に断固反対していたのだけが理由だとしても。

　ナポリ貴族の家に生まれたカラファは、伯父のオリヴィエロ・カラファ枢機卿の保護下に入れられ、伯父は1494年、ジョヴァンニ・ピエトロにキエーティの司教区を与えて、活動をはじめさせた。しかし、彼は認められることも高位の職を得ることもなかったし、大使としてのスペイン派遣は、彼にスペイン人への終生の憎悪を引き起こしただけだった。1524年、ジョヴァンニ・ピエトロは、同じように敬虔なガエタノ・ダ・ティエネ（後の聖カエタノス）とともに、共同生活はしないが慈善行為に献身的で、自らの財産を売り払って資金を提供する聖職者たちのために、新しい修道会を結成した。彼らは「神愛のオラトリオ」と名のり、その後テアティーナ修道会と呼ばれるが、これは、カラファがこの修道会創設資金のために売却した司教区キエーティのラテン名、テアテにちなんでいる。

　カラファ自身の神愛の気持ちは、異端の疑いがある者たちへは及ばなかった。1520、30年代、カトリックとプロテスタントのあいだの教義の不一致がまだ明確にされていなかったとき、高位聖職者の中にもルターに誘惑されたらしい者たちがいて、カラファを大いに憤激させた。1542年、自身も枢機卿となっていた彼は、中世にさかんに活動していたが、ルネサンスの到来とともに衰退していたローマの異端審問所復活に手を貸した。動きの遅い教皇庁の官僚組織にいら立ち、信仰に動揺した者や異端者の追跡捕縛をはじめることに熱意を燃やす彼は、自分の資金で必要な鎖や錠を購入し、「もし私自身の父親が異端だったとしても、薪を集めて焼き殺してやる！」と豪語したという。

　当初、活動は、多くの隠れプロテスタントに、その信仰を捨てるか、いっせいにイタリアを去るように説得するだけで充分だったが、ローマの異端審問所は、カラファが教皇に選出されてようやく、本領を発揮した。彼は異端に関してだけでなく、男色、賭博、売春、聖職売買に関しても積極的に匿名の告発を奨励した。教皇パウルスの諜報員たちは、教皇の広範な権力を用

サンタ・マリア・ソプラ・ミネルヴァ聖堂内の教皇パウルス4世の墓（1559年）。パウルス4世の死にあたり、存在していた彼の彫像はすべて打ち壊された。ピッロ・リゴーリオのデザインにもとづいたこの新しい彫像は、大理石のかけらをつなぎ合せて作られた。

6. 新しい波

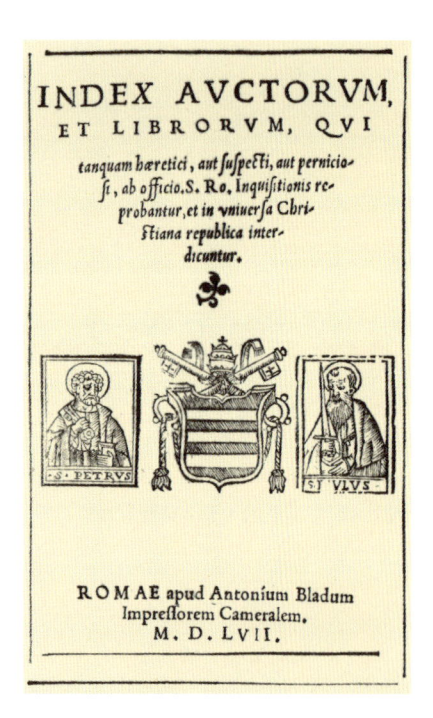

```
INDEX AVCTORVM,
ET LIBRORVM, QVI

tanquam hæretici, aut suspecti, aut pernicio-
si, ab officio. S. Ro. Inquisitionis re-
probantur, et in vniuersa Chri-
stiana republica inter-
dicuntur.

ROMAE apud Antonium Bladum
Impressorem Cameralem.
M. D. LVII.
```

1557年に出版されたパウルス4世の禁書と禁著者のリストは、彼の異端との戦いの一部であった。2年後、ローマの異端審問所は、彼の指導下に大幅に拡大された禁書目録を出版した。

いて、異端だけでなく、彼が社会的に逸脱していると見なした他のすべてのものを根こそぎにした。物乞いは町から追い払われ、修道士修道女は自分たちの修道院に帰され、司教たちは自分の司教区に戻された。パウルスはまた、ローマのユダヤ人を保護するという古くからの協定を無効にし、テヴェレ河近くの壁で囲った居留地に彼らを押しこめた。教皇領内のいたるところで、彼の異端審問によって、いわゆる「マラノス」——強制されてキリスト教に改宗したけれども、その後ひそかに伝統的な信仰に戻った者たち——が狩り出され、多数が焚刑にされた。1557年、パウルスは「禁書目録」を発布することで、教皇の勢力範囲を拡大させた。これはカトリック教徒が読むことを禁じた作家500人以上、何十もの印刷業者の著作リストであった。この目録に載った書物はもはや参照してはならず、有罪の証拠であり、禁書を一冊でも所持して逮捕された者は全員、異端として断罪された。

パウルスはカトリック思想の純化を意図し、禁書目録で異端思想を取り除いたが、その結果、ルネサンス誕生の地で知的な論議を消してしまい、繁盛していた印刷業を、一挙にイタリアからアムステルダムやジュネーヴへと追いやった。彼の教皇在位期間の残りは似たようなシナリオをたどり、彼の猛烈な理想主義は、政治経済の現実と衝突しつづけた。彼が十分に考えずにスペイン領ナポリに対して宣言した戦争は教皇庁を破産させ、教皇領内に飢饉を蔓延させ、あやうく第二のローマ掠奪を引き起こすところだった。彼はこの大失敗も、1557年のテヴェレ河氾濫後の社会奉仕での失敗も、責任を受け入れることを拒否し、甥のカルロ・カラファを公然と非難し辱めたが、この出来そこないの不適格者をかつてローマ軍総司令官に任命したのは彼自身だった。

ローマの民衆はパウルス4世の死を歓迎し、彼らには珍しいことに、喜びを激発させた——教皇の墓碑像を破壊し、その頭部でサッカーをしたほどである。カラファ家の紋章は建築物から剥ぎ取られ、一族の主要なメンバー大勢が狩り出され、逮捕され、その後、処刑された。パウルス4世は、ルネサンスから反宗教改革への教皇庁の最終的な過渡期の指導者であったが、最も憎まれた教皇として歴史に名を残した。その後何年間も、ローマの民衆は葡萄酒を注文するときに、昔ながらの「カラファ（水差し）」という言い方を使わず、「ブロッカ」という言葉を使いつづけた。

皇帝カール5世
西洋世界の皇帝
1500～1558年

ハプスブルク家のカール（スペイン語ではカルロス）は、6歳ですでに13の大国に君臨していた。16歳で彼は、ヨーロッパで最大にして最速で拡大しつつある王国の君主だった。19歳で神聖ローマ皇帝となった。たぶん史上最大の帝国の皇帝として、カールは古代ローマ帝国の最大版図のほぼ2倍の帝国を統治したが、彼が征服によって得たものはほとんどなかった。彼の領土は王家同士の結婚や巧みな政治戦略によって樹立されたもので、その多くは、彼が生まれる前にととのえられていた。彼の個人的モットーは「プラス・ウルトラ（さらに越えて）」だったが、カールはその生涯を、領土を拡大するためというより、相続したものを護るためのほぼ絶え間ない戦争のうちに過ごした。

これだけ大きな権力をひとりの人間が——じつのところ少年が——相続することになったのは、同盟を固め、権力を集中させるために、城や都市や公領を持参金として常に用いたヨーロッパの王家間の政略結婚の結果であった。15世紀には君主制国家の勃興とともに、国全体がこのようにたらい回しにされた。1496年、新たに統一されたスペイン王国の継承者フアナ・デ・トラスタマラと、ハプスブルク・ブルゴーニュ両家の継承者フィリップの結婚はその頂点であった。この混合王国に花嫁花婿は、同時にネーデルラント、ミラノ、ナポリ、さらに可能性として新世界の広大な領土をもたらした。

当時の多くの者にとって、1500年という新紀元の年に生まれた最上級の帝王の出現は、キリスト教世界帝国の再来の前兆であった。確かにカールはそう考えていた。まだ十代だったが、彼はネーデルラントでの権力を迅速に確保し、気のふれた母フアナをスペインの玉座から追い払い、フッガー家から借りた金で神聖ローマ皇帝への選出を買収した。弱冠19歳で彼は、フェルディナンド・マゼランの世界を股にかけた遠征に喜んで資金援助をし、ハプスブルク家の領土が地球を一周する権利を確かなものとした。

しかし、結局、カールの世界帝国の約束——あるいは脅威——は、当時に特有のさまざまな制約条件のおかげで実現することはなかった。フランドル生まれの彼は、ドイツ語もスペイン語も特に流暢になることはなく、そのため、どちらの国でも影響力を行使するのに困難がともなった。神聖ローマ皇帝としての彼の権力は、選挙によるというその地位の性質上、制限があった。一方で、スペイン人は、若き部外者や彼の取り巻きの外国人顧問に対して疑心を捨て去ることがなかった。この時代、ヨーロッパの君主たちにはまだ固定した宮廷がなく、カールはスペインからドイツへ、オランダへ、イタリアへ、はてはチュニスへと絶え

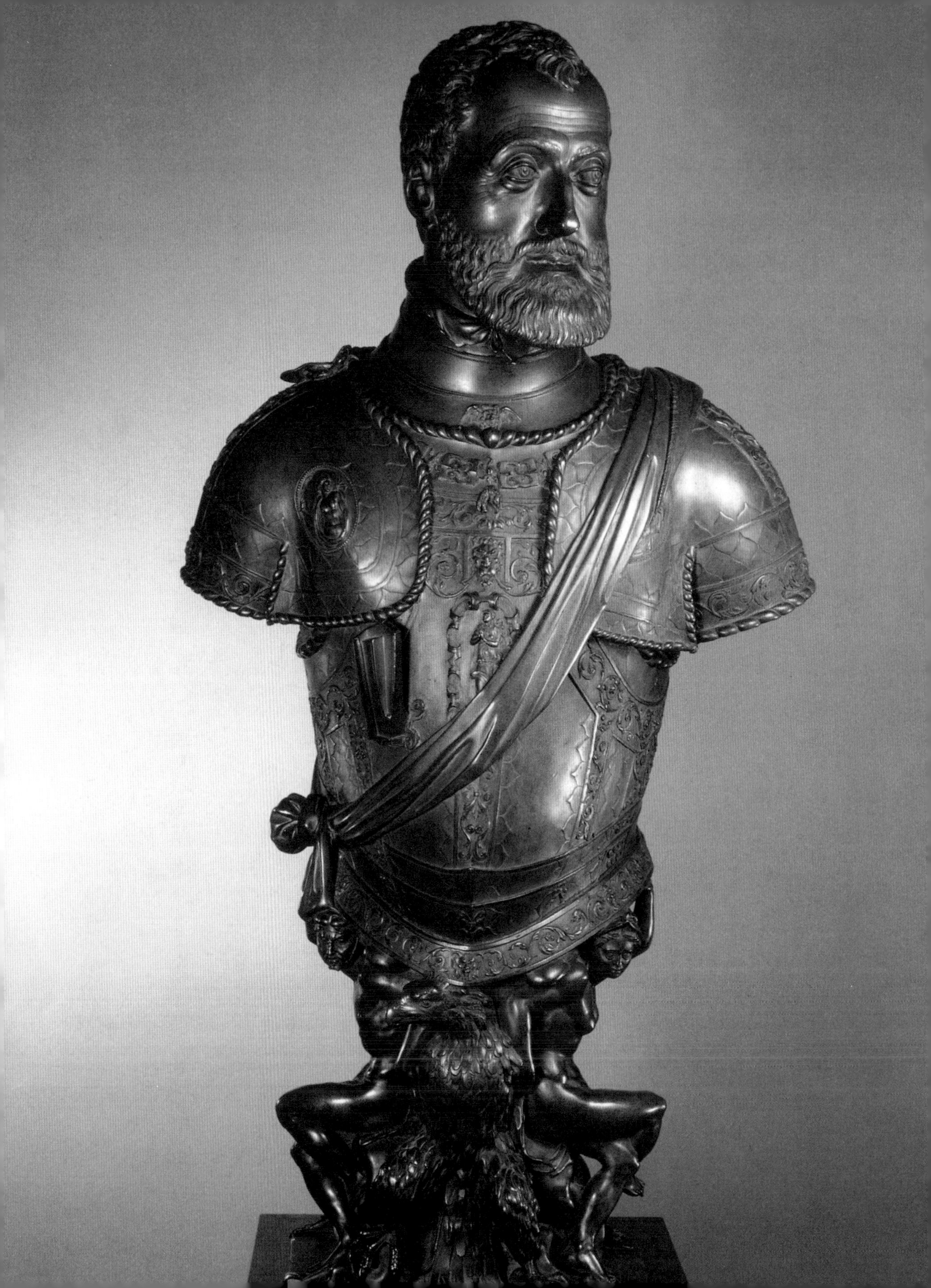

ず移動しながら、同盟を結び、新たな資金を求め、戦闘を行ない、次から次へと起こる危機に立ち向かっていた。

そして、危機は確かにあった。ヨーロッパ人の関心は、世界帝国の漠然とした約束よりも、彼らの長くつづいた自由や収入源の方に移っていた。フランスの新王フランソワ1世はカールの超国家に脅威を感じ、1521年にはイタリア、フランドル、ロレーヌの支配をめぐって、スペイン＝帝国軍との一連の高くつく破滅的な戦いをはじめた。英国のヘンリー8世や教皇クレメンス7世などの脇役も地歩を得ようと画策し、彼らの支持を保持するために、カールは絶えず外交使節を送らねばならなかった。さらに大きな脅威であったのは、強力な拡大主義のオスマン・トルコで、ハプスブルク家をハンガリーや北アフリカから追い出し、名ばかりのカトリックであるフランソワとも威嚇的同盟を結んだ。

さらに困難だったのは、マルティン・ルターが擁護した宗教反乱の扱いであった。このような教義論争は取るに足りない聖職者どもの口喧嘩みたいなものだと長く信じこんでいたカールは、ドイツにおけるプロテスタントの異議の問題を概して無視し、たいていは弟のフェルディナンド1世に任せていた。彼がようやく教皇を説得して1545年にトレント公会議を召集したときには、すでに遅く、教会のみならず彼の帝国をも二分する決定的分裂は避けられなかった。

結局、この時代の弱体化した官僚組織、非常に緩慢なコミュニケーション、経済の拙劣な管理のせいで、世界帝国の君主の仕事はひとりの人間の手に余るものとなった。摂政としてハプスブルク家の親類が大勢仕えていても、まだ負担は圧倒的だった。カールは反乱や侵入に立ち向かう金のかかる（時には未払いの）軍隊とともに、帝国中を走りまわっていたからである。1550年には疲労困憊して、さらに痛風と突き出た下顎——ハプスブルク家の何世紀にもわたる血族結婚の結果で、彼はしばしば食べ物がうまく噛めなかった——に悩まされていた。1556年、彼はついにあきらめ、ひとつずつ、多くの称号を捨て、ハプスブルク家の広大な土地を元のスペインやドイツの分家に分配し、マドリード近郊の静寂な修道院に隠遁し、そこで、残された最後の数年を過ごした。

前頁：レオーネ・レオーニ作の皇帝カール5世の胸像（1553年頃）。*この肖像は彼の諸特徴を美化しているにもかかわらず、彫刻家は老帝の突き出た顎の線を隠すことはほとんどしていない。*

右：カール5世とクレメンス7世。ジョルジョ・ヴァザーリ画（1556〜62年）。*ふたりは時に敵対したが、その政治活動のほとんどを、互いに激突することを避けて過ごした。*

ベンヴェヌート・チェッリーニ
彫刻家として成功、自伝作者として大成功
1500〜1571年

18年間子供ができない結婚生活を送った後、妻が息子を産んでくれたとき、ジョヴァンニ・チェッリーニは「ベンヴェヌート！ ベンヴェヌート！（よく来た、よく来た）」と叫びつづけ、それは「彼らがそれを名前に決めるまで」つづいた――ベンヴェヌート・チェッリーニと。楽器職人でフィレンツェの町の楽隊で演奏していたジョヴァンニは、当然、息子が音楽の仕事を継ぐだろうと思っていたが、ベンヴェヌートは「いつも嫌で嫌でたまらなかった、父さんの命令だから、歌ったりフルートを吹いたりしていただけだ」と文句をいった。結局、チェッリーニ少年は父親を説得して、金細工師の弟子になった。

宝飾品や小彫像の制作者になったベンヴェヌートは繁盛した。中流出身の他の多くの職人たちと同じように、彼は熟練した腕前と良いコネによって、仕事でトップの座に到達した――これがルネサンスのイタリアを特徴づける文化的社会的な流動性であった。最初にローマで、次にフィレンツェ、フランスで働き、結局フィレンツェに戻ってきた。チェッリーニは16世紀に目だって隆盛を誇った聖俗の独裁君主たちの装飾的要求を満たし、彼らに壺、小彫像、宝飾品、金・銀・ブロンズのメダルを供給した。これらの作品のうちで最も有名だったもの――今でも有名だが――は、1543年にフランス王フランソワ1世のために創造した、古典に霊感を得た黄金製のサリエラ（塩入れ）である。

チェッリーニは自分には新たなミケランジェロになる才能があると信じていたが、大彫刻家になるために必要な大規模な注文を獲得しはじめたのは、ようやく中年になってからだった。1540年、フランソワ1世は彼に、フォンテーヌブローの王宮を、門と噴水と銀製で大型のオリンポス12神像で飾るようにと依頼した。しかしチェッリーニは、このパンテオン（万神殿）のうち3像しか仕上げず（それらも、その後溶かされてしまった）、噴水は完成できなかった。その後のフィレンツェのコジモ1世からの注文では彼はもっと上手くやり、公のために、胸像彫刻を何点かと記念碑的な「メデューサの首を掲げるペルセウス」（1545〜54年）を鋳造した。後者は今も、当時すえられた場所――フィレンツェの中心のロッジア・デイ・ランツィに壮麗な姿を見せている。

チェッリーニは第二のミケランジェロにはならなかった。その代わりに彼が獲得した不朽の名声は、「いかなる種類であろうと、真に価値がある、あるいは価値があると思われる何かをなしとげた人はすべて、自分自身の生涯の物語をまっ正直に書き留めるべきだ」という彼の確信によることになる。58歳のとき、チェッリーニはまさにこれを行なった――自分の『ヴィータ（自伝）』、つまり自叙伝を書きはじめたのだ。5年後に書き終えたとき、彼はほぼ500頁の手書き原稿をいっぱいにしていた。自分の業績を詳細に語るよりも敵をけなすことに多くのスペースを割いていたけれども、彼

ベンヴェヌート・チェッリーニ作「ペルセウス」(1445〜54年)。チェッリーニは自分をミケランジェロの後継者だと思っていたが、彼の主張を完全に正当化してくれるような壮大な注文を受けたことはなかった。これは彼の数少ない大作のひとつであり、最も名高い作品である。

6. 新しい波

は意図せずに、その名声によって、それ以前に制作したメダリオンや聖遺物器や彫像すべてをしのいでしまうような芸術品を生み出していたのだった。

　自伝はヨーロッパでは新しいものではなかった。しかし、既存のアプローチは、人生を精神的な遍歴という型にはめたものだった。チェッリーニの『ヴィータ』はそのような物語の軌道を描かなかった。彼の話は段落の途中で唐突に終わる。「それから私はピサに向けて出発した。」というように。その代わりに、彼の自伝はすぐわかるほどに近代的な人間、短気と傲慢と肉欲という欠点がある自律的な個人、自分の弱点を克服しようとするだけでなく、それを創造的な美術に変えようとして奮闘する人間の物語である。『ヴィータ』は美術的な自伝であり、チェッリーニのデザイン、職人気質、美学への情熱に満ちている。美術家とパトロンのあいだの意志の衝突、偉大な美術制作の裏での現実。このひどく社会的な物語は、仲間の美術家たちのあいだだろうと、君主の宮廷であろうと、チェッリーニが通り抜けねばならなかった変わりやすく不確かな関係を描き出している。

　しかし、これは冒険者の伝記でもあった。1527年のローマ劫掠のあいだ、チェッリーニはサンタンジェロ城を防衛した。その11年後、彼は捏造された容疑で、同じ城塞に監禁された。1533年、彼はローマのコロッセウムで真夜中に催された降霊術の会に参加した。そして、予期せぬ魔物の群れに直面したときにあまりに平然としていたので、降霊術師が「一緒にきて悪魔に書物を捧げてくれと、私を説得しようとした」。何年ものあいだ、彼は男女の性別を問わず恋人をもち、少なくとも5人の子供をもった。彼はたちまちのうちに友人を作ったが、敵を作るのはもっと速かった。彼はテニスを覚え、最初のホイールロック（火打ち石と回転する輪を使った引金）式マスケット銃一丁を所有していた。彼はライヴァルの職人を3人殺したこと、もっと大勢を襲ったことを認めている。たいていは名誉の問題であった。この『ヴィータ』から、チェッリーニは、当時の自慢好きで大胆不敵で霊感を受け、自信家の情熱的な男として浮かび上がってくる。この本の普及版が出版されるのはようやく19世紀初頭になってからだが、読んだ者たちはたちまち、彼の彫像よりもチェッリーニという人間を、ルネサンスの真の傑作であると認めたのである。

ベンヴェヌート・チェッリーニ作「塩入れ」(1543年)。*塩入れとしては大きく、直径34cmもあるが、彫刻家としてより金銀細工師としてのチェッリーニの熟練した腕前を反映している。*

聖フランシスコ・ザビエル
東インド諸島への宣教師
1506〜1552年

多くのヨーロッパ人をプロテスタンティズムへと導いた16世紀の福音主義的な熱狂は、ローマ教会内部に留まった他の多くの者たちの情熱もかきたてた。そのようなひとりが、ピレネーの山の中、バスク貴族のザビエル家に生まれたフランシスコ・デ・ヤソ・イ・アスピルクエタであった。1512年のスペインによるバスク征服後、父を失い相続権を奪われたフランシスコはパリへ移住し、そこでフランソワ・ド・グザヴィエとしてソルボンヌ大学哲学科に入学した。在学中に、やはりバスク出身の同僚イグナティウス・デ・ロヨラと出会い、彼のカリスマ的魅力にとらわれた。新たな指導者の変革的「霊操」体験に自ら従い、ザビエルはイグナティウスと他の5人の仲間とともにイエズス会を結成し、1534年8月15日、生涯を神に捧げるという誓願をお互いに交わしあった。

これらの誓いのひとつは教皇に対する絶対服従で、「〔教皇が〕われわれをトルコ人のあいだに送ろうと、インド諸島と呼ばれる領土の住民たちのあいだに送ろうと、あらゆる種類の異端者や分離主義者のあいだに送ろうと、他のどんなところだろうと」と約束した。彼らの献身はすぐに試されることとなった。ポルトガル王ジョアン3世が教皇パウルス3世に東インド諸島への宣教師派遣を求め、パウルスはザビエルをその任務に選んだのである。1541年4月7日、ザビエルは永遠にヨーロッパを離れ、3ヵ月の疲労の多い航海の後、インドの西海岸にあるゴアに到達した。ジョアン王の最初の意図は、インド人の妻を娶って現地住民になったポルトガル人の商人や船乗りたちに福音を説いてもらうことだったが、ザビエルは彼らの混血の子孫に宣教することを好んだ。彼は小さな鈴を鳴らしながらゴアの通りを歩いて、これらの者たちを説教へと呼び寄せた。彼の宣教活動がゴアにいる多くのポルトガル人をいら立たせているとわかると、ザビエルはこの都市から撤退し、セイロンやインド南部で司式をしたり説教をしたりして数年間を過ごし、これらの地で2万人以上の真珠採りに洗礼を授けたと伝えられる。

公式に東インド諸島への教皇特使であり宣教師であったザビエルは、同胞ヨーロッパ人に対して布教するよりも、インド人に対して布教することにもっと関心があった——その結果、彼はポルトガル系ゴア人に対していら立ち、異端審問所に彼らの異端を罰しにきてくれるように求めた。1544年、彼はインドをたち、西洋の価値観によって汚されていない従順な異教徒のあいだに「〔魂の〕豊かな収穫」を求めて東に旅立った。ポルトガル帝国の西マレーシアにおける首都であったマラッカから受けた印象はゴアとそれほど変わりなかった。そこで彼

「ゴアで説教する聖フランシスコ・ザビエル」、アンドレ・レイノーゾ画（1612〜22年）。この絵はザビエルの布教の世界宣教的性格を強調している。彼はポルトガル人とインド人の商人たち、母子たちの姿で描かれたキリスト教徒と異教徒に説教をしている。

は東方へ、モルッカ諸島へと旅をつづけた。ここで彼は、探し求めていた異教徒の共同体を見つけた。「土着の部族が狡猾で、食べ物や飲み物にさまざまな毒を入れるから、この場所はたいへん危険」だったが、住民は喜んで彼の説教を聞きたがり、大勢がキリスト教に改宗したのである。

1549年、ザビエルは日本に向かった。そこに彼が見出したのは、事実上西洋の影響が見られない社会であった——ポルトガル人が日本と交易をはじめてまだ10年もたっていなかった。日本人は「他のいかなる民族にまして、すべてのことで理性に導かれている」と彼は感じた。そして、非常に好戦的ではあるが、同時に文化的に洗練されており、礼儀正しく、西洋の習慣や信仰に対して非常に好奇心が強かった。人間のすべての祖先に永遠の拷問を運命づけた、邪悪と地獄をも許した慈悲深い創造主である神というようなカトリックの基本教義を伝えようとするザビエルの試みに対し、日本人は貪欲に耳を傾けた——しかし、異議をも唱えた。説教には通訳や絵に頼らねばならないという障害があったが、ザビエルはそれでも、エリート層にも一般人にも著しい感銘を与え、自分の医学的科学的知識を使って聴衆の注意をひきつけ、正確に教えこんでいなかったとしても、彼らに洗礼を授けた。しかし、彼の方法のこの目に見える成功——数千人への洗礼——によって、重大な霊的欠陥があいまいにされた。モルッカ人より以上に、日本人は、ザビエルを西洋の斬新な技術と優れた火力の文化的代弁者として尊敬したのである。内乱に引き裂

聖フランシスコ・ザビエル

かれていた日本で、彼の教えを受け入れた多くの者は明らかに政治的理由でそうしたのであり、キリストと結びつくだけではなく、マスケット銃、戦艦、銀貨という、非常に世俗的な利益を提供してくれるポルトガル商人との結びつきを確保しようとしていたのである。

日本はザビエルにとって最大の宣教的冒険であった。しかし、このように将来有望にはじまったとしても、ずっとかかりきりというわけにもいかず、彼はまもなくふたたび移動した。「われわれはいかなる犠牲を払っても中国への道を開く」とザビエルは宣言した。中国こそ、東アジアにおける法と政治と宗教の真の中心地であると彼は結論づけていた。1552年、彼はゴアに戻って中国派遣宣教団を組織したが、その後、彼の計画は恐ろしくよじれてしまった。広東に入る許可を待っているあいだに、仲間のポルトガル人に、マラッカからほど近いサンシャン（上川）という小さな島に置き去りにされた。そこで、アントニオと名づけた中国人の助手以外そばにいる者もなく、病気になり、1552年12月3日に亡くなった。中国帝国とイエズス会最大の宣教的挑戦の入り口で。

聖フランシスコ・ザビエルの多彩色彫像、無名のポルトガル人美術家作（1600年頃）。この作品は、イエズス会のポルトガル帝国全域での拡大活動の本拠地であったリスボンのサン・ロケ聖堂にある。

アンドレア・パッラーディオ
石と煉瓦による建築の完成者
1508〜1580年

　15 35年、イタリア貴族で、詩人兼人文主義者であるジャン・ジョルジョ・トリッシーノは、北イタリアの都市ヴィチェンツァの郊外にある一族の古いヴィッラ（別荘）を一新することを決心した。ウィトルウィウスの古典的著作に刺激を受けたトリッシーノはこの計画をよく監督することに決め、アマチュア建築家のように行動した。彼は職人たちのひとり、アンドレア・ディ・ピエトロ・デッラ・ゴンドラという名の中年の石工に、技術的にも、自分が擁護するウィトルウィウスの諸原理を取り上げる場合にも、並外れた才能があることを見出して喜んだ。自分が新たなピュグマリオンになったように夢想して、トリッシーノはアンドレアを人文主義の翼の下に庇護し、雑役婦と粉屋を両親とする男を、建築という貴族的美術の達人へと変えた。アンドレアが非常に熱心かつ有能だとわかったので、ふたりはまもなく共同で新たな計画に入った。トリッシーノは友人たち——それぞれに建築計画のある人文主義者たち——にこの石工を紹介し、それからアンドレアが、残っている古典の歴史的建造物を直接学べるように、ローマに連れて行った。自分の助手の天才を確信したトリッシーノは、彼に新しい名前さえ与えた——ギリシアの叡智の女神パラス・アテナにちなんで、パッラーディオと。

　パッラーディオは、たちまちのうちに新しい教育と縁故関係に対する借りを返した。1537年には自分の工房を経営し、その後、長蛇の列となる注文——ほとんどが古典風の別荘を望むヴィチェンツァやヴェネツィアの貴族たちから——の最初のものを受けていた。猛烈なエネルギーで働いて、パッラーディオはその後10年間に、1ダースほどそのようなヴィッラを設計し、生涯で30棟ほどを生み出すことになった。ほとんどはヴィチェンツァ郊外の牧歌的な田園地帯に散在しており、それらはユニークな美術遺産を呈することになり、ユネスコの世界遺産にもなった。いくつかの別荘、ヴィッラ・ラ・ロトンダ（1567〜91年）やヴィッラ・ラ・マルコンテンタ（1558〜60年）などは主に、古典的ローマ様式の歓楽の館として計画された。貴族たちが農夫役を演じながら、夏の暑い数ヵ月間、避暑と憩いを求められる場所として。他の別荘、ヴィッラ・バルバロ（1560〜70年）などは、実際の農作業用の地所を美化することを目的としていた。どちらの場合でもパッラーディオは、召使いや農夫たちに対して殿様顔をしたいという所有者の願いを理解し、つねに基壇の上に、彼が設計した、風通しが良く均整のとれた優美な家屋を置いて、周囲の離れ家に対する階層的優位を母屋に与えている。

　個人のヴィッラに関するパッラーディオの才能は、建築においても社会においても新しいものであった。その引き金となったのは、イタリアのエリート層における私有

アンドレア・パッラーディオ設計のヴィチェンツァ近郊にあるヴィッラ・アルメリコ・カプラ（1566〜1620年）：「ラ・ロトンダ」とも呼ばれる。建築家自身の死はいうまでもなく、所有者も次から次へと破産したり亡くなったりしたため、パッラーディオの最も有名な作品であるこの別荘は、完成までに50年以上を要した。

財産の増大と、自己表現を競いたいという衝動の増大であった。しかし、彼は同時に、もっと伝統的な注文もこなし、その中にはヴィチェンツァのテアトロ・オリンピコ——古典時代以来、最初の屋根付き劇場建築——のような公共建造物もあった。1550年にトリッシーノが亡くなると、パッラーディオはすぐに、もっと身分の高いパトロンに乗り換えた——特に、ダニエレ・バルバロ枢機卿とマルカントニオ・バルバロの兄弟は、ヴェネツィアの最も尊ぶべき貴族の出身であった。トリッシーノと同じように質朴な弟子に熱狂したバルバロ兄弟は、パッラーディオといくつかの売り出し計画を練り、彼をもういちどローマに連れて行き、それからヴェネツィアの支配階級の親密なサークルに彼を紹介した。まもなく彼は、共和国の威信ある聖堂の工事を行なったが、特に三つの聖堂は、ヴェネツィアの都市景観に彼のしるしを永遠に残すことになった——サン・フランチェスコ・デッラ・ヴィーニャ（1564年）、サン・ジョルジョ・マジョーレ（1565年）、イル・レデントーレ（1577年）である。1570年、彼は「プロト・デッラ・セレニッシマ（ヴェネツィア共和国の首席建築家）」に任命され、この都市のあらゆる建築計画の責任者となった。

同年、長期にわたる準備を経て、パッラーディオはおそらく建築設計について書かれた最も重要な書、『建築四書』を出版した。その中で彼は、ウィトルウィウスの諸原則を明瞭に述べただけではなく、それ

6. 新しい波

らを採用する際の実践的手段——黄金方形の適正な応用、多様な建築形式を混合する際の美的規則、さまざまな中心的機能にもとづいた建物の諸要素を全体的に調整するための手引きをも提示した。パッラーディオ自身の挿絵が入ったこの本は、シンプルな構成こそ、形式的要素を注意深く並置してシンメトリカルに見せて壮麗さを達成するのだと訴えている。その結果生まれたヴィッラ、パラッツォ、聖堂は、やや飾り気がなくて簡素に思われるかもしれないが、新世代の住人やパトロンたちの基準と要望に完璧に一致していた。彼らはキケロやウェルギリウスを見ならって、商売の世界を離れ、農場経営者としておちつくという過程にあるエリート層のメンバーだった。パッラーディオが金持ちでもなく貴族に叙されもせず亡くなってまもなく、『建築四書』はブリテンとオランダで熱心に受容され、それらの土地では新古典主義のモデルは「パッラーディアン様式」と改称され、何世代もの商人貴族たちにとって第一級のガイドとなり、それは19世紀に入っても続いた。

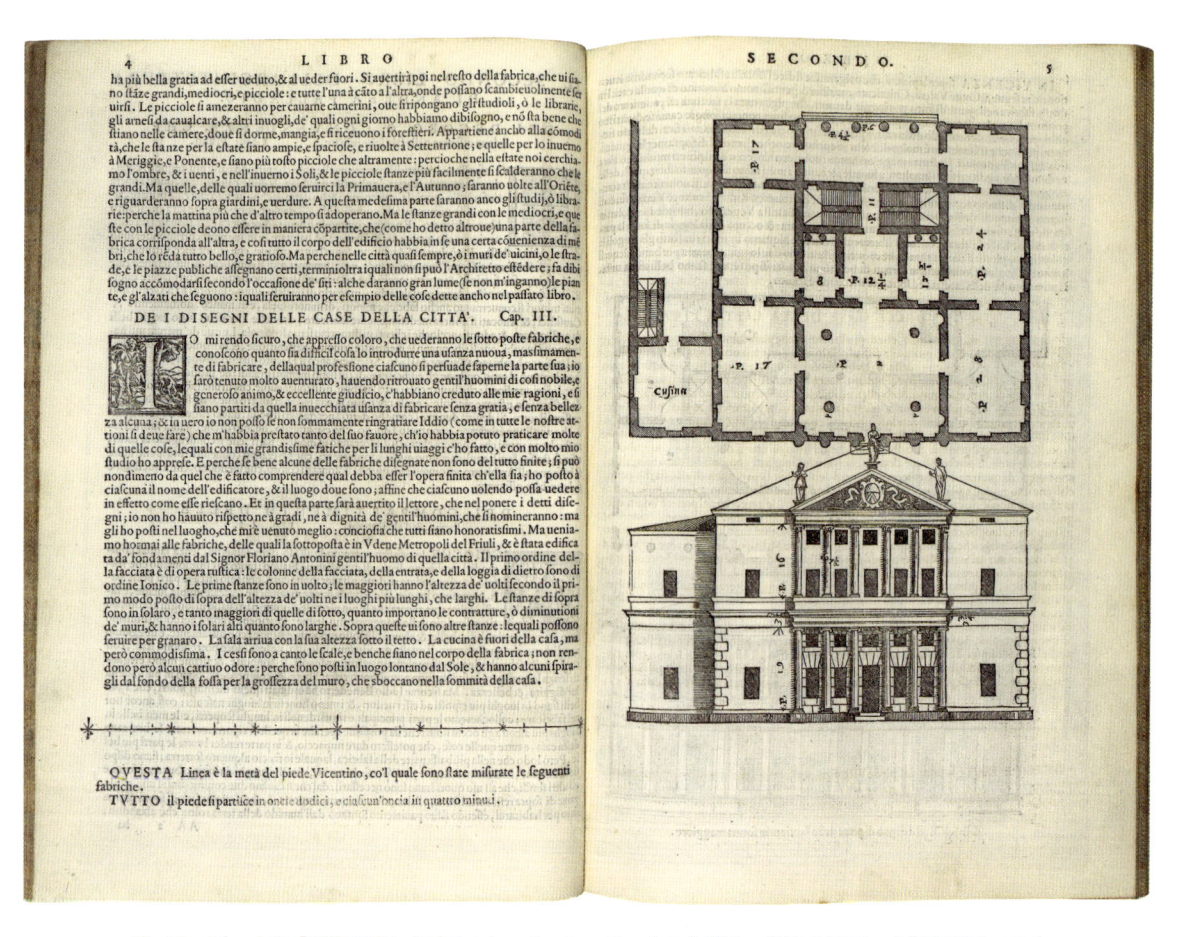

パッラーディオの『建築四書』（1570年）。パッラーディオの仕事は、聖堂や田園の大別荘だけではなかった。ここに挙げた図は、ヴェネツィアの北東にあるウーディネに彼が設計建設した、ある紳士のタウンハウスである。

ジャン・カルヴァン
神による予定説を主唱
1509～1564年

たいていジュネーヴと結びつけられているけれども、ジャン・カルヴァンはスイス人ではなく、生涯の後半をこの都市で過ごしただけである。アルプスからはるか彼方のフランスはピカルディーに生まれた彼は、初めに受けた聖職者のための準備教育を、父親によってパリの人文主義学校に送られると放り出してしまい、それから民法を学ぶためにオルレアンに行った。オルレアン滞在中、20歳ごろに、カルヴァンはある宗教的啓示を受けた。法学の学位を取り終え、セネカの著作についての人文主義的研究まで発表したが、彼の生涯における真の情熱は、この回心経験から揺らぐことは決してなかった。

1539年代初頭、マルティン・ルターによるキリスト教教義と教会組織を改革しようという提案は、ドイツ帝国内に広範な支持を獲得した。しかし、統一された王権と強固な教会制度が堅固な抵抗を示したフランスでは、それほど受け入れられなかった。そのような制度のひとつ——パリ大学——を改革しようという失敗に終わった騒動に自らかかわっていたので、カルヴァンはカトリックの反動のせいで潜伏を余儀なくされ、1534年には亡命せざるをえなかった。しばらくのあいだ、彼はスイス連邦最北の大学都市バーゼルに安全な棲家を見つけた。1年間の猛烈な執筆生活の後、『キリスト教綱要』の初版を出版した。改革信仰へのこの説明と弁護は、改革者たちがいだいていた明晰さと統一性への要求を満たし、急速に拡大しつつあった宗教的分裂の両陣営に、カルヴァンの名声を確立した。1年もたたないうちに、計画してというより偶然に彼はジュネーヴにいたのだが、ここに亡命していたフランス人の同胞たちから、留まってこの地の教会を改革してほしいと懇願された。

教義に関しては、カルヴァンは、秘蹟への参加、善行、個人的功績がキリスト教徒の救済に役立つという、教会が長いあいだ受け入れてきた教義に異議を唱えた。カルヴァンによれば、罪は、原罪であれ個人の罪であれ、神の無限の恩寵によってのみ「正当化される」が、その恩寵に近づけるのは聖書を通してのみであり、比較的とるに足りない人間の努力によってではなかった。この点についてカルヴァンはルターと一致していたが、おそらく法学の基礎知識ゆえであろう、彼の方が厳格で、この教義の論理的結果を強調した——全能の神は、各人が生存中にどのように行動するかにかかわらず、必然的にすべての人間の救済か地獄落ちかを予定している、というものだった。

この厳格なドグマは、ジュネーヴの市民に一定のアピールをした。その理由は少なからず、個人の救済に関する古くからのキリスト教的強迫観念に、たとえより窮屈であったとしても、聖書を読み説教を聴くことを通して神の力と偉大さを熟考するという、もっと直接的な義務が取って代わったからだった。しかし、もし「カルヴァン派」が彼ら自身の救済に何も役立つことが

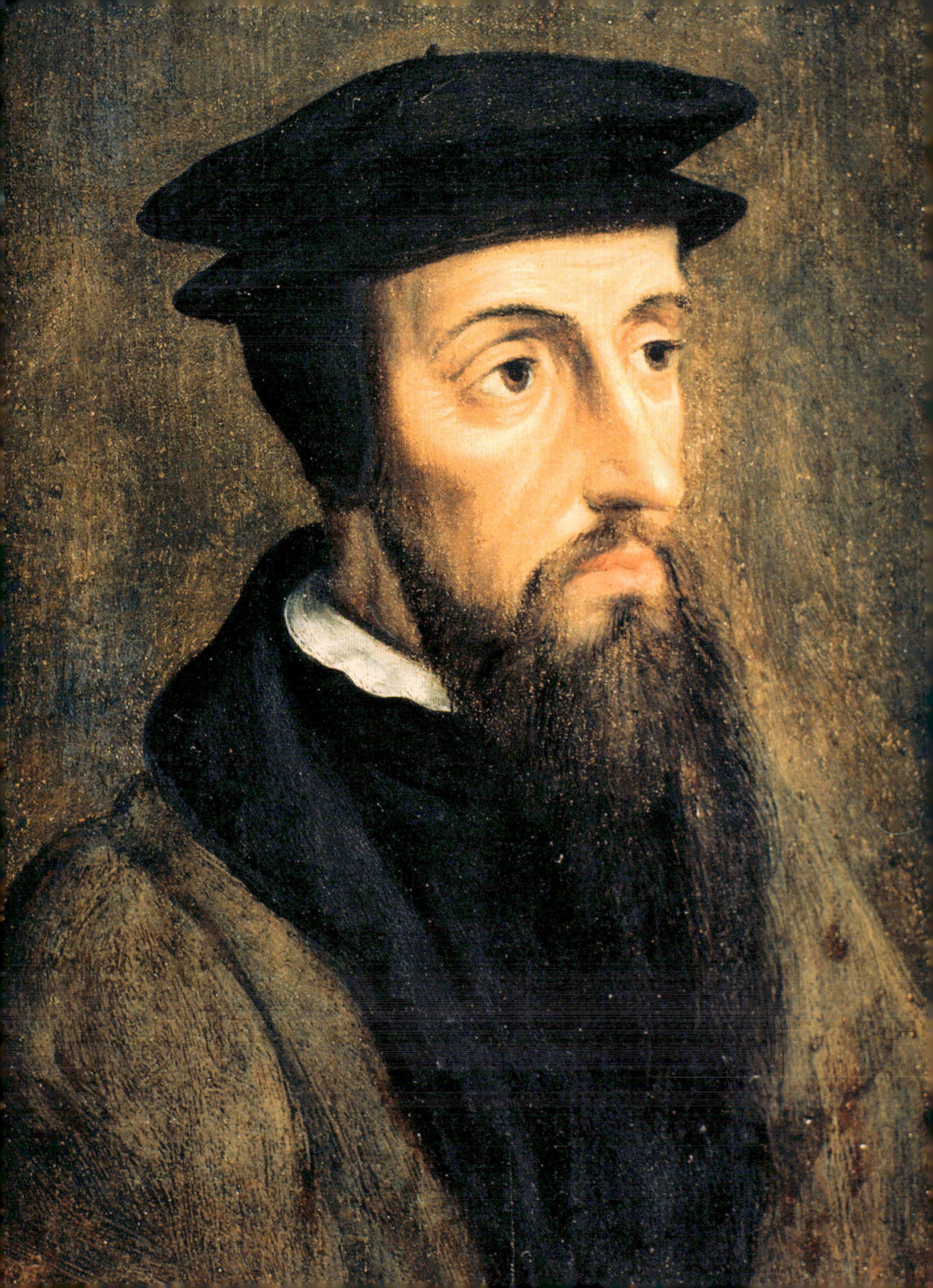

できないとしても、それでも彼らは、神との契約によって集団の規律と社会組織を必要とする共同体の一部なのであった。カルヴァンに奨励されて、ジュネーヴの市議会はカトリックの司教を放逐し、ミサ執行を保留し、修道院を廃止してそれらの財産を押収し、ジュネーヴ市は「以後、福音の法と神の御言葉に従って生活し、また……教皇のあらゆる職権乱用を廃する」と宣言した。自分自身には説教師としての権威以上のものは何も要求しなかったカルヴァンだが、ジュネーヴ市民を説得して彼らの公共道徳を規制する職務の拡大を受け入れさせた。世俗の政府と平行して統治するこの神権政治には、四つの職制があった。説教と聖礼典を司る牧師、教義を教える教師、宗教的規律を裁判し行政する長老、公共慈善を運営する執事である。

あいにく、ジュネーヴ市民の全員が、いや大部分が、この神権政治を支持していたわけではなかった。1538 年、カルヴァンの夢想的社会をあまりに厳格だと考えた者たちが彼を追放し、彼はドイツの帝国都市シュトラスブルクに移った。1541 年、いまやフランスからの改革主義の亡命者でふくれ上がったジュネーヴにふたたび招かれ、カルヴァンは死ぬまで新たな議会の非公式の長であった。この地で彼は聖書のほぼ全巻について多数の注釈書を執筆して刊行し、『キリスト教綱要』に大幅に加筆して翻訳し、休みなく説教をした――毎日の説教は 1 時間以上の長さで、メモも見ないでしゃべった。1559 年、彼はカルヴァン主義の神学者志望生たちのために神学校を創設し、この学校の多くの卒業生が改革のメッセージをフランス、オランダ、スコットランド、英国の故郷へと持ち帰った。その規律、決意、秘密厳守において、このカルヴァン派の福音伝道者たちの一団の行動は、これらの国の多くで彼らと競っていたイエズス会と非常によく似ており――またしばしば彼らと闘争するに至った。このことや、また反対者と事を構え、自分と神学的に対立する者に死を宣告するカルヴァンの意欲によって、ジュネーヴはプロテスタントのローマ（イデオローグとか異端審問とかいう意味で）として評判になった。

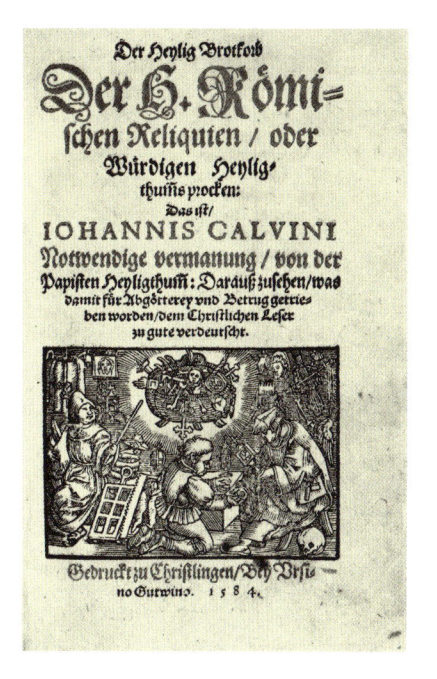

ヨハネス・フィッスカルト著『聖なるパン籠』（1580 年）。救済のための骨折りを全員が真剣に受け取ったわけではなかった。聖遺物崇拝に対するカルヴァンの批判を皮肉に嘲笑したこの諷刺書は、16 世紀後半のドイツで広く人気を博した。

前頁：このカルヴァンの肖像は 1555 年ごろ、カルヴァン思想の最古かつ最も影響力のあった中心地のひとつ、ネーデルラントで描かれたと思われる。1 世代もたたないうちに、彼の信奉者たちがスペイン支配に対するオランダ蜂起を左右することになる。

グラシア・メンデス・ナジ
セファルディム（スペイン系ユダヤ人）のセニョーラ
1510〜1569年

もしグラシア・ナジの肖像画が存在していたなら、おそらく賢こそうで意志が強く、しかし感じのいい顔をしていただろう。しかし、ルネサンス期のユダヤ人にとって、絵のモデルになることはふつう受け入れられなかったから、われわれは彼女の書簡や商売の記録からわかることを、グラシアの肖像として手を打たねばならない。これらの資料から浮かび上がってくる彼女は、16世紀——定住する国や公然たる宗教をもたないことが、特に女性にとっては危険な、あるいは致命的な障害でありえた時代——の最も羽振りのよい金融業者で政治家のひとりである。

彼女はルネサンスの非貴族の女性としては最も強力な存在になったが、グラシア・ナジの子供時代についてはほとんど知られていない。彼女はおそらくポルトガルに移住したスペイン起源のユダヤ人の子孫だったが、ナジ家がどのくらい長くポルトガルに住んでいたか、何を職業としていたかは完全に推測の域を出ない。ただひとつ確かなのは、1528年、ベアトリス・デ・ルナのスペイン名で、彼女がフランシスコ・メンデスという名の裕福なコンヴェルソ、すなわちキリスト教に改宗したユダヤ人の商人と、リスボンで結婚したことである。この結婚生活のあいだに、夫妻およびフランシスコの兄弟でメンデス商会の共同経営者であるディオゴは、香辛料、銀、奴隷を交易し、ポルトガル帝国内の金融業者としてますます富を増大させた。フランシスコとベアトリスのあいだには1534年ごろ、アナ——家族のあいだではレイナ（女王）と呼ばれた——という娘がひとり生まれた。

1536年の初頭、フランシスコ・メンデスが亡くなり、商会の半分をベアトリスに残した。若き未亡人はすばやく夫のビジネスを習得せねばならなかったし、一方で、新たに到来したポルトガルの異端審問所の脅威にも対処せねばならなかった。1536年の中ごろ、異端審問官たちがリスボン入りし、「ジュダイザンテ」——キリスト教に改宗したけれども隠れてユダヤ教を遵守しているユダヤ人——を根こそぎにした。しかし、じつは異端審問所はあらゆる「コンヴェルソ」の後を追いまわした。特に金持ちのコンヴェルソを狙い、彼らを逮捕すれば、その財産が押収できたからである。

断固として行動し、ベアトリスはメンデス家の財産のほとんどを——娘と妹と何人かの甥とともに——リスボンから移した。最初はロンドンへ、その後スペイン領アントウェルペンのコンヴェルソたちの大きな共同体へと。そこにはディオゴ・メンデスもいて、商会の資金の半分で儲けのある銀行を経営していた。ベアトリスはアントウェルペンに8年間ほど滞在した。世界中にいる代理人を通して、彼女は効率よく経営し、一族のビジネスを増強し、ディオゴと妹のブリンダの結婚もととのえた。その後、1543年にディオゴが亡くなるとき、自分のかなりの資産の管理をベアトリスに任せた。彼女はいまやヨーロッパで最大かつ最も富裕な商社を指揮していたが、ビジネス経営への挑戦はベアトリスの数々の困難

のうち最小のものだった。裕福な独身女性である彼女は、捕食者たちをひきつける磁石だった。彼らは彼女から富を取り除こうとさまざまな計画を試みた——彼女の娘を強制的にあるスペイン貴族に嫁がせようとしたり、彼女の亡夫をジュダイザンテだと告発したり、彼女に皇帝カール5世への無利子貸付を強制したりした。アントウェルペンでは何の保護も得られないと確信したベアトリスは、娘とブリンダと彼女の娘を連れて、運べるだけの財産を抱えて、ヴェネツィアへとひそかに逃亡した。

　公式にはキリスト教徒であったから、デ・ルナ姉妹はこの都市の不健康なユダヤ人ゲットーに無理に入りこんだりせず、大運河沿いに居館を借りることができた。しかし、キリスト教徒の間での暮らしはベアトリスにジュダイザンテであるとの告発をさらに免れなくさせた。この告発は、ほかならぬブリンダからすぐにもなされる可能性があった。彼女はメンデス家の財産の分け前を主張する決意だった。たとえそれが、姉を異端審問へ送ることを意味するとしても。この家族不和はまもなくヴェネツィア政府を引きずりこみ、生命と財産の危険に恐れをなしたベアトリスは、近くのフェラーラへとふたたび逃亡した。ここで彼女はキリスト教を捨て、ユダヤ名グラシア・メンデス・ナジを名のった。ついに1555年、保守的な教皇パウルス4世が、ユダヤ人とコンヴェルソにとってイタリア全土を危険なものにするつもりであることを知る

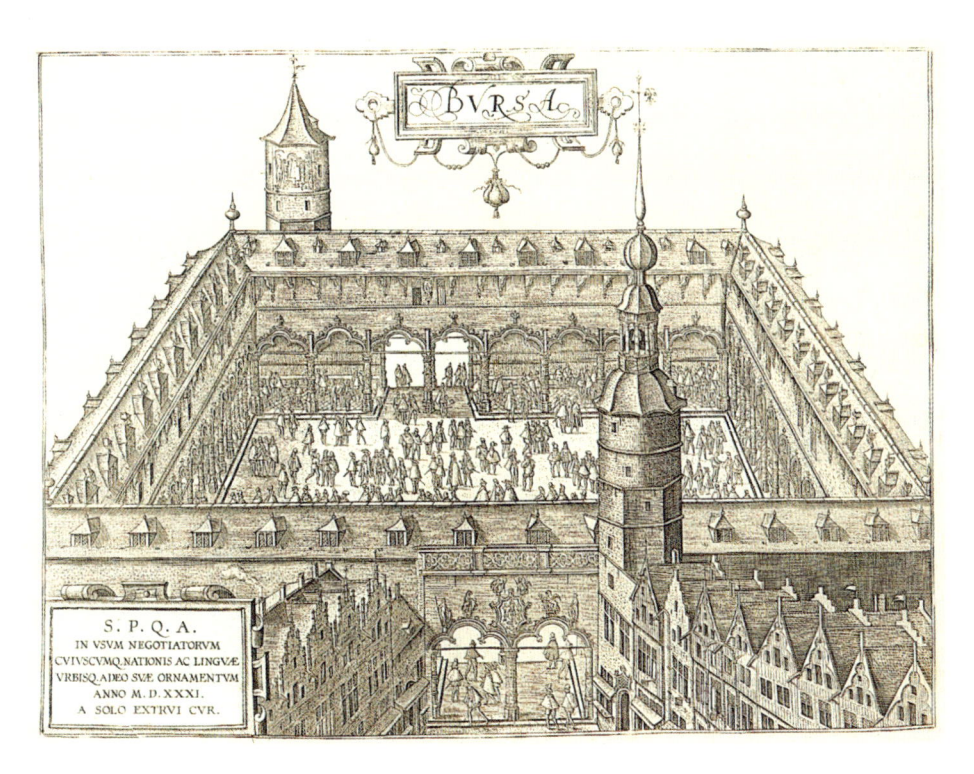

アントウェルペンの証券取引所。ロドヴィコ・グイッチャルディーニの『ネーデルラントの記述』（1567年）から。北ヨーロッパの主要な商業都市であったアントウェルペンは、イベリア半島から亡命してきた数千人のユダヤ人とコンヴェルソを引き寄せた。

6. 新しい波

1553年に刊行された『フェラーラ・バイブル』。これはヘブライ語聖書『タナハ』〔トゥーラー（律法）、預言書、諸書の三部から成るユダヤ人の聖典〕の最初のラディノ〔ユダヤ人が使ったスペイン方言〕訳ヴァージョンであった。グラシア・ナジはこの翻訳出版事業の主要な出資者のひとりであり、第2版ではしつこいほどの献辞が捧げられた。この翻訳は、学者以外のセファルディム〔スペイン系ユダヤ人〕のためになされたものだった。

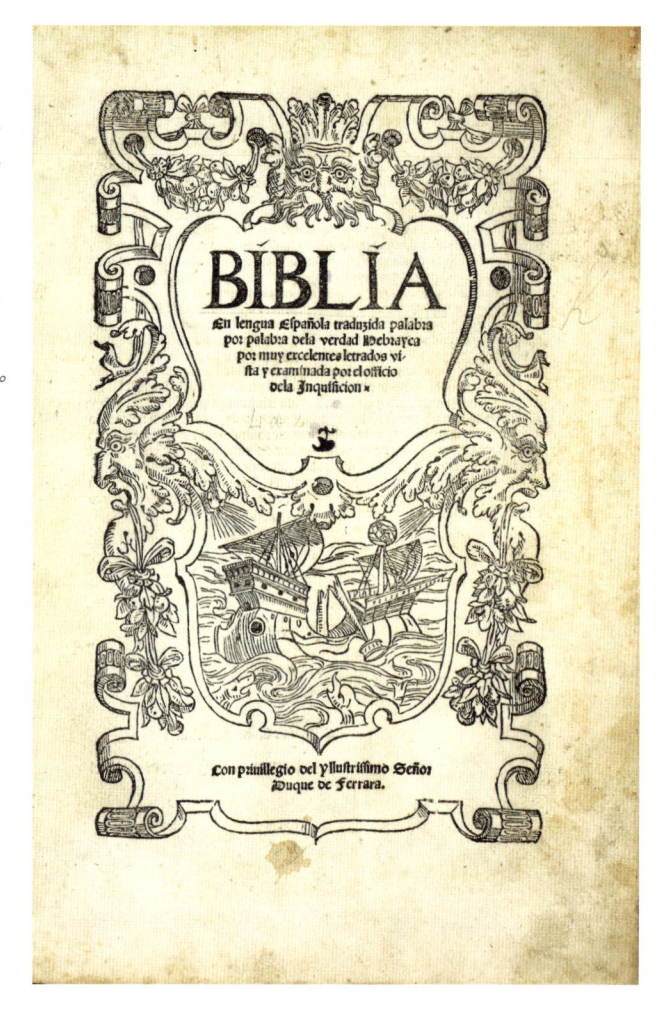

と、彼女は荷物をまとめて最後の移動を行なった——コンスタンティノープルへ。

ようやくおちついて、グラシア・ナジは、彼女の元からの財産全部ではないにしても、儲けの多いビジネスを確保した。彼女は残っていた財産の大部分を、同胞のイベリア系ユダヤ人やコンヴェルソたちがより安全な土地におちつけるよう手伝うこと、シナゴーグやイェシーバー〔ユダヤ教の文書の高度な研究のための専門学校〕への寄進、ラビ〔ユダヤ教の律法学者〕たちの学問への支援に費やした。彼女はパレスティナ沿岸のティベリアスに土地を買い、聖地に最初のシオニスト再定住地を設立した。これは彼女の死後、先細りになって消滅した

が、タナハ、つまりヘブライ人の聖典のスペイン語訳といった彼女のその他の寄進は、亡命ユダヤ人にとって永続的な価値があった。『フェラーラ・バイブル』として知られるこの著作の印刷人は、序において彼女を賞讃し、彼女の「われらポルトガル〔コンヴェルソ〕民族の身体の中にある心」に呼びかけている。しかし、彼女の配慮と寛大さに何年にもわたって恩恵を受けた多くのユダヤ人は、グラシア・ナジをもっとシンプルな名で呼んでいた——彼らにとって彼女は「ラ・セニョーラ（奥様）」とだけ知られていた。

アンドレアス・ヴェサリウス
皇帝の外科医、死体解剖者
1514〜1564年

歩きまわる天才たちの時代と呼ばれてはいても、アンドレアス・ヴェサリウスはきわ立っている。カール5世の侍医の息子で、祖父も曽祖父も宮廷の医師だったヴェサリウスは、ブリュッセルで生まれたときから、医者として生涯を送るために訓練された。弱冠16歳で権威あるルーヴァン大学に入学し、哲学と文献学の課程を取りながら、犬、猫、鼠を解体して基礎的な解剖学を独習した。19歳でパリ大学に移り、そこで彼は著名な医学教授ヤコビウス・シルヴィウスの下で訓練した。研究のための人体死体の確保はややうさん臭い仕事だったが、ヴェサリウスは地元の孤児養育院の番人を買収して、安定した供給を得た。彼は人体の骨格を熟知するようになったので、どこの骨かを目隠ししたまま当てる賭けをした。実践研究への彼の情熱は、伝統的な考え方のシルヴィウスとは合致しなくなった。師は、雇われ外科医が人体の各部分を掲げながら実際の検屍解剖を行なっているあいだ、教授の椅子に座って、古典の解剖学者ガレノスからの該当箇所を大声で読みながら教えることを好んでいた。

このようなアプローチは憶病だし退屈だと思ったヴェサリウスは、パリを去ってヴェネツィア領のパドヴァ大学に向かった。ここで、彼はたった3ヵ月で試験に通り、弱冠22歳で医学博士号を受けた。卒業の翌日、彼はひどく印象的な公開解剖を行ない、ヴェネツィア当局は即座に、彼にパドヴァ大学の解剖学と外科の教授の地位を提供した。6年間、ヴェサリウスは教鞭を取りながら自分の解剖技術を完成させた——処刑された犯罪者の死体を彼に供給するパドヴァの親切な裁判官に助けられて。ガレノスの解剖経験は猿の体に限られていたという確信をますます強くした彼は、この古代・中世医学の神への敬意を失い、解剖学の基本全体を疑問視しはじめた。生意気で自信家の若きフランドル人は、こう不平をこぼしている。

「ガレノスの名においていかに多くの馬鹿げたことが受け入れられていることか……〔たとえば、人体構造〕その存在は絶えず彼の著作によって裏づけられているし、それについて医師たちは絶えず話している。彼らは〔それらを〕見たこともない、それにもかかわらず、それらについて述べつづける、〔彼〕の教えに導かれて。私自身、今では私の以前の愚かさに驚愕している……その愚かさの原因は、私のガレノス崇拝だったのだ。」

ヴェサリウスの教授方法にとってきわめて重要だったのは、人体の正確なデッサンであった。そして、1540年から1543年にかけて、彼は自分の発見のすべてを、散文と挿絵で、権威ある一冊、『デ・フマニ・コルプリス・ファブリカ（人体の構造につ

6. 新しい波

アンドレアス・ヴェサリウス著『人体の構造について』(1543年)。これは彼のパドヴァでの講義にもとづいたヴェサリウスの最高傑作の表題頁である。大学の劇場型解剖教室で、学生や教授たちが群がる前で解剖中の彼の姿が描かれている。

いて)』に注ぎこんだ。『ファブリカ』と呼ばれるようになるこの本は驚くほど精確で、しばしば美的に楽しい銅版画が呼び物だが、ティツィアーノ工房によって制作されたと推定される。一方で、ヴェサリウスは確立したガレノスの教義に対して、本文で攻撃をつづけた。彼は長年教えられてきたことをたくさん否定している。些細なものも（アダムの肋骨から作られた女性に男性より肋骨が一本多いかどうか）、深甚なものも（血液循環の性質、神経組織の働き、腎臓の機能）。魂は心臓にあるのかどうか彼に尋ねた神学者たちに、彼は、自分の研究で明らかになったのは、心臓には（ガレノスの主張にもかかわらず）四つの部屋があり、神経組織の発生点ではないということだけだ、と答えた。魂は意識と同じように脳にあると彼は見たのである。

　驚くことではないが、『ファブリカ』は熱い議論の対象となり、特にシルヴィウス自身は、ガレノスを越える解剖学的知識は何も見られないと主張した。医学の最も大事にされてきたパラダイムの崩壊は、科学界に衝撃を与えた。パドヴァ大学のヴェサリウスの同僚たちでさえ彼と敵対し、人びとは彼の名をもじって、彼を「ヴェサニウス（狂人）」と呼んだ。同僚たちの片意地な反応にむかついて、ヴェサリウスは教職を去って、一族の伝統的な仕事、ハプスブルク家の宮廷医師に戻った。彼は1543年、カール5世の側近団に加わったが、皇帝の神学者たちから人体解剖の許可をもらってからのことであった。

　ヴェサリウスは残りの生涯を、カールに、カールの死後は、皇帝の息子フェリペ2世

ヴェサリウスの肖像。彼の人体解剖についての大著（1543年）から。*この医師は読者の方を見ながら、前腕の筋肉、血管、靭帯を示している。*

に仕え、戦傷や宮廷の病気を処置しながら過ごした。しかし、彼は新しい君主とマドリードでの生活はブリュッセルほど性に合わないと思った。妬み深いスペイン人の同僚たちは絶えず彼をおとしいれようとし、彼がまだ生きている人間を解剖しはじめたために異端審問所が彼の仕事を調査しているという噂を流した。1562年、ヴェサリウスはスペインをたった。表面上は聖地への巡礼のためだったが、同時にパドヴァでの旧職に戻りたいと願っていた。彼はパレスティナを訪ねたが、帰途、病に倒れ、宮廷からも大学からもはるかに遠く、ヴェネツィア領のザンテ（ザキュントス）島で亡くなった。

アビラの聖テレサ
神の使徒の法悦
1515～1582年

アビラのテレサは少女時代を思い出して、「私は、悪いことならなんでも得意でした」と言っている。彼女は母親の騎士道物語をむさぼり読み、もっと素行の悪い従姉妹たちとともに時間を過ごし、「ドレスをたくさん作ること」を覚えた。「外見で他人を喜ばせようとして、一生懸命に手や髪の手入れをし、香水や手に届く範囲のありとあらゆる虚栄の品々を使いました。」彼女の考えでは、「神を恐れることを完全に忘れていた」ようで、噂話と虚栄と子供らしい愚行の生活に自分を開け放していた。

浅薄さから信仰へのテレサの回心は、彼女が13歳のとき、母の死によってはじまった。その後、彼女は騎士道物語を捨て、宗教書を手に取った。しかし、彼女の歩みはゆっくりで、たどたどしい旅だった。女子修道院に入ることを望んだが、身体が弱く、父親の反対もあって思うにまかせず、20歳のときにようやく、家出をして、地元のカルメル会修道院に加わった。しかし、回廊の中でも彼女の霊的歩みは困難だった。アビラのカルメル会は宗教改革に影響されていない多くの修道会と同じように、「緩和された規則」にしたがっており、裕福な修道女たちは召使、愛玩犬、宝飾品、香水といったまったく世俗的な生活を享受し、社交や旅行の自由まであった。新しい居場所で、明らかに宗教的確信の欠如に悩まされたテレサは重い病に倒れ、死にかけた。激痛に引き裂かれて、彼女はほとんど完全に麻痺状態となった。しかし、彼女は後にこの体験を、自分の子供っぽいエゴイズムとの決別、霊的開花として見た。たしかに、彼女は彼女なりの頑張り方をつづけた。伝説によれば、苦悶のさなかに彼女は神に、なぜ私をこんなにお苦しめになるのですか、と尋ねた。すると幻のうちに主が現れ、自分は自分の真の友は皆このように扱うのだ、とお答えになった。それに対してテレサは、ではあなたに友が少ないのも不思議ではありませんね、と言い返したという。

1543年、テレサはそれまでになくひどい苦痛と麻痺から回復し、祈りと瞑想を通して神と自分の関係を探る力を見出した。病中の体験によりながら、外的な執着からも内的な意識の騒音からも自分を解放することを目的とした霊的修練を発達させた。瞑想的祈祷の三段階を行なっているあいだ、彼女はしばしば法悦に満たされ、涙があふれ、歓喜に身体がこわばった。同僚の修道女たちは、彼女がこのような激しい精神状態に達することを知っており、ミサの最中に空中浮遊するので押さえつけておかねばならなかったという。

❦　アビラの聖テレサ　❦

アビラの聖テレサの生前に描かれた唯一知られている肖像のコピー、フラ・ホアン・デ・ラ・ミゼリア作。原画は1576年、テレサが61歳のときに描かれた。巻紙には「主の慈悲を永遠に歌います」とある。

6. 新しい波

　テレサの神秘的達成は同時代の人びとに興奮も与えたが、不快感も与えた。同僚の修道女たちの中には、彼女の規律の厳格さと歓喜の明示を恐ろしいと感じる者もいた。修道院の壁の外でも、彼女の友人や親類のあいだでも、彼女の法悦は自尊心と魔物によって引き起こされたという噂が流布しはじめた。彼女の祖父ホアン・デ・トレドが強制されてキリスト教に改宗したユダヤ人だったと陰でこそこそ話す者もいた——テレサの血筋がふつうではないことが、彼女の霊感源に疑惑を投げかけさせた。これ見よがしなお返しに、テレサは自己懲罰作戦を開始し、聴罪司祭に止められるまでこれをつづけた。彼女の体験の霊的性格への疑惑は、1559年6月29日、彼女がキリストとの神秘的結合を経験するまで残っていた。そのヴィジョンの瞬間に——それは、ジャン・ロレンツォ・ベルニーニの「聖テレサの法悦」（1647〜52年）によってみごとに不滅化された——彼女の残りの生涯を導く確かな目的が与えられた。

　テレサは自らの宣教の方向をカルメル会の改革に向けた。男性の修道会における同じような努力に鼓舞されて、彼女は教会当局に彼女自身の、「裸足のカルメル会」の家をアビラに設立したいと請願した。彼女の新しい規則には、清貧、祈祷、告悔というもっと厳格な責務が含まれ、トレント公会議後のカトリック・ヨーロッパを席捲した厳格な改革の精神を反映していた。裕福な修道女たちは、もちろん贅沢品を捨てることに反対した。しかし、他の者たちも、テレサが自らの神秘的信仰にもとづいて新しい修道院を創設することで、霊性や教会における女性の役割についての公会議の新しい規則に違反していると不平を言った。彼女がカスティーリャ中に新しい修道院をにわかに次々と創設した後、教皇特使が突然、彼女を制御し、異端審問所が彼女の神秘主義の正統性についての公開調査を行なった。彼女の霊的助言者（男性）が、もう少し人をおびやかさないやり方で自己表現するように教えながら注意深く指導するのに数年かかった。改革に戻ることを許されて、テレサは主に晩年を、自らの霊的遍歴の詳細な報告を執筆して過ごした。その体験はカトリックの宗教改革の理想をあまりによくとらえていたため、彼女は死後40年たって、列聖された。

カトリーヌ・ド・メディシス
マキャヴェリストの王妃
1519〜1589年

結婚の初夜、14歳の花嫁カトリーヌ・ド・メディシス（カテリーナ・デ・メディチ）は、同じくらい若い花婿アンリと寝室をともにしたが、花婿の父、フランス王フランソワ1世も同じ部屋にいた。国王はくつろいでそこに留まり、新婚夫婦が「槍試合で武勇を発揮した」のを確認した。ふたりは頑張ったようだ。翌朝、彼らに教会の祝福を与えにきたカトリーヌの伯父、教皇クレメンス7世とフランソワは楽しげに交代した。このような初夜の見届けは驚くべきことではなかった。これはきわめて重要な結合だった——クレメンスは「世界で最も偉大な結婚」と呼んでいる——物質的、精神的、両面での富を誇るイタリアのメディチ家と、200年以上フランスを支配してきたヴァロワ家の結合であった。

カトリーヌは特に美人ではなかった。背が低く、瘠せていて、幅広い唇と「メディチ家特有の飛び出した目」をしていた。フランスの廷臣たちは彼女のことを「商人の娘」と軽蔑し、フランソワの王国の王位継承権第2位の第二王子との結婚だというのに、クレメンスは姪に資格を与えるために、フランスのエキュ金貨とイタリアのデュカート金貨による膨大な持参金を約束せねばならなかった。そして、結婚式から1年もたたないうちにクレメンスは亡くなり、次の教皇パウルス3世は約束されていたもの、領地のすべてと現金のほとんどを反古にし、フランソワはこう叫ばざるをえなかった。「あの娘は丸裸で嫁にきたってわけだ！」

フランス宮廷から同情をかち取れるかどうか、すべては若いカトリーヌの優雅な社交術にかかってきた。しかし、彼女の状況は悪化するばかりだった。アンリ王子はおそらく初夜の体験から立ちなおっていなかったのだろう、まもなく、カトリーヌを捨てて他に愛人を作った。夫にかえりみられず、また身体的な問題もあったのではと推測されるが、彼女はなかなか妊娠しなかった。この問題は1536年、アンリの兄が急死したことでより重大になった。いまや王太子妃となったカトリーヌは、早く男子を産まねばならなかった。さもないと、離婚される恐れがあった。彼女はたくさんの魔術師、占星術師、医者に相談し、ようやく、34歳のときに男子を産んだ。その後、1547年にフランソワの後を継いで王となったアンリ〔2世〕は、おおっぴらに愛人と暮らしていたものの、カトリーヌはさらに9人の子を産みおおせた。そのうち成年に達したのは7人で、3人は国王となり、2人は王妃となった。

アンリの治世のあいだはあまり重要でない立場にいたが、1559年に夫が馬上槍試合の事故で亡くなると、カトリーヌは無理やり目立った場所に引き出された。その後16ヵ月、彼女の15歳の息子フランソワ2世が統治するが、妃の一族で王位を狙うギーズ家の弱々しい操り人形であった。そして、フランソワが耳感染症で亡くなり、突然、カトリーヌ・ド・メディシスはフランスの摂政大后妃となった。彼女はその後30年間のほとんどをこの称号を有効に使い、まずは9歳になる次男シャルル10世の名に

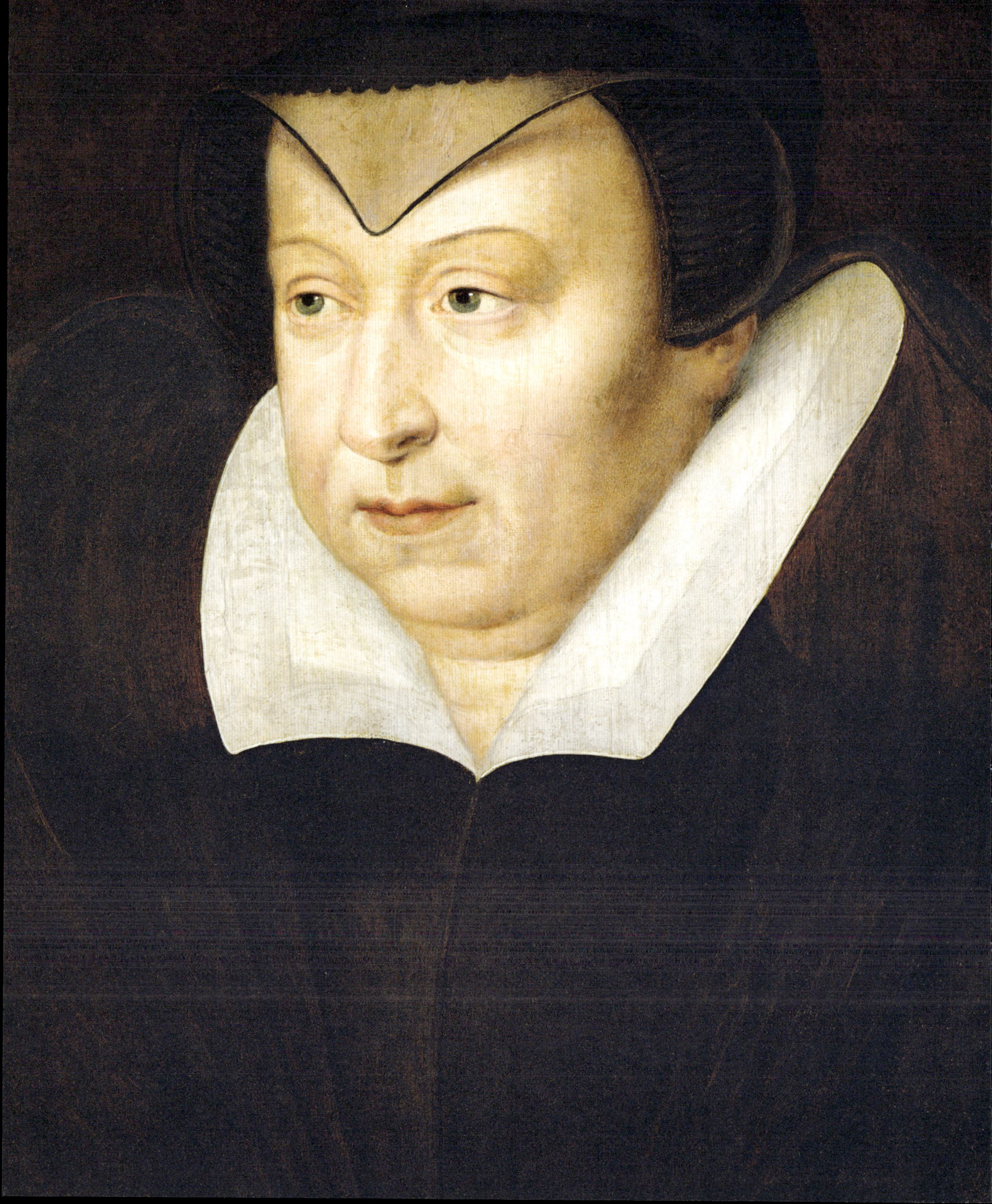

おいて、シャルルが24歳で亡くなると、今度は、成人してはいたが無能な3男アンリ3世に代わって、政務を執った。

　フランスにとって困難な時代であった。パリと地方が分裂し、カトリックの頑固な信者とカルヴァン派のユグノー教徒たちが分裂し、カトリーヌの息子たちが弱々しく座っている玉座への権利を主張するふたつの大貴族の家柄、カトリック側のギーズ家と新教徒側のブルボン家が分裂していた。「彼女に何ができたろう？」とブルボン家の王位継承者であり最後の勝者となったアンリ4世は問うている。「〔彼女は〕幼い子を5人腕に抱えて、夫に先立たれた。そして、フランスの二大貴族が王冠を奪おうと計画していたのだ。」カトリーヌは王国を二分している宗教的情熱の奥深さを理解しようとしたができなかったので、代わりに政治的休戦の調停をしようとした。曽祖父のロレンツォ豪華公は、この種の事を同胞のイタリア人諸侯にたくみに課していた。これが失敗すると、彼女は進んで片方のリーダーたち〔カトリック側のギーズ家〕と手を組み、もう一方の者たちを暗殺させた──1572年の世にいうサン・バルテルミーの虐殺である。

　フランス人はそのときもその後も、彼女の残忍さ、二枚舌、悪行、そして外国人女性であることを悪く言った。それでも、彼女が養女となったヴァロワ王朝のもとで、統一された平和なフランスを目指して、すさまじいまでに身を捧げたことは誰も疑わなかった。彼女はかろうじて王国を救うことに成功した──主に、王家の宮廷を統一された力として作りなおしたこと、盛大な祝典や記念碑的建築物、そして王国内を1

上：チュイルリー宮殿での結婚の祝宴（1582年）。*カトリーヌ・ド・メディシスは左側に、息子のアンリ3世と花嫁の母親に挟まれて座っている。この機会を祝うために、カトリーヌの料理人は新しい菓子を発明したが、それは今日マカロンと呼ばれている。*

年かそれ以上にわたる王家の回遊に惜しみなく金を費やしたことで。しかし、ヴァロワ家の血筋に関して彼女は失敗した。充分な数の跡継ぎを生み育てたというのに、彼女の息子たちは誰ひとりとして、責務にふさわしい強さと子造り能力と王者らしさを持ちあわせなかった。彼女の死の数週間前になってようやく、アンリ3世は突然、自分が国王として行動しはじめなければならないと認識した。しかし、そのわずか8ヵ月後、このヴァロワ家の最後の王は、気が狂った修道士の無意味な一刺しによって暗殺された。

前頁：*晩年に描かれたこの作者不詳の肖像画では、カトリーヌは王妃として40年間君臨した宮廷の輝きや宮殿の策謀から遠く離れて、深く物思いにふけっているように見える。*

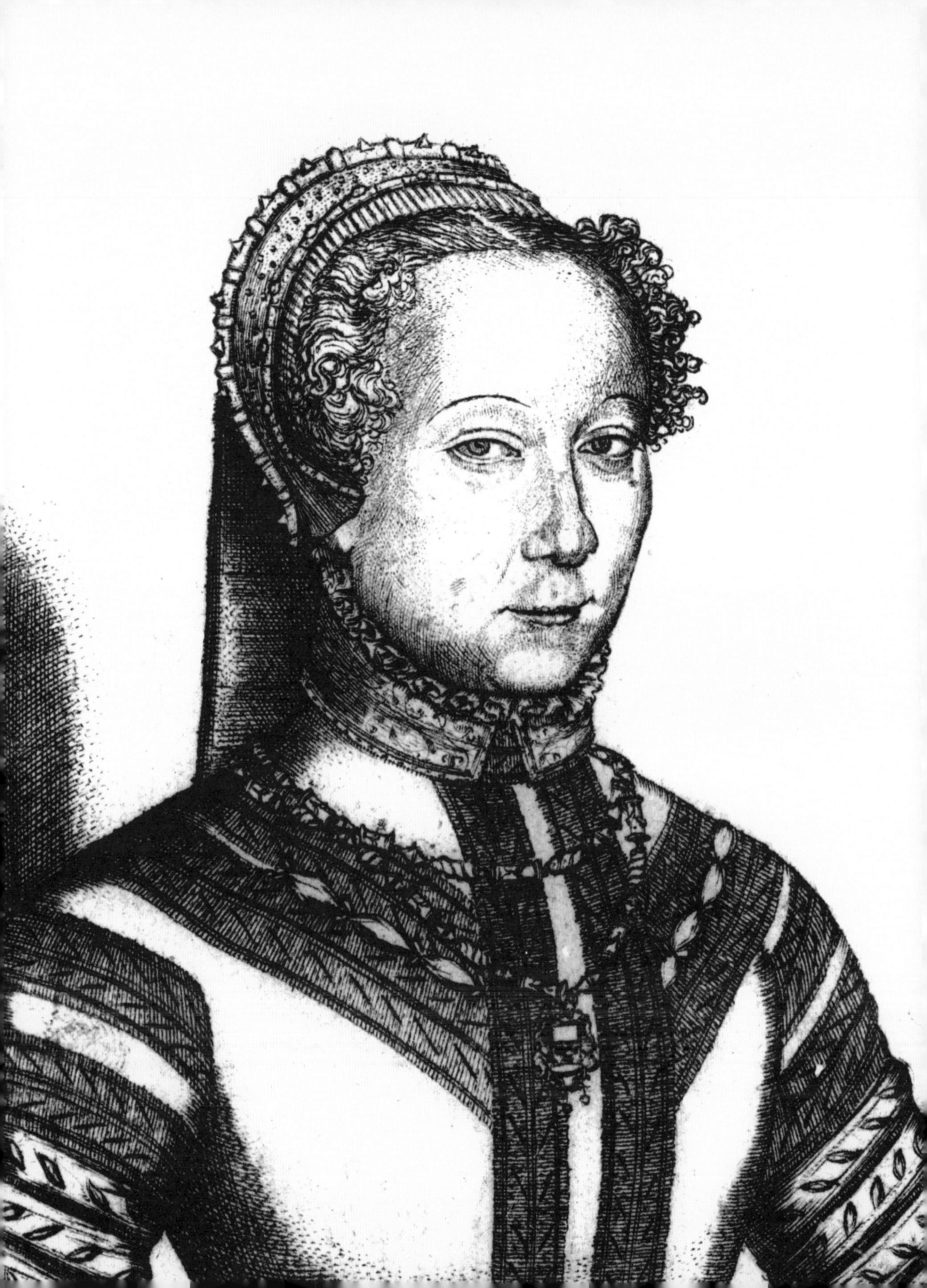

ルイーズ・ラベ
ジョストラ（馬上槍試合）をする女流詩人
1520/24～1566年

15 42年、フランス王太子アンリに捧げられた馬上槍試合で、ひとりの騎士が大変みごとな腕前を披露したので、未来の国王は祝いの言葉を述べようと彼を呼び寄せた。しかし、その騎士が兜を脱ぐと、長い巻髪がくるくるとあふれ出て、アンリと群集を驚愕させた。この日のチャンピオンは、じつはルイーズ・ラベというリヨン出身の女流詩人であった。フランス中に広く流布したこの話は、おそらく真実である。スペイン軍によるペルピニャン包囲戦でフランス軍に加わって闘ったという話は、それほど信憑性がない。どちらにしても、「ラ・ベル・アマゾンヌ（美しき女狩人）」とか「カピテーヌ・ルイーズ（ルイーズ女隊長）」といった彼女のあだ名とともに、この物語は、彼女の名にまつわるエキゾティックなオーラを伝えている。

ルイーズは16世紀フランスの印刷業の国際的中心地だったリヨンに生まれた。フランス東部のローヌ河に面したこの都市は、パリ大学の強力で厳格な聖職者たちよりもイタリアに親近感をもち、リヨンの人文主義者たちの成功をいっそう容易にした。彼女は裕福なブルジョワ一家に育ち、父親は羽振りのいい綱職人で、自分自身は読み書きができなかったが、娘には彼女の兄弟たちと同じ教育を与えた。兄たちとともに彼女はラテン語、スペイン語、イタリア語を学び、同様に馬術とフェンシングまで習った。しかし、父親は娘の縁組に関しては充分伝統的な考え方の持ち主で、1543年ごろ、ルイーズは30歳も年上の、やはり裕福ではあるが教育を受けていない綱職人と結婚した。

夫とは共通点がほとんどなかったので、ルイーズはリヨンの教養人たちを集めてもてなした。ルネサンス期の商人階級の妻としては異例な役割だった。中流階級では女子に教育を授けることはあまりなかっただけでなく、公的な舞台での女性の存在に対してもあまり寛容ではなかった。しかし、リヨンの都会的雰囲気は、ルイーズが文学活動に参加することも、散文と恋愛詩の本を出版することも可能にした。彼女はペトラルカ風のソネット連作を書いたフランスで最初の作家のひとりであったが、その詩の多くはスキャンダラスなほど官能的なものだった。彼女の老齢の夫に宛てて書かれたものではない、と当然思われる。

　もう一度キスして、もう一度、そしてキスして／もう一度、あなたの豊かな、みずみずしいキスを／そして私を愛して、もう一度のキスで、そしたら／しゅーっと熱気が出て、四倍も息切れするわ、／わたしの愛で熱く燃える燠(おき)から。／わたしの呻き声が聞こえる？／あなたをなだめる計画はこう、さらに十回のキスを送るわ／あなたの楽しみのため。それから一緒に優しく／愛に夢中になって二人で喜びに入っていくの…

この詩に出てくる恋人は、ルイーズの仲間の詩人オリヴィエ・ド・マニーであると思われているが、これらのソネットの他の箇所で、彼女はこの情事がうまくいかなかったことを示唆している。リヨン在住の

ルイーズ・ラベの銅版画（1555年）：*彼女の現存する唯一の肖像。*

6. 新しい波

それほど抒情詩に興味をもたない女性たちが彼女の道徳的罪を非難したが、これに対して彼女は詩で答えた。「ご婦人がた、私のことを悪く思わないで。私が愛したからといって、愛の激しい痛みを、その無数の燃える枝木を、その苦い毒を知ったからといって」

ルイーズの散文は彼女の詩作ほど脈動してはいなかった。最大の作品は『愚行と愛の討論』という古典的対話で、中世とルネサンス両方のいくつかの伝統——アレゴリー（寓意）、新プラトン主義、神話、そしてエラスムス的な諷刺——に材を取ったものだった。愚行の女神が愛の神を、世界中のロマンスを自分の手柄にしている、司っているのはじつは自分なのに、といって非難する。彼らがこの件をユピテルに訴えると、大神は愚行と愛の結びつきはほどけないから、仲良くやっていくようにと最終宣告をする。この著作の最も有名な部分はその序文で、クレメンス・ド・ブールジュという名のリヨンの若き貴族の女性に捧げられている。今日ではフェミニスト宣言のようなものと見なされているが、この序文はマドモアゼル・ド・ブールジュに対して、リヨンのリベラルな雰囲気を大いに楽しみ、学問を受け入れなさい、いまや「男性たちの厳しい法は、もはや女性たちが勉強することを妨げない」のだから、と激励している。女性たちは「糸巻き棒と錘から心を少し上げること」に挑戦しなければならない、そうすれば男性たちも、女性を対等なものと見なすようになるでしょう、たとえ「私たちが命令する立場に生まれていないとしても」。

1555年に彼女の作品集が刊行された後、ルイーズの悪名はフランス全域に、また国外に広がり、あるいは少なくともジュネーヴに伝わり、そこでジャン・カルヴァンが彼女を「共同売春婦」と非難した。1556年から少し後、彼女は田舎に隠遁したが、その理由は不明である。その後、1560年代に老齢の夫が亡くなり、1566年、ルイーズ自身も息を引き取ったが、伝説によれば、かつての恋人が枕元に付き添っていたという。

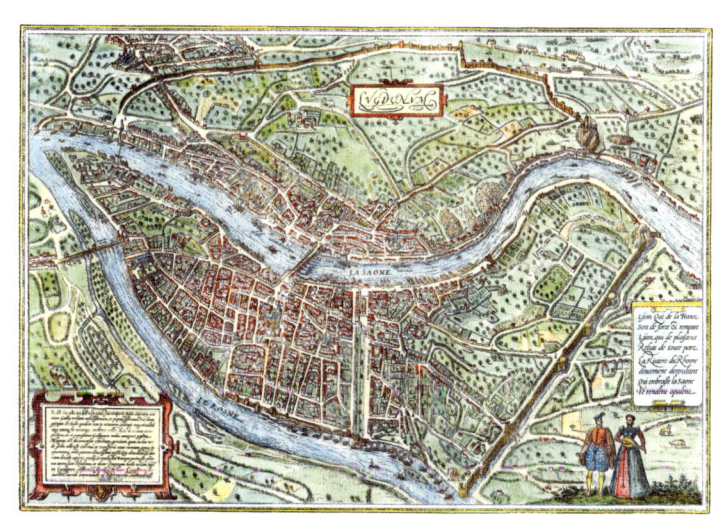

保守的なパリに比べてリヨンはブルジョワの女性たちに社会的融通性と教育の機会を与え、ルイーズ・ラベにこの都市の主要な作家たちにまじっての文学活動を可能にさせた。上図は1572年のブラウンとホーゲンベルクによるリヨンの地図。

エレオノーラ・ディ・トレド
トスカーナ大公妃にして祝宴主催者
1522〜1562年

15 37年、コジモ・デ・メディチがカール5世によって新しいフィレンツェ公に選び取られたとき、彼は弱冠17歳だった。皇帝の後援にもかかわらず、コジモのフィレンツェ統治者としての権利はまったく強固なものではなかった。彼は若く、市の郊外で育ち、共和国の復活を夢見る多くのフィレンツェ市民に対抗して軍を集めるには、わずかな財産とわずかな友人しかもっていなかった。それでも、ベンヴェヌート・チェッリーニ同様、「すばらしい馬に乗った若者」というだけ——魅力的だが、たやすくあやつれるお飾りだ——と考えた者は皆、まもなく自分が間違っていたことがわかった。コジモはすばやく軍を召集し、共和政派が組織をととのえる前に彼らを打ち破り、それから決然と行動し、公国中の要職に自分の支持者を配置した。1539年には、コジモはフィレンツェで争う余地のない権威を享受していた。彼に足りないものは、世襲を確かなものとする跡継ぎだけだった。

これには妻が必要だったので、コジモはふたたび保護者であるカール5世に頼み、皇帝がまもなく連れてきたのがエレオノーラ・アルバレス・デ・トレド・イ・オソリオで、帝国領ナポリの副王の娘、17歳だった。これは上手な選択だった。スペイン人ではあったが、エレオノーラは金髪碧眼、完璧な卵型の顔にしなやかな身体つき——ルクレツィア・トルナブオーニ以来、メディチ家に嫁してきた女性の中で最も魅力的なひとりだった。彼女の一族とのコネによって、フィレンツェはハプスブルク陣営と決定的に結びつき、イタリア戦争におけるフランスの最終的な敗北を確かにし、いまやスペインに支配された半島の中で、フィレンツェ公国の立場はいっそう強力なものになった。フィレンツェ人の皆が皆、スペイン人の公妃をもつことにわくわくしたわけではないが、コジモはすぐにエレオノーラにまいってしまった——そして、彼女も彼に魅惑された。十代同士の見合い結婚には異例なことに、ふたりは恋に落ち、そして、驚くほどうまくいった。15年間で11人の子供が生まれた。当時のほとんどの配偶者と違って、彼女はコジモが公用で旅をするのに同行を望み、絶えず妊娠していたのでそれが許されたが、置いていかれた場合には絶望して泣き、自分の髪を引き抜いたという。離れているときは絶え間なく互いに手紙を書き送り——時には1日に2度も書いた。

エレオノーラはしばしば極端に気分が揺れ動くコジモを静めたし、また巨額な持参金によって、彼を当初の財源不足からも解放した。かわりに彼女は、彼の政府の中で指導的な役割を得た。まもなくヨーロッパの諸宮廷に流行する、助言者兼同士である配偶者という新しいタイプの、彼女は最初の人物だった。エレオノーラはまた、ほとんどの君主に先んじて、より大きな安全と

6. 新しい波

偉大さのために、君主は臣下から適正な距離を置く必要があることを認識した。1549年、彼女はアルノ河の南岸にピッティ宮殿を購入し、成長していく家族を、都市の騒がしい街路から、フィレンツェを見下ろす壮大な宮殿へと引越しさせた。彼の先祖たちが暗殺されたこともあったので、コジモはたやすく説得されて、過度の公的接触を避けるようになった。彼個人の安全と王者の神秘性を高めるために、彼はシニョーリア宮殿の宮廷から政府の官庁（ウフィツィ）を通り、アルノ河にかかるヴェッキオ橋を越えてピッティ宮殿まで、自分とエレオノーラが民衆に会わずに移動できるように通廊を建設した。エレオノーラはというと、市内を歩きまわることはほとんどなかったが、厨子の中のイコンのように布でおおい隠されて、椅子籠で担いでもらう方を好んだ。

ひとたびピッティ宮殿におちつくと、エレオノーラはまもなく拡張美化工事をはじめた。彼女は宮殿に新たに両翼を増築し、それから広大なボボリ庭園を城壁で囲み、風景をととのえた。最終的にはおよそ5ヘクタールまで拡張されたこの庭園には、一連のグロッタ（人工洞窟）、造りものの神殿、小道があった。彼女は庭園の古典的円形劇場でラテン、ギリシアの喜劇を上演し、一方、宮殿の両翼で囲まれた中庭では、好戦的な青年貴族たちが、形式的な馬上槍試合の準備をした。同じ場所に水を入れればプールになり、模擬海戦が行なわれた。メディチ家の興行主という役割を担い、エレオノーラは「国家の劇場」のプロトタイプを確立した――そこでは、見せびらかしと消費が、豊かにかつ形式的に誇示された。きたるべき絶対君主の手の中で、このように体系化された演劇的気取りが、ヨーロッパの諸宮廷を支配することになる――それこそ王家の豪奢さを宣伝し、貴族階級を支配し、また褒賞する手段であった。

エレオノーラ・ディ・トレドが自らに定義した配偶者としての役割は完全には実現されなかった。彼女はマラリアで40歳にして亡くなったからである。それでも、彼女の宝石をちりばめた錦織のドレスと同じように形式的かつ様式化された、彼女が次々に開催した宴会、舞踏会、娯楽のうちに、エレオノーラは、絶対主義時代の貴族のふるまいのための可能性のアウトラインを作りあげた。その可能性を、カトリーヌ・ド・メディシスやマリー・ド・メディシスなどの王妃たちは、彼女たち自身の国家の劇場での上演において、心ゆくまで探究することになる。

左：ピッティ宮殿、ボボリ庭園、ベルヴェデーレ要塞、ジュスト・ウテンス画（1598年頃）。メディチ家の宮殿と別荘を描いた17連作のルネッタ（半円形壁面）壁画のひとつ。

次頁：アニョロ・ブロンズィーノ画、エレオノーラ・ディ・トレドと息子ジョヴァンニ・デ・メディチの肖像（1545年）。エレオノーラは彼女の家族への愛情、礼儀正しさ、そして富を誇る絵画その他の公的行動によって、フィレンツェ貴族のあいだでよそ者であった自分の立場に打ち勝とうとした。

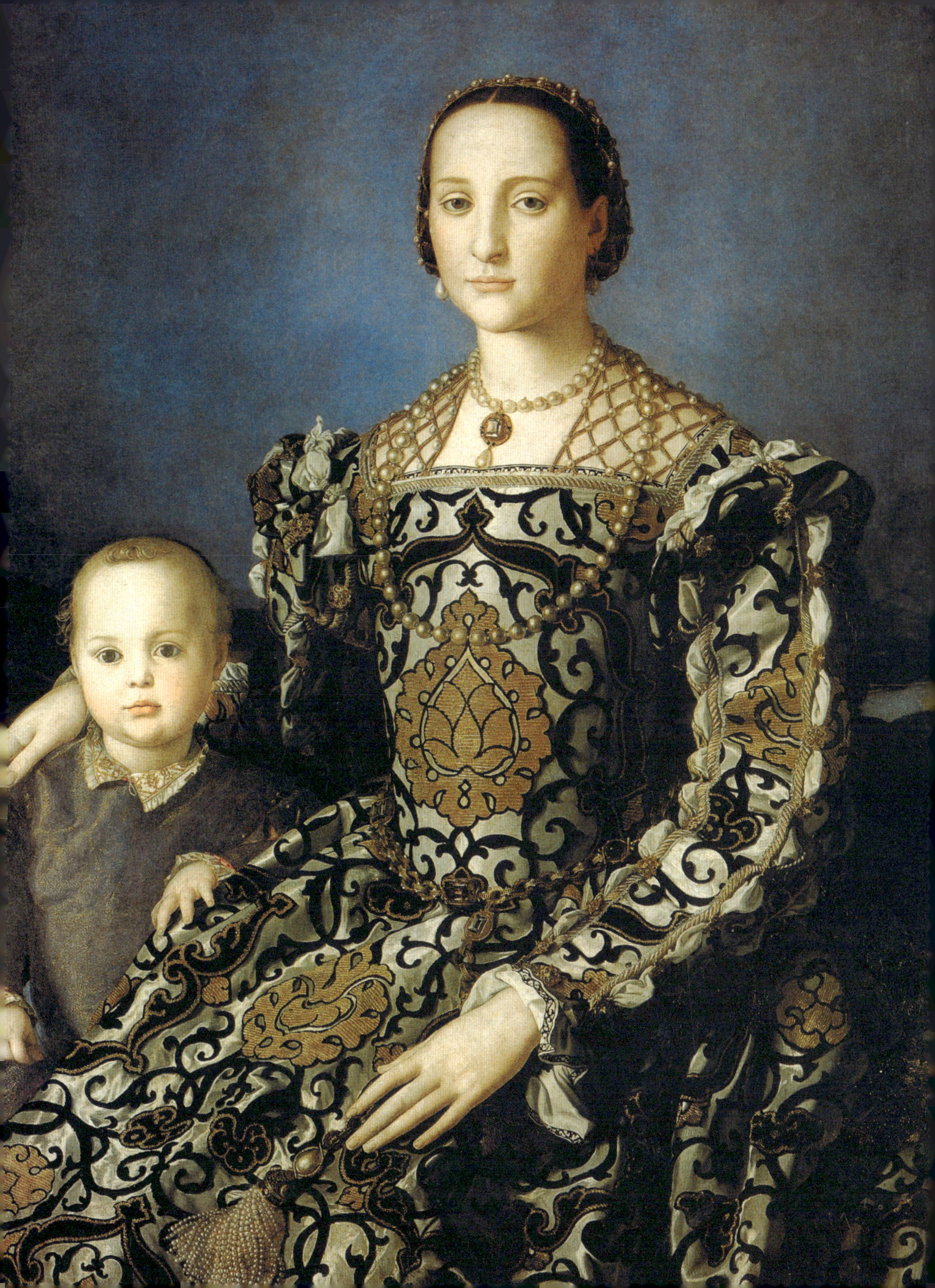

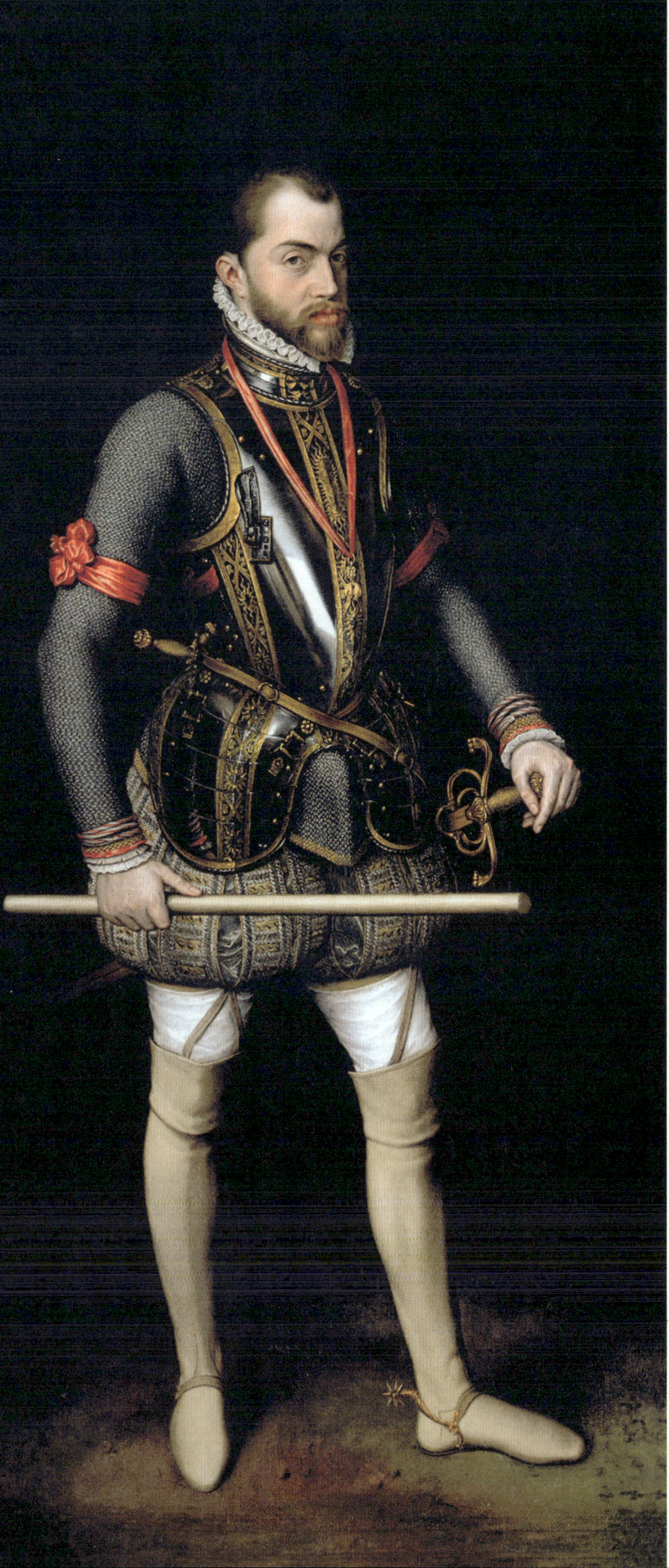

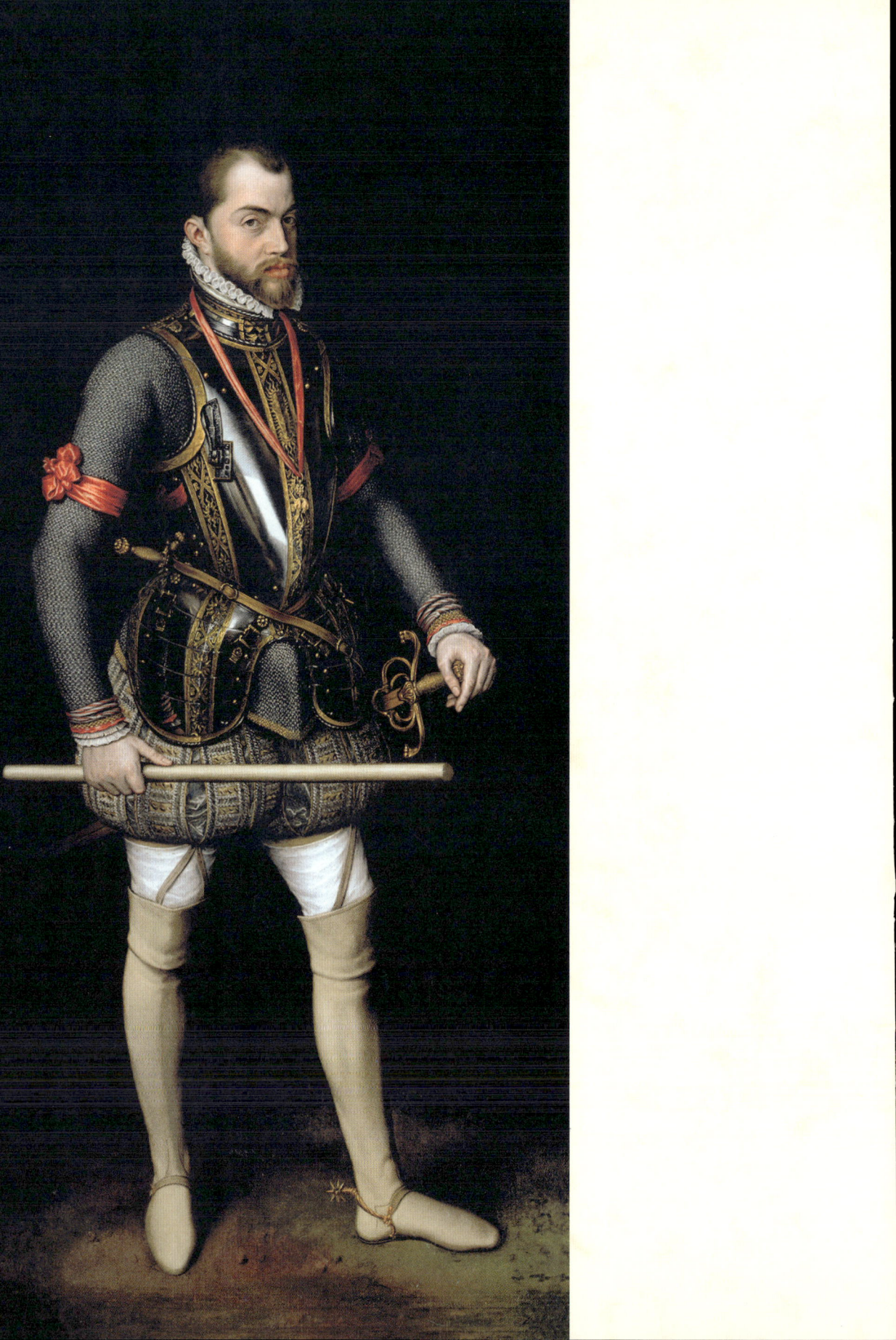

7. 近代の枠組み
1550〜1600年

神秘主義的な自然科学者で、職業柄、口論好きだったジョルダーノ・ブルーノが1600年2月17日に火刑台に送られたとき、ルネサンスは本当に終わったのだといえるだろう。15世紀の精神的人文主義者は、ニコラウス・クザーヌスの宇宙論やマルシリオ・フィチーノの新プラトン主義汎神論を擁護したものだが、ブルーノは運の悪いことに、初期近代国家の新しく容赦のない規範にまっすぐに突っ込んでしまった。実際に彼を火あぶりにしたのはローマの異端審問所と教皇庁当局であったが、他の者たちも喜んでこの仕事を行なったことだろう。この不幸な哲学者は、いつでも自分の考えを語り、強力な後援者をかち取ったり、たったひとつの教義に固執したりするのが下手で、さまざまな独裁政体から追い出されたり、国家転覆、反逆、異端の告発から逃げたりしながら、何年間も過ごしていた。フィチーノ、ロレンツォ・ヴァッラ、アントニオ・デ・ネブリハが100年前に比較的たやすく確保したような、大学や聖職や宮廷での地位を獲得できず、ブルーノは攻撃されやすいアウトサイダーとして残された——彼はますます分極化した時代の永遠の亡命者であり、ルネサンス人文主義者の最後の人であった。

　保守的な縮こまり現象は、ポスト・ルネサンスのヨーロッパのいたるところに見られた。教義論争よりも統一されたキリスト教会の帝国を保持することに関心のあったカール5世は、1556年に引退を決意した。弟のフェルディナントに神聖ローマ帝国を与え、スペイン生まれの息子フェリペ2世にはスペイン、イタリア、南北アメリカ、そしてネーデルラントを与えた。どちらの領土でも、この移譲によって、数十年にわたった戦争に終止符が打たれた。イタリアでは1559年の条約によってスペイン支配による平和がもたらされ、それは半島からフランス軍を決定的に放逐し、フェリペとその部下の軍人たちが事実上いたるところで支配権を握った。ヴェネツィア共和国だけが完全に独立しているといえたが、ヴェネツィア人は自分たちの東方の領土へのトルコ軍の脅威に対処するのに忙しく、新たな隣人たちを困らせるという危険は冒せなかった。

　イタリアにおけるスペイン支配とともに、伝統的なスペインの価値観が入ってきた——ヒエラルキー、血統、礼儀正しさ、信心深さ、軍国的精神——これらが急速に、イタリアの都市国家を特徴づけてきた活気ある商人や大学の活動を息苦しいものにした。スペインのモデルにしたがって、大土地所有がまもなく標準となり、イタリアの大部分が事実

前頁：アントニス・モール作「甲冑姿のフェリペ2世」（1557年）。この肖像画が制作されたとき王は30歳で、父カール5世の広大な帝国の大部分の支配権を引き受けたばかりであった。その長い治世のあいだに、フェリペは英国、オランダ、トルコとの長期にわたる戦いを経験し、同様に国家の破産も4度体験した。

7. 近代の枠組み

上「再封建化」され、かつては製造業と金融業を基礎としていた経済は、大規模な農場経営と牧畜に道を譲った。田舎の領主豪族は自らが法となり、私兵をもち、スペインの体面を重んじるヴェンデッタ（私讐）文化を取り入れた。その結果、田園地帯の治安はルネサンスの最悪の政体下にあったときよりも悪化し、盗賊行為、田園の貧困、都市の人口減少が半島全域に蔓延した。たぶん当然のことだが、このような問題はスペインではさらに暗い影を落とし、加えて、いびつな植民地経済、ムーア人の暴動、製造業の崩壊によって、フェリペの王国は1557年から98年までのあいだに4度の破綻状態に追いこまれた。

平和はドイツにも1550年代に訪れた。フェルディナント1世のアウクスブルクの和議（1555年）によって、帝国の一見手に負えない宗教闘争は、少なくとも一時停止となった。解決法は単純だった。多数の独立した君主国が、「クイウス・レギオ、エイウス・レリゴ（支配する者の宗教が、その土地の宗教となる）」という簡単な原則にしたがい、カトリックとルター派の両陣営のあいだに配分された。多くの小君主の気まぐれ頼みであり、どんどん数を増し満足しないカルヴァン派を除外していたにもかかわらず、半世紀以上にわたって、この取り決めは守られた。1618年、この条約が最終的に崩れたとき、この地域の潜在的な宗教的反目はかなりの激烈さに達し、30年間つづく戦争が勃発し、それはヨーロッパの大部分に波及し、ドイツとその帝国をほとんど破壊した。

他の場所では、ポスト・ルネサンスの風景の輪郭を描いたのは、内乱と宗教紛争の終わりではなく、始まりであった。フランスでは、多数派のカトリック教徒と少数派のカルヴァン派（ユグノーとも呼ばれる）のあいだに公然たる戦いが勃発したが、ちょうどそれは、かつて将来有望に思われたヴァロワ王朝の最後の没落期であった。イタリア生まれの母后カトリーヌ・ド・メディシスの一貫性のない事実上の摂政政治のもと、彼女の3人の息子が、無気力な態度で危険な30年間を統治した。3人とも生き残れる継承者を作らず、王国の党派・宗教戦争を克服せず、この不毛な3人の王と彼らの老母は、虐殺や暗殺や暴動が周囲で規則的に勃発するのを尻目に、劇団や曲芸師や宮廷の策謀で退屈しのぎをした。この悲劇全体がようやくを幕を閉じるのは、1589年、ヴァロワ朝最後の王アンリ3世が暗殺され、ブルボン朝の始祖となるナヴァル王がフランスの玉座を要求して戦いに勝利し、アンリ4世として即位したときである。

1568年以降、フランスをひどく混乱させた福音主義のカルヴァン派によってやはり刺激され、ネーデルラントの北部7州も、カトリック教徒でスペイン人である彼らの宗主に対して全面的に蜂起するに至った。その後の闘争は数回の休戦を伴いつつ8年間続いたが、その理由の一部は、両陣営があまりにも不均衡だったために、最終的な戦いに至らなかったためであった。ほぼ無敵の軍隊をもつスペイン軍はネーデルラントを荒らすことはできたが、これに匹敵する大規模なオランダ艦隊が、スペインとその世界帝国に対して嫌がらせをするのを止めることはほとんどできなかった。なによりも消耗と窮乏のゆえに、結局、両陣営は1648年に、低地地方をスペイン領ネーデルラント（後のベルギー）とヨーロッパの新国家、オランダ共和国とに分けることにした。

一方、英国は、プロテスタントのエドワード6世（在位1547～53年）とカトリックのメアリー・チューダー（在位1553～58年）の短い治世のあいだ、初期の攻撃的国教会派と息を吹き返したカトリック教徒が、それぞれの君主と支持者たちのもとで不信心者を王国か

7. 近代の枠組み

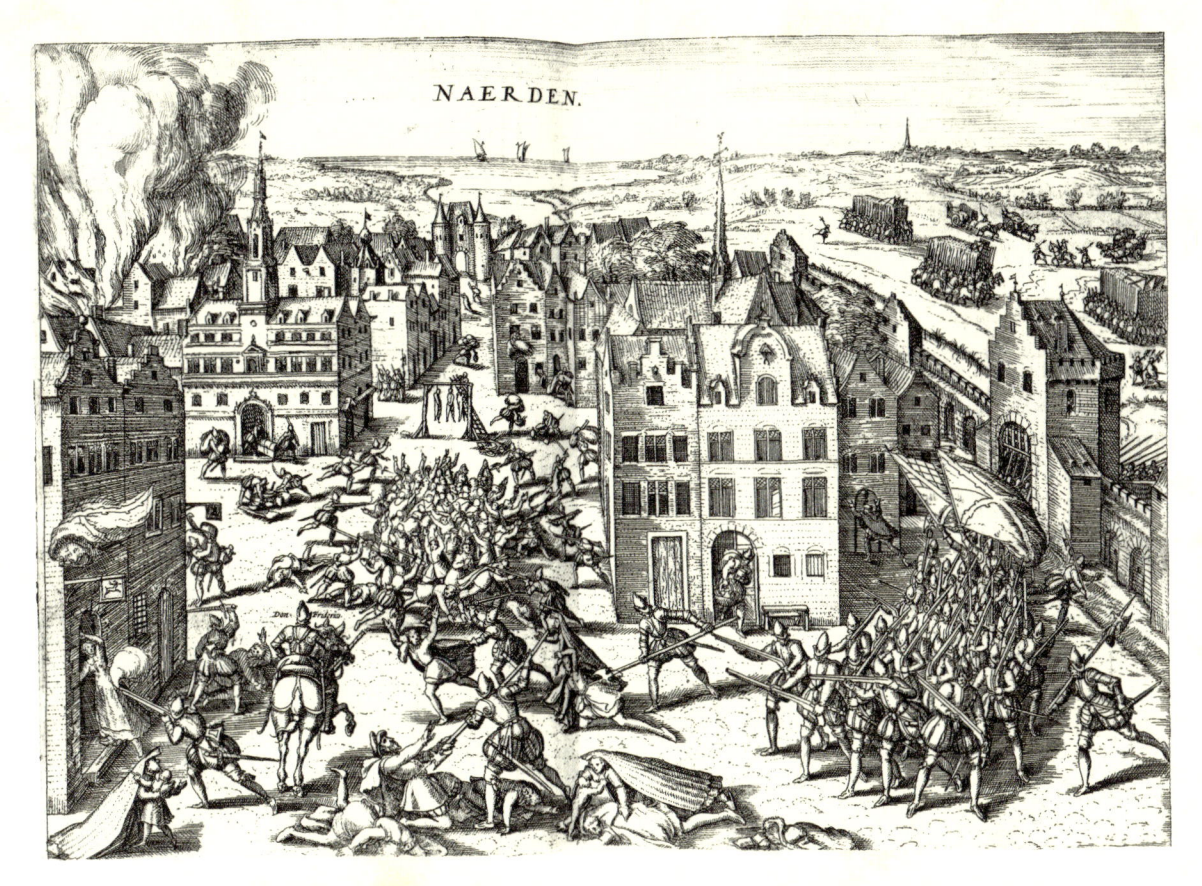

1572年、ナールデンの征服。オランダの反乱のあいだ、スペイン軍は蜂起した都市のいくつかを劫掠して、他の都市を脅して服従を促した。しかし、ナールデンの全住民の虐殺は逆効果をもたらした。もはやなんの容赦も期待しなくなった反乱者たちが、抵抗を強化させたからである。

ら一掃しようとしたため、やはり党派争いに引き裂かれた。わずか10年のうちに、両陣営は大量の殉教者予備軍を育てあげ、彼らはエリザベス1世の長くてはるかに懐柔的な治世（1558～1603年）のあいだずっと、不満と猜疑をもちつづけた。ドイツでと同じように、ルター派政体とカトリック政体のあいだでようやく取り決められたその場しのぎの妥協は、いっそう分散化され、かつ純理論的なカルヴァン派との調停に失敗した。エリザベスは、スペインの無敵艦隊と、イエズス会士エドマンド・キャンピオン等が企てた自殺的な使命に対しては首尾よく王国を防衛した。しかし、ポスト・ルネサンスの英国では、ヨーロッパの他の多くの国でと同様に、これらの「清教徒（ピューリタン）」の不満増大が、最終的に国家のとる道を決定することになる。

ラウラ・バッティフェッラ・アンマナーティ
「当代のサッフォー」
1523～1589年

ラウラ・バッティフェッラほど、北イタリアのルネサンスの価値転換を体現した人間はいないだろう。1550年代に彼女が名声を獲得しつつあったころ、2世紀にわたって北イタリアの諸都市を支配してきた、商人階級の共和主義的人文主義文化の最後の痕跡は消えうせていた。その場所に、功績や革新の上にヒエラルキーを、才能の上に称号を押しつける、宮廷社会が興っていた。この新たな階層化された世界において、ラウラの位置は見たところあまり安定したものではない。彼女は庶出の娘で、父親もまた、15世紀半ばにウルビーノにおちついた医師の、これまた庶出の娘の庶子であった。称号とか有力者とかは血縁にはいなかった。そしてもちろん、ラウラは女性であった。

しかし、ラウラにも重要な利点があった。教会は特に16世紀初頭、疑わしい血筋の野心家の男性たちに門戸を開いていた——これこそ彼女の父親ジョヴァンニ・アントニオ・バッティフェッリを言い表わした言葉であろう。ジョヴァンニ・アントニオは（祖父の嫡子である）伯父の後を追ってローマにやってきて、第一級の人文主義教育を受け、ジュリオ・デ・メディチ枢機卿、後のクレメンス7世の随員として居場所を獲得した。愛人のひとりがラウラを生んだころには、ジョヴァンニ・アントニオは教皇庁の聖職禄を多く確保し、ウルビーノとヴァチカン近くに家を一軒ずつ有していた。後者は良き友人である画家ラファエロにファサードを装飾してもらった。ジョヴァンニ・アントニオは、ややふがいないふたりの息子よりも娘の方がお気に入りで、ラウラには自ら古典を教え、愛情と財産のほとんどを彼女に注ぎこんだ。

そのため、3代にわたって庶出の生まれであったにもかかわらず、ラウラは肩書きのある貴族たちのちょうど下の階級、イタリアのエリートたちのあいだでは結婚相手としてすばらしい相手であった。彼女の最初の夫はヴィットリオ・セレーニといい、ウルビーノ公と「親しい音楽家」であった。彼女はいい妻であった——「すなおで、従順で、やさしく、愛らしく、誠実で、慈愛深く」——しかし、結婚生活は短かった。1549年のセレーニの死が、最初に彼女が詩作をするきっかけとなったのは明らかである。しかし、彼女の真のパートナーはフィレンツェの建築家兼彫刻家、バルトロメオ・アンマナーティであった。ふたりはラウラがまだ少女のころに会っていた——伝説によれば、アンマナーティは彼女を一目

次頁：ラウラ・バッティフェッラ・アンマナーティの肖像、アニョロ・ブロンズィーノ画（1550年代）。この印象的な肖像画で、ラウラはペトラルカの『カンツォニエーレ（詩集）』を手にしている。ブロンズィーノがふたりを結びつけたのは、ペトラルカもラウラも詩人であり、ペトラルカの恋人の名もラウラだからである。

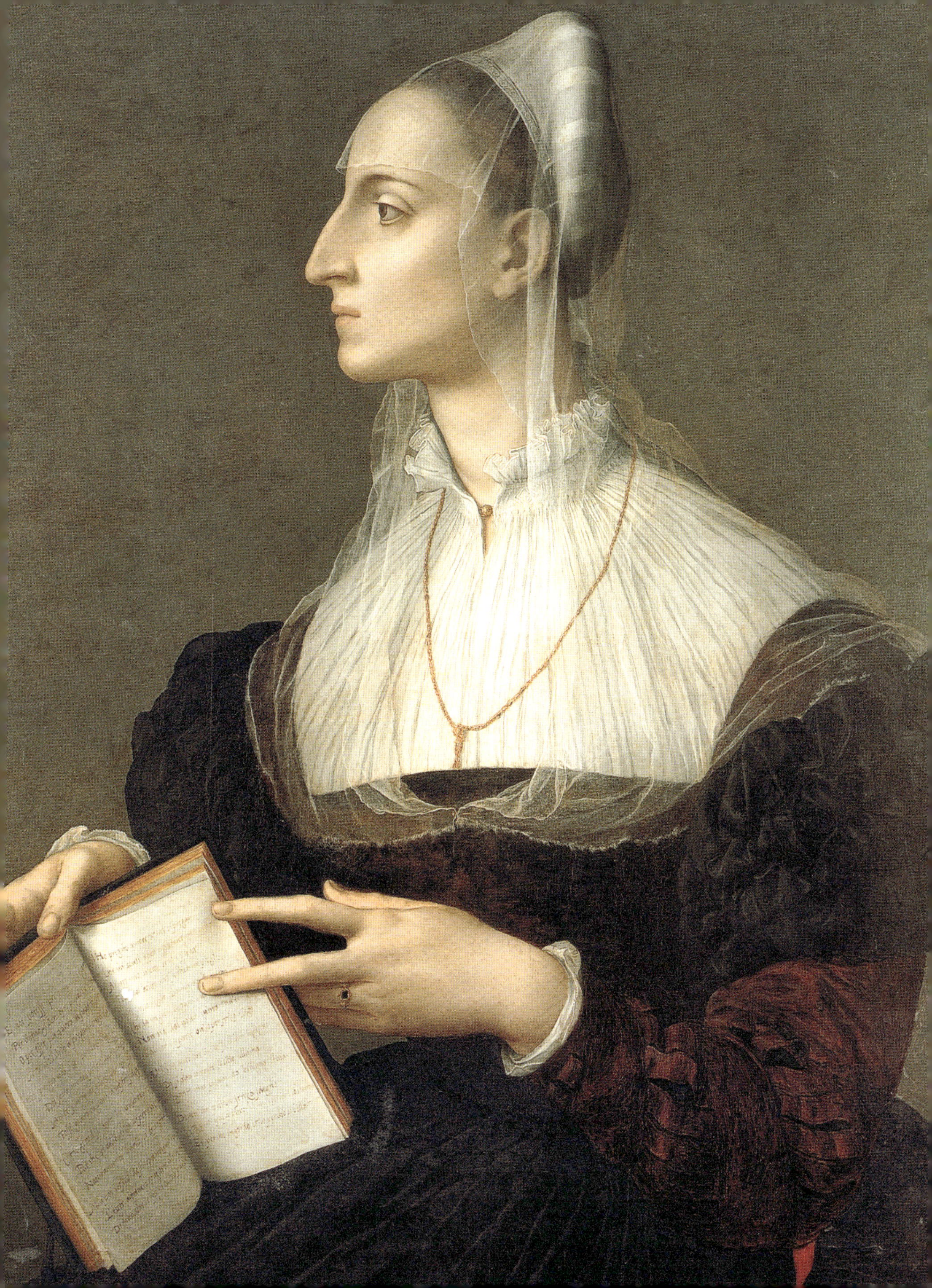

見て恋に落ちた。彼女がまだ15歳で、彼が彼女の父親の家でウルビーノ公のために働いていたときである。ふたりは1550年に結婚した。

バルトロメオとラウラは最初の数年間をローマで過ごし、その階級を重んずる世界においても、裕福な、よい縁故のある一般人が享受できる良い生活をした。ラウラの父がバルトロメオを新たなフィレンツェ人教皇ユリウス3世のパトロネージに結びつけ、ラウラは夫をミケランジェロと結びつけた。高齢の芸術家は、新生の女流詩人の才能を賞讃した。バルトロメオはヴァチカンから注文を獲得し、ラウラはソネットを完成させた。どちらもローマの文学者・知識人サークルから歓迎され、ラウラは賞讃を得て、書きつづけるようにと激励も受けた。彼女はローマとその社交界を楽しみ、いかに「私がローマの誇り高き七つの丘と聖なる谷間を眺めつつ行くか」を抒情的に書いた。

しかし、1555年、ユリウス3世が没し、教皇とともにこの夫婦のパトロネージの源も去ってしまった。ラウラにとって非常に残念なことだったが、夫婦はフィレンツェに引っ越し、コジモ・デ・メディチ公の宮廷に頼らねばならなかった。子供もまだ生まれず——彼女は生涯、子供に恵まれなかった——はじめのうち、彼女は孤独だったが、まもなくフィレンツェの「教養ある知識人たち」が夫妻をあたたかく受け入れてくれたことを喜んだ。公妃エレオノーラ・ディ・トレドに激励され、ラウラはすばらしく凝ったソネットを何十篇も生み出し、それらはイタリア中の洗練されたサークルで、そしてスペインやオーストリアの宮廷で賞讃された。彼女の詩のほとんどは彼女が尊敬する個人、彼女が賞讃する個性の持ち主を喚起した——あるいは誰かの死を悼んだ——もので、繊細な言いまわし、暗示的なメタファー、適切な抒情性が特徴であった。1556年、最初の詩集『リーメ』で146篇の詩を発表し、詩壇における地位を確かなものとした。この本はたちまち大評判を博した。しかしその直後に、ラウラは世俗的な詩も宮廷社会も捨ててしまう——このふたつの世界は何世紀ものあいだ、女性の積極的な参加を阻み、ようやく才能ある女性たちに開かれてきたところであった。しかし、彼女は代わりに宗教に向かった。エレオノーラ公妃や父親など、身近な人びとが多く急死したためである。イタリアの新たな貴族社会によって彼女は名声を得ることができたけれども、その生涯の残りを、ラウラ・バッティフェッラは、1世紀前のイタリアの有閑マダムたちが確立した、敬虔で隠遁した模範に先祖返りしてしまった——そして、その詩的才能を、夫と自分の霊的探求と、そして新たなパトロンかつ導き手として信奉したイエズス会に捧げたのである。

ピーテル・ブリューゲル（父）
農民画家
1525 頃～1569 年

ピーテル・ブリューゲルの古記録における痕跡は、1555 年に彼がアントウェルペンの画家組合に登録するまでは何ひとつない。そのとき彼は 25 歳ぐらいにちがいないという共通の認識から、生年が推測された。そして、17 世紀のある伝記作者が、彼の生地はネーデルラント南部のブレダ市かその近郊であると主張した。一方で、これらの仮定のどれひとつとして具体的な証拠の裏づけがないため、生年も生地も証明できないままであり、彼が農民を描いたゆえに農民出身に違いないという観念も同様である。じっさいは、ブリューゲルは良い教育を受け、ひんぱんに旅行したように思われる。美術家としての訓練は、ピーテル・コーク・ファン・アールストから受けた。いくらか評判のある画家で、アントウェルペンとブリュッセルの両方に工房を構えていた。徒弟修業を終えてまもなく、ブリューゲルはローマと南イタリアに旅をし、シチリアまで行った。彼の後期の作品は、明らかにイタリアで彼が目にしたものや、彼の絵にくり返される特徴となるアルプスの劇的な風景の影響が見られる。

1553 年のいつか、アントウェルペンに戻ったブリューゲルは、ヒエロニムス・コックがオーナーの印刷・出版業者「四方の風」のための銅版画デザインの仕事を見つけた。これらの初期の線描では、彼の初期の絵画作品におけると同様、ヒエロニムス・ボッスの様式とヴィジョンに大いにとらわれていた。ボッスは幻覚を起こさせるような奇妙な絵を描いたオランダの偉大な画家で、1516 年に亡くなっていた。ボッスに負っていたものがあまりに強く明白だったので、コックは売り上げ増を期待して、ブリューゲルの最初の銅版画「小さな魚を食らう大きな魚」(1556 年) にボッスの名をつけて販売した。人間の堕落と愚行をカタログ化していったような彼の全活動を通じて、ブリューゲルはボッス風のグロテスケリー（嘲笑を誘う不調和な不自然さや歪み）、異種混合の怪物、猥褻な暴力のイメージへの依存を決して捨てることはなかった。しかし同時に、彼は最初からこのグーリッシュ（死屍鬼のように残忍）な怪物図鑑を、イタリア絵画の色の明るさやオランダ風の魅力と混ぜ合わせた。またしばしばボッスの鳥瞰図を、その説教臭さや黙示録的暗示とともに放棄し、もっと低く、もっと親近感のある遠近法を選んだ。彼が用いた色彩の範囲はもっと明るく、原色が多かった。しかし、何よりもまず、彼がイタリアでの体験から持ち帰ったのは、風景への愛だった。

ブリューゲルの自然と自然の中での人間の位置についての幻想にみちた扱い方は、中世の造形的伝統との断絶と、オランダ美術の最も実り豊かで特徴的なもののひとつの始まりを象徴している。ブリューゲルの

7. 近代の枠組み

世界においては、人間たちの最大限の真剣な活動は、屹立するアルプスの頂、人間が群がる平野など、広大な地平線の前では縮小してしまって無意味になる。「東方三博士の礼拝」「カルヴァリへの道行」(どちらも1564年)といった聖画主題においてさえ、彼は主要な登場人物を縮小してしまうので、観る者は日常生活の群集の中に彼らを探さねばならない。「イカルスの墜落のある風景」(1555年頃)で描かれているのは、犂で畑を耕す農夫、巨大な太陽、そして落下する翼の残骸の下、海中でばたばたする主人公とおぼしき者の両足だけである。

人類の叙事詩と愚行へのこの無造作な扱い方は、明らかに当時のオランダ人の心の琴線に触れ、民衆は熱心に彼の作品を求めた。彼は旧師の娘メイケン・コークとも結婚してのけ、1563年、ブリュッセルのもっと宮廷的な世界へと移った。過去の業績に満足せず、彼はまもなく自分の美術を、革命的に新しい方向に進めた。1565年、彼は12ヵ月のうちの6ヵ月を描写する大作の注文を受け、それらの中に、人類と自然の正しい関係に関する複合的な説話を構築したが、彼はこれらを、名もない農夫たちの季節に合わせた労働として表現した。彼がますます村の生活に愛情を寄せていったので、ブリュッセルの人びとは彼を「ボエア・ブ

「画家と愛好家」。ピーテル・ブリューゲル(父)による素描 (1565年頃)。「画家と買い手」とも呼ばれるが、自画像であると推定されるこの作品は、美術家とパトロンの永遠に何かをはらんだ関係を巧みにつかんでいる。

ピーテル・ブリューゲル（父）

ブリューゲルの「農民の婚礼」（1568年）。画家は決まって、農民の生活を描いた多くの絵をいたずらっぽい機智でふくらませた。ここでは、バグパイプ吹きがそばを通り過ぎていくご馳走をうらやましそうに見つめている。

リューゲル（農民ブリューゲル）」と呼び、彼が変装して村の祭に行き、警戒をゆるめた田舎の人びとをスケッチしたという話を語った。

真偽はともかく、このような話はブリューゲルの作品における最後の転換を示している。1566年以降、ブリューゲルは田園の無垢と自然世界をロマンティックに描写する傾向を越え、道徳的判断なしに、民俗文化をあるがままに描いた。彼の絵筆からは次々と、「婚礼の踊り」（1566年）、「怠け者の天国」（1567年）、「処刑台の上のカササギ」（1568年）、「農民の婚礼」（1568年）、「農民の踊り」（1568年）が生まれた。これらの絵は、どれも、以前に比べて人物像が少なくて大きい——田園生活のリズムとユーモアに満たされた、非常に活気ある男女が描かれている。短いけれども精力的に生産した晩年にブリューゲルが生み出したのは、個人の肖像ではなく、田舎の生活の肖像であった。彼はネーデルラントで激発した物質主義と宗教闘争に対して、簡素な調和と生来の歓喜によって応えた。オランダ美術の黄金時代の道徳的指針を示したピーテル・ブリューゲルは、その後あいにく亡くなったため、その完全な開花を見とどけるチャンスは失われた。

Mr Tharlton

ディック・タールトン
女王陛下の喜劇役者
1588年没

英国の有力者たちは女王エリザベス1世の恩恵を求めるとき、しばしば彼女が最も信頼する廷臣のひとりにお願いした――女王の枢密顧問官ではなく、宮廷道化師のディック・タールトンにである。君主というものはくつろいでいるとき、より寛大になるから、彼らは確かに正しかったが、この喜劇俳優は、女王の謁見中に一緒についていてくれと頼まれることがしょっちゅうだった。ある17世紀の歴史家が述べているように、タールトンは女王に対して効果てきめんだった。彼は「自分の思い通りに女王のふさぎこみを晴らす」ことができたし、彼の活力あふれるユーモアは、「女王の医師全員を集めたよりも女王の憂鬱を癒す」ことができた。

伝承によれば、この当時最大の喜劇役者は、野原で父親の豚の番をしているところを見出された。そこで、彼の「うまくて、まずい機智」に感銘を受けた高名な貴族の召使が、タールトンをロンドンに連れて行った。とにかく、1583年には確かに成功した役者になっていて、エリザベス女王が設立して出資する劇団、新たに形成されたクィーンズ一座でタップダンスをしていた。この劇団は当時最も人気を博したが、それもタールトンの才能によるところが大きかった。芝居では、彼は典型的な道化師の役を演じた――しばしば彼のために特別に書き下ろされた――しかし、彼は台詞を飛ばして、脱線して大笑いを誘うことで有名だった。

一人芝居のときは、タールトンは下品なジョークや社会諷刺を即興でしゃべりながら、だまされやすい田舎者を演じてみせた。彼の有名な衣装は、だぶだぶの小豆色の上下、ボタンのいっぱいついた縁なし帽、短いブーツ、笛、小さい太鼓で、これを観客は田舎出の無骨者の装いと認識したのだろう。かなり背が低く、やや背中が丸く、鼻はぺったんこで横に広がり、目は細かった――早い時期の描写を言い換えれば、喜劇向きの顔だったということだ。芝居の前にカーテンから顔をひょいと出しただけで、観衆からヒステリックな笑いを引き出すことができた。

タールトンは多くの戯曲、本、バラッドを書いたが――ほとんどすべて失われた――機智のある即興詩を作ることの方が有名で、これは「タールトンする」と呼ばれるようになった。彼は観客が大声で叫んだ無作為の話題を流れるようにリフレイン

前頁：当時の最も目立った俳優であったタールトンがアルファベット・ブック（読み書きの初歩の本）（1588年頃）の「T」の字を表わしている。エリザベス1世のお気に入りの喜劇役者であった彼は、シェイクスピアの『ハムレット』に出てくる、死んだ道化ヨリックのモデルだと考えられている。

（反復）し、韻を踏んだ短い歌曲にして、それに合わせて小太鼓を打ち鳴らした。彼はまた、熟達したフェンシングの名人でもあり、あけすけな荒っぽいユーモアで、その腕前を喜劇的に利用した。あるとき、彼は杖を剣代わりに、ベーコンの脇腹を盾代わりにして、女王の小さな愛玩犬に決闘を挑んだ。彼の大げさで大胆な動き（そしてもちろん、豚肉の接近）に刺激された哀れな生き物は逆上して吠えたてた。そして、あざ笑いながらも恐れをなしたタールトンは、エリザベスに、彼女の「マスティフ犬」を呼んで向こうへ行かせてくださいと懇願したのだった。女王が笑いの発作を起こしてしまったので、平静を取り戻すことができるように、タールトンは舞台から退場させられた。

女王のお気に入りとして、タールトンは女王をからかったり、「女王の聴罪司祭たちよりも、彼女の過ちについてたくさん」、女王に率直に話したりすることができた。しかし、彼はある晩餐後の芝居で、境界線を越えてしまった。ウォルター・ローリーとロバート・ダッドリーが女王陛下に不当な影響を与えたと示唆してしまったのだ。このからかいは客たちのあいだに拍手喝采を引き起こしたが、女王はこのジョークを認めることができず、いら立って、その夜は彼をテーブルから追い出した。

ウィリアム・シェイクスピアもタールトンと親しかったかもしれないが、ふたりが実際に会ったことがあるかどうかははっきりしない。この喜劇役者が1558年に亡くなったとき、シェイクスピアは弱冠24歳で、まだロンドン演劇界で成功してはいなかった。にもかかわらず、シェイクスピアの道化たちはしばしばタールトンの性格を有している。たとえば、ファルスタッフの台詞はじつに即興的に思われるが、巧妙に「タールトンして」書かれているのだ。また、ハムレットが死んだ道化のヨリックに捧げた言葉——「終わりなき冗談、最も優れた奇想の持ち主」——はこの偉大な喜劇役者への挨拶だと見なされている。

女王一座は彼の死後、勢いを失ったが、タールトン自身の人気は何年も残った。商人たちは彼の似像を、自分たちの商品と陽気な楽しい時間を結びつける合図として利用した。一方で、彼の名前は童謡や笑話本や俗謡の中に生きつづけた。無数の居酒屋が彼にちなんで名前をつけた。少なくとも喧嘩っぱやい雄鶏——「小太鼓叩きのように、両翼を雷鳴のように騒がしくガサガサさせて」戦いにきた闘鶏のチャンピオン——は、堂々と登場する名人、タールトンのようだったからである。

ジョヴァンニ・ピエルルイジ・ダ・パレストリーナ

宗教音楽の救世主
1525/26 〜 1594 年

ジョヴァンニ・ピエルルイジ少年は、ローマの市場で売るためにパレストリーナの家族の農場から野菜を運んでいたらしい。ある魅力的な伝承によれば、彼が自分で作ったフレーズを口ずさんでいるのを耳にしたローマの聖歌隊指揮者が、少年の完璧な声にうっとりし、すぐにジョヴァンニをサンタ・マリア・マジョーレ聖堂の聖歌隊に入れたという——彼の名前は、1537 年に、ここの聖歌隊名簿に載っている。7 年後、彼自身が故郷パレストリーナの大聖堂のオルガン奏者兼聖歌隊指揮者に任命された。それから、ルネサンスの芸術家につきものの、天才と幸運のタイムリーな出遭いが起こった。1550 年、パレストリーナ司教のジョヴァンニ・マリア・ダル・モンテが教皇ユリウス 3 世に選ばれ、才能ある聖歌隊指揮者を、サン・ピエトロのふたつの典礼聖歌隊のひとつ、カッペラ・ジュリアに声楽教師として招いたのである。

初期ルネサンス以来、ヴァチカンの聖歌隊はフランス人とフランドル人によって独占されていたので、ジョヴァンニ・ピエルルイジは部外者だった——彼は俗人の既婚者だったのでなおさらだった。聖歌隊員は聖職にあることが規則で求められていたからである。ユリウスはこのような義務を免除し、この礼拝堂の厳格な入隊試験も同様にしたから、これには他の歌手たちが大いに腹を立てた。彼らがジョヴァンニ・ピエルルイジを、単に「パレストリーナ出の若造」として誹謗したりして、このあだ名が定着した。ユリウスは 1555 年に没したが、パレストリーナはその後継者マルケルス 2 世を、もうひとりの熱狂的なパトロンとしたようである。しかしその後、事態は悪化しはじめる。マルケルスはたった 22 日後に亡くなり、その後を継いだ保守的なパウルス 4 世は、聖職者の領分に俗人が入ることをはっきり否定的に見たのである。数週間もしないうちに、パウルスはジュリア礼拝堂のパレストリーナの職を解き、わずかな恩給だけで追い出した。

この解雇はしばらくのあいだパレストリーナにトラウマとなり、ひどい病気になった。しかし、1555 年 10 月、ローマのサン・ジョヴァンニ・ラテラノ聖堂の聖歌隊指揮者（楽長）の地位を獲得すると、健康と作曲のエネルギーは急速に回復した。1550 年代の彼の作品には、一連のマニフィカート、アンティフォン（交唱）、レスポンス（応唱）が含まれるが、これらはただちにローマの聖週間の式典に採用され、今日もこの儀式の中心に残っている。パレストリーナはこれで大いに自信をつけ、サン・ジョヴァンニで昇給願いを拒否されると、さっさと飛び出し、サンタ・マリア・マジョーレのもっと支払いの良い職に就いた。

1560 年代には、ヴァチカンの主席作曲家

になっていたが、彼の作品はルネサンスの宗教音楽の一世代を形成する。彼の礼拝曲の作曲はすばらしく流麗で、その簡明で滑るようなメロディーはグレゴリオ聖歌に多くを負うており、その飾り気のなさは、それ以前の流行だった小細工に取って代わった。パレストリーナに、カトリックの反宗教改革時代の教会音楽を「救った」という評判を成さしめたのは、彼の作曲技術であった。というのは、パウルス４世のような多くの厳格な聖職者が、既存のフランドル様式を、本質的に卑俗で、こりすぎた多声であるために、聖なる典礼を実質的に理解不可能なものにしたと非難していたからである。礼拝から音楽を全部なくしてしまおうという議論もあったらしい──新教のいくつかの宗派がそうしたように。しかし、パレストリーナの作品、特に教皇マルケルスに捧げた六声のためのミサ曲「ミサ・パパエ・マルケリ（教皇マルケルスのミサ曲）」（1562年）は、聖なる歌詞と衝突することも、歌詞を聞き取りにくくすることもなかった。このミサ曲においてパレストリーナは、先任者たちがマドリガル（恋愛歌）や酒宴の歌から転用した「扇情的でわいせつな」主題を用心ぶかく避け、その代わりに、オリジナルのメロディーと対位法のテクニックを用いて、心地よいと同時に、ついていきやすい典礼を提供した。

多くのルネサンス期の芸術家たちと

パレストリーナの『ミサ曲集第１書』（1554年）。この表題頁には、曲集を教皇ユリウス３世に献呈する作曲家が描かれている。その継承者マルケルス２世はパレストリーナの大パトロンだったが、酒色にふけったことで名高い。

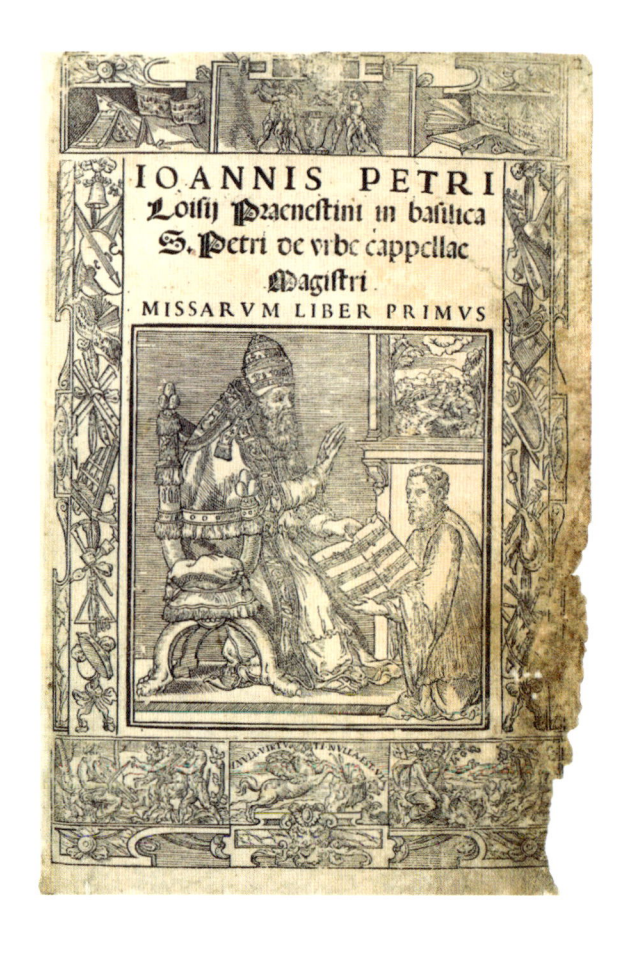

パレストリーナの『ミサ曲集第2書』(1598年)の第2版から「教皇マルケルスのミサ曲」冒頭のキリエ。六声のためのこの曲——「音楽を救ったミサ曲」——は教皇マルケルス2世に捧げられた。

違って、パレストリーナはほとんど旅をしなかった。その理由は、彼が外国からオファーを受けるたびに（マントヴァ公やフェラーラ公は実際に彼に仕えてくれるように懇願した）、教皇庁での地位が上昇したからであった。

1571年、『ローマ・ミサ典書』の規格化を指導した教皇ピウス5世が、パレストリーナをカッペラ・ジュリアの楽長に連れ戻した。聖職にある歌手たち（どうやら、この成り上がりのローマ人を決して許さなかった）の抗議にもかかわらず、彼は残りの生涯をこの地位に留まった。1580年に妻が亡くなった後、彼はふたたび深く意気消沈し、一時は聖職に入ろうかと考えた。そうすれば聖歌隊との関係は滑らかになったかもしれないが、それはぜずに、彼は突然、裕福な未亡人との再婚を選び、それによって金の心配をせずに作曲できるようになった。12人もの教皇に仕えて、700曲以上を作曲したが、その中には100以上のミサ曲、140曲のマドリガル、300曲のモテット、そしてその他の一連の広範囲にわたる宗教曲が含まれる。何十人もの弟子に教え、宗教音楽の純粋なイタリア派の創始者となり、死後はサン・ピエトロに記念の石碑（現存せず）が建てられた。そこには、彼の現世での呼称、「プリンケプス・ムジカエ（音楽の君主）」と記銘されていたという。

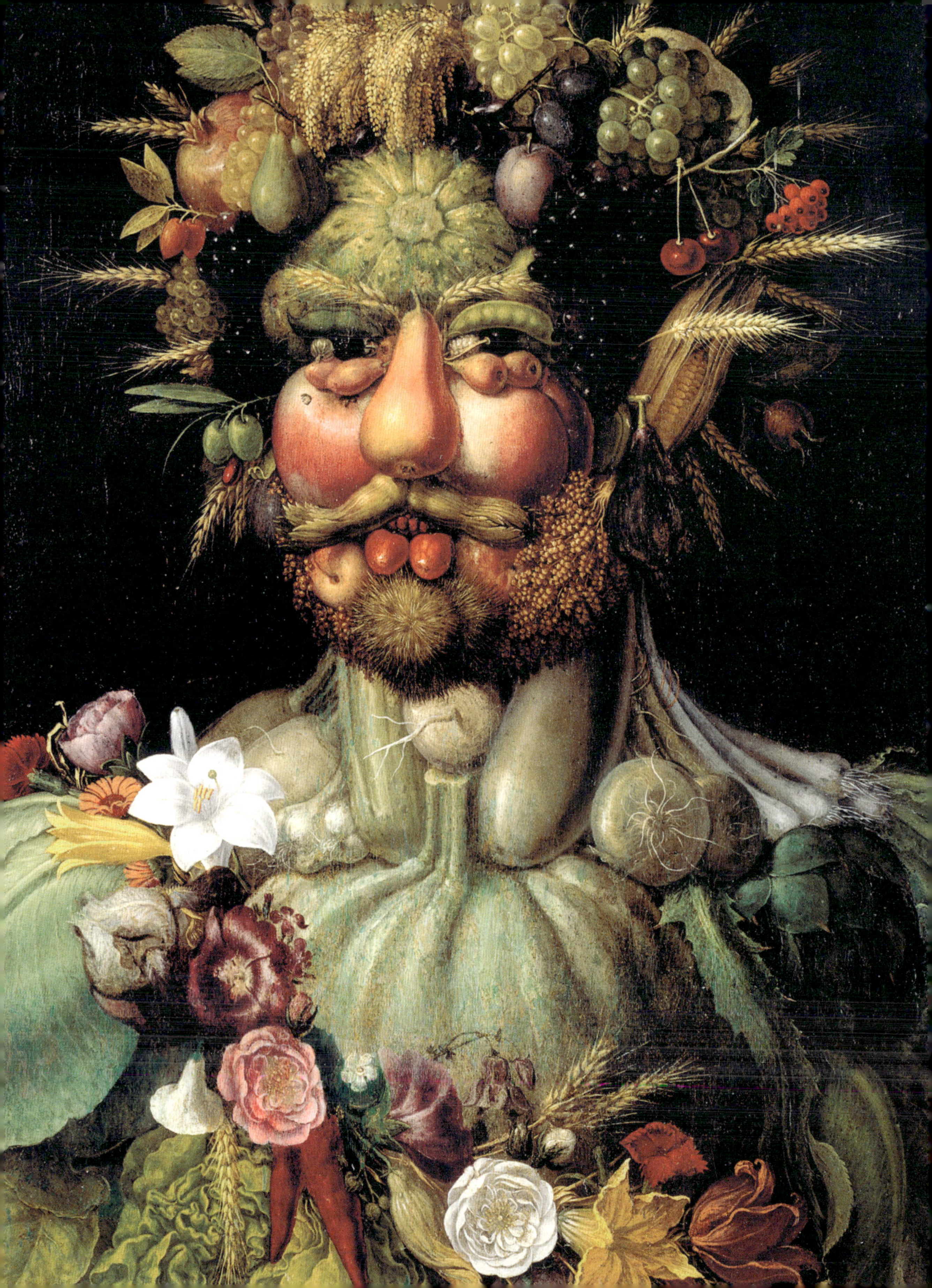

ジュゼッペ・アルチンボルド
国家の長、キャベツの頭
1527？〜1593年

ジュゼッペ・アルチンボルドの初期にはほとんど活動した形跡がないが、そのことが逆に、彼が後に変わった画家になったことを説明する。そこそこ評判のあったミラノの画家の息子で、特に早熟でもなく、22歳のときに受けた最初の注文は、ミラノ大聖堂のステンドグラス窓のデザインであった。その後10年かそこらにわたって、彼は天井画をいくつか描き、コモ大聖堂のタペストリーの下絵を作成した。しかし、彼の何かがハプスブルク家のマクシミリアン2世公の眼をとらえたにちがいない。というのは、1562年、マクシミリアンが神聖ローマ皇帝に選ばれたとき、アルチンボルドは帝国宮廷画家としての地位を与えられたからである。その後25年間、最初はウィーンに、その次はプラハに滞在して、ふたりの皇帝につづけて仕えることになった。

ミラノにいた当時でさえ、彼は「さまざまな奇妙なもの」に関心をもつ男として知られていた。おそらく、これらの奇妙なものには、レオナルド・ダ・ヴィンチが1490年代にミラノに戻って素描したようなグロテスクな人物カリカチュアも含まれていた。とにかく、これこそ彼がウィーン到着直後に追求しはじめた美術のジャンルであり、その様式はすでに、ほぼすべて書物で構成された人物の肖像である「司書」(1562年) で完全に具体化されている。アルチンボルドはそれから、マクシミリアンの宮廷サークルの他のメンバーたちに向かい、家禽と魚の尾からなる顔の「法学者」(1566年)、蓋をした鍋の中のロースト用の丸ごとの豚とローストチキンで構成された「料理人」(1570年)、野菜類に鉢をかぶせた「庭師」(1590年頃) を描いた。

最初からアルチンボルドは、これらの作品を知的なパズルであると同時にカリカチュア（諷刺画）として構想した。ちょうど「料理人」と「庭師」を上下ひっくり返して見れば、肉や野菜のさしさわりのない陳列となるように、彼のもっと野心的な絵画は、不協和な、考えこませさえする反応を起こすように意図されたものだった。彼は最も名高い連作を何ヴァージョンか描いたが、「四季」(1563年) には春夏秋冬の自然の恵み——花、果実、瓢箪、枝木——を用いて、若者から老人まで、人生の四世代を表現した。「四大(しだい)」(1566年) では、古典のアリストテレス的な大気、地、水、火という要素を、大気は鳥類、地は獣類、水は魚類によって構成される静物画とし、第四の元素である火は、炎、火のついたマッチ、大

前頁：アルチンボルドの構成肖像画による最も元気に満ちて楽観主義的でさえある人物として描かれたルドルフ2世 (1591年)。この絵は1648年にプラハを掠奪したスウェーデン軍によって、アルチンボルドの他の多くの作品と一緒に戦利品とされ、現在はストックホルムにある。

7. 近代の枠組み

砲という異例な方法で表現した。

アルチンボルドの意図は時にあいまいなままだが、彼がこれらの作品を具体化するのに必要とした才能は明白である。彼が用いた鮮やかで対照的な色彩、静物の熟練した描写は、彼を同時代の画家たちとは一線を画した存在にしている。また、ネーデルラントや北方マニエリスムからの一定の影響も明らかにしている。同時に、アルチンボルドの肖像画は、魅力的ではあっても、ヒエロニムス・ボッスの悪夢的幻想を共有している。彼が自然の要素から構成した人物像は半ば解体のプロセスとして示されており、それらの形体を維持しようと骨を折っても、多くの蛆虫がうごめいているようにうようよする鳥、ばたばたする魚の塊に分解していくのだ。

それらはぞっとするものだったかもしれないが、アルチンボルドのカリカチュア肖像は注文が引く手あまたで、彼は常に人気の「四季」や「四大」のコピーを多く生産し、ウィーンその他の地で販売した。しかし、オリジナルは用心ぶかく帝室「クンストカンマー」に保存された。これはマクシミリアンが創設し、それからそのエキセントリックな息子にして後継者であるルドルフ2世が大幅に拡充した、美術品と珍奇な物の「キャビネット（貯蔵室）」であった。絵画、古代美術品、動物の剝製、奇形の物、地質学標本のこの私的コレクションの中で、アルチンボルドのグロテスク絵画——どの季節もそれぞれの相当する要素と組み合わされていた——は最高位を享受し、秩序のまるでないヴィジョンが、自然の不合理な寄せ集めの上に君臨していた。

ウィーンで——またその後、ルドルフの新たな首都プラハで——アルチンボルドはエネルギーの多くを、絵画のみにではなく、宮廷の全般的な便利屋兼興行者としての活動にも費やした。皇帝たちは、父子そろってアルチンボルドの公式歓迎会や舞踏会や婚礼や宴会を、彼の特徴的な風変わりな意匠——白鳥や人魚の形にデザインされた行列の山車、宮廷の貴婦人たちのためのとっぴな衣装、帽子、髪型——で美化する熟練技を楽しんだ。しかし、最後にこの仮装舞踏会の名人は仕事に疲れてしまい、晩年の数年間はミラノに戻った。とはいえ、彼は亡くなる前に、最後の構成肖像画（1590年頃）を、おそらく彼の最高の作品を描いた。それはルドルフ2世を、ローマの庭と菜園と四季の神ウェルトゥムヌス、すなわち豊穣と力の神秘的結合として描いたものだった。この絵がプラハに到着すると、皇帝はその膨大なコレクションのどの作品よりもこれを気に入ったと伝えられる。彼は何時間も座ったまま、有頂天になってこの絵を見つづけたことだろう。

ジュゼッペ・アルチンボルド

アルチンボルドの「四季」の1573年ヴァージョン。当時も現在も、彼の人間の形をした静物画のうち最も有名なものである。画家は「四季」を何組か制作したが、ここに挙げたのはパリのルーヴル蔵。

ソフォニスバ・アングィッソーラ
視る女
1532頃〜1625年

　アングィッソーラ家は北イタリアのクレモナ市の下級貴族で、子供が生まれると、古代のカルタゴの英雄たちにちなんだ名前をつける習慣があった。アンニバーレ（ハンニバル）・アングィッソーラの息子アミルカーレは、自分の息子にアスドルバーレという洗礼名を与え、長女はソフォニスバと命名した。一族をこのような名前以外のことで有名にしたのは、ソフォニスバであった。幼いころから絵を描くことが好きだった彼女は、14歳のとき、父親を説得して、地元で最も著名な画家ベルナルディーノ・カンピの工房に入れてもらうことにした。貴族の娘が徒弟奉公など考えられないことだったので、謝礼を払う客分としてであったが。3年間、彼女は毎日、カンピから教えを受け、特に彼の得意分野で、16世紀半ばにはイタリアの貴族社会に流行していた肖像画の描き方を教わった。カンピが他の土地に仕事でたった1549年には、ソフォニスバは非常に洗練されかつすばらしく知的な作品を作ることができ、クレモナを訪れる人びとは、すでに「現代の非凡な画家のひとり」として彼女を認めつつあった。

　明らかに才能があったけれども、ソフォニスバの画家としての道は決してまっすぐではなかった。イタリアでは事実上、貴族の女性が絵を描くことはなかったし、ルネサンスのヨーロッパ全体を通して、女性は芸術の対象であって、芸術の創り手ではないというのが一般的な理解であった。見知らぬ男たちをモデルとして雇うこと、ましてや彼らの裸体習作を描くことなど、女性には禁じられていたので、ソフォニスバは画家に名声をもたらす大規模な宗教画や歴史画を制作することができなかった。その代わりに彼女は、尊敬すべき貴族女性にふさわしい活動である肖像作品に執着せねばならなかった。最初、これは兄弟、両親、彼女自身をくり返し描くことを意味しており、そうして創りあげた彼女個人の様式は、豪華に配された布地の上に、飾りたてた個々の品々を生き生きと愛らしく描くことを重視したものだった。彼女の家族を描いた肖像画のいくつかは、細部や陽気な日常の対話への関心を示しており、カラヴァッジョやオランダの「バンボッチャンティ（民衆の日常生活を描いた風俗画家たち）」の風俗画や静物画を、一世代以上前に予示している。

　娘を進歩させることに熱心だったアミルカーレは、彼女の絵や素描を、パトロンや教師の候補者なら誰にでも、名刺のように与えた。彼は笑う女性を描いたスケッチを82歳のミケランジェロに送り、老巨匠は泣いている少年のスケッチを送ってほしいという返事をよこした。ソフォニスバはたまたま、カニに手をはさまれて泣く弟とそれを見ている姉の素描の準備ができていた。ミケランジェロはこれを見て非常に感銘を受け、自分自身の素描を、模写や手なおし

ソフォニスバ・アングィッソーラの自画像（1556年）。ミケランジェロに教えを受けた後、マドリードに出発する前に描いたこの作品からは、機智と感じの良い魅力と自信が放射されている。

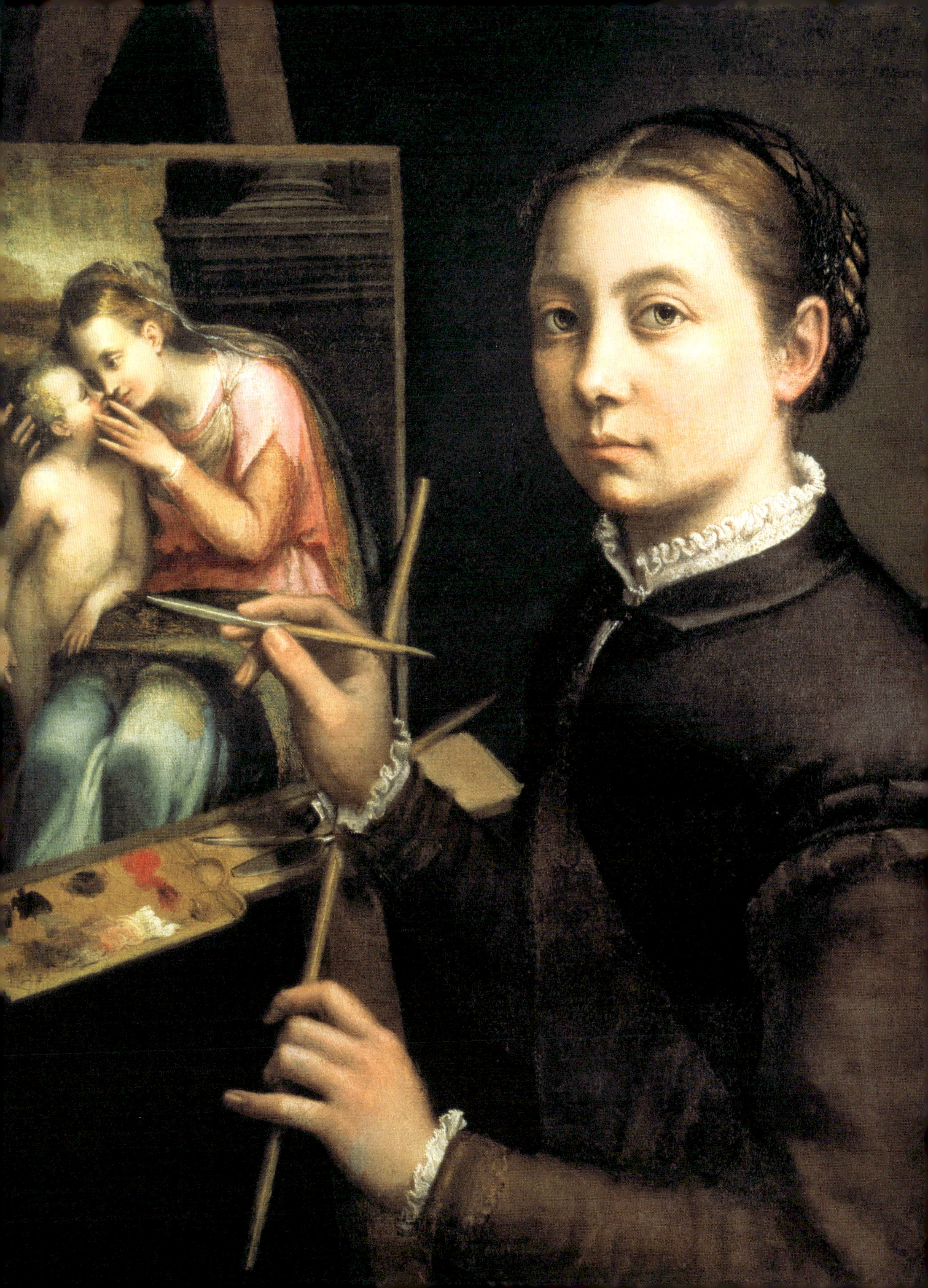

7. 近代の枠組み

ソフォニスバ・アングィッソーラの自画像（1610年）。彼女はスペイン、シチリア、ジェノヴァで貴族や金持ちを描いて半世紀を過ごしたが、自画像も描きつづけた。この作品は彼女が78歳のときのものだが、90歳近くになっても別の自画像を制作している。

の訓練用にと彼女に送りはじめた。そして、1554年、彼女はローマに旅してこの老巨匠に会った。ミケランジェロとの接触はソフォニスバの様式に著しい影響を与え、ミラノにいるクレモナの宗主たちの関心を引き寄せるのに役立った。彼らは彼らで、即位したばかりのスペイン王フェリペ2世に彼女を推薦した。王は14歳の幼い花嫁エリザベート・ド・ヴァロワの女官兼宮廷画家を探していたが、そのどちらの資格もあるソフォニスバには適任だった。

マドリードに移ったソフォニスバは、若い王妃と非常に親密になった。ひとつには、エリザベートはカトリーヌ・ド・メディシスの娘で、半分イタリア人だったからである。スペイン宮廷での彼女の仕事には、エリザベートとフェリペ自身を含む多数の宮廷人の肖像画注文が含まれていた。彼女はまた、王妃に絵の描き方を教えた。エリザベートがわずか22歳で亡くなってもソフォニスバはマドリードにとどまり、絵を描き、王女たちの養育を手伝い、最後にはスペインの最高貴族と結婚した。その夫を難破で失い、1578年、彼女はクレモナに戻るために出発した。すでに40代後半の未亡人で退役した廷臣だったが、彼女の生涯はまだ終わりではなかった。

シチリアから北に向かう航海中、ソフォニスバは自分よりずっと年の若い船長と出会って恋に落ちた。彼はジェノヴァ貴族で、オラツィオ・ロメッリーノといった。1580年初頭、ふたりは結婚してジェノヴァにおちつき、オラツィオの縁故関係とフェリペ王からの年金のおかげで、ソフォニスバは尊敬される肖像画家としてその後の40年間を享受した。マドリードでの宮廷画家としての彼女の地位を継承したピーテル・パウル・ルーベンスが1607年に彼女を訪ねてきて、敬意を捧げた。8年後、夫婦はロメリーノが投資をしていたパレルモに引っ越すことに決め、1624年、ここでソフォニスバは、彼女の最後の讃美者兼弟子を迎えた。ジェノヴァで彼女の作品を目にした若きアントニー・ヴァン・ダイクが彼女を訪問したのである。彼は彼女をスケッチし、「彼女は90歳だが頭脳明晰で記憶力も優れ、非常に礼儀正しい。年齢のせいで視力は弱っているけれども」と書き記している。いつものように面倒見よく、彼に肖像表現について助言をし、ミケランジェロから学んだことをいくつか彼に伝えた。彼女は、ロレンツォ・デ・メディチの宮廷で学んだ芸術家から、チャールズ1世に仕えて英国の内乱勃発を目撃した芸術家への、注目すべき架け橋となったわけである。

ミシェル・ド・モンテーニュ
内省の文学
1533～1592年

ミシェル・ド・モンテーニュはキャベツとレタスが見分けられなかった、金属のコップよりガラスのコップの方が好きだった、人食い人種にちょっと感心していた。こういう他にもたくさんの細かい事を、われわれは1572年から1587年にかけて書かれた彼の名高いエセー（随筆）によって知ることができる。この随筆集は、自伝的だが自伝ではない——彼の生涯について語っているのではなく、著者の精神の動きを吟味したものなのだ。モンテーニュはこれをエセー集と名づけたが、この言葉には、当時は文学的な意味はなかった。フランス語の「試み」とか「実験」という意味で、現在のような意味を獲得したのはモンテーニュの記念碑的著作ゆえなのである。彼の107篇のエッセイは新しい文学形式を画すもので、思考が彼をどこに連れて行こうとそれを追いかけるという彼の誓いによって、急進的なものである。彼のテクニックは読者を欲求不満にさせたが、同時に、古典の叡智と彼自身の体験と人間の状況全般のあいだにつながりを見出したときのように、才気のひらめきを促すものでもあった。

モンテーニュはフランス南西部の裕福で知的な家庭に生まれ、人文主義者の父親は、彼が6歳になるまでラテン語しかしゃべらせなかった。その後彼は哲学と法学の訓練を受け、何年ものあいだ法官として働き、ボルドーの市長も2期つとめた。しかし、37歳のとき、「法廷と公職への隷属」を捨て、町の郊外の地所に隠遁した。彼は書斎を城の敷地内の石の塔に移し、そこで後半生を読書に、さらに重要なことには思索に費やした。

皮肉にも、彼が多忙な法官や市長のころに切望していた休息や隠遁は、いまいましいものだとわかった。「怠惰について」において、彼は暇な時間のせいで心が「暴れ馬のように」駆け出し、「キメラ（妄想）や空想的な怪物」が出てきたと書いている。このような獣たちを御するため、「時がたてば私の心がそれ自体を恥ずかしく思うことを願って」、それらを書き留めることに決めた。モンテーニュが自分自身を主題として構想する前に書かれた最初期のエッセイのほとんどは、自分が読んでいた本の感想であった。しかし、時間がたつにつれて、それらはますます個人的なものとなり、彼の文章はいっそう自信に満ちたものとなる。特に最初から57番目のエッセイの後は、出版されて大喝采を博した。

メダルに特別なモットー、つまり標章を彫るという伝統に従ってモンテーニュがデザインしたものには、表側には「私は何を知るか（ク・セ・ジュ？）」という文言が、裏側には「私は判断を保留する」という文言と天秤が彫られていた。じっさい、彼の偏見のなさはエッセイ中に浸透している。

7. 近代の枠組み

はるか彼方の地についてむさぼるように読んだモンテーニュは、ブラジルのトゥピ族について書き、エッセイの中で彼らの詩を取りあげさえしている。この部族の戦士たちは戦いで打ち破った敵を食べてしまうのだが、彼は「人食い人種について」において、これはヨーロッパの文化的慣習ほど悪くはないと指摘している。少なくともトゥピ族は敵を殺してから火あぶりにするのだが、キリスト教徒のヨーロッパ人は敵を生きたまま焼いてしまうのだから。1562年、彼はルーアンに連れてこられたトゥピ族の首領に会ったが、その男は、フランス人のある者は「あらゆる種類の快適さを完璧にそなえている」一方で、他の者が貧困と飢餓で痩せ衰えて「扉の前で物乞いをしている」のを見て仰天していた。モンテーニュは彼の信条を考えまわし、それを信奉することなく、詳細に吟味して、トゥピ族は野蛮人ではないと結論づけた。問題は、「誰でも自分が慣れていないことを野蛮と呼ぶ」ことだ、と彼は断言する。

モンテーニュ自身、旅行が大好きで、彼の意見では、旅は「新しい未知のものに出会うことによってわれわれの魂を絶えず修練してくれる」。スイス、ドイツ、オーストリア、イタリアをめぐる旅をしたとき、彼は自分の体験を詳細な日記にしたためた。日記帳が1770年代に発掘されて出版されたとき、学者たちは、彼が地域の住民や彼らの橋や泉や作物に魅了されていることに困惑した。彼はローマに6ヵ月滞在し、他のフランス人を避けてローマ文化を抱きしめた。彼はユダヤ人の子供の割礼を目撃し、地域の娼婦たちの儀礼について書きとめ、イタリア人の飲み食いがフランス人よりつつましいことに気づいた。外国では、彼はその土地の習慣で扱ってくれるように頼んだ——それによって何かに挑戦しなければならないとしてもかまわずに。なぜ旅の不便さを我慢しなければならないのかと尋

1685年の銅版画のモンテーニュ像には、彼のエンブレムである天秤が描かれている。彼は書斎の天井の梁に54の示唆に富むモットーを彫らせたが、そのひとつはこう読める。「あらゆる意見にはそれと釣り合う重さの反対意見がある。」

ミシェル・ド・モンテーニュ

ボルドー近郊の一族の地所で成長したモンテーニュはラテン語しか話さなかったが、エッセイを書くことになったときには、あたかも友人に語りかけているかのように日常語のフランス語を選んだ。公的な世界で過ごした後、彼は1571年に引退してこのシャトー（上図）に戻った。

ねられると、未知のものが楽しい驚きをもたらしてくれるからだと答えている。「私は自分が何から逃げているかは知っている。しかし、何を探しているかは知らない」と彼は書いている。

モンテーニュが1592年に亡くなったとき、彼の評判はフランスを越えて広がっていた。シェイクスピアの仲間のひとりが、1598年に『エセー』の英訳をはじめたし、モンテーニュの考えはその後の詩人たちの作品に反響している。事実、ベン・ジョンソンの『ヴォルポーネ』のある登場人物は、英国の作家たちがあるイタリア人作家から「モンテーニュからとほとんど同じくらい」たくさん盗んでいると非難している。フランシス・ベーコンなどの17世紀の作家たちがこの新しい文学形式を取りあげ、このジャンルは18世紀にジョセフ・アディソン、サミュエル・ジョンソン、その他とともに隆盛した。19世紀にはラルフ・ウォルドー・エマソンがモンテーニュを、最も率直で最も誠実な作家と呼び、こう書いている。「この男の精髄は彼の文章に広がっている……これらの言葉を切ってみたまえ、血が流れるだろう。それらは血管であり、生きているのだ。」

アルカンジェロ・トゥッカーロ
王侯貴族のアクロバット芸人
1535頃〜1602年

フランスの人びとを平和に暮らさせるためには、支配者は彼らを運動(エクササイズ)に従事させておかなければだめよ、とカトリーヌ・ド・メディシスは若い息子、フランス国王シャルル9世に助言した。定期的な舞踏やスポーツなしでは、彼らは「他のもっと危険な事」——彼らの不屈の精神のもっと危険なはけ口——を追い求めるかもしれないわ、と彼女は警告した。フランス宮廷のメンバーたちを穏当に保ち、かつトラブルを避ける助けになればと、シャルルはイタリア人のとんぼ返り曲芸師兼ダンス専門家のアルカンジェロ・トゥッカーロをパリに連れてきた。彼はここでアクロバット(曲芸)を教え、カトリーヌが彼女の「マグニフィセンス(豪奢さ)」を舞台化するのを手伝った。それは、イタリアから吹き込まれたページェント(華美なショー)に満ちた娯楽で、16世紀のあいだ、フランスで人気を博した。

1535年ごろに中部イタリアのアクィラで生まれたトゥッカーロは、ウィーンで「ホフスプリングマイスター(曲芸の師匠)」として神聖ローマ皇帝マクシミリアン2世に仕えた。1570年、彼は皇帝の娘のお供をしてフランスへ旅をしてきて、彼女とシャルルの婚礼でパフォーマンスを見せたのだが、シャルルはこれに感銘を受け、彼を「土のとんぼ返り師」として雇うことにした。パリでは、このイタリア人は、とんぼ返りを20歳のシャルル、その弟のアンリ、宮廷のもっと機敏な者たちに教えた。祝典と舞踊の名人として、トゥッカーロは洗練された劇、馬上槍試合、祝祭、舞踏会を企画実行し、これらの贅沢な行事によって、カトリーヌは敵たちを眩惑した。

しかし、トゥッカーロの歴史における位置を確かなものとしたのは、彼の『空中に跳躍飛躍する方法についての三つの対話』(1599年)という論であった。これは古典時代以来初めて著された運動に関する書物であり、16世紀の多くの「ハウツー」ガイドのひとつであり、自己改善への関心の増大と、物質界への新たな世俗的関心を反映していた。トゥッカーロは古典的な対話形式を用いている。論題は、何人かの登場人物が運動の歴史、恩恵、技術を議論しながら展開する。この本の大部分は、若き曲芸師たちへの教授法の念入りなシステムを概略したマニュアルである。たとえば、「後方宙返りの猿飛び」というはなれ業やその他多くの技を、簡単なものから危険なものまで説明している。ラテン語と古代ギリシア語を散在させた散文で、トゥッカーロはしばしば曲芸的な運動を擁護する古典作家を引用しているが、特にプラトンはこれを、身体を教育し、自主性を発達させ、健康を確かなものとする方法として賞讃していた。

しかし、古典時代以来、運動家はその健全な色艶を失っていた。中世には曲芸は大群衆をひきつけたが、曲芸師たち自身は呼び売り商人と見なされ、異端者と見なされることもあった。彼らの危険をものともしない妙技は魔術的に思われた——あまりに

アルカンジェロ・トゥッカーロ

LE II. DIALOGVE

Or ayant les pieds donné la batture en vn inſtant, les bras & mains ſerrees & eſtenduës à la faueur de la teſte attireront le reſte du corps eſtendu en haut, eſtant la partie ſuperieure quelque peu renuerſee en arriere, en ceſte façon.

Dv Sr. ARCANGELO TVCCARO.

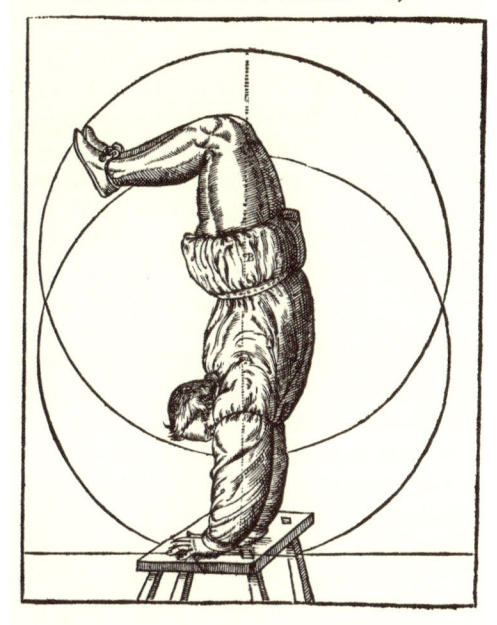

トゥッカーロはその著『三つの対話』（1599年）に何十もの離れ業の挿絵を載せた。左側では、彼は傾斜した板にかけ上がっているが、この後、板を蹴って後方にらせん状宙返りをする。右側では、台の上で後方宙返りをして、直立の位置から逆立ちへと移行したところ。

も驚異的なので、奇術でないとすれば悪魔との契約によって説明されるのではないかと考える者もいた。しかし、『三つの対話』において、トゥッカーロはこれらのトリックの謎を、段階的な指示と、髭をはやし筋肉の発達したアスリート——おそらく彼自身——の登場する何十もの図によって解き明かした。多くの絵に幾何学的な図形が描きこまれており、トゥッカーロは「数学的測量で規定された比例」で跳躍するようにと、初心者の運動選手に指示している。彼はしばしばはなれ業を弧、角度、円という言葉で記述している——彼によれば、軌道を描く運動は天体の運行の反映なのである。

人間界の出来事は天の出来事を模倣しているという考えはルネサンス思想の多くの分野を導き、美術家、科学者、哲学者、国王に影響を及ぼしたが、曲芸師さえ同様だったのだ。正確に行なわれれば、運動選手の宙返りは天体の運行そのものを映したものとなるとトゥッカーロは主張している。

トゥッカーロは60代になっても演技をつづけ、1602年にもう1冊、本を出版したが、今度は詩集だった。没した直後から、彼はヨーロッパ全域に名を知られ、『三つの対話』は何百年間も、宙返り曲芸師たちにとって基本文献でありつづけた。

❦　7．近代の枠組み　❦

ヨハン・マルティン・レルクによるキャンピオンの銅版画（1670年代）。キャンピオンは首のまわりにロープを巻かれ、胸にナイフを突き刺された状態で描かれている。背景では、王家の処刑人たちがこれらの道具をよりなまなましく使用している。

エドマンド・キャンピオン
「英国のダイヤモンド」
1540～1581年

ロンドンの書籍商の息子エドマンド・キャンピオンは奨学生だったが、その頭脳明晰ゆえに13歳のとき、チューダー朝のメアリー1世女王の初めてのロンドン入城に際して歓迎の挨拶を述べるという名誉を担った。彼はオックスフォードを卒業し、学位を取ったセント・ジェームズ・カレッジに講師としてとどまったが、学部生たちにひっぱりだこで、彼らはキャンピオンを見習って、自分たちを「キャンピオナイト」と呼んだ。1566年、メアリーの異母妹で継承者であるエリザベス1世がオックスフォードを訪問したときに、彼は女王の前で演説と討論を行ない、女王とその随員たちは非常に感銘を受け、王家の主席顧問ウィリアム・セシルは、彼こそ「英国のダイヤモンドのひとつ」だと断言した。

しかし、キャンピオン自身は困惑した。大学講師として、彼はすでにエリザベス女王を支持して教皇権を否定する「国王至上の誓い」を行なっていたが、彼はますます嘘をつかねばならなくなった。キャンピオンによれば、エリザベスの女王即位によって勝利をおさめた新教徒たちは、カトリック信仰に取って代わり、同時に「〔彼らの〕先祖全員——先達である司祭たち、司教たち、諸王全員——かつては英国の栄光であったものすべてを有罪と宣告した」のだった。いよいよカトリックの祭儀、伝統、教義の拒否が求められ、キャンピオンはいやいやながら選択せねばならなかったが、新旧両信仰の対立は急速に表面化した。

1569年、北方のカトリックの諸侯が、エリザベスに代わってスコットランド女王メアリー・スチュアートを王位に即けようとして反乱を起こした。翌年、教皇ピウス5世はエリザベスを破門し、英国のカトリック教徒に対して、彼女の政府に反逆することへの暗黙の同意を与えた。お返しに、エリザベスは寛容政策をやめ、ローマのために司式や説教をする者は大逆罪として死刑に値すると宣言した。

1571年、キャンピオンはブリテン島を抜け出し、スペイン領ネーデルラントのドゥエーに行った。そこで彼は、新たに設立されたイングリッシュ・カレッジに籍を置いたが、これは英国国教会の支配を拒否したオックスフォードの学者たちによる亡命者の大学であった。彼はあたたかい歓迎を受けたけれども、神学の学位を取得するのに充分なだけ滞在し、その後ローマへと旅立ち、そこでイエズス会に加わった。この修道会に伝わる伝承によれば、キャンピオンは宣教師が必要だとわかった場所——オーストリア帝国のチェコ地方——に信仰を説くために派遣された。プラハとブルノを本拠地として、キャンピオンは6年間、信徒たちに司式を行ない、できる限り多くのフス派を再改宗させた。

しかし、1580年、キャンピオンは他のふたりとともに、イエズス会初の英国宣教師に選ばれた。彼らは英国の多くのカトリック教徒、特に土地を所有するジェントリー階級に説教し、彼らにエリザベスと英国国教会の打倒の準備をさせることになった。

7. 近代の枠組み

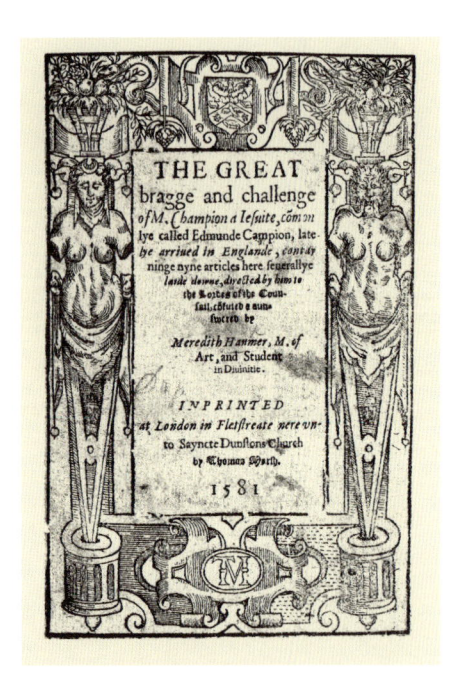

キャンピオンの『枢密院への挑戦』を反駁して、ウェールズの聖職者メレディス・ハンマーは敵の著作を「グレート・ブラッグ（大自慢）」と呼んだが、このあだ名が今日まで残った。ハンマーの『グレート・ブラッグとチャンピオン氏の挑戦』は1581年に出版された。

この使命は二重スパイ、偽名、秘密の隠れ場所、当局からの間一髪の逃亡など、スパイ対スパイの連続であった。政府はキャンピオンの真意を、彼がドゥエーを出発する前から関知していた。それでも彼は、当局から逃れて千語からなる『枢密院への挑戦』を発行し、やや巧妙に、1570年の法に逆らって、彼の帰国目的は宗教的なものであって政治的なものではないことを力説した。その後1年間、彼は説教し、逃亡し、司式を行なっていたが、1581年6月、『10の理由』という、カトリック信仰の英国国教に対する優位の理由を概説した本を出版すると、事態は最高潮に達した。彼の主張が常に深遠なものだったわけではない——ただ単にユダヤ人とトルコ人がカトリックをより憎悪しているから、という理由もあった。しかし、無法者のイエズス会士が英国内で印刷機を手中にできるという事実こそが、充分に不穏であった。

ついに逮捕されたキャンピオンはロンドンへ連行され、群集に罵倒され、ロンドン塔の悪名高きリトル・イーズ——あまりに狭いため、立つことも座ることもできない独房——に押しこまれた。彼は「信仰の真実を試す」ために、くり返しラックという無理やり手足を伸ばす拷問器具にかけられた。そして、弱って混乱した状態で彼の教義を述べねばならなかった。単に説教と司式を行なうだけでも法的に大逆罪を犯していたが、法官たちは彼の評判をさらに悪くするために証人たちに偽証させ、彼がエリザベスの暗殺を計画していたと主張した。驚くことではないが、キャンピオンは有罪を宣告された。勇敢な顔つきで「テ・デウム・ラウダムス」を歌いながら死んだが、彼の殉教は残酷な事件だった。1581年12月1日、彼はタイバーン・クロスに連れてこられ、首を吊られ、内臓をえぐられ、四つ裂きにされた。彼が最後に恐怖で泣き出したという者もあるが、彼の死はイエズス会の英国宣教の始まりを告げたにすぎず、彼の殉教の知らせは、多くの志願者を英国に引き寄せた。次の世代のあいだに、300人以上のイエズス会士がキャンピオンにならって英国に入り、その半分以上が公開処刑された。しかし、彼らの大胆さと流した血にもかかわらず、カトリック信仰は英国での地歩を失いつづけ、特に1588年のスペインのアルマダ（無敵艦隊）敗戦後は激減した。最後に、英国国教会に対するより強力な挑戦は、キャンピオンのイエズス会追随者たちからではなく、国産の急進的カルヴァン派の階級から起こったが、彼らは自分たちをピューリタン（清教徒）と呼んだのである。

カテナ
家畜泥棒、強盗、盗賊団の首領
1581年没

ローマ警察は逮捕した囚人を誰でも拷問にかけるわけではなかったが、マリオ・パパレッロ某には喜んでそうした。1580年11月25日、フィレンツェへ向かう街道で捕まえられた男は、剣、短剣、短銃、剃刀2枚、鋏を携帯していた——おまけにかなりの額の現金と、蛇の毒とアヘンの入った鞄まで。パパレッロは尋問のためにローマへ連れ戻され、最初はから威張りしたり冷笑したりするだけで、多くの武器を不法所持していたことに対してほとんど言い訳しなかった。とうとう当局が、彼をストラッパード(吊るし責め機)にかけることに決め、彼の両手を背中側に縛ると、パパレッロは「怖いもんか」と豪語した。しかし、ロープで吊り上げられると、彼はたちまち態度をがらりと変え、叫び出した。「聖母さま、お助けを! 降ろしてくれ! ああ、神さま! 聖母マリア! ロープを切って降ろしてくれ、本当のことを話すから、全部本当のことを言うから!」看守たちがしばらく彼を吊るしたままにしておくと、彼はついに大声で叫んだ。「俺はカテナだ!」

たまたま警察がまったくの偶然から捕まえたのは、当時最も悪名高い犯罪者のひとりだったのだ。男の本名はバルトロメオ・ヴァレンテだったが、カテナ(鎖)として知られていた。当時、近くにいあわせたミシェル・ド・モンテーニュは、カテナのことを「有名な泥棒で盗賊団の首領、イタリア中を恐怖におとしいれ、恐ろしい殺人を犯したといわれている」と書いている。彼はまたおしゃべりであることもわかった。看守たちに降ろされると、カテナは進んで——さらにストラッパードにかけられた後は特に——すべてを白状した。彼の話は16世紀のヨーロッパではよくあることだった。シチリアからスペインのバレンシアまで、ピレネーからランブールやスコットランドの低地帯まで、中央当局が弱体化し、氏族が強力で、退役兵や土地をもたない小作人が大勢いるところはどこでも、山賊行為が盛んであった。時にはそのような男たちが数百人集まって事実上の軍隊を形成し、法律を無視して田舎で略奪行為をし、自由に盗みをしては、沼地や丘陵地帯や国境地域に潜伏した。

カテナの犯罪歴は典型的なはじまり方をした。18歳のとき、復讐のためにひとりの男を銃殺し、それから逃亡して田舎に隠れた。まもなく、同じような罪のために逃亡中の仲間たち、親族の男たちが加わり、カテナの一団は25人ぐらいのデスペラード(無法者)たちに増えた。10年以上にわたって、彼らは家畜を盗み、盗みをし、旅人を誘拐し、人びとを殺した——カテナはひとりで45人を殺したと自慢した。たいていは銃を使ったが、マチェーテ(大型ナイフ)を使った時もあった。暗殺という報復を受け

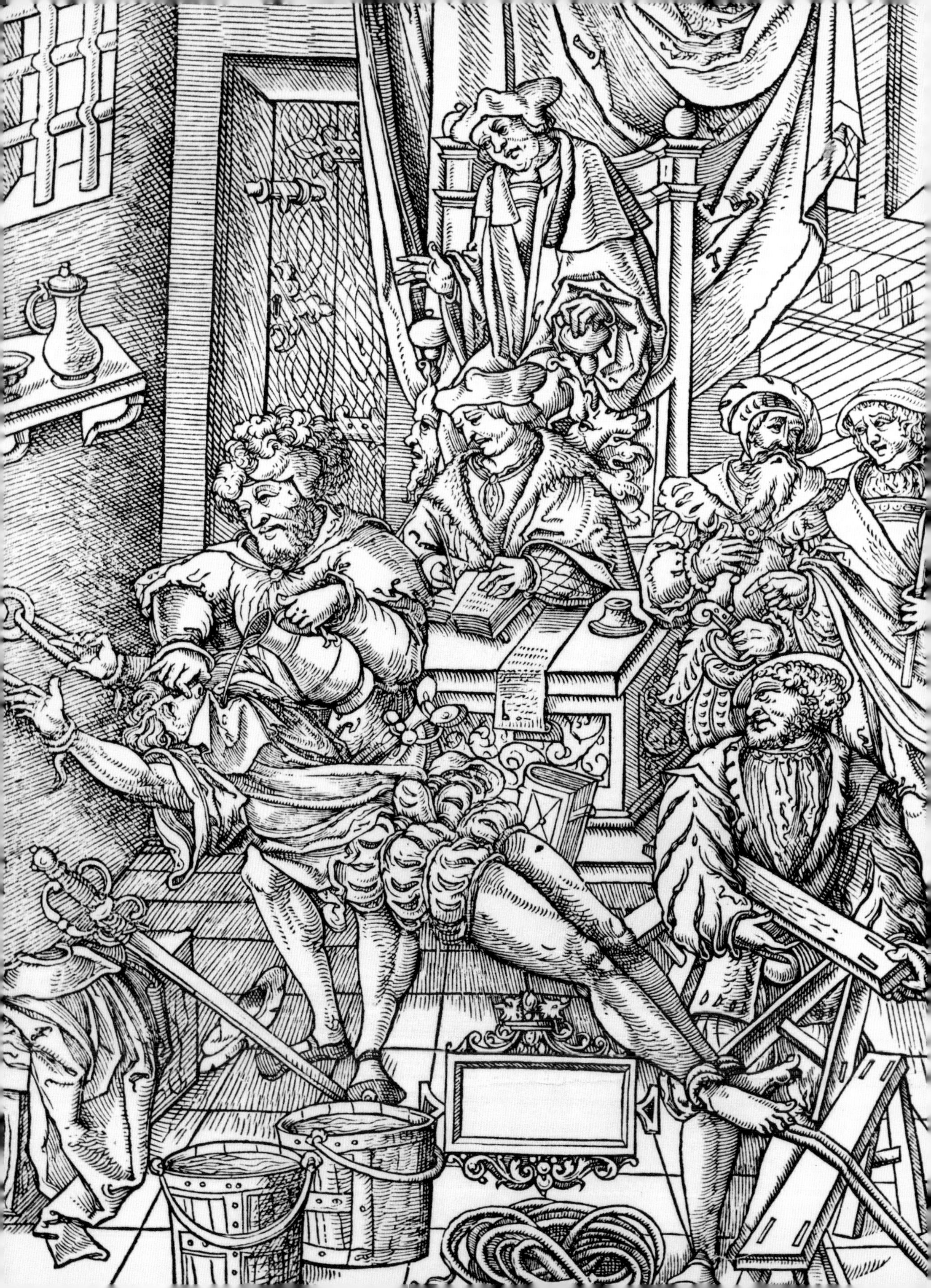

ることも多かったが、カテナ団も復讐のために殺人を行なった。団のメンバー、彼らの縁者、被保護者を傷つけた者は全員殺した。また、「俺たちの敵のためにスパイ行為をする」と疑われる者も標的だった。最も効果的な復讐殺人は、陰惨な見世物にすることだった。男たちの首を切るのは日常的だったし、一度など、羊飼いを殺した後で「俺たちはそいつの山羊200頭以上のひかがみ（膝のうしろの腱）を切ってやった、俺たちの仲間を殺しやがった〔やつの伯父を〕侮辱してやるためにね」とカテナは自慢した。

しかし、この盗賊団の一番の仕事は誘拐だった。カテナの説明によれば、「団の皆が使う金のために、誘拐をして身代金をとらなきゃならなかったんだよ、俺には敵がいたし、お上が俺の財産を全部取っちまったから」。好都合な獲物は商人と旅人だったが、カテナはふつうの農夫や「山羊を追いかけている」連中も喜んで誘拐した。逮捕されたときに携帯していた多額の現金から判断すると、この商売は実入りがよく、団の全員に身分にふさわしい服装をさせることができた。彼らは威張って町の中に入り、各々が複数の短銃、マスケット銃、ナイフ、腰帯に押しこんだマチェーテで武装し、山賊の特徴である長いもじゃもじゃ髪を見せびらかした——「他の連中より長いお下げ髪を8本か10本……口髭も他の連中より長

くして……帽子は端を折って」。

街道での盗賊行為や村落での殺害行為の後は、カテナ団は教皇領に点在する、ほぼローマ警察の権限外である多くの封建所領のひとつに潜伏することが多かった。土地の領主は「俺たちが奴らの家臣を困らせたり、面倒を引き起こしたりしない限り」、彼らを放っておくか、私的な暴力行為のために彼らを雇うことさえあった。しかし、事態が悪化したため、カテナはお仲間の豪族たちの元にずっといるわけにいかなくなった。そこで彼は、新たなパトロンと再出発を求めて、トスカーナ目指して出発したのだが、彼の運は尽き果て、逮捕されてしまったわけだ。話すと決めたからには、彼は自分の犯した罪を述べ、共犯者たちのことを告げ口し——恩赦を希望してではないが——告白には1ヵ月以上がかかった。しかし、1581年1月11日に行なわれたカテナの処刑は、それ自体が彼への弁護行為となった。「彼の有していた名声ゆえに、誰もが〔彼を〕見たいと思ったため、集まった大群衆」の中を彼は運ばれていった。3万人ほどの見物人がくり出しており、「彼が首を絞められたときには何の感情も見せなかったが、四つ裂きにするために斧がふりおろされるたびに、人びとは哀れな叫び声をあげた」。1週間もたたぬうちに、誰かが彼の冒険のバラッドを作詩した。

司法拷問はルネサンス期のヨーロッパでは、容疑者——あるいは無実の証人でさえ——が真実を話しているかどうか見定めるための手段として慣習的に行なわれていた。このような拷問を受けて盗賊カテナは自分の正体を白状した。ジャン・ミシェル・ド・ソーヴィニー著の拷問手引き書（1541年）より、「フランスの普通の拷問」の木版画。

ヴェロニカ・フランコ
高級娼婦、多作な詩人
1546～1591年

16世紀初頭、ヴェネツィアの人口は10万人ほどで、当時のある日記作者によれば、そのうち11,654人が娼婦だったという。100年後、ある英国人旅行者が、この都市ではそのような職業の女性が2万人はいると報告している。ヴェネツィア共和国はそのセックスワーカーで、特にその優雅な高級娼婦たちで有名だったが、その中でも最も著名なのがヴェロニカ・フランコであった。1546年に中流階級の両親のもとに生まれた彼女は、3人の兄弟とともに家庭教師から教育を受けた。16歳か17歳で医師と結婚したが、おそらく親が決めた縁組で、1年もたたないうちに夫の家を出た。1564年には赤ん坊を身ごもっており、出産にともなう危険から、妊娠した女性の慣習として、遺書をしたためた。彼女は子供の父親として裕福な貴族の名を挙げ、はっきりしたことは「神のみぞ知る」と付け加えているが、これは、彼女の身分が若い高級娼婦であることを確証しているように思われる。

ヴェロニカは1565年には確かに客商売をしており、ハイクラスの娼婦の名簿に載っている。「主要かつ最も著名なヴェネツィアの高級娼婦」への案内書としてヴェネツィアが作成したこのリストには、それらの女性たちの名前とともに、彼女たちの住所と値段も掲載されている――ヴェロニカが登録された理由は、支払い先が、やはりかつて高級娼婦であった彼女の母親になっていることから納得される。高級娼婦たちが提供するのはセックスだけでなく、それ以上のものであった。彼女たちは、ヴェネツィアの上流階級の男性たちにとって洗練されたコンパニオンでもあった。貴族の女性は家の中に閉じこめられていた一方で、教養のある高級娼婦たちは男性の領域にもぐりこみ、哲学、歴史、文学について長々と述べてながら、その頭脳と美貌によって男性たちを魅了したのである。高級娼婦の同伴料は安くはなかった。ヴェロニカの接吻ひとつで5スクーディしたといわれる――ヴェネツィアの労働者の1週間分の給金である――一方、フル・サーヴィスのデートは50スクーディした。フランスの作家ミシェル・ド・モンテーニュがヴェネツィア旅行について狼狽しつつ書き留めているが、高級娼婦たちは会話に特別料を課した。

当然、高級娼婦は人をひきつける魅力があり、弁舌さわやかであったが、ヴェロニカはもう一歩先を行った。高級娼婦として

ティントレットに帰属されるヴェロニカ・フランコの肖像（1575年頃）。優雅な服装と礼儀作法で、高級娼婦たちは貴族の女性と間違われることも多かった。混乱を避けるために、心配性なヴェネツィアの指導者たちは、ヴェロニカなどの高級娼婦たちに高価な服を着ることを禁じたが、この法が強いられることは稀だった。

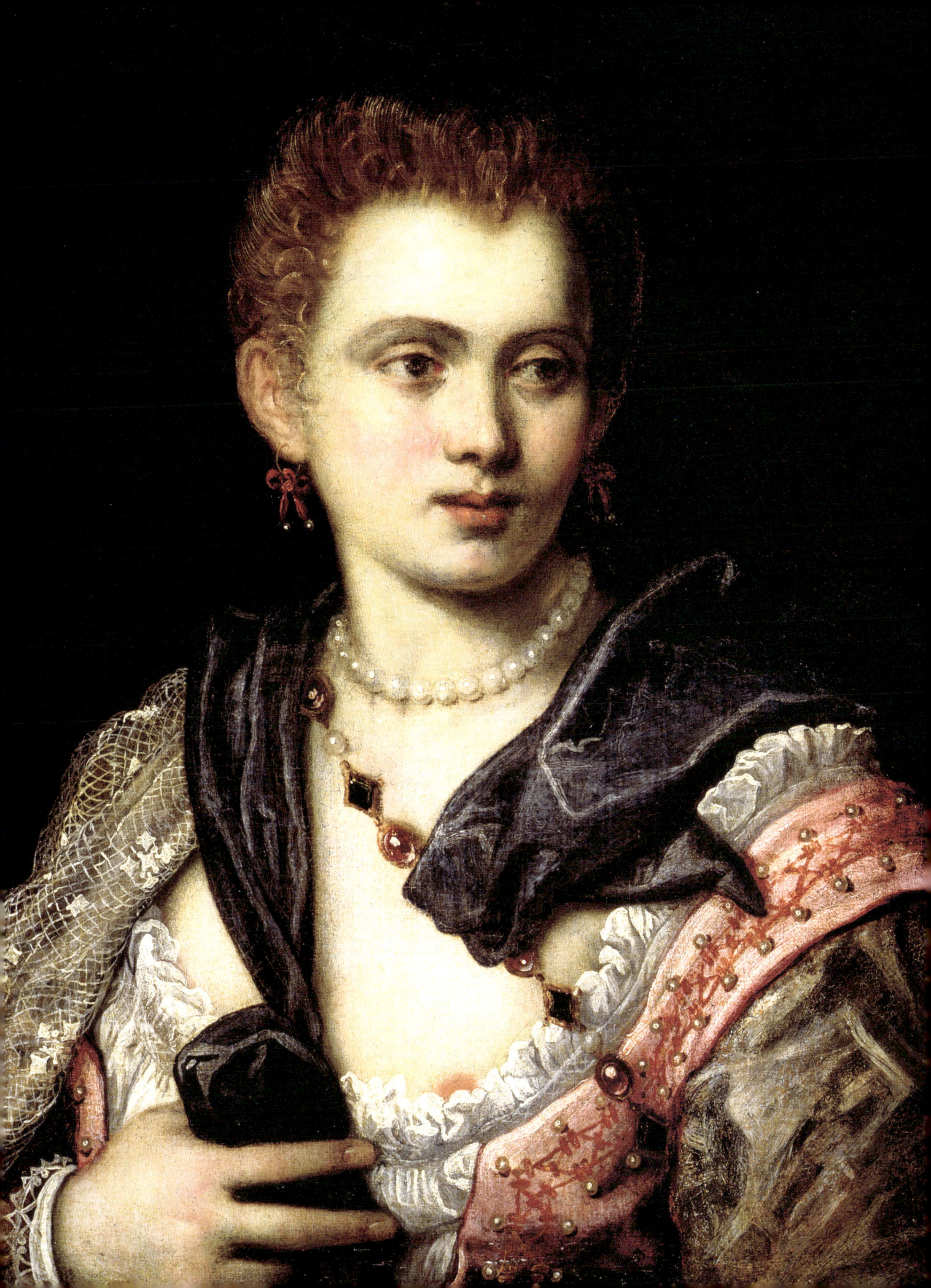

の役割をこえて、彼女は一流の作家たちと交流し、優れたグループと定期的に会って批評を交換し、はては本を2冊出版した。一冊は書簡集で、もう一冊は詩の本である。彼女の詩は赤裸々であると同時に慎重なものだった。ほとんどが特定の男性に宛てたものだった。顧客というより恋人に宛てたある詩の中で、彼女は寝台の上での自分の官能的な才能を「とっても甘美で気持ちよくなったの……私のもたらす快楽はあらゆる喜びに優るわ」と自画自讃する。しかし、彼女は「彼の」手腕も賞讃して、それは「奇跡みたいに優れていて」、彼を「私の生命の主人」とし、一方で彼の「勇ましさ」は彼女を彼の膝の中に引きこみ、「堅い木材に打たれた釘よりもっと密接に」ふたりを結びつける。

時には、彼女は詩を自己弁護に使った。ある時、彼女は匿名の男に卑猥な詩で攻撃され、病気で腐った共同娼婦、「ゲットー全部を満足させる雌牛」と呼ばれた。これは二重の侮辱だった。ゲットーはヴェネツィア内のユダヤ人が居住を強制されている区域であった。そして、ユダヤ人と情を通じたキリスト教徒は、鞭打ちか追放の刑に処せられた。この下劣な男を避けて、ヴェロニカは自分の美徳を主張し、このような攻撃に抵抗するようにと、あらゆる女性に呼びかけた。「そのように決意したならば、死ぬまで戦うことができただろうに」、女性たちはまだ理解していなかった、とヴェロニカは書いている。彼女を攻撃した男は、彼女の文学サークルのメンバーであることがわかった。司祭であったこの男は、その後コルフの司教となり、梅毒で死ぬ。

ヴェネツィアの高級娼婦たちは、他の都市の同業者に比べて迫害されることが少なかったが、おそらく彼女たちがはるか彼方から観光客を引き寄せ、共和国の戦艦12隻の維持費に相当する税金を支払っていたためでもあろう。いろいろな点で、高級娼婦の最大の攻撃は、彼女たちの美貌であった。洗練されたマナーで贅沢な服装をした彼女たちは、貴族の女性と見分けがつきにくく、不安な男たちは「ボネ・ダッレ・トリステ（善と不幸）」の区別がつけられなかった。1562年に娼婦・高級娼婦に絹の衣服を着用すること、本物であろうと贋物であろうと宝飾品で身を飾ることを禁ずる裁定が下されたが、これに従った高級娼婦はほとんどいなかった――じっさい、ヴェロニカの名高い肖像画では、大粒の輝く真珠のネックレスをつけた彼女が描かれている。

1575年から77年にかけてペストがヴェネツィアを席捲し、ヴェロニカが田舎に逃れると、野蛮な連中が彼女の無人の館をあさって、彼女の財宝の多くを盗んだ。この疫病で住民の3分の1が亡くなり、ヴェネツィアの商業も――売春業も含めて――衰え、その後数年間の彼女の収入も減った。しかし、彼女が最大の試練に直面したのは1580年のことで、召使のひとりが彼女を魔女であると――ドイツの商人たちを魅惑するために、民間魔術を行ない、また悪魔と契約を結んだと――して告発したのである。この召使は、彼女がほかにも多くの法律を破ったと――断食日に肉を食べたとか、禁じられている遊戯をしたとか、秘蹟を無視したとか――非難した。彼女は異端審問官の前でみごとに自分の立場を主張し、あらゆる告発を巧みに反駁した。罰を受けることは免れたが、彼女の評判は傷つき、さらに彼女の財源は削られた。1582年には、彼女は多くの貧しい娼婦たちが住む貧困地域で暮らしていた。1591年、20日間熱病で苦しんだ後、亡くなった。しかし彼女は、ふたりの子供に充分な金を残してやることができたし、商売をやめたいと望む娼婦たちのための基金を設立する金も残したのであった。

ティコ・ブラーエ
星の城の主人
1546～1601

伝承によれば、デンマークの貴族ティコ・ブラーエは少年時代、誰も正確に予測しなかった日食を目にしてから、天文学のとりこになったという。当時のコペンハーゲンにおける日食の記録はないけれども、ティコ・ブラーエが子供のときに天空に魅了され、学生時代から自分の図書室を、天文暦*や天文表でいっぱいにしていたことは間違いない。弱冠17歳にして彼は、すでにあらゆる利用可能な恒星図を比較研究し、それらを作成した天文学者の数だけ変種があること——すなわち、それらがまったく一致しないこと——を発見して驚いた。

彼の反応は「数年以上にわたって単一の位置から行なわれる天体図作成の……長期間プロジェクト」の提案であった。彼は現代なら科学的と呼ばれるような好奇心に導かれていたところもあった。しかし、ティコはまた、天体のパターンが地上の諸事象を左右し、かつそれらに反映しているという、当時普及していた確信をもって研究していた。星座と惑星のもっと精確な記録があれば、人間の運命を理解し、天候を予報し、政治的な諸事象を左右し、病気を癒すことがもっとたやすくできると彼は信じていた。驚くことではないが、ティコがもうひとつ終生情熱を注いだのは、錬金術であった。

相当の財産があったので——彼はデンマーク王国で最大の個人資産の持ち主だったらしい——ティコは最高の天体観測機器を購入することができた。1560年代、彼はドイツを旅してまわり、分角（1度の60分の1と同等の角度の単位：満月平均約31.5分角）内で星の位置を地図化することが可能な観測装置を構築できる職人たちを見つけた。その後、彼自身の巨大なクォードラント（四分儀）を設計制作したが、これは半径が5メートル以上で、彼が読み取りを行なうごとに、修正のために使用人の小隊を必要とした。これらを彼は1571年、ヘレヴァド修道院の自分自身の観測所に設置した。わずか1年後、神々が彼の若い努力を認めたらしく、彼のために千載一遇の出来事を用意してくれた。カシオペア座で超新星（現在ＳＮ-1572と呼ばれる）が突如として現れ、急速に金星よりも明るく輝いたのである。1573年、肉眼で確認できた2年間弱、この現象を注意深く観測したティコは、非常に影響力のある小冊子『新星について』を執筆し、ＳＮ-1572が一晩のうちに移動することがないから彗星ではないことを証明した——彗星はまだ解き明かされていなかったが、見なれた事象だった。その存在そのものが、天体は固定され不動であるというプトレマイオス－アリストテレス的世界観の基本的な根拠のひとつを粉砕した、とティコは主張した。

その超新星観測によって、ティコはヨーロッパの天文学者の最前線の地位に躍り出たため、デンマーク国王フレゼリク２世

---

*天文暦、天体暦あるいは星表：惑星運行の観測と理論にもとづいて計算されたもので、未来の特定日における惑星配列を予測するための表。13世紀のアルフォンソ表と16世紀のプロイセン表が特に名高い。

7. 近代の枠組み

上：ティコはこの高さ1.5メートルの天球儀を、10年以上の年月をかけて制作装飾させた。彼はこれを旅行時に携帯し、その表面に1000以上の星の位置を細かく表示した。

は、この最も富裕な市民にして最も著名な科学者がドイツの大学に行ってしまうのではないかと心配した。ティコを故国にとどめておくため、フレゼリクは彼に、今日デンマークとスウェーデンの境となっている狭い海峡にある小島、ヴェーン島に天文台を建設することを申し出た。この新たな封建領におちついたティコは、たちまちここにウラニボリ、「天文学の女神の城」を建設した。数年後、彼はヴェーン島に第二の、さらに大きな天文台を建設し、これをステルネボリ、「星の城」と命名した。百人以上の研究生たちをかかえたティコの天文学・錬金術研究所は、ヨーロッパ規模の評判を獲得した。惑星のパララックス（方位角差、視差。異なる2地点から見た位置）——地球の自転が原因でおこる惑星の観測地点における精密な変化——を精確に書きこむことで、ティコはコペルニクス・モデルで解決されないいくつかの問題と、特に地球からのさまざまな惑星の距離の問題に答えることができた。しかし、データがはっきりと語っていたにもかかわらず、ティコは地球が太陽のまわりを回っているというコペルニクス説の基本を決して受け入れることはなかった。その代わりに、かなり巧妙な宇宙論を用いて、彼はプトレマイオス－コペルニクスの折衷説を作り出し、他の惑星は太陽の周囲を回っているけれども、太陽は動かない地球のまわりを回っているとした。

惑星と太陽の正確な関係を見出すには、ウラニボリの天文台で働いていたティコの研究生、ヨハネス・ケプラーを待つことになる。さらに重要なのは、ガリレオ・ガリレイがその望遠鏡を月、木星、金星、太陽に向けて、ようやく天文学は、その占星術の遺産から解放されたことである。この新発見により、星の研究は錬金術的な空想から、地上に適用されるのと同じ運動の法則に対応した、現実の岩塊とガスからなる天体の調査へと移ったのである。ティコ・ブラーエがこの発見を知るには10年ほど足りなかった。彼はガリレオが『星界の報告』を出版する9年前に没した。その代わりに、彼はこれらの光点に魅了されたままで生涯を終えたのである。夜明けの時代以来、空を眺めてきた者たちを悩ませたように、黄道を神秘的に放浪する星の光に悩まされたままで。

次頁：『アストロノミアエ・インスタウラタエ・メカニカ』（1598年）から。ウラニボリの技術者たちが彼のまわりで働いている一方で、ティコは名高い壁面四分儀のかたわらに座って観測を記録している（左側）。弧の内側のだまし絵に描かれたティコの肖像が観察と計測のための太陽光線が入る左上の天窓を指差している。

EFFIGIES TYCHONIS BRAHE O. F.
AEDIFICII ET INSTRUMENTORUM
ASTRONOMICORUM STRUCTORIS
Aº DOMINI 1587 AETATIS SUAE 40

7. 近代の枠組み

Jordanus Brunus Nolanus.

ジョルダーノ・ブルーノ
科学に身を捧げて火炙りに
1548〜1600年

1572年にドメニコ会の修道士となったジョルダーノ・ブルーノは、まもなく名を成した。彼の記憶・喚起に関する研究は非常に印象的なものだったので、ナポリの修道院を離れて、ローマで教皇に記憶・喚起の術を披露することを許されたのである。しかし同時に彼は、カトリックの三位一体を否定し、独房から聖人たちの像を放り投げ、トイレで隠れて禁書を読んでいるところを見つかった。異端審問所が彼を追跡していると耳にして、ブルーノは1576年にローマへと逃げ、それから半年後、同僚のドメニコ会士を殺害した容疑を受けて、ふたたび逃亡した。イタリアをめぐる旅に出て、まずジェノヴァに行き、それからトリノ、ヴェネツィア、パドヴァ、そして最後にベルガモへ——常に「生きのびるためにわずかな現金をかき集める」のに苦労し、常に急いで町を離れなければならなかったが、たいていは権力者の誰かを「まぬけ」と侮辱した後だった。彼は数学や哲学の大学教授となれる訓練を受けたが、社交的政治的器用さに欠けていたため、不定期の講座をする以上の職を確保できなかった。修道士のままなのに俗人の服装をしていた彼は、金がなくてドメニコ会の修道院に寄遇することが多く、修道士たちを大いにいら立たせた。

1578年、ブルーノはフランスで運だめしすることに決めた。ジュネーヴにたち寄った彼はカルヴァン派に改宗し、数ヵ月間、ここの大学で教鞭をとることができた。それから、上位の教授を公然と告発し、なんらかの法に訴えたらしいが、彼だけが逮捕されて都市から追い出された。その後、リヨンとトゥールーズを経由してパリに滞在し、ここで彼の記憶術がいくらかの名声をもたらした。異例な才能をもった多くのルネサンス人と同様に、ブルーノは記憶を喚起するのに魔術を用いていると非難された。しかし、彼はこれを利点に変え、国王アンリ3世の謁見を獲得し、自分の記憶・喚起システムの働き方を説明した。フランス宮廷の支援を得て、数年間、最初はパリで、次にアンリの大使として英国で、ブルーノはその定まらない人生の中で最も安定し、かつ実りゆたかな年月を享受した。

1582年、パリに着いた直後に、ブルーノは記憶術と形而上学に関する本の出版をはじめた。『イデアの影』や『キルケの歌』などの著作において、先鋭化した記憶の技術は、過剰な情報を利用可能にするのみならず、無限のイメージによって生まれた混沌(カオス)を通り抜け、思考を攻め落とし、無限のイメージの陰にあるイデアの諸形態の位置をつきとめる、と彼は主張した。このように、

前頁：1595年の肖像にもとづいたジョルダーノ・ブルーノの17世紀の銅版画。銘文にラテン語名「*Nolanus*」と記されているのは、ブルーノがナポリ近郊のノーラの出身であるため。

ジョルダーノ・ブルーノの『キルケの歌』（1582年）から記憶装置。*ブルーノはこの記憶補助図形によって、読者は24の別個の事実を貯蔵し、容易に喚起することができると自慢した。*

他の多くのことでも同様だが、ブルーノは新プラトン主義者であり、宇宙の魂あるいは霊は自然の万物に浸透しており、未熟な精神には物体として、しかし哲学者にはイデアとして、それ自身を現わすと主張した（これは教会によれば異端の考えだった）。

英国に着き、ここでオックスフォード大学に職を求めて失敗したブルーノは、宇宙論に向かった。ニコラウス・クザーヌスの多元世界観から多くを借りて、彼は地球が動くというコペルニクスは正しいけれど、このポーランド人天文学者はそれ以上進むことができなかったと論じた。地球だけでなく太陽も、じつはあらゆる星が動いている、プトレマイオスとコペルニクスの限定された同心球内ではなく、すみからすみまで同じ物質で構成された無限の宇宙内で——無限の神の論理的あらわれとしての宇宙を彼は考えた。彼の大げさで風変わりな文体にもかかわらず、あるいはおそらくそれゆえに、コペルニクス以前の世界で完璧に満足している学者たちに、コペルニクス以後の宇宙論を説き聞かせるのはむずかしかった。彼は、「哀れな小さいイタリア人が、地球はぐるぐる回って天体はじっと動かないっていうコペルニクスの意見を根づかせようとしている、本当は自分の頭がぐるぐる回って、脳みそはじっと動かないのに」と嘲笑された。

英国で失敗し、フランスでの恩顧を失ったブルーノはドイツへと出発し、講師の職を求めてさまざまな大学都市を訪ね、くり返し教会当局と衝突しては移動しなければならなかった。彼はカトリック教会、カルヴァン派、英国国教会、ルター派から一様に破門されるという、めったにない栄誉を受けた。1591年、「永遠によそ者、亡命者、逃亡者、運命の玩具、身体は小さく、金はなく、恩顧を失い、群集の憎悪に押しつぶされ——金がきらきら輝き銀がちりちり鳴る高貴さを認識できるだけの、無知なうすのろが自由にできるのはこれだけ」だと感じて、彼はイタリアに帰るという愚かな決心をした。そして、即座に異端審問所によって逮捕された。彼の裁判は7年以上つづいた。自分の異端的冒瀆的な説の撤回をくり返し拒んだ後、1600年2月17日、「アカデミーに属さないアカデミックな男」と自称した男は、火刑台で焼かれた。

イザベッラ・アンドレイーニ
生まれながらの舞台女優
1562〜1604年

ルネサンスの「コンメディア・デッラルテ」はその名前にもかかわらず、アート（美術）ともコメディー（喜劇）ともほとんど関係がない。16世紀半ばのイタリアの役者と観客にとって、「コンメディア」はあらゆる種類の劇を指す言葉で、「コンメディア・デッラルテ」は「職業劇団」、役者たちがその演技術（アルテ）で生計をたてる集団という意味だった。ルネサンス演劇では、「コンメディア・エルディータ」が一般的に、古典劇や古典の影響を受けた劇を、素人たちが王侯貴族や廷臣のために上演するものだった一方で、「コンメディア・デッラルテ」のルーツは、街路や広場などの大道芸にあった。小道具、舞台装置、衣装は非常に少ないかまったくないこともあり、台本も同様だった、すくなくとも初めのころには。その代わりに、役者たちはほとんど即興で演じ、お互いに──しばしば観客からも──脱線しながら、「カノヴァッジョ（粗筋）」というだいたいの筋に従ったが、主なターニング・ポイントは周知のもので、半ば自然発生的な諷刺、官能的な見せびらかし、社会批評をするための時間はたっぷりあった。

「コンメディア・デッラルテ」は、ヴェネツィアのような都市では特に、急速に広範な民衆に支持者を獲得し、赤線地区に新たにオープンした劇場を定住地とした。個性のある劇団も結成されはじめた。これらの劇団の最も初期のひとつが、「コンパーニャ・デイ・コミチ・ジェロージ（嫉妬深い喜劇役者たちの劇団）」であった。ボローニャで結成されたジェロージ一座（たいていこう呼ばれた）は、1577年にはすでに成功を収めてフランス巡業を終えていたが、そのころ、素性のはっきりしないパドヴァ出身の15歳の娘、イザベッラ・カナーリが加わった。輝くばかりに美しく、快活で、カリスマ性のあったイザベッラは一座にたちまちセンセーションを起こし、それまで君臨していた主役女優はすぐに出て行った。1年もたたぬうちに彼女は座頭のフランチェスコ・チェッラッキと結婚し、舞台名をアンドレイーニとし、夫とともにジェロージ一座を運営しはじめた。

「コンメディア・デッラルテ」には「いつもの10人」と呼ばれる類型的な登場人物（ストックキャラクター）がいた。インナモラーティ（恋人）と呼ばれるカップルが2組、ヴェッキと呼ばれる好色な老人が2人、短気でいつも怒っているカピターノ（隊長）、ザンニと呼ばれるずるがしこい召使2人（後にハーレクインに発展する）、そして、セルヴェッタという召使女。これらの役はかなり画一化されていたので、すくなくとも男性の登場人物は仮面をかぶって演じられ、そのためにどの人物もすぐに見分けられたし、人員不足の劇団でも、すべての役を補充することができた。イザベッラ・アンドレイーニはこれら

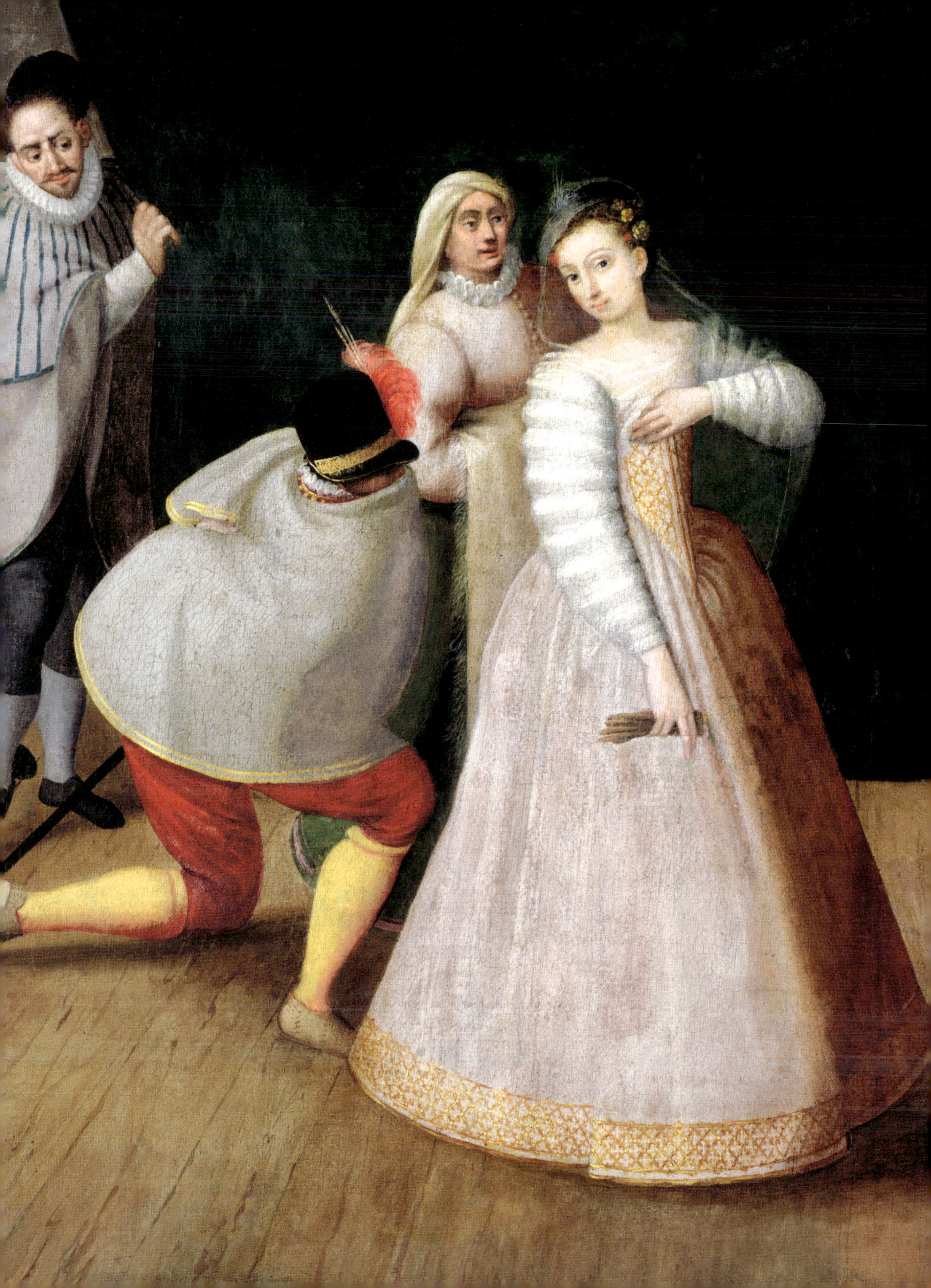

の役のどれでも、男役でも女役でも、みごとに演じることができた。しかし、彼女はたいてい仮面をかぶらない恋する女性のひとりを演じたが、その方が彼女のすばらしい美貌を見せびらかしてよかった。百年ほど前、英国とスコットランドでは女性が舞台に立つことが許され、イザベッラのような女優を、イタリア人は有頂天になって信奉した。しかし彼女たちは、みだらな台詞とだらしない衣装と、もっとだらしないモラルで、観客の中にいる若い男たちの考えを汚すのだと、ぶつぶつ言う修道士もわずかながらいた。

「コンメディア・デッラルテ」の典型的な主役女優は、半ば女優で半ば高級娼婦だったが、イザベッラは一段高く評価された。彼女は多産な作家であり、舞台のための台本だけでなく、大量の詩を書き、それらの朗読も行なった。ジェロージ一座に加わってまもなくして、おそらくまだ十代のうちに、彼女は注目すべき喜劇『ラ・ミルテッラ（黒すぐり）』を書いたが、これは明らかに、彼女の友人でパトロンであったトルクァート・タッソ作の戯曲『アミンタ』（1573年）へのオマージュであった。イザベッラは「私はほとんど冗談で書きはじめたのよ」と言い訳したが、この作品は古典への暗示に満ちた牧歌劇で、ジェロージ一座に、街路や公共劇場での粗野なドタバタ劇から、より洗練された宮廷の集まりへと移るにふさわしい、彼ら自身の「コンメディア・エルディータ」を与えたのだった。

1580年代末にはイザベッラはレパートリーを広げたが、特に「イザベッラの狂気」と呼ばれるひとりの女性の即興劇は、彼女がいくつかの言語を話し、観客と会話し、他の登場人物の真似をし、それからふたたび正気に戻るという複雑なものだった。北イタリアの諸宮廷をたえず巡業していたジェロージ一座は、1574年にフランス王アンリ3世がヴェネツィアにやってきたときの呼び物だったし、フェルディナンド・デ・メディチ公の婚礼祝典では主役だったし、アンリ4世の宮廷の常連劇団として、パリにも2度行った。1664年、この第2回フランス巡業から、帰途のリヨンにいたとき、8人目の子を妊娠中のイザベッラが産褥で亡くなった。22年以上も隊長役を演じてジェロージ一座を率いてきた夫のフランチェスコは、イザベッラなしでは続けられないと思い、ただちに一座の解散を決意した。しかしやがて、彼女の子供のうちひとりだけ劇団に残っていた（他の子はほとんど修道会に入った）ジャンバティスタ・アンドレイーニが、かつてのジェロージ一座の喜劇役者たちで自分の劇団を結成し、おそらく母を記念して「コミチ・フェデーリ（誠実な喜劇役者たち）」と名づけた。

無名のフランドル人画家によって描かれた上演中のジェロージ一座の役者4人（1590年代）。舞台中央には恋人たちがいる。マントで顔を隠してひざまずき、恋する女性（愛妻イザベッラが演じている）にこっそりと手紙を渡すフランチェスコ・アンドレイーニ。恋がたきが陰から嫉妬ぶかい眼を向けている。

参考文献

ルネサンス概論

ピーター・バーク『イタリアルネサンスの文化と社会』岩波書店、1992 年／新版 2000 年

Campbell, Gordon, *The Oxford Dictionary of the Renaissance* (Oxford: Oxford University Press, 2003)

Cohen, Elizabeth S. and Thomas V. Cohen, *Daily Life in Renaissance Italy* (Westport, CT: Greenwood Publishing, 2004)

Cox, Virginia, *Women's Writing in Italy, 1400–1650* (Baltimore: Johns Hopkins University Press, 2008)

Currie, Elizabeth, *Inside the Renaissance House* (London: V&A Publications, 2006)

Hale, John R., *Civilization of Europe in the Renaissance* (New York: Touchstone, 1995)

Kirkpatrick, Robin, *The European Renaissance, 1400–1600* (Harlow: Pearson, 2002)

Levey, Michael, *Florence: A Portrait* (Cambridge, MA: Harvard University Press, 1996)

Mackenney, Richard, *Renaissances: The Cultures of Italy, c.-1300–c. 1600* (Basingstoke: Palgrave Macmillan, 2005)

Nauert, Charles G., *Humanism and the Culture of Renaissance Europe*, 2nd edn (Cambridge: Cambridge University Press, 2006)

Toman, Rolf (ed.), *The Art of the Italian Renaissance: Architecture, Sculpture, Painting, Drawing* (Potsdam: H. F. Ullmann, 2008)

1. 古い伝統と新しい思想

マニュエル・クリュソロラス

Wells, Colin, *Sailing from Byzantium: How a Lost Empire Shaped the World* (New York: Delacorte Press, 2007)

Wilson, N. G., *From Byzantium to Italy: Greek Studies in the Italian Renaissance* (Baltimore: Johns Hopkins University Press, 1992)

クリスティーヌ・ド・ピザン

Bell, Susan G., *The Lost Tapestries of the City of Ladies: Christine de Pizan's Renaissance Legacy* (Berkeley, CA: University of California Press, 2004)

Pizan, Christine de, *The Selected Writings of Christine de Pizan*, ed. and trans. R. Blumenfeld-Kosinski (New York: W. W. Norton, 1997)

Willard, Charity Cannon, *Christine de Pizan: Her Life and Works* (New York: Persea Books, 1984)

レオナルド・ブルーニ

Bruni, Leonardo, *The Humanism of Leonardo Bruni: Selected Texts*, ed. and trans. Gordon Griffiths, James Hankins, David Thompson (Binghamton, NY: Medieval and Renaissance Texts and Studies, 1987)

Witt, Ronald G., *In the Footsteps of the Ancients: The Origins of Humanism from Lovato to Bruni* (Boston, MA: Brill, 2000)

ヤン・フス

Hus, John, *The Letters of John Hus*, trans. Herbert B. Workman and R. Martin Pope (London: Hodder and Stoughton, 1904)

Spinka, Matthew, *John Hus: A Biography* (Princeton, NJ: Princeton University Press, 1968)

Spinka, Matthew, *John Hus and the Czech Reform* (Hamden, CT: Archon, 1968)

フィリッポ・ブルネレスキ

ジョヴァンニ・ファネッリ『ブルネレスキ 新しい空間の創造者』東京書籍、1994 年

Edgerton, Samuel Y., *The Renaissance Rediscovery of Linear Perspective* (New York: Harper & Row, 1975)

King, Ross, *Brunelleschi's Dome: How a Renaissance Genius Invented Architecture* (New York: Penguin, 2000)

Walker, Paul Robert, *The Feud that Sparked the Renaissance: How Brunelleschi and Ghiberti Changed the Art World* (New York: Perennial, 2002)

聖ベルナルディーノ・ダ・シエナ

Mormando, Franco, *The Preacher's Demons: Bernardino of Siena and the Social Underworld of Early Renaissance Italy* (Chicago: University of Chicago Press, 1999)

Polecritti, Cynthia L., *Preaching Peace in Renaissance Italy: Bernardino of Siena and his Audience* (Washington, DC: Catholic University of America Press, 2000)

ドナテッロ

Avery, Charles, *Donatello: An Introduction* (New York: Westview Press, 1995)

Poeschke, Joachim, *Donatello and his World: Sculpture of the Italian Renaissance*, trans. Russell Stockman (New York: Abrams, 1993)

Pope-Hennessy, John, *An Introduction to Italian Sculpture*, vol. 2, *Italian Renaissance Sculpture* (London: Phaidon, 2000)

コジモ・デ・メディチ

ジーン・ブラッカー『ルネサンス都市フィレンツェ』岩波書店、2011 年

クリストファー・ヒバート『メディチ家の盛衰』東洋書林、2000 年

de Roover, Raymond, *The Rise and Decline of the Medici Bank, 1397–1494* (Cambridge, MA: Harvard University Press, 1963)

Kent, Dale, *Cosimo de' Medici and the Florentine Renaissance: The Patron's Oeuvre* (New Haven, CT: Yale University Press, 2000)

ヤン・ファン・アイク

エドウィン・ホール『アルノルフィーニの婚約——中世の結婚とファン・エイク作"アルノルフィーニ夫妻の肖像"の謎』中央公論美術出版、2001 年

Harbison, Craig, *The Mirror of the Artist: Northern Renaissance Art in its Historical Context* (Upper Saddle River, NJ: Prentice Hall, 1995)

———, *Jan van Eyck: The Play of Realism* (London: Reaktion, 1997)

Snyder, James, *Northern Renaissance Art: Painting, Sculpture, the Graphic Arts from 1350 to 1575*, 2nd edn, rev. Henry Luttikhuizen and Larry Silver (Upper Saddle River, NJ: Prentice Hall, 2005)

マザッチオ

Ahl, Diane Cole, *The Cambridge Companion to Masaccio* (Cambridge: Cambridge University Press, 2002)

Cole, Bruce, *Masaccio and the Art of Early Renaissance Florence* (Bloomington, IN: Indiana University Press, 1980)

2. 平和の時代のヨーロッパ人たち

フラヴィオ・ビオンド

Baldassarri, Stefano Ugo, and Arielle Saiber (eds), *Images of Quattrocento Florence: Selected Writings in Literature, History, and Art* (New Haven, CT: Yale-University Press, 2000)

Biondo, Flavio, *Biondo Flavio's Italia Illustrata: Text, Translation, and Commentary*, ed. and trans. Catherine J. Castner (Binghamton, NY: Global Academic Publishing, 2005)

Hay, Denys, 'Flavio Biondo and the Middle Ages', *Renaissance Essays* (London: Hambledon Press, 1988), pp. 35–65

ルッカ・デッラ・ロッビア

フィアンマ・ドメスティチ『ルカ・デッラ・ロッビアとその一族 新しい空間の創造者』東京書籍、1994 年

Pope-Hennessy, John, *Luca della Robbia* (Ithaca, NY: Cornell University Press, 1980)

ニコラウス・クザーヌス

Bellitto, Christopher M., Thomas M. Izbicki and Gerald Christianson (eds), *Introducing Nicholas of Cusa: A Guide to a Renaissance Man* (New York and Mahwah, NJ: Paulist Press, 2004)

Nicholas of Cusa, *Nicholas of Cusa: Selected Spiritual Writings*, trans. H. Lawrence Bond (New York and Mahwah, NJ: Paulist Press, 1997)

フランチェスコ・スフォルツァ

Black, Jane, *Absolutism in Renaissance Milan: Plenitude of Power under the Visconti and the Sforza, 1329–1535* (Oxford: Oxford University Press, 2009)

Welch, Evelyn S., *Art and Authority in Renaissance*

Milan (New Haven, CT: Yale University Press, 1996)

レオン・バッティスタ・アルベルティ

『絵画論』中央公論美術出版、新装版、1992年
『家族論』講談社、2010年

Baldassarri, Stefano Ugo, and Arielle Saiber (eds), *Images of Quattrocento Florence: Selected Writings in Literature, History, and Art* (New Haven, CT: Yale University Press, 2000)

Edgerton, Samuel Y., *The Renaissance Rediscovery of Linear Perspective* (New York: Harper & Row, 1975)

Grafton, Anthony, *Leon Battista Alberti: Master Builder of the Italian Renaissance* (Cambridge, MA: Harvard University Press, 2002)

教皇ピウス2世

Baldassarri, Stefano Ugo, and Arielle Saiber (eds), *Images of Quattrocento Florence: Selected Writings in-Literature, History, and Art* (New Haven, CT: Yale University Press, 2000)

Mitchell, R. J., *The Laurels and the Tiara: Pope Pius II, 1458–1464* (London: Harvill, 1962)

Piccolomini, Aeneas Sylvius (Pius II), *Reject Aeneas, Accept Pius: Selected Letters of Aeneas Sylvius Piccolomini*, trans. Thomas M. Izbicki, Gerald Christianson and Philip Krey (Washington, DC: The Catholic University of America Press, 2006)

Pius II, *Memoirs of a Renaissance Pope: The Commentaries of Pius II, an Abridgement*, ed. Leona C. Gabel, trans. Florence A. Gragg (New York: G. P. Putnam's Sons, 1959)

ロレンツォ・ヴァッラ

Mack, Peter, *Renaissance Argument: Valla and Agricola in the Traditions of Rhetoric and Dialectic* (Leiden: Brill, 1993)

Nauta, Lodi, *In Defense of Common Sense: Lorenzo Valla's Humanist Critique of Scholastic Philosophy* (Cambridge, MA: Harvard University Press, 2009)

アレッサンドラ・ストロッツィ

Brucker, Gene, 'Alessandra Strozzi (1408–1471): The Eventful Life of a Florentine Matron', *Living on the Edge in Leonardo's Florence: Selected Essays* (Berkeley, CA: University of California Press, 2005) pp. 151–68

Crabb, Ann, *The Strozzi of Florence: Widowhood and Family Solidarity in the Renaissance* (Ann Arbor, MI: University of Michigan Press, 2000)

Strozzi, Alessandra, *Selected Letters of Alessandra Strozzi*, bilingual edn, ed. and trans. Heather Gregory (Berkeley, CA: University of California Press, 1997)

イゾッタ・ノガローラ

Jardine, Lisa, 'Isotta Nogarola: Women Humanists – Education for What?' in *The Italian Renaissance: The Essential Readings*, ed. Paula Findlen (Oxford: Wiley-Blackwell, 2002), pp. 273–92

Nogarola, Isotta, *Complete Writings: Letterbook, Dialogue on Adam and Eve, Orations*, ed. and trans. Margaret L. King and Diana Robin (Chicago: University of Chicago Press, 2004)

フェデリコ・ダ・モンテフェルトロ

マルチェロ・シモネッタ『ロレンツォ・デ・メディチ暗殺』早川書房、2009年

Osborne, Joan, *Urbino: The Story of a Renaissance City* (Chicago: University of Chicago Press, 2003)

ルクレツィア・トルナブオーニ

Tomas, Natalie R., *The Medici Women: Gender and Power in the Renaissance* (Aldershot: Ashgate, 2003)

Tornabuoni de' Medici, Lucrezia, *Sacred Narratives*, ed. and trans. Jane Tylus (Chicago: University of Chicago Press, 2001)

ジェンティーレ・ベッリーニ

Brown, David Allen, and Sylvia Ferino-Pagden, *Bellini, Giorgione, Titian, and the Renaissance of Venetian Painting* (New Haven, CT: Yale University Press, 2006)

Brown, Patricia Fortini, *Art and Life in Renaissance Venice* (Upper Saddle River, NJ: Prentice Hall, 2005)

Campbell, Caroline, and Alan Chong (eds), *Bellini and the East* (New Haven, CT: Yale University Press, 2005)

Steer, John, *Venetian Painting: A Concise History* (London: Thames & Hudson, 1980)

メフメト2世

Freely, John, *The Grand Turk: Sultan Mehmet II – Conqueror of Constantinople and Master of an Empire* (New York: Overlook Press, 2009)

3. 勃興する諸国家

ウイリアム・カクストン

Deacon, Richard, *William Caxton: The First English Editor* (London: Frederick Muller, 1976)

Painter, George D., *William Caxton: A Biography* (New York: G. P. Putnam's Sons, 1977)

ハインリヒ・クラマー

ジェフリー・ラッセル『魔術の歴史』筑摩書房、1987年

Broedel, Hans Peter, *The Malleus maleficarum and the Construction of Witchcraft: Theology and Popular Belief* (Manchester: Manchester University Press, 2003)

Heinrich Institoris, *The Malleus Maleficarum*, ed. and trans. P. G. Maxwell-Stuart (Manchester: Manchester University Press, 2007)

Levack, Brian P., *The Witch-Hunt in Early Modern Europe*, 2nd edn (London: Longman, 1995)

フランシスコ・ヒメネス・デ・シスネロス

Rummel, Erika, *Jiménez de Cisneros: On the Threshold of Spain's Golden Age* (Tempe, AZ: Arizona Center for Medieval and Renaissance Studies, 1999)

フェリックス・ファブリ

Fabri, Felix, *The Wanderings of Felix Fabri*, ed. and trans. Aubrey Stewart (New York: AMS Press, 1971)

アントニオ・デ・ネブリハ

García de la Concha, Victor (ed.), *Nebrija y la introducción del Renacimiento en España* (Salamanca: Universidad de Salamanca, 1983)

Percival, W. Keith (ed.), *Studies in Renaissance Grammar* (Aldershot: Ashgate, 2004)

マティアス・コルヴィヌス

Kaufmann, Thomas DaCosta, *Court, Cloister, and City: The Art and Culture of Central Europe, 1450–1800* (Chicago: University of Chicago Press, 1995)

Tanner, Marcus, *The Raven King: Matthias Corvinus and the Fate of his Lost Library* (New Haven, CT: Yale University Press, 2008)

ロレンツォ・デ・メディチ

クリストファー・ヒバート『メディチ家の盛衰』東洋書林、2000年

Sturm, Sara Higgins, *Lorenzo de' Medici* (New York: Twayne Publishers, 1974)

Unger, Miles J., *Magnifico: The Brilliant Life and Violent Times of Lorenzo de' Medici* (New York: Simon & Schuster, 2008)

ルカ・パチョーリ

アルフレッド・クロスビー『数量化革命』紀伊国屋書店、2003年

Taylor, R. Emmett, *No Royal Road: Luca Pacioli and his Times* (Chapel Hill, NC: University of North Carolina, 1942; repr. New York: Arno Press, 1980)

サンドロ・ボッティチェッリ

ロナルド・ライトボーン『ボッティチェッリ』西村書店、1996年

Dempsey, Charles, *The Portrayal of Love: Botticelli's Primavera and Humanist Culture at the Time of Lorenzo the Magnificent* (Princeton, NJ: Princeton University Press, 1992)

Hatfield, Rab, 'Botticelli's *Mystic Nativity*, Savonarola, and the Millennium', *Journal of the Warburg and Courtauld Institutes*, vol. 58 (1995), pp. 89–114

Schumacher, Andreas (ed.), *Botticelli* (New York: Hatje Cantz, 2010)

ジョスカン・デ・プレ

Higgins, Paula, 'The Apotheosis of Josquin des Prez and Other Mythologies of Musical Genius', *Journal of the American Musicological Society*, vol. 57, no. 3 (autumn 2004), pp. 443–510

Lowinsky, Edward E. (ed.), *Josquin des Prez: Proceedings of the International Josquin Festival – Conference held at the Juilliard School at Lincoln Center in New York City, 21–25 June 1971* (London: Oxford University Press, 1976)

Merkley, Paul A., and Lora L. M. Matthews, *Music and Patronage in the Sforza Court* (Turnhout: Brepols Publishers, 1999)

Sherr, Richard (ed.), *The Josquin Companion* (Oxford: Oxford University Press, 2001)

アルドゥス・マヌティウス

Barolini, Helen, *Aldus and his Dream Book: An Illustrated Essay* (New York: Italica Press, 1992)

Pettegree, Andrew, *The Book in the Renaissance* (New Haven, CT: Yale University Press, 2010)

レオナルド・ダ・ヴィンチ

Bramly, Serge, *Leonardo: The Artist and the Man*, 2nd

参考文献

edn, trans. Sian Reynolds (London: Penguin, 1995)
Capra, Fritjof, *The Science of Leonardo: Inside the Mind of the Great Genius of the Renaissance* (New York: Doubleday, 2007)
Goffen, Rona, *Renaissance Rivals: Michelangelo, Leonardo, Raphael, Titian* (New Haven, CT: Yale University Press, 2004)
Leonardo da Vinci, *Leonardo's Notebooks*, ed. H. Anna Suh (New York: Black Dog & Leventhal Publishers, 2009)

ジョアン2世
デビット・バーミンガム『ポルトガルの歴史』創土社、2002年
Boxer, Charles Ralph, *The Portuguese Seaborne Empire, 1415–1825* (New York: Alfred A. Knopf, 1969)

アントニオ・リナルデスキ
Connell, William J., and Giles Constable, *Sacrilege and Redemption in Renaissance Florence: The Case of Antonio Rinaldeschi*, rev. 2nd edn (Toronto: University of Toronto Press, 2008)

4. 突然の衝撃

序
Partner, Peter, *Renaissance Rome, 1550–1559: A Portrait of a Society* (Berkeley, CA: University of California Press, 1979)

クリストファー・コロンブス
『クリストーバル・コロンの四回の航海』岩波書店、1965年
Columbus, Christopher, *The Four Voyages of Christopher Columbus*, ed. and trans. J. M. Cohen (Harmondsworth: Penguin, 1969)
Heat-Moon, William Least, *Columbus in the Americas* (Hoboken, NJ: John Wiley, 2002)
Sale, Kirkpatrick, *Christopher Columbus and the Conquest of Paradise*, 2nd edn (London: Tauris Parke, 2006)

ジョン・カボット
Firstbrook, Peter L., *The Voyage of the Matthew: John Cabot and the Discovery of America* (San Francisco: Bay Books, 1997)
Fritze, Ronald H., *New Worlds: The Great Voyages of Discovery, 1400–1600* (Westport, CT: Praeger, 2002)
Pope, Peter Edward, *The Many Landfalls of John Cabot* (Toronto: University of Toronto Press, 1997)

ジロラモ・サヴォナローラ
サヴォナローラ『ルネサンス・フィレンツェ統治論——説教と論文』無限社、1998年
Hatfield, Rab, 'Botticelli's *Mystic Nativity*, Savonarola, and the Millennium', *Journal of the Warburg and Courtauld Institutes*, vol. 58 (1995), pp. 89–114
Martines, Lauro, *Fire in the City: Savonarola and the Struggle for Renaissance Florence* (Oxford: Oxford University Press 2006)
Savonarola, Girolamo, *Selected Writings of Girolamo Savonarola: Religion and Politics, 1490–1498*, ed.

and trans. Anne Borelli and Maria Pastore Passaro (New Haven, CT: Yale University Press, 2006)

ヤコブ・フッガー
Jardine, Lisa, *Worldly Goods: A New History of the Renaissance* (New York: W. W. Norton, 1998)
Strieder, Jacob, *Jacob Fugger the Rich: Merchant and Banker of Augsburg, 1459–1525*, ed. N. S. B. Gras, trans. Mildred L. Hartsough (New York: Adelphi, 1931; repr. Whitefish, MT: Kessinger Publishing, 2008)

デジデリウス・エラスムス
エラスムス『痴愚神礼賛』中央公論新社、2006年
ローランド・ベイントン『エラスムス』日本基督教団出版局、1971年
ヨハン・ホイジンガ『エラスムス 宗教改革の時代』筑摩書房、1965年／2001年
Bainton, Roland H., *Erasmus of Christendom* (New York: Charles Scribner's Sons, 1969)

ニッコロ・マキャヴェッリ
『マキャヴェッリ全集』筑摩書房、2002年
マウリツィオ・ヴィローリ『マキャヴェッリの生涯 その微笑の謎』白水社、2007年

トンマーゾ・インギラーミ
Bonner, Mitchell, *Rome in the High Renaissance: The Age of Leo X* (Norman, OK: University of Oklahoma Press, 1973)

アルブレヒト・デューラー
アーウィン・パノフスキー『アルブレヒト・デューラー——生涯と芸術』日貿出版社、1984年
Hutchison, Jane Campbell, *Albrecht Dürer: A Biography* (Princeton, NJ: Princeton University Press, 1990)
Snyder, James, *Northern Renaissance Art: Painting, Sculpture, the Graphic Arts from 1350 to 1575*, 2nd edn, rev. Larry Silver and Henry Luttikhuizen (Upper Saddle River, NJ: Prentice Hall, 2005)

ニコラウス・コペルニクス
オーウェン・ギンガリッチ『誰も読まなかったコペルニクス——科学革命をもたらした本をめぐる書誌学的冒険』早川書房、2005年
Repcheck, Jack, *Copernicus' Secret: How the Scientific Revolution Began* (New York: Simon & Schuster, 2008)

イザベッラ・デステ
Campbell, Stephen J., *The Cabinet of Eros: Renaissance Mythological Painting and the Studiolo of Isabella d'Este* (New Haven, CT: Yale University Press, 2006)
Cartwright, Julia, *Isabella d'Este, Marchioness of Mantua, 1474–1539. A Study of the Renaissance*, 2 vols (London: John Murray, 1903)

チェーザレ・ボルジア
マリオン・ジョンソン『ボルジア家——悪徳と策謀の一族』中央公論社、1987年
Bradford, Sarah, *Lucrezia Borgia: Life, Love and Death in Renaissance Italy* (London: Penguin, 2005)
Hibbert, Christopher, *The Borgias and their Enemies: 1431–1519* (Boston, MA: Mariner Books, 2009)

ミケランジェロ・ブオナローティ

ロス・キング『システィナ礼拝堂とミケランジェロ』東京書籍、2004年
Goffen, Rona, *Renaissance Rivals: Michelangelo, Leonardo, Raphael, Titian* (New Haven, CT: Yale University Press, 2004)
King, Ross, *Michelangelo and the Pope's Ceiling* (New York: Penguin, 2003)
Nagel, Alexander, *Michelangelo and the Reform of Art* (Cambridge: Cambridge University Press, 2000)
Ryan, Christopher, *The Poetry of Michelangelo: An Introduction* (Madison, NJ: Fairleigh Dickinson University Press, 1998)
Wallace, William E., *Michelangelo: The Artist, the Man and his Times* (Cambridge: Cambridge University Press, 2010)

バルダッサーレ・カスティリオーネ
『カスティリオーネ 宮廷人』東海大学出版会、1987年
Burke, Peter, *The Fortunes of the Courtier: The European Reception of Castiglione's 'Cortigiano'* (University Park, PA: Pennsylvania State University Press, 1996)
Castiglione, Baldassare, *The Book of the Courtier*, trans. George Bull (London: Penguin, 1976)

ラファエロ
Dacos, Nicole, *The Loggia of Raphael: A Vatican Art Treasure* (New York: Abbeville Press, 2008)
Goffen, Rona, *Renaissance Rivals: Michelangelo, Leonardo, Raphael, Titian* (New Haven, CT: Yale University Press, 2004)
Jones, Roger, and Nicholas Penny, *Raphael* (New Haven, CT: Yale University Press, 1983)

レオ・アフリカヌス
Davis, Natalie Zemon, *Trickster Travels: A Sixteenth-Century Muslim Between Worlds* (New York: Hill and Wang, 2007)

5. 旧秩序の崩壊

序
Lindberg, Carter, *The European Reformations*, 2nd edn (Malden, MA: Wiley-Blackwell, 2010)

ハイレディン・バルバロッサ
Bradford, Ernie, *The Sultan's Admiral: The Life of Barbarossa* (New York: Harcourt, Brace & World, 1968)
Heers, Jacques, *The Barbary Corsairs: Warfare in the Mediterranean, 1480–1580*, trans. Jonathan North (London: Greenhill, 2003)
Norwich, John Julius, *The Middle Sea: A History of the Mediterranean* (New York: Doubleday, 2006)

ルーカス・クラナッハ（父）
Brinkmann, Brodo (ed.), *Cranach* (London: Royal Academy of Arts, 2007)
Koerner, Joseph Leo, *The Reformation of the Image* (Chicago: University of Chicago Press, 2007)
Moser, Peter, *Lucas Cranach: His Life, his World and his Art*, trans. Kenneth Wynne (Bamberg: Babenberg, 2005)

トマス・モア
ジョン・ガイ『トマス・モア』晃洋書房、2007

参考文献

年
トマス・モア『ユートピア』中公文庫、1993 年
Ackroyd, Peter, *The Life of Thomas More* (London: Chatto & Windus, 1998)
Marius, Richard, *Thomas More: A Biography* (Cambridge, MA: Harvard University Press, 1999)
Moynahan, Brian, *God's Bestseller: William Tyndale, Thomas More, and the Writing of the English Bible – A Story of Martyrdom and Betrayal* (New York: St.-Martin's Press, 2002)

マルティン・ルター
Daudert, Charles (ed. and trans.), *OV The Record with Martin Luther: An Original Translation of the Table Talks* (Kalamazoo, MI: Hansa-Hewlett Publishing, 2009)
Marty, Martin E., *Martin Luther* (New York: Viking Penguin, 2004)
Oberman, Heiko A., *Luther: Man Between God and the Devil*, trans. Eileen Walliser-Schwarzbart (New Haven, CT: Yale University Press, 1989)

バルトロメ・デ・ラス・カサス
MacNutt, Francis Augustus, *Bartholomew de las Casas: His Life, his Apostolate, and his Writings* (New York: New York & Co., 1909; repr. New York: AMS Press, 1972)
Vickery, Paul S., *Bartolomé de las Casas: Great Prophet of the Americas* (Mahwah, NJ: Paulist Press, 2006)

ティツィアーノ
Ferino-Pagden, Sylvia (ed.), *Late Titian and the Sensuality of Painting* (Venice: Marsilio, 2008)
Humfrey, Peter, *Titian: The Complete Paintings* (Ghent: Ludion Press, 2007)
Ilchman, Frederick (ed.), *Titian, Tintoretto, Veronese: Rivals in Renaissance Venice* (Boston, MA: MFA Publications, 2009)
Rosand, David, *Painting in Sixteenth-Century Venice: Titian, Veronese, Tintoretto* (Cambridge: Cambridge University Press, 1997)

ニコラウス・クラッツァー
Ellis, Henry (ed.), *Original Letters, Illustrative of English History: Including Numerous Royal Letters: From Autographs in the British Museum, the State Paper OYce, and One or Two Other Collections*, vol. 1 (London: Richard Bentley, 1846)
Gatty, Mrs lfred, *The Book of Sun-Dials*, 4th edn, rev. H. K. F. Eden and Eleanor Lloyd (London: Bell, 1900)
Weir, Alison, *Henry VIII: The King and his Court* (New York: Ballantine Books, 2001)

ベルナルド・ファン・オルレイ
Campbell, Thomas P., *Tapestry in the Renaissance: Art and Magnificence* (New Haven, CT: Yale University Press, 2002)
Delmarcel, Guy, *Flemish Tapestry*, trans. Alastair Weir (New York: Abrams, 2000)

クリストフォロ・デ・メッシスブーゴ
A. カパッティ、M. モンタナーリ『食のイタリア文化史』岩波書店、2011 年
Albala, Ken, *Cooking in Europe, 1250–1650* (Westport, CT: Greenwood Press, 2006)
Albala, Ken, *The Banquet: Dining in the Great Courts of Late Renaissance Europe* (Urbana, IL: University of Illinois Press, 2007)

ヴィットリア・コロンナ
Brundin, Abigail, *Vittoria Colonna and the Spiritual Poetics of the Italian Reformation* (Aldershot: Ashgate, 2008)
Colonna, Vittoria, *Sonnets for Michelangelo: A Bilingual Edition*, ed. and trans. Abigail Brundin (London: University of Chicago Press, 2005)

マルグリット・ド・ナヴァル
『エプタメロン：ナヴァール王妃の七日物語』ちくま文庫、1995 年
Cholakian, Patricia F., and Rouben C. Cholakian, *Marguerite de Navarre: Mother of the Renaissance* (New York: Columbia University Press, 2006)
Navarre, Marguerite de, *Selected Writings: A Bilingual Edition*, ed. and trans. Rouben Cholakian and Mary Skemp (Chicago: University of Chicago Press, 2008)

ピエトロ・アレティーノ
Frantz, David O., 'The Scourge of Princes as Pornographer: Pietro Aretino and the Popular Tradition', *Festum Voluptatis: A Study of Renaissance Erotica* (Columbus, OH: The Ohio State University Press, 1989), pp. 43–90
Moulton, Ian Frederick, 'Courtesan Politics: The Erotic Writing and Cultural Significance of Pietro Aretino', *Before Pornography: Erotic Writing in Early Modern England* (Oxford: Oxford University Press, 2000) pp. 119–57
Waddington, Raymond B., *Aretino's Satyr: Sexuality, Satire, and Self-Projection in Sixteenth-Century Literature and Art* (Toronto: University of Toronto Press, 2003)

ウィリアム・ティンダル
ディヴィド・ダニエル『ウィリアム・ティンダル　ある聖書翻訳者の生涯』勁草書房、2001 年
Moynahan, Brian, *God's Bestseller: William Tyndale, Thomas More, and the Writing of the English Bible: A Story of Martyrdom and Betrayal* (New York: St.-Martin's Press, 2002)

フランソワ・ラブレー
『ガルガンチュアとパンタグリュエル』1～4、ちくま文庫、2005～2009 年
Heath, Michael J., *Rabelais* (Tempe, AZ: Center for Medieval and Renaissance Texts and Studies, 1996)
Rabelais, François, *The Complete Works of François Rabelais*, trans. Donald M. Frame (Berkeley, CA: University of California Press, 1991)
Zegura, Elizabeth Chesney (ed.), *The Rabelais Encyclopedia* (Westport, CT: Greenwood Press, 2004)

ハンス・ホルバイン（子）
Bätschmann, Oskar, and Pascal Griener, *Hans Holbein* (London: Reaktion, 2008)
Foister, Susan, *Holbein and England* (New Haven, CT: Yale University Press, 2004)
Wilson, Derek, *Hans Holbein: Portrait of an Unknown Man* (London: Weidenfeld & Nicolson, 1996)

ニッコロ・タルタリア
マリオ・リヴィオ『なぜこの方程式は解けないか？——天才数学者が見出した「シンメトリー」の秘密』早川書房、2007 年

6. 新しい波

序
Lindberg, Carter, *The European Reformations*, 2nd edn (Malden, MA: Wiley-Blackwell, 2010)

教皇ピウス 4 世
Fragnito, Gigliola, *Church, Censorship and Culture in Early Modern Italy*, trans. Adrian Belton (Cambridge: Cambridge University Press, 2001)

皇帝カール 5 世
Elliott, John Huxtable, *Imperial Spain: 1469–1716* (London: Edward Arnold, 1963)
Maltby, William S., *The Reign of Charles V* (Basingstoke: Palgrave, 2002)
Reston, James, *Defenders of the Faith: Charles V, Suleyman the Magnificent and the Battle for Europe, 1520–1536* (London: Penguin, 2009)

ベンヴェヌート・チェッリーニ
『チェッリーニ自伝』岩波文庫、1993 年
Cole, Michael W., *Cellini and the Principles of Sculpture* (Cambridge: Cambridge University Press, 2002)

聖フランシスコ・ザビエル
Maynard, Theodore, *The Odyssey of Francis Xavier* (New York: Longmans, Green, 1936)

アンドレア・パッラーディオ
ヴィトルト・リプチンスキ『完璧な家　パラーディオのヴィラをめぐる旅』白水社、2005 年
Ackerman, James S., *Palladio* (Harmondsworth: Penguin, 1974)
Boucher, Bruce, *Andrea Palladio: The Architect in his Time* (New York: Abbeville Press, 1998)

ジャン・カルヴァン
Gordon, Bruce, *Calvin* (New Haven, CT: Yale University Press, 2009)
Greef, Wulfert de, *The Writings of John Calvin: An Introductory Guide*, expanded edn, trans. Lyle D. Bierma (Louisville, KY: Westminster John Knox Press, 2008)
Witte, John, and Robert M. Kingdon, *Sex, Marriage, and Family Life in John Calvin's Geneva: Vol. 1, Courtship, Engagement, and Marriage* (Grand Rapids, MI: Eerdmans Publishing, 2005)

グラシア・メンデス・ナジ
Birnbaum, Marianna D., *The Long Journey of Gracia Mendes* (Budapest: Central European University Press, 2003)
Brooks, Andrée Aelion, *The Woman Who Defied Kings: The Life and Times of Doña Gracia Nasi, a Jewish Leader During the Renaissance* (New York: Paragon House Publishers, 2003)
Roth, Cecil, *The House of Nasi: Doña Gracia* (Philadelphia: Jewish Publication Society of America, 1948; repr. 2001)

アンドレアス・ヴェサリウス
Cuir, Raphaël, *The Development of the Study of Anatomy from the Renaissance to Cartesianism: Da*

Carpi, Vesalius, Estienne, Bidloo* (Lewiston, NY: Edwin Mellen Press, 2009)

Saunders, J. B. de C. M. and Charles D. O'Malley, *The Illustrations from the Works of Andreas Vesalius of Brussels* (New York: Dover Publications, 1950; repr. 1973)

Sawday, Jonathan, *The Body Emblazoned: Dissection and the Human Body in Renaissance Culture* (London: Routledge, 1995)

アビラの聖テレサ

『イエズスの聖テレジア自叙伝』中央出版社（現サンパウロ）、1960 年

Mujica, Barbara, *Teresa de Avila, Lettered Woman* (Nashville, TN: Vanderbilt University Press, 2009)

カトリーヌ・ド・メディシス

Frieda, Leonie, *Catherine de Medici: Renaissance Queen of France* (London: Weidenfeld & Nicolson, 2003; repr. New York: Harper Perennial, 2006)

Holt, Mack P., *The French Wars of Religion, 1562–1629* (Cambridge: Cambridge University Press, 2005)

Kruse, Elaine, 'The Blood-Stained Hands of Catherine de Médicis', in *Political Rhetoric, Power, and Renaissance Women*, ed. Carole Levin and Patricia A. Sullivan (Albany, NY: State University of New York Press, 1995), pp. 139–55

Tomas, Natalie R., *The Medici Women: Gender and Power in Renaissance Florence* (Aldershot: Ashgate, 2003)

ルイーズ・ラベ

Jones, Ann Rosalind, 'Literary Cross-Dressing in the Defense of Women in Louis Labé and Veronica Franco', *The Currency of Eros: Women's Love Lyric in Europe, 1540–1620* (Bloomington, IN: Indiana University Press, 1990), pp. 155–200

Labé, Louise, *Complete Poetry and Prose: A Bilingual Edition*, ed. and prose trans. Deborah Lesko Baker, poetry trans. Annie Finch (Chicago: University of Chicago Press, 2006)

エレオノーラ・ディ・トレド

Eisenbichler, Konrad (ed.), *The Cultural World of Eleonora di Toledo, Duchess of Florence and Siena* (Aldershot: Ashgate, 2004)

Langdon, Gabrielle, *Medici Women: Portraits of Power, Love and Betrayal in the Court of Duke Cosimo I* (Toronto: University of Toronto Press, 2006)

7. 近代の枠組み

序

Rabb, Theodore K., *The Last Days of the Renaissance and the March to Modernity* (New York: Basic Books, 2006)

ラウラ・バッティフェッラ・アンマナーティ

Battiferra Ammannati, Laura, *Laura Battiferra and her Literary Circle: An Anthology*, ed. and trans. Victoria Kirkham (Chicago: Chicago University Press 2006)

Kirkham, Victoria, 'Sappho on the Arno', *Strong Voices, Weak History: Early Women Writers and Canons in England, France, and Italy*, ed. Pamela Joseph Benson and Victoria Kirkham (Ann Arbor, MI: University of Michigan Press, 2005)

ピーテル・ブリューゲル（父）

ウォルター・S・ギブソン『ブリューゲル——民衆劇場の画家』美術公論社、1992 年

Michel, Emile, and Victoria Charles, *The Brueghels* (New York: Parkstone Press, 2007)

Woollett, Anne T., *Rubens and Brueghel: A Working Friendship* (Los Angeles: J. Paul Getty Museum, 2006)

ディック・タールトン

Lawrence, William John, 'On the Underrated Genius of Dick Tarleton', *Speeding up Shakespeare: Studies of Bygone Theatre and Drama* (London: Argonaut Press, 1937), pp. 17–38

Otto, Beatrice K., *Fools are Everywhere: The Court Jester Around the World* (Chicago: University of Chicago Press, 2001)

ジョヴァンニ・ピエル・ルイジ・ダ・パレストリーナ

Boyd, Malcolm, *Palestrina's Style: A Practical Introduction* (London: Oxford University Press, 1973)

Jeppesen, Knud, *The Style of Palestrina and the Dissonance*, 2nd edn (New York: Dover, 1970)

ジュゼッペ・アルチンボルド

Craig, Diana, *The Life and Works of Arcimboldo: A Compilation of Works from the Bridgeman Art Library* (Bristol: Parragon, 1996)

Ferino-Pagden, Sylvia (ed.), *Arcimboldo 1526–1593* (Milan: Skira, 2007)

ソフォニスバ・アングイッソーラ

Ferino-Pagden, Sylvia and Maria Kusche, *Sofonisba Anguissola: A Renaissance Woman* (Washington, DC: National Museum of Women in the Arts, 1995)

Jacobs, Fredrika H., *Defining the Renaissance Virtuosa: Women Artists and the Language of Art History and Criticism* (Cambridge: Cambridge University Press, 1997)

Perlingieri, Ilya Sandra, *Sofonisba Anguissola: The First Great Woman Artist of the Renaissance* (New York: Rizzoli, 1992)

Pizzagalli, Daniela, *La signora della pittura: Vita di Sofonisba Anguissola, gentildonna e artista nel Rinascimento* (Milan: Rizzoli, 2003)

ミシェル・ド・モンテーニュ

『モンテーニュ全集』白水社、1983 年

Cave, Terence, *How to Read Montaigne* (London: Granta, 2007)

Frame, Donald M., *Montaigne: A Biography* (San Francisco: North Point Press, 1984)

Hartle, Ann, *Michel de Montaigne: Accidental Philosopher* (Cambridge: Cambridge University Press, 2007)

Montaigne, Michel de, *The Complete Essays*, ed. and trans. M. A. Screech (London: Penguin, 1991)

アルカンジェロ・トゥッカーロ

Cox, J. Charles, and J. R. Allen, 'Tumblers', *The Reliquary and Illustrated Archaeologist*, vol. 9 (Harvard University, 1903), pp. 186–202

McClelland, John, *Body and Mind: Sport in Europe from the Roman Empire to the Renaissance* (New York: Routledge, 2006)

Zeigler, Earle F., *Sport and Physical Education in the Middle Ages* (Bloomington, IN: TraVord Publishing, 2006)

エドマンド・キャンピオン

イーヴリン・ウォー『夜霧と閃光　エドマンド・キャンピオン伝』サンパウロ、1979 年

Kilroy, Gerard, *Edmund Campion: Memory and Transcription* (Aldershot: Ashgate, 2005)

カテナ

Polverini Fosi, Irene, *La società violenta: Il banditismo dello stato pontificio nella seconda metà del Cinquecento* (Rome: Ateneo, 1985)

ヴェロニカ・フランコ

Franco, Veronica, *Poems and Selected Letters*, ed. and trans. Ann Rosalind Jones and Margaret F. Rosenthal (Chicago: University of Chicago Press, 1998)

Jones, Ann Rosalind, 'Literary Cross-Dressing and the Defense of Women in Louis Labé and Veronica Franco', *The Currency of Eros: Women's Love Lyric in Europe, 1540–1620* (Bloomington, IN: Indiana University Press, 1990), pp. 155–200

Rosenthal, Margaret F., *The Honest Courtesan: Veronica Franco, Citizen and Writer in Sixteenth-Century Venice* (Chicago: University of Chicago Press, 1993)

ティコ・ブラーエ

Christianson, John Robert, *On Tycho's Island: Tycho Brahe, Science, and Culture in the Sixteenth Century* (Cambridge: Cambridge University Press, 2003)

Ferguson, Kitty, *Tycho and Kepler: The Unlikely Partnership that Forever Changed our Understanding of the Heavens* (New York: Walker & Co., 2002)

North, John David, 'The New Empiricism', *Cosmos: An Illustrated History of Astronomy and Cosmology* (Chicago: University of Chicago Press, 2008), pp. 321–98

ジョルダーノ・ブルーノ

『ジョルダーノ・ブルーノ著作集』（既刊 1〜3 巻）東信堂、1998〜2006 年

Rowland, Ingrid D., *Giordano Bruno: Philospher/Heretic* (Chicago: University of Chicago Press, 2009)

イザベッラ・アンドレイーニ

Andreini, Isabella, *Selected Poems of Isabella Andreini*, ed. Anne MacNeil, trans. James Wyatt Cook (Lanham, MD: Scarecrow Press, 2005)

MacNeil, Anne, *Music and Women of the Commedia dell'Arte in the Late Sixteenth Century* (Oxford: Oxford University Press, 2003)

引用典拠

1. 古い伝統と新しい思想「教会の歴史の中で最も悲しい章のひとつ」: Ludwig Pastor, *The History of the Popes, from the Close of the Middle Ages* (London: Paul, Trench & Trübner, 1891), p. 165. クリスティーヌ・ド・ピザン「私はかつて女でしたが……」: C. de Pizan, *The Selected Writings of Christine de Pizan*, ed. and trans. R. Blumenfeld-Kosinski, (New York: W. W. Norton, 1997), p. 91.「糸紡ぎや馬鹿げた女の子らしいことで忙しくさせた」: C. de Pizan, *The Book of the City of Ladies*, rev. edn, trans. E. J. Richards (New York: Persea Books, 1998), pp. 154–55.「父のテーブルから自分で集めた〔学問の〕断片」: Pizan, *Selected Writings*, p. xii.「太った酔っ払いたちの馬鹿げたまなざし」: Pizan, *Selected Writings*, p. 190.「私に押し寄せた苦難の洪水を眼にしたとき……」: Pizan, *Selected Writings*, p. 188.「既婚女性につきものの義務や……」: Pizan, *Selected Writings*, p. 193.「私は扉を閉じました」: Pizan, *Selected Writings*, p. 192.「自分たちが味わえない快楽を他者で満足させなくする」: Pizan, *Selected Writings*, p. 129.「王国はひとりの女性によって高められ……」: Pizan, *Selected Writings*, p. 257.「あらゆる女性の義務を放棄して……その精神を学問にささげた」: Pizan, *Selected Writings*, p. 137. レオナルド・ブルーニ「クリュソロラスの到来によって……」: Michele Scherillo, *Le origini e lo svolgimento della letteratura italiana*, 6 vols (Milan: Hoepli, 1919–26), vol. 1, p. 25 (trans. Robert C. Davis).「ローマ法の教師は大勢居る」: Scherillo, *Le origini*, vol. 1, p. 25 (trans. Robert C. Davis).「あらゆる学問の基礎……良い趣味が示される」: William Harrison Woodword, *Vittorino da Feltre and Other Humanist Educators* (Toronto: University of Toronto Press, 1996), p. 124.「ギリシア・ローマの最も高貴な知識人たちは……」: Woodword, *Vittorino da Feltre*, p. 127.「過去を注意深く学ぶことで……」: Woodword, *Vittorino da Feltre*, p. 128. ヤン・フス「犬よりも哀れだ、一般のドイツ人には……文句も言わずにあらゆる役職を独占させている」: J. Hus, *The Letters of John Hus*, ed. and trans. Herbert B. Workman and R. Martin Pope (London: Hodder and Stoughton, 1904), p. 7.「糞」: Jan Hus, *De ecclesia: The Church*, ed. and trans. David Schaff (New York: Charles Scribner's Sons, 1915), p. 140.「虚飾、貪欲、贅沢を退けて……」: Hus, *De ecclesia*, trans. Schaff, p. 184.「無学な者たちの愚行」: Hus, *De ecclesia*, trans. Schaff, p. 184.「霊的財産をけなし軽蔑しようと」: Hus, *Letters*, p. 217. 聖ベルナルディーノ・ダ・シエナ「神は人間にだけ、舌という楽器を授けてくれた」: Cynthia L. Polecritti, *Preaching Peace in Renaissance Italy: Bernardino of Siena and his Audience* (Washington, DC: Catholic University of American Press, 2000), p. 23.「ライオンのようだ」: Polecritti, *Preaching Peace*, p. 23.「私の言うことがわかるかね？」: Polecritti, *Preaching Peace*, p. 192.「父親が息子の敵となり……」: Polecritti, *Preaching Peace*, p. 192.「エルサレムのように、……」: Polecritti, *Preaching Peace*, pp. 195–96.「罰金を課されるか、火刑に処される」: Polecritti, *Preaching Peace*, p. 61. コジモ・デ・メディチ「建造物、施し、税金……」: *Lives of the Early Medici as Told in their Correspondence*, ed. and trans. Janet Ross (Boston: R. G. Badger, 1911), p. 155.「50 年間、私は……」: Francis H. Taylor, *The Taste of Angels: A History of Art Collecting from Rameses to Napoleon* (Boston, MA: Little, Brown, 1948), pp. 65–66. マザッチオ「俗事にまったく無関心で……絵画の細かい作業にのみ」: Giorgio Vasari, *The Lives of the Artists*, trans. Julia Conaway Bondanella and Peter Bondanella (Oxford: Oxford University Press, 1991), pp. 102–03.

2. 平和の時代のヨーロッパ人たち ルッカ・デラ・ロッビア「それらを仕上げるのにいかに多くの時間がかかり……」: Giorgio Vasari, *The Lives of the Artists*, trans. Julia Conaway Bondanella and Peter Bondanella (Oxford: Oxford University Press, 1991), p. 69.「彼は大理石とブロンズを捨て、他の方法でもっと稼げないか考えることに決めた」: Vasari, *Lives of the Artists*, p. 69.「かつて彼らが鑿で得たものに比べてかなりのものを得た」: Vasari, *Lives of the Artists*, p. 70. レオン・バッティスタ・アルベルティ「巨大な大聖堂の中で……山に登ったりして楽しむ」: Leon Battista Alberti, *Autobiografia* (1438) trans. Antonio Muratori; cited in Will Durant, *The Renaissance: The Story of Civilization*, vol. 5 (New York: Simon & Schuster, 1980), p. 107.「親類の者たちが……声高に嘲笑しているのを偶然耳にした」: Leon Battista Alberti, *On Painting*, ed. and trans. John R. Spencer (New Haven, CT: Yale University Press, 1956), p. 43.「存在しないものを現前させるだけでなく……神的な力を有する」: Leon Battista Alberti, *On Painting*, ed. Martin Kemp, trans. Cecil Grayson (London: Penguin, 1991), p. 60. ロレンツォ・ヴァラ「すでに認証されている大作家たちは……私を引きずっていき罰したまえ」: Lorenzo Valla, *The Treatise of Lorenzo Valla on the Donation of Constantine: Text and Translation into English*, trans. C. B. Coleman (Toronto: University of Toronto Press, 1993), p. 21.「真実と正義の擁護に自分の命をかけることこそ……」: Valla, *Treatise...on the Donation of Constantine*, p. 23. アレッサンドラ・ストロッツィ「あなたの好きな形に作らせましたよ……」: Alessandra Strozzi, *Selected Letters of Alessandra Strozzi*, ed. and trans. Heather Gregory (Berkeley, CA: University of California Press, 1997), p. 73.「特に息子が母を必要とするときに息子を見捨てなかった母親を」: Strozzi, *Selected Letters*, p. 147.「カテリーナは外出するとき……」: Strozzi, *Selected Letters*, p. 31.「〔あなたもフィリッポも〕ふたりともそんなに結婚を延ばしていては……」: Strozzi, *Selected Letters*, p. 153.「彼女の顔と歩き方を見たところ、……」: Strozzi, *Selected Letters*, p. 155.「欠陥品ではないと思われます」: Ann Crabb, *The Strozzi of Florence: Widowhood and Family Solidarity in the Renaissance* (Ann Arbor, MI: University of Michigan Press, 2000), p. 189.「旨味たっぷりの良い肉」: Gene Brucker, *Living on the Edge in Leonardo's Florence: Selected Essays* (Berkeley, CA: University of California Press, 2005), p. 161.「他の皆も元気よ」: Strozzi, *Selected Letters*, p. 217. イゾッタ・ノガローラ「雄弁な女性は貞淑ではありえない」: Isotta Nogarola, *Complete Writings: Letterbook, Dialogue on Adam and Eve, Orations*, ed. and trans. Margaret L. King and Diana Robin (Chicago: University of Chicago Press, 2004), pp. 68–69.「文学研究に深くかかわるのは……」: Nogarola, *Complete Writings*, pp. 68–69.「女は男に嘲笑される」: Nogarola, *Complete Writings*, p. 53.「あなたが心を動かされず……」: Nogarola, *Complete Writings*, p. 53.「男のような魂」: Nogarola, *Complete Writings*, pp. 42–43.「真実へのより大きな理解力と知識」: Nogarola, *Complete Writings*, p. 151.「肉欲による生……無傷で汚れのない飾り」: Nogarola, *Complete Writings*, p. 123. ルクレツィア・トルナブオーニ「この上ない悲評」: Natalie R. Tomas, *The Medici Women: Gender and Power in Renaissance Florence* (Aldershot: Ashgate, 2003), p. 31.「鱒を何匹かお送りします」: Tomas, *Medici Women*, p. 49.「男の心」: Lucrezia Tornabuoni de' Medici, *Sacred Narratives*, ed. and trans. Jane Tylus (Chicago: University of Chicago Press, 2001), p. 145. ジェンティーレ・ベッリーニ「絵画で獲得されたものは海戦で獲得されたものに劣らない」: Giorgio Vasari, *The Lives of the Painters, Sculptors, and Architects*, vol. 3, trans. A. B. Hinds (London: J. M. Dent, 1900), p. 42.「……死すべき人間がもつことができるとは驚異である」: Vasari, *Lives of the Painters*, pp. 46–47.「なにか神的な霊によって助けられ」: Vasari, *Lives of the Painters*, p. 47. メフメト 2 世「彼は私のものである。彼こそ……」: Nancy Bisaha, *Creating East and West: Renaissance Humanists and the Ottoman Turks* (Philadelphia: University of Pennsylvania Press, 2004), p. 163.「あなたがローマ人の皇帝であることは誰も疑いません」: Halil Inalçik, 'The Policy of Mehmed II toward the Greek Population of Istanbul and the Byzantine Buildings of the City', *Dumbarton Oaks Papers*, vol. 23/24 (1969–70), pp. 229–49 at p. 233.「貧しく、住民がまばらな廃墟の都市」: Inalçik, 'The Policy of Mehmed II', p. 231.「スルタンがコンスタンティノープルを手に入れたとき……」: Inalçik, 'The Policy of Mehmed II', p. 236.「ここトルコ人の地で、われわれは何の不満もない」: Israel Zinberg, *A History of Jewish Literature: The Jewish Center of Culture in the Ottoman Empire*, 13 vols, trans. Bernard Martin (Cleveland, OH: Case Western University Press, 1972), vol. 5, p. 14.

3. 勃興する諸国家 ウイリアム・キャクストン「怠惰を避けるために」: George D. Painter, *William Caxton: A Biography* (New York: G. P. Putnam's Sons, 1977), p. 39.「私のペンはすり切れ……」: Painter, *William Caxton*, p. 53.「卵はないか、と尋ねたんだが……」: W. F. Bolton, *A Living Language: The History and Structure of English* (New York: Random House, 1982), p. 173 [quotation modernized].「こりすぎた言葉を……古くからある馴染みの」: Bolton, *A Living Language*, p. 173 [quotations modernized].「甘みな雑弁」: Charles W. Eliot (ed.), *Prefaces and Prologues to Famous Books*, vol. 39, Harvard Classics (New York: P. F. Collier & Son, 1910), p. 18.「公、伯、諸侯、貴族……あらゆる一般人にとって」: Yu-Chiao Wang, 'Caxton's Romances and their Early Tudor Readers', *Huntington Library Quarterly*, vol. 67, no. 2 (2004), p. 177. ハインリヒ・クラマー「〔女は〕男よりも肉欲に負けやすい……」: Heinrich Institoris, *The Malleus maleficarum*, ed. and trans. P. G. Maxwell-Stuart (Manchester: Manchester University Press, 2007), p. 75.「カラスムギや飼料を食べようと動きまわる」: Heinrich Institoris, *Malleus maleficarum*, pp. 152–53. フェリックス・ファブリ「寝ても覚めても……」: Felix Fabri, *The Book of the Wanderings of Felix Fabri*, trans. Aubrey Stewart (London: Palestine Pilgrims' Text Society, 1892), p. 3.「不安だったし、生命の危険を恐れていた」: Fabri, *Book of the Wanderings*, p. 3.「古くなったパン、蛆虫だらけのビスケット、……」: Fabri, *Wanderings*, p. 29.「われわれが聖地で過ごしたのは 9 日間だけだった」: Fabri, *Wanderings*, pp. 23–24.「しばしば、ロバやラクダの背に乗ったままで〔書いていた〕」: Fabri, *Wanderings*, p. 56.「そうすることで彼らも、身体でなくとも心で」: Fabri, *Wanderings*, p. 58.「何度も〔接吻し〕……以前よりもっと大切な価値のあるものとなって戻る」: Fabri, *Wanderings*, p. 93.「うすのろで、物わかりが悪い」: Fabri, *Wanderings*, p. 2.「少なからぬことを学んで戻るだろう」: Fabri, *Wanderings*, p. 2. アントニオ・デ・ネブリハ「〔学問の〕野蛮状態を打倒するために」: Joseph R. Jones, 'The Six-Hundredth Anniversary of the Founding of the Spanish College at Bologna by Don Gil de Albornoz', *Hispania*, vol. 50, no. 3 (1967), pp. 555–58 at p. 557.「どうしてそんな本を欲しいと思うかしら？」: quoted in *Prosofagia: Revista literaria*, vol. 7 (2010), p. 26 (trans. Robert C. Davis).「われわれの信仰の敵だけでなく……」: Antonio

引用典拠

de Nebrija, *Gramática castellana*, trans. Claudio Véliz (Madrid: Junta del Centenario, 1946), p. 5.「女王陛下、この言語こそ……」: Antonio de Nebrija, *Gramática castellana*, p. 11 (trans. Robert C. Davis). **マティアス・コルヴィヌス**「イスラム教を根絶する…… 栄光に満ちた戦いを」: Marcus Tanner, *The Raven King: Matthew Corvinus and the Fate of his Lost Library* (New Haven, CT: Yale University Press, 2008), p. 51.「マティアスが亡くなった。……」: Tanner, *The Raven King*, p. 141. **ルカ・パチョーリ**「最も明敏な建築家、……」: Robert Emmett Taylor, *No Royal Road: Luca Pacioli and his Times* (New York: Arno Press, 1980), p. 256.「……幸せな時代」: Martin Kemp, *Behind the Picture: Art and Evidence in the Italian Renaissance* (New Haven, CT: Yale University Press, 1997), p. 249.「他のあらゆる科学は単なる意見であり……」: Taylor, *No Royal Road*, p. 256.「無教養な者にとっては……それは奇跡のように見えるだろう」: Taylor, *No Royal Road*, p. 267. **サンドロ・ボッティチェッリ**「イタリアの他のどの作品をも凌駕している」: Laurence Kanter, 'Alessandro Filipepi, called Botticelli', in Laurence Kanter, Hilliard T. Goldfarb and James Hankins, *Botticelli's Witness: Changing Style in a Changing Florence* (Boston, MA: Isabella Stewart Gardner Museum, 1997) p. 22. **レオナルド・ダ・ヴィンチ**「この男は何も成し遂げない能うう」: Giorgio Vasari, *Lives of the Artists*, vol. 1, ed. and trans. George Bull (London: Penguin, 1988), p. 269.「目に見えないものである魂を定義する〔時間を浪費する〕代わりに……」: Codex Atlantico, Milan, Biblioteca Ambrosiana, folio 119v (trans. Robert C. Davis).「……無遠慮な連中が私を無学な人間だと中傷していることはよく知っています」: *Codex Atlantico*, folio 119v. **アントニオ・リナルデスキ**「まるで乾いた〔漆喰の〕薔薇の輪のようだった」: William J. Connell and Giles Constable, *Sacrilege and Redemption in Renaissance Florence: The Case of Antonio Rinaldeschi* (Toronto: Centre for Reformation and Renaissance Studies, 2005), p. 17 (trans. Robert C. Davis).

4. 突然の衝撃、序「自分の国を貧しくして……」: quoted in Heinrich Graetz, *Popular History of the Jews*, trans. A. B. Rhine, 6 vols (New York: Hebrew Publishing Company, 1919), vol. 4, p. 225.「いまやわれわれは、狼を権力の座につけてしまった……」: quoted in James Reston, Jr. *Dogs of God: Columbus, the Inquisition, and the Defeat of the Moors* (New York: Anchor Books, 2006), p. 287. **クリストファー・コロンブス**「ジェノヴァの歴史がはじまって以来……」: Felipe Fernández-Armesto, *Columbus* (Oxford: Oxford University Press, 1991), pp. 103–04.「人類の目がこれまでに見たなかで最も美しい島」: Christopher Columbus, *Diario a bordo de Cristóbal Colón, primer viaje* (Barcelona: Editorial Arcadia, 1957), entry for 28 October 1492.「ガンジス河の向こうのインド諸島」: quoted in C. D. Warner (ed.), *Library of the World's Best Literature, Ancient and Modern: Index Guide* (New York: Peale and Hill, 1899), p. 229.「多くの偶像崇拝者の奴隷を」: John Boyd Thacher, *Christopher Columbus: His Life, his Works, his Remains: As Revealed by Original Printed and Manuscript Records* (New York: Putnam, 1903), vol. 1, folio letter 25. **ジョン・カボット**「異教徒や不信者人」: 'The First Letters Patent Granted by Henry VII to John Cabot, 5 March 1496', cited in H. B. Biggar (ed.), *The Precursors of Jacques Cartier, 1497–1534: A Collection of Documents Relating to the Early History of the Dominion of Canada* (Ottawa: Government Printing Bureau, 1911), p. 8.「〔陸地を〕700 リーグの距離に発見し」: Lorenzo Pasqualigo, letter sent from London, 23 August 1497, in Clements Markham (ed. and trans.), *The Journal of Christopher Columbus (during his first voyage, 1492–93), and Documents Relating to the Voyages of John Cabot and Gaspar Corte Real* (London: Hakluyt Society, 1893), p. 201.「彼はたいへんな名誉が与えられました」: Markham, *Journal of Christopher Columbus*, p. 202. **ジロラモ・サヴォナローラ**「あらゆる悪徳によって地に落とされた」: Lauro Martines, *Fire in the City: Savonarola and the Struggle for the Soul of Renaissance Florence* (Oxford: Oxford University Press, 2006), p. 11.「何を嘆いているのですか、……」: Martines, *Fire in the City*, p. 14. **ヤコブ・フッガー**「コインが募金箱でチリンと鳴れば……」: James Kittelson, *Luther the Reformer: The Story of the Man and his Career* (Minneapolis, MN: Augsburg Fortress Publishing House, 1986), pp. 103–04. **デジデリウス・エラスムス**「女や魔物やロバや胡瓜や火打石の性質」: Desiderius Erasmus, *The Praise of Folly*, ed. and trans. Clarence H. Miller, 2nd edn (New Haven, CT: Yale University Press, 2003), pp. 88–89.「あらゆることを書物によって」: Desiderius Erasmus, *The Praise of Folly and Other Writings*, ed. and trans. Robert M. Adams (New York: W. W. Norton, 1989), p. 62.「服に間違った腰紐を締めているからと大騒ぎをする……」: Erasmus, *Praise of Folly and Other Writings*, p. 62.「……なぜならそれは結局、何も知らずにこの話に同意しているのだから」: Erasmus, *Praise of Folly and Other Writings*, p. 43.「エラスムスは鰻だ。」: *Luther and Erasmus: Free Will and Salvation*, ed. and trans. E. Gordon Rupp and Philip S. Watson (Philadelphia: Westminster Press, 1969), p. 2.「ルターがかえした卵を生んだ……」: Desiderius Erasmus, *The Correspondence of Erasmus: Letters 1356 to 1534*, ed. James M. Estes, trans. R. A. B. Mynors and Alexander Dalzell, vol. 10 of *The Collected Works of Erasmus* (Toronto: University of Toronto Press, 1992), p. 404.「ニッコロ・マキャヴェッリ」「市民に互いに愛し合い、……」: Niccolò Machiavelli, *The Art of War*, trans. Ellis Farneworth, rev. Neal Wood (Cambridge, MA: Da Capo Press, 2001), p. 12.「古代の王国や共和国がわれわれに提供しているすばらしい実例」: Niccolò Machiavelli, *The Prince and The Discourses*, trans. Luigi Ricci, with an introduction by Max Lerner (New York: Random House, Modern Library, 1950), p. 104.「歴史の真の知識が欠如していること」: Machiavelli, *The Prince and The Discourses*, p. 104.「……君主、貴族、民衆の力が結合された場合」: Machiavelli, *The Prince and The Discourses*, p. 115. **アルブレヒト・デューラー**「……作品をより良いものにするために学ばねばならないから」: Judith Bell, 'Drawings of the German Renaissance', *World and I* (April 2000), p. 98 ('Educator's Reference Complete' website at http://www.worldandi.com/specialreport/2000/april/Sa19075.htm, accessed 1 June 2010).「美術は自然に基づく。……」: Jane Campbell Hutchison, *Albrecht Dürer: A Biography* (Princeton, NJ: Princeton University Press, 1990), p. 69.「賞賛は多かった。利益はほとんどなかった」: Hutchison, *Albrecht Dürer*, p. 93. **チェーザレ・ボルジア**「権力の座に登ったすべてのものが見習うべき人物」: Niccolò Machiavelli, *Il principe*, ed. L. Arthur Burd, (Oxford: Clarendon Press, 1891), p. 227 (trans. Robert C. Davis). **ミケランジェロ・ブオナローティ**「その驚嘆すべき美術を……。」: Laura Battiferra Ammannati, *Laura Battiferra and her Literary Circle: An Anthology*, ed. and trans. Victoria Kirkham (Chicago: University of Chicago Press, 2006), p. 287.「この作品が公開されると……」: Giorgio Vasari, *Lives of the Artists*, ed. and trans. George Bull (London: Penguin, 1988) vol. 1, p. 361.「……何世紀ものあいだに暗黒に投げ込まれていた世界に光を」: Vasari, *Lives of the Artists*, vol. 1, p. 354. **バルダッサーレ・カスティリオーネ**「あらゆる芸術的技巧を隠し……」: Baldassare Castiglione, *The Book of the Courtier*, ed. and trans. George Bull (London: Penguin, 1988), p. 65. **ラファエロ**「大変な女好きで、いつも喜んで女に奉仕した」: Giorgio Vasari, *The Lives of the Most Excellent Painters, Sculptors, and Architects*, ed. Philip Jacks, trans. Gaston du C. de Vere (New York: Modern Library Classics, 2006), p. 289.

5. 旧秩序の崩壊、序「物事の新しい秩序を導入することを……」: Niccolò Machiavelli, *Il principe*, ed. L. Arthur Burd (Oxford: Clarendon Press, 1891), p. 210 (trans. Robert C. Davis). **トマス・モア**「善きカトリック王国」: Peter Ackroyd, *The Life of Thomas More* (London: Chatto & Windus, 1998), p. 303.「ちょっとおならすることが……」: quoted in Michelle O'Callaghan, *The English Wits: Literature and Sociability in Early Modern England* (Cambridge: Cambridge University Press, 2007), p. 95.「美人とはいえなかった」: Desiderius Erasmus, letter to Ulrich von Hutten, 23 July 1519, in *Erasmus and Cambridge: The Cambridge Letters of Erasmus*, trans. Douglas Ferguson Scott Thomson (Toronto: University of Toronto Press, 1963) p. 113.「われわれの世界とまったく正反対の」: Thomas More, *Utopia*, trans. Paul Turner (Harmondsworth: Penguin, 1965), p. 108.「重大事」: Thomas More, 'To Thomas Cromwell, March? 1534', *The Last Letters of Thomas More*, ed. Alvaro de Silva (Grand Rapids, MI: W. B. Eerdmans, 2001), p. 38.「勇気を奮い起こせ……」: Ackroyd, *Life of Thomas More*, p. 406.「わしの首はとても短いからな」: Ackroyd, *Life of Thomas More*, p. 406. **マルティン・ルター**「こういうことが、教父たちに結婚をけなさせた理由なのだ」: Roland Bainton, *Here I Stand: A Life of Martin Luther* (Nashville, TN: Abingdon Press, 1978) p. 235.「ハンスは経験を積みはじめており……」: Bainton, *Here I Stand*, p. 229. **バルトロメ・デ・ラス・カサス**「控えめで、忍耐強く、穏やかで……」: Tzvetan Todorov, *The Conquest of America: The Question of the Other* (Norman, OK: University of Oklahoma Press, 1999), p. 164. 'into this sheepfold…': Todorov, *Conquest of America*, p. 165.「明瞭な良心をもつ者は先住民を奴隷にできない」: Bartolomé de las Casas, *An Account, Much Abbreviated, of the Destruction of the Indies, with Related Texts*, ed. Franklin W. Knight, trans. Andrew Hurley (Cambridge, MA: Hackett Publications, 2003), p. xxiii. **ヴィットリア・コロンナ**「狂乱に引きずられ……」: Irma B. Jaffe with Gernando Colombardo, *Shining Eyes, Cruel Fortune: The Lives and Loves of Italian Renaissance Women Poets* (New York: Fordham University Press, 2002), p. 59 (trans. Robert C. Davis).「甘美な様式はこの上ないものだった」: Katharina M. Wilson (ed.), *Women Writers of the Renaissance and Reformation* (Athens, GA: University of Georgia Press, 1987), p. 22.「呪われた世紀、邪悪なハルピュイア」: Vittoria Colonna, *Sonnets for Michelangelo: A Bilingual Edition*, ed. and trans. Abigail Brundin (Chicago: University of Chicago Press, 2005), p. 125. **マルグリット・ド・ナヴァル**「若くて裕福で高貴な男性と結婚するわ……」: Patricia F. Cholakian and Rouben C. Cholakian, *Marguerite de Navarre: Mother of the Renaissance* (New York: Columbia University Press, 2006), p. 25.「読書も勉強もしたことがないので……」: Cholakian and Cholakian, *Marguerite de Navarre*, p. 28.「なんて悔いんでしょう……」: Cholakian and Cholakian, *Marguerite de Navarre*, p. 157. **ピエトロ・アレティーノ**「インクの汗で生活費を稼ぐ」: quoted in Luba Freedman, *Titian's Portraits Through Aretino's Lens* (University Park, PA: Pennsylvania State University Press, 1995), p. 11.「俺の天才への貢納金を払ってくれる公爵……」: quoted in Raymond B. Waddington, *Aretino's Satyr: Sexuality, Satire and Self-Projection in Sixteenth-Century Literature and Art* (Toronto: University of Toronto Press, 2004), p. 58. **ウィリアム・ティンダル**「過程と秩序と意味」: David Daniell, *William Tyndale: A Biography* (New Haven, CT: Yale University Press, 1994), p. 83. **フランソワ・ラブレー**「陽気に自分たちのベーコンを摩擦しながら」: François Rabelais, *The Histories of Gargantua and Pantagruel*, ed. and trans. John Michael Cohen (London: Penguin, 1955), p. 46.「穴掘り道具」: François Rabelais, *Gargantua and Pantagruel*, trans. Burton Raffel (New York: W. W. Norton, 1990) p. 136.「偽善的なコッドピース」: Rabelais, *Gargantua and Pantagruel*, p. 24. **ハンス・ホルバイン**「世界のこの地域では芸術が凍りついている」: Derek Wilson, *Hans Holbein: Portrait of an Unknown Man* (London: Pimlico, 2006), p. 120.「すばらしい美術家」: Wilson, *Hans Holbein*, p. 130.「彼は私が推薦してやった人々を騙した」: Roy Strong, *Holbein: The Complete Paintings* (London: Granada, 1980), p. 4.「王はそれを見た後かつてなくご機嫌になり……」: Wilson, *Hans Holbein*, p. 255.「私に頭が二つあったら、喜んで一つを……」: Wilson, *Hans Holbein*, p. 256.

引用典拠

6. 新しい波：教皇パウルス４世「私は人に親切にしたことがない」: quoted in Michael Walsh, *The Conclave: A Sometimes Secret and Occasionally Bloody History of Papal Elections* (Lanham, MD: Roman & Littlefield, 2003), p. 118. 「もし私自身の父親が異端者だったとしても」: quoted in Leonard Shlain, *The Alphabet Versus the Goddess: The Conflict between Word and Image* (London: Penguin, 1999), p. 358. ベンベヌート・チェッリーニ「彼らがそれを名前に決めるまで」: Benvenuto Cellini, *Autobiography*, ed. and trans. George Bull (London: Penguin, 1998), p. 6. 「いつも嫌で嫌でたまらなかった」: Cellini, *Autobiography*, p. 7.「いかなる種類であろうと……」: Cellini, *Autobiography*, p. 1. 「一緒に来て悪魔で……私を説得しようとした」: Cellini, *Autobiography*, p. 116. 聖フランシスコ・ザビエル「〔教皇が〕われわれをトルコ人の間に送ろうと……」: from the *Formula* of Ignatius Loyola (1540), quoted in Mark Rotsaert, S. J., 'Obedience in the Life of the Society of Jesus', *Review of Ignatian Spirituality*, vol. 40 (2009), pp. 26–36, at p. 32. 「〔魂の〕豊かな収穫〕」: Henry James Coleridge (ed. and trans.), *The Life and Letters of St Francis Xavier*, 2 vols (London: Burns and Oates, 1876), vol. 2, p. 345. 「……この場所は大変危険」: James Brodrick, *San Francesco Saverio: Apostolo delle Indie e del Giappone, 1506–1562*, trans. L. Marzollo and O. Fochesato (Parma: Edizioni Missionarie, 2006) p. 246 (trans. Robert C. Davis). 「すべてのことで理性に導かれている」: Coleridge, *Life and Letters of St Francis Xavier*, vol. 2, p. 338. 「われわれはいかなる犠牲を払っても中国への道を開く」: quoted in Gianni Colzani, 'San Francesco Saverio missionario: La nascita di una nuova figura ecclesiale e il suo servizio', *Euntes Docete*, vol. 60 (2007), pp. 23–45, at p. 39 (trans. Robert C. Davis). ジャン・カルヴァン「以後、福音の法と神の御言葉に従って生活し…」: Alister E. McGrath, *A Life of John Calvin: A Study in the Shaping of Western Culture* (Oxford: Basil Blackwell, 1990), pp. 94–95. アンドレアス・ヴェサリウス「ガレノスの名においていかに多くの馬鹿げたことが……」: Andrea Vesalio, *De humani corporis fabrica*, Book 7, ch. 12 (Basel: Ioannis Oporini, 1543) (trans. Robert C. Davis). アビラの聖テレサ「私は、悪いことならなんでも得意でした」: St Teresa of Avila, *The Autobiography of St Teresa of Avila: The Life of St Teresa of Jesus*, ed. Benedict Zimmerman, trans. David Lewis (Charlotte, NC: TAN Books, 2009), p. 9.「ドレスをたくさん作ること」: St Teresa of Avila, *Autobiography*, p. 7.「神を恐れることを完全に忘れていた」: St Teresa of Avila, *Autobiography*, p. 10. カトリーヌ・ド・メディシス「槍試合で武勇を発揮した」: quoted in Leonie Frieda, *Catherine de Medici: Renaissance Queen of France* (New York: Harper Perennial, 2006), p. 46.「世界で最も偉大な結婚」: Frieda, *Catherine de Medici*, p. 31.「飛び出した日」: Frieda, *Catherine de Medici*, p. 28.「商人の娘」: Frieda, *Catherine de Medici*, p. 31.「あの娘は丸裸で嫁に来たってわけだ！」: Frieda, *Catherine de Medici*, p. 48.「彼女に何ができたろう？」: quoted in Pierre de Bourdeille Brantôme, *Illustrious Dames of the Court of the Valois Kings*, trans. Katharine Prescott Wormeley (New York: The Lamb Publishing Co., 1912), p. 88. ルイーズ・ラベ「もう一度キスして」: Louise Labé, *Complete Poetry and Prose*, ed. and prose trans. Deborah Lesko Baker, poetry trans. Annie Finch (Chicago: University of Chicago Press, 2006), Sonnet 18, p. 207. 「ご婦人方、私のことを悪く思わないで。……」: Louise Labé, *French Women Poets of Nine Centuries: The Distaff and the Pen*, ed. and trans. Norman R. Shapiro (Baltimore: Johns Hopkins University Press, 2008), Sonnet 24, p. 157.「男性たちの厳しい法はもはや……」: Labé, *Complete Poetry and Prose*, p. 43. エレオノーラ・ディ・トレド「素晴らしい馬に乗った若者」: quoted in Michael Levey, *Florence: A Portrait* (Cambridge, MA: Harvard University Press, 1998), p. 324.

7. 近代の枠組み：ラウラ・バッティフェッラ・アンマナーティ「親しい音楽家」: Laura Battiferra Ammannati, *Laura Battiferra and Her Literary Circle: An Anthology (The Other Voice in Early Modern Europe)*, ed. and trans. Victoria Kirkham (Chicago: University of Chicago Press, 2006), p. 17.「素直で、従順で、優しく、愛らしく、誠実で、慈愛深く」: Battiferra Ammannati, *An Anthology*, p. 18.「私がローマの誇り高き七つの丘を……」: Battiferra Ammannati, *An Anthology*, p. 143.「教養ある知識人たち」: Battiferra Ammannati, *An Anthology*, p. 119. ディック・タールトン「女王の医師全員を集めたよりも女王の憂鬱を癒す」: Thomas Fuller, *The History of the Worthies of England* (1662, 1811 edn), vol. 2, p. 312; quoted in Beatrice K. Otto, *Fools Are Everywhere: The Court Jester Around the World* (Chicago: University of Chicago Press, 2001), p. 90.「うまくて、まずい機智」: Alexandra Halasz, ' "So beloved that men use his picture for their signs": Richard Tarlton and the Uses of Sixteenth-Century Celebrity', in Leeds Barroll (ed.), *Shakespeare Studies*, vol. 23 (Madison, NJ: Fairleigh Dickinson University Press, 1995), p. 21.「女王の聴罪司祭たちよりも、彼女の過ちについてたくさん」: Fuller, *Worthies of England*, in Otto, *Fools Are Everywhere*, p. 90.「小太鼓叩きのように……」: George Wilson, *The Commendation of Cockes and Cock-Fighting* (1607), quoted in E. K. Chambers (ed.), *The Elizabethan Stage*, vol. 2 (Oxford: Oxford University Press, 2009), p. 345. ジョバンニ・ピエルルイジ・ダ・パレストリーナ「扇情的で猥雑な」: Craig A. Monson, 'The Council of Trent Revisited', *Journal of the American Musicological Society*, vol. 55 (Spring 2002), pp. 1–37, at

p. 11. ジュゼッペ・アルチンボルト「さまざまな奇妙なもの」: Thomas DaCosta Kaufmann, 'Arcimboldo's Imperial Allegories', *Zeitschrift für Kunstgeschichte*, vol. 39 (1976), pp. 275–96, at p. 275. ソフォニスバ・アングイッソラ「現代の非凡な画家の一人」: Daniela Pizzagalli, *La signora della pittura: Vita di Sofonisba di Anguissola, gentildonna e artista nel Rinascimento* (Milan: Rizzoli, 2003), p. 196 (trans. Robert C. Davis). 「彼女は 96 歳だが頭脳明晰で記憶力も優れ……」: Pizzagalli, *La signora della pittura*, p. 231 (trans. Robert C. Davis). ミシェル・ド・モンテーニュ「法廷と公職への隷属」: Michel de Montaigne, *The Complete Works of Montaigne*, trans. Donald M. Frame (Stanford, CA: Stanford University Press, 1957), p. ix.「暴れ馬のように……」: Montaigne, *Complete Works*, p. 21.「あらゆる種類の快楽を完璧に備えている〔一方で、他の者が貧困と飢餓で痩せ衰えて〕扉の前で物乞いをしている」: Montaigne, *The Complete Essays*, ed. and trans. M. A. Screech (London: Penguin, 1991), pp. 240–41.「誰でも自分が慣れていないことを野蛮さと呼ぶ」: Montaigne, *Complete Essays*, p. 231.「〔旅は〕……われわれの魂を絶えず修練してくれる」: Montaigne, *Complete Essays*, p. 1101.「私は自分が何から逃げているかは知っている。……」: Montaigne, *Complete Essays*, p. 1100.「モンテーニュからほとんど同じくらい」: Ben Jonson, *Volpone*, Act III, Scene 2, line 90, in Ben Jonson, *Volpone and Other Plays*, ed. Michael Jamieson (London: Penguin, 2004), p. 104.「この男の精髄は彼の文章に広がっている」: Ralph Waldo Emerson quoted in Jane Kramer, 'Me, Myself, and I' in *New Yorker* (7 September 2009), p. 40. アルカンジェロ・トゥッカーロ「他のもっと危険な事」: Catherine de Médicis, *Lettres de Catherine de Médicis*, vol. 2: *1563–1566*, ed. Hector La Ferrière-Percy, et al. (Paris: Imprimerie Nationale, 1885), letter of 8 September 1563, p. 95.「数学的測量で規定された比例」: Tuccaro quoted in John McClelland, *Body and Mind: Sport in Europe from the Roman Empire to the Renaissance* (New York: Routledge, 2007), p. 135. エドマンド・キャンピオン「英国のダイヤモンドのひとつ」: Alice Hogge, *God's Secret Agents: Queen Elizabeth's Forbidden Priests and the Hatching of the Gunpowder Plot* (New York: HarperCollins, 2005), p. 67.「〔彼らの〕先祖全員……を有罪と宣告した」: Leanda de Lisle, *After Elizabeth: The Rise of James of Scotland and the Struggle for the Throne of England* (New York: Ballantine Books, 2007), p. 20.「信仰の真実を試す」: Evelyn Waugh, *Edmund Campion* (Boston, MA: Little, Brown & Co., 1946), pp. 230–31. カテナ「怖いもんか……聖母さま、お助けを！……俺はカテナだ」: *Processi criminali*, Tribunale del Governatore, Rome, Archivio di Stato, busta 169, filza 28, folios 684v–685r (trans. Robert C. Davis).「有名な泥棒で盗賊団の首領」: Michel de Montaigne, *The Complete Works: Essays, Travel Journal, Letters*, ed. and trans. Donald M. Frame (London: Everyman, 2003), p. 1148.「俺たちの敵のためにスパイ行為をする」: *Processi criminali*, folio 691v.「俺たちはそいつの山羊二百頭以上のひかがみ（膝の後ろの腱）を切ってやった」: *Processi criminali*, folio 694r.「山羊を追いかけている連中」: *Processi criminali*, folio 694v.「団の皆が使う金のために誘拐をして身代金を……」: *Processi criminali*, folio 714r.「他の連中より長いお下げ髪を 8 本か 10 本…口髭も他の連中より長くして……」: Romolo Allegrini, 'Memorie di Perugia', *Cronache della città di Perugia*, 5 vols, ed. Ariodante Fabretti (Turin, 1894), vol. 5, pp. 1–148, at p. 50 (trans. Robert C. Davis).）「俺たちが……面倒を引き起こしたりしない限り」: *Processi criminali*, folio 720v.「集まった大群衆の中を彼は運ばれていった」: Montaigne, *The Complete Works*, p. 382.「彼が首を絞められたときには何の感情も見せなかったが、……」: Montaigne, *The Complete Works*, p. 1148. ヴェロニカ・フランコ「主要かつ最も著名なヴェネツィアの高級娼婦」: Ann Rosalind Jones, 'City Women and their Audiences: Louise Labé and Veronica Franco', in *Rewriting the Renaissance: The Discourses of Sexual Di√erence in Early Modern Europe*, ed. Margaret W. Ferguson, Maureen Quilligan and Nancy J. Vickers (Chicago: University of Chicago Press, 1986), p. 303.「とっても甘美で気持ちよくなった…堅い木材に打たれた釘よりもっと密接に……」: Veronica Franco, *Poems and Selected Letters*, ed. and trans. Ann Rosalind Jones and Margaret F. Rosenthal (Chicago: University of Chicago Press, 1998), Capitolo 2, p. 69.「ゲットー全部を満足させる雌牛」: Elizabeth Horodowich, *Language and Statecraft in Early Modern Venice* (Cambridge: Cambridge University Press, 2008), p. 103.「そのように決意したならば……」: Franco quoted in Irma B. JaVe with Gernando Colombardo, *Shining Eyes, Cruel Fortune: The Lives and Loves of Italian Renaissance Women Poets* (New York: Fordham University Press, 2002), p. 355. ティコ・ブラーエ「天体図作成の…長期間プロジェクト」: Paul Murdin, *Full Meridian of Glory: Perilous Adventures in the Competition to Measure the Earth* (New York: Springer, 2008), p. 2. ジョルダーノ・ブルーノ「生き延びるためにわずかな現金をかき集める」: Anacleto Verrecchia, *Giordano Bruno: La falena dello spirito* (Rome: Donzelli, 2002), p. 58 (trans. Robert C. Davis).「まぬけ」: Verrecchia, *Giordano Bruno*, p. 90.「哀れな小さいイタリア人が……」: Verrecchia, *Giordano Bruno*, p. 118.「永遠によそ者、亡命者、逃亡者……」: Verrecchia, *Giordano Bruno*, p. 177.「アカデミーに属さないアカデミックな男」: Verrecchia, *Giordano Bruno*, p. 108. イザベッラ・アンドレイーニ「私はほとんど冗談で書きはじめたのよ」: Isabella Andreini, *La mirtilla*, ed. and trans. Julie D. Campbell (Tempe, AZ: Arizona Center for Medieval and Renaissance Studies, 2002), p. 1.

索　引

ア行
アヴィニョン　38
アウグスティヌス隠修会　201
アウクスブルク　149、150、201
アウクスブルクの和議　280
アエネアス・ピッコローミニ　→ピウス2世
『アエネイス』（ウェルギリウス）　68
「赤いターバンの男」（ファン・アイク）　42
アクロバット　304
アゴスティーノ・キージ　225
アスカニオ・スフォルツァ（パヴィア司教）　120
『アストロノミアエ・インスタウラタエ・メカニカ』　316
アゾレス諸島　131、133
『アダムとエヴァについての対話』（イゾッタ・ノガローラ著）　76
「アダムとエヴァの放逐」（マザッチオ）　47
「アテネの学堂」（ラファエロ）　159、178、184、185
アニェス・ダ・モンテフェルトロ　219
アバクス学校　236
アビラの聖テレサ　266～268
『アフリカ誌（デッラ・デスクリッティオーネ・デッラフリカ）』（レオ・アフリカヌス著）　187
アフリカ人奴隷　206
アミルカーレ・アングイッソラ　298
『アミンタ』（トルクァート・タッソ）　323
アムステルダム　181
アメリゴ・ヴェスプッチ　142
アラゴン　91、100
アラゴン＝カスティーリャ連合王国　100
アラビア　186
アリストテレス　24、185、315
アリストテレス全集（アルドゥス版）　122
アルヴィーゼ・カダモスト　50
アルカソヴァス条約　132
アル・カラウィン大学　186
アルカラ・デ・エナレス大学　102、107
アルカンジェロ・トゥッカーロ　304～305
アルキメデス　236
アルジェ　193
アルジェリア　102
『アルス・マグナ（偉大なる術）』（ジェロラモ・カルダーノ）　237
アルドゥス・マヌティウス　122～124、152
アルドゥス印刷所　124、181
「アルノルフィーニ夫妻の肖像」（ヤン・ファン・アイク）　42、44
アル・ハッサン・イブン・ムハンマド・アル・ワザン・アル・ファーシ　→レオ・アフリカヌス
アルハンブラ勅令　136
アルフォンソ1世（ナポリ王）　71
アルブレヒト・デューラー　160～164、214、216
アルブレヒト・フォン・ブランデンブルク　197
アルメニア人　88
アレクサンデル6世（教皇）　132、139、147、159、171
「アレクサンドリアで説教する聖マルコ」（ジェンティーレ・ベッリーニ）　86
アレッサンドラ・ストロッツィ　72～74
アン・オブ・クレーヴ　234
『暗号論』（レオン・バッティスタ・アルベルティ）　64
アンコーナ　68
アントウェルペン　41、138、229、260、285

アントニー・ヴァン・ダイク　300
アントニオ・デ・ネブリハ　106～107
アントニオ・プッチ　112
アントニオ・リナルデスキ　134～135
「アントニオ・リナルデスキの物語」（フィリッポ・ドルチアーティ作）　135
アンドレアス・ヴェサリウス　263～265
アンドレア・ディ・ピエトロ・デッラ・ゴンドラ　→アンドレア・パッラーディオ
アンドレア・パッラーディオ　239、254～256
アンドレア・マンテーニャ　168
アン・ブーリン　200、334
アンブロジアーナ共和国　61
アンボワーズ　125
アンリ2世（フランス王）　269
アンリ3世（フランス王）　180、271、319
アンリ4世（フランス王）　224、271、280、323
アンリ・ダルブレ（ナヴァル王）　224
イエズス会　240、251、284、307
イェニチェリ軍団　87
「イカルスの墜落のある風景」（ピーテル・ブリューゲル）　286
イグナティウス・デ・ロヨラ　251
イザベラ・アンドレイーニ　321～323
イザベッラ・カナリ　321
イザベッラ・デステ　168～170、179
「イザベッラ・デステの肖像画」（ティツィアーノ）　169
イサベル（カスティーリャ女王）　91、100、106、136、140
イザボー・ド・バヴィエール（フランス王妃）　21
イスキア島　219
イスタンブール　88、138、194
イスパニョーラ島　140、204
イゾッタ・ノガローラ　75～76
イタリア　93、138、279
イタリア同盟　50
イタリア語　123
異端審問　27、91、93、97、102、106、167、220、240、243、260、265、268
『イデアの影』（ジョルダーノ・ブルーノ）　319
『イ・モーディ（体位集）』（マルカントニオ・ライモンディ）　225
『イーリアス』　16
イル・レデントーレ（パッラーディオ）　255
イングランド　91
イングリッシュ・カレッジ　307
印刷技術　94、152、191
印刷業　122、201
印刷本　94
インスブルック　97、149
インディアス新法　206
『インディアスの破壊についての簡潔な報告』（ラス・カサス著）　206
インノケンティウス8世（教皇）　97、138
ヴァスコ・ダ・ガマ　133、139、142
ヴァチカン　171、184、291
ヴァルトブルク城　202
ヴァルワ家　269、271、280
ヴァンデー地方　230
『ヴィータ（自伝）』（ベンヴェヌート・チェッリーニ）　248
ヴィチェンツァ　254
ヴィッテンベルク　195、202
ヴィッテンベルク大学　201
ヴィットリア・コロンナ　219～221
「ヴィットリア・コロンナ」（ミケランジェロの素描）　220
ヴィットリオ・セレーニ　225
ヴィッラ・アルメリコ・カプラ（パッラーディオ）　255
ヴィッラ・バルバロ（パッラーディオ）　254

ヴィッラ・ラ・マルコンテンタ（パッラーディオ）　254
ヴィッラ・ラ・ロトンダ（パッラーディオ）　254
ヴィテルボ　220
ウィトルウィウス　64、254、256
「ウィトルウィウス的人間」（レオナルド・ダ・ヴィンチ）　127
「ヴィーナス」（ルーカス・クラナッハ）　197
「ヴィーナスに愚痴をこぼすキューピッド」（ルーカス・クラナッハ）　197
「ヴィーナスの誕生」（ボッティチェリ）　118
ウィリアム・キャクストン　94～96
ウィリアム・セシル　307
ウィリアム・ティンダル　228～229
ウィーン　195、295、304
ヴェネツィア　38、53、60、62、83、114、122、138、143、152、160、189、207、227、255、261、263、279、312、321
ウェルギリウス著作集　123
ヴェローナ　75
ヴェロニカ・フランコ　312～314
「ヴェロニカ・フランコの肖像」（ティントレットに帰属）　312
ヴェロネーゼ　286
ヴェーン島　316
ウオモ・ウニヴェルサーレ（普遍人）　181
『ヴォルポーネ』（ベン・ジョンソン）　303
ヴォルムス　202
宇宙論　58
ウラニボリ（「天文学の女神の城」）　316
ヴルガタ訳聖書　71、154、229
ウルビーノ　149、168、182、282
「ウルビーノのヴィーナス」（ティツィアーノ）　208
ウルム　103
『運命の変容の書』（クリスティーヌ・ド・ピザン）　19
運命予定説　154
エアフルト　201
英語　95
英国　280
英国のダイヤモンド　307
英国国教会　307
英訳聖書　228
エウゲニウス4世（教皇）　57、66
エウクレイデス　→ユークリッド
エクス・アン・プロヴァンス　120
エステ家　217
『エステル書』　82
『エセー』（モンテーニュ）　303
エドゥアール・マネ　209
エドマンド・キャンピオン　306～308
エドワード6世（イングランド王）　280
エピクロス　159
『エプタメロン（七日物語）』（マルグリット・ド・ナヴァル）　224
「エラスムスの肖像」（ハンス・ホルバイン）　153
エリザベス1世（イングランド女王）　21、281、289、307
エリザベッタ・ゴンザーガ　179
エリザベート・ド・ヴァロワ　300
エルコレ・デステ1世（フェラーラ公）　120、168
エルハルト・ロイヴィヒ　105
エルミナ　131
エレオノーラ・デ・トレド　218、275～277、284
「エレオノーラ・ディ・トレドと息子ジョヴァンニ・デ・メディチの肖像」（アニョロ・ブロンズィーノ）　276
『エロテマタ（命題集）』（マヌエル・クリュソロラス）　18
「宴会、料理の準備と食器・小道具全般について」（メッシスブーゴ）　217
遠近法　28、29、41、45、47、114、

214
エンコミエンダ　204
エンリケ航海公　131
オスペダーレ・デリ・インノチェンティ（孤児院）　29
オスマン・トルコ　48、68、87、108、109、138、186、193、247
オックスフォード大学　152、198、210、228、307
オッタヴィアーノ・ペトルッチ　121
オラツィオ・ロマッリーノ　300
オリヴィエ・ド・マニー　273
オリノコ川　142
オルシュティン　165
オルレアン　257

カ行
『絵画論』（レオン・バッティスタ・アルベルティ）　63
会計学の父　114
『回想録』（ピウス2世）　68
海賊　193
『快楽について』（ロレンツォ・ヴァッラ）　69
カエサル　24
聖カエタノス　243
ガエタノ・ダ・ティエネ　243
「画家と愛好家」（ピーテル・ブリューゲル）　286
カスティリオーネ　79
カスティーリャ　91、100、268
カスティーリャ語　93
『カスティーリャ語文法書』（アントニオ・デ・ネブリハ）　107
カスティーリャ語－ラテン語辞書（アントニオ・デ・ネブリハ）　106
カスパート・タンスタル　210
ガスパル・コルテ＝レアル　145
『家族論』（レオン・バッティスタ・アルベルティ）　63
「ガッタメラータ騎馬像」（ドナテッロ）　37
「甲冑姿のフェリペ2世」（アントニス・モール）　279
活版印刷　50
カッペラ・ジュリア　291
カテナ　309～311
カテリーナ・コルネール（キプロス女王）　83
カテリーナ・デ・メディチ　→カトリーヌ・ド・メディシス
カテリーナ・フォン・ボラ　202
カトリック教会　200、280
「カトリック両王の聖母」（祭壇画）　91
カトリーヌ・ド・メディシス　240、269～271、280、304
カナリア諸島　132
カブチーノ会　240
カーボ・ヴェルデ諸島　50、131、133
火薬革命　191
「ガラテア」（ラファエロ）　182
カリカット　139
カリストゥス3世（教皇）　109
ガリレオ・ガリレイ　316
カール5世（神聖ローマ皇帝）　150、164、189、202、204、206、209、213、217、224、240、243、245～247、263、265
「カール5世とクレメンス7世」（ジョルジョ・ヴァザーリ）　247
「カール5世の胸像」（レオーネ・レオーニ）　247
「カルバリーへの道行」（ピーテル・ブリューゲル）　286
カルヴァン派　280
『ガルガンチュア』（フランソワ・ラブレー）　230、232
カルメル会修道院　266
カルロス1世（スペイン王）　→カール5世
ガレノス　263、265
「岩窟の聖母」（レオナルド・ダ・ヴィ

索　引

ンチ）128
『カンタベリー物語』（チョーサー）95
『カンツォニエーレ（詩集）』（ペトラルカ）282
「ガンの祭壇画」（ヤン・ファン・アイク）41、42
記憶術 319
キケロ 22、24
ギーズ家 269、271
喜望峰（カボ・デ・ボア・エスペランサ）132
キャサリン・オブ・アラゴン 200
キャサリン・ハワード 234
『キャンピオンの銅版画』（ヨハン・マルティン・レルク）304
95ヵ条 201
宮中伯（パラティン）159、217
『宮廷人の書』（カスティリオーネ）179
教会大分裂 24、27
『教会論』（ヤン・フス）27
『教会和合回復論』（エラスムス）154
教皇国家 50、62、189
教皇選挙（コンクラーヴェ）66、139
教皇庁 13、139、150、158、189、240、243
教皇庁聖歌隊 120
教皇領 147
虚栄の焼却 147
ギリシア人 16
ギリシア語 15、16、17、22、48、106、152、198、230
ギリシア語新約聖書 154
『キリスト教綱要』（マルティン・ルター）257
「キリストの受難と反キリスト」（ルーカス・クラナッハ（父））195
『キルケの歌』（ジョルダーノ・ブルーノ）319
『禁書目録』（教皇パウルス4世）244
欽定訳聖書 229
金襴の陣 215
グアリーノ・ヴェロネーゼ 75
グイドバルド・ダ・モンテフェルトロ（ウルビーノ公）179
クィーンズ一座 289
『空中に跳躍飛翔する方法についての三つの対話』（アルカンジェロ・トゥッカーロ）304
『愚行と愛の討論』（ルイーズ・ラベ）274
グスタヴ1世（スウェーデン王）190
クラクフ大学 165
グラシア・メンデス・ナジ 260～262
グラナダ 91、102、186
クラリーチェ・オルシーニ 111
グランドバンクス 145
クリスティーナ（デンマーク王女）234
クリストファー・ド・ビザン 19～21
クリストファー・コロンブス 132、136、140～142
クリストフォロ・ダ・メッシスブーゴの宴会手引書 217
クリストフォロ・デ・メッシスブーゴ 216～218
クリストフォロ・ブオンデルモンテ 18
グレシャムの法則 165
『グレート・ブラッグとチャンピオン氏の挑戦』（メレディス・ハンマー）308
クレメンス7世（教皇）157、170、225、247、269、282
クレモナ 298
クローナハ 195
『君主論』（マキャヴェッリ）157、172
『経済学』（アリストテレス）24
『芸術家列伝』（ジョルジョ・ヴァザーリ）118
ゲオルク・ヨアヒム・レティクス 167
ゲットー 314
ケルン 94、228
ケルン大学 210
『建築四書』（パッラーディオ）256

『建築論（デ・アルキテットゥーラ）』（ウィトルウィウス）64、255
『建築論（デ・エディフィカトーリア）』（レオン・バッティスタ・アルベルティ）64
ケンブリッジ大学 228
ゴア 251
『航海記』（ベルトランドン・ド・ラ・ブロキエール）49
高級娼婦 312
『好色詩』（ピエトロ・アレティーノ）225、227
鉱物採掘業 149
コジモ・デ・メディチ 13、26、37、**38**～40、62、111、117
コジモ・デ・メディチ（コジモ1世、フィレンツェ公）240、248、275、284
「コジモ・デ・メディチの肖像画」（ポントルモ作）39
コジモ・トゥーラ 168
コペルニクス 212、316、320
コペンハーゲン 315
コミチ・フェデリー（誠実な喜劇役者たち）323
『コメンタリオルス（小概要）』（コペルニクス）165
コルヴィナ文庫 110
コルッチョ・サルターティ 16、22
コルマル 160
コレージュ・ド・フランス 224
コンヴェルソ（改宗ユダヤ人）136、260
コンキスタドーレス（スペイン人征服者）204
コンゴ河 132
ゴンザーガ家 179
コンスタンツ 24
コンスタンツ公会議 27
「コンスタンティヌスの寄進状偽書論」（ロレンツォ・ヴァッラ）70、71
「コンスタンティヌスの寄進」（ラファエロ工房作）70
コンスタンティノープル 18、48、83、87、186、262
コンスタンティノープル陥落 122
コンデ・シュール・レスコー 120
コンパーニャ・コミチャ・ジェロージ（嫉妬深い喜劇役者たちの劇団）321
コンプルテンシアン多言語対訳聖書 101、102、107
コンメディア・エルディータ 321
コンメディア・デッラルテ 321
婚礼の踊り（ピーテル・ブリューゲル）287

サ行

『最後の審判』（ミケランジェロ）176、178
『最後の晩餐』（レオナルド・ダ・ヴィンチ）116、125
「宰相ロランの聖母」（ヤン・ファン・アイク）15
再洗礼派 190
サミュエル・ジョンソン 303
サラエヴォ 138
サラマンカ大学 106
「三王礼拝」（ボッティチェッリ）117、119
サン・サルバドル 140
三次方程式 236
『算術、幾何学、比および比例に関する全集』（ルカ・パチョーリ）114
サン・ジョヴァンニ・ラテラノ聖堂 291
サン・ジョルジョ・マジョーレ（パッラーディオ）255
サンタ・カテリーナ修道院 103
サンタ・クローチェ聖堂 40
サンタ・マリア・ソプラ・ミネルヴァ聖堂 243
サンタ・マリア・デイ・フラーリ聖堂 207
サンタ・マリア・デリ・アルベリギ教

会 134
サンタ・マリア・デル・フィオーレ 28、31
サンタ・マリア・ノヴェッラ教会 47
サンタ・マリア・ノヴェッラ修道院 40
サンタ・マリア・ノヴェッラ聖堂 80
サンタ・マリア・マジョーレ聖堂 291
サンタンドレア聖堂 64
サンティ・ディ・ティート 157
サント・スピリト聖堂 31
サンドロ・ボッティチェッリ 117～119
サン・バルテルミーの虐殺 271
サン・ピエトロ大聖堂 150、178、184、201
讃美歌 202
サン・フランチェスコ・デッラ・ヴィーニャ（パッラーディオ）255
サン・マルコ修道院 40、146
「三位一体」（マザッチオ）36
サン・ロケ聖堂 253
サン・ロレンツォ聖堂 29、37、40、178
3次方程式 236
シェイクスピア 290
ジェイン・シーモア 234
シエナ 32
「シエナ征服を計画するメディチ家のコジモ1世」（ジョルジョ・ヴァザーリ作）239
ジェノヴァ 140、194、300
ジェフリー・チョーサー 95
ジェロージ座 321
ジェロラモ・カルダーノ 237
ジェンティーレ・ダ・ファブリアーノ 83
ジェンティーレ・ベッリーニ 83～86、88、114、162
「塩入れ」（ベンヴェヌート・チェッリーニ）248、250
シオニスト 262
自画像 164
「自画像」（ジェンティーレ・ベッリーニ）84
「自画像」（ソフォニスバ・アングィソーラ）298、300
「自画像」（デューラー）164
「自画像」（ハンス・ホルバイン）234
「四季」（アルチンボルド）295、297
ジギスムント（神聖ローマ皇帝）27
シクストゥス4世（教皇）79、111、117
システィーナ礼拝堂 117、176、178、184、213
「シスネロスの横顔」（フェリペ・ビガルニー）102
「四大」（アルチンボルド）295
シチリア島 194
シニョーリア宮殿 276
シャルル7世（フランス王）91
シャルル8世（フランス王）91、147
シャルル9世（フランス王）304
シャルル（アランソン公）222
ジャン・カルヴァン 232、240、**257**～**259**、274
ジャンガレアッツォ・ヴィスコンティ（ミラノ公）22
ジャン・ジョルジョ・トリッシーノ 254
ジャン・ド・バヴィエール 41
ジャンヌ・ダルク 21
ジャンバティスタ・アンドレイーニ 323
ジャン・ミシェル・ド・ソーヴィニー 311
宗教改革 191
十字軍 68、87、102
『10の理由』（エドモンド・キャンピオン）308
手稿（レオナルド・ダ・ヴィンチ）127
ジュゼッペ・アルチンボルド 294～297
シュトラスブルク 259
ジュネーヴ 38、257、259、319

ジュリアーノ・デッラ・ローヴェレ →ユリウス2世
ジュリアーノ・デ・メディチ 112、117、179
ジュリオ・デ・メディチ →クレメンス7世
ジョアン2世（ポルトガル王）130～133、251
ジョアン3世（ポルトガル王）251
ジョヴァンニ・アウリスパ 69
ジョヴァンニ・アントニオ・バッティフェッリ 282
ジョヴァンニ・デ・メディチ 139
ジョヴァンニ・ピエトロ・カラファ →パウルス4世 243
ジョヴァンニ・ピエトロ・ビラーゴ 62
ジョヴァンニ・ピエルルイジ・ダ・パレストリーナ 291～293
ジョヴァンニ・ベッリーニ 114、207
ジョヴァンニ・マリア・ダル・モンテ 291
ジョヴァンニ・ラムージオ 187
肖像画 83
初期ネーデルラント画派 41
「処刑台の上のカササギ」（ピーテル・ブリューゲル）287
『書斎のフェデリコ・ダ・モンテフェルトロ』（ペドロ・ベルゲテ）79
『書斎のルカ・パチョーリ』（ヤコポ・デ・バルバリに帰属）115
「司書」（アルチンボルド）295
ジョスカン・デ・プレ 120～121
ジョセフ・アディソン 303
ジョルジョ・ヴァザーリ 45、54、83、118、247
ジョルダーノ・ブルーノ 279、318～320
ジョン・ウィクリフ 25
ジョン・カボット 139、143～145
ジョン・ラスキン 119
ジョン・リドゲート 95
シルクロード 143
ジロラモ・サヴォナローラ 118、146～148
神愛のオラトリオ 243
『神曲』（ダンテ）164
『新星について』（ティコ・ブラーエ）315
『神聖比例論』（ルカ・パチョーリ）116
神聖ローマ帝国 13、279
新世界 140
『人体の構造について』（アンドレアス・ヴェサリウス）263、264
「神秘の降誕」（ボッティチェリ）119
新プラトン主義 118、320
新訳ギリシア語聖書（エラスムス）202
スイス傭兵 91
数学 114
『枢密院への挑戦』（エドモンド・キャンピオン）308
スカルコ 217
スクオーラ・グランデ（大信心会）84
ステルネボリ（「星の城」）316
ストゥディオロ（私的な小書斎兼応接室）168
『スフォルツィアーダ』（ジョヴァンニ・シモネッタ）62
スフマート技法 128
スペイン 91、93、132、136、279
スレイマン大帝 194
聖ウルスラ会 240
『星界の報告』（ガリレオ・ガリレイ）
清教徒（ピューリタン）281、308
『政治学』（アリストテレス）24
『聖地、アラビア、エジプト巡礼記』（フェリックス・ファブリ）103、104
聖地への巡礼 103
「聖テレサの法悦」（ジャン・ロレンツォ・ベルニーニ）268
『聖なるパン籠』（ヨハネス・フィス

333

索引

カルト) 259
聖墳墓教会 105
「聖ペテロと聖パウロにインギラーミが捧げたエクス・ヴォート(奉納画)」 159
「聖母被昇天」(ティツィアーノ) 207
「聖マルコ」(ドナテッロ) 35、36
聖ヨハネ騎士団 87
「世界地図」(フアン・デ・ラ・コサ) 145
「聖三位一体」(マザッチオ) 47
「説教する聖ベルナルディーノ」(サーノ・ディ・ピエトロ) 34
絶対主義 276
セファルディム(スペイン系ユダヤ人) 138、260
セリム1世(トルコのスルタン) 186
「洗礼者ヨハネの誕生」(ドメニコ・ギルランダイオ) 80
「創世記」(ミケランジェロ) 176
ソフォニスバ・アングィッソーラ 298〜300
ソルボンヌ大学 (→パリ大学神学部も参照) 251

タ行

大砲 77、191
大洋の提督 140
「対話篇」(プラトン) 24
「ダヴィデ」(ドナテッロ) 36、40
「ダヴィデ」(ミケランジェロ) 175
「タナロ」 262
ダニエレ・バルバロ(枢機卿) 255
タペストリー 213
「小さな魚を食らう大きな魚」(ピーテル・ブリューゲル) 285
チェコ語 25
チェーザレ・ボルジア 171〜173
『痴愚神礼賛』(エラスムス) 154
地動説 165
中国 253
ツヴィングリ 240
『罪深い魂の鏡』(マルグリット・ド・ナヴァル) 21
テアティーナ修道会 240、243
テアトロ・オリンピコ 255
ディエゴ・サオ 131
ディオゴ・メンデス 260
ティコ・ブラーエ 166、315〜317
帝室クンストカンマー 296
ティツィアーノ 207〜209、227
ティツィアーノ工房 265
ディック・タールトン 288〜290
ティベリアス 262
ティントレット 209
ティンプクトゥー 186
「デヴィーナ・ヴィットリア・コロンナのリーメ」 219
「デ・ヴィリブス・クアンティタテイス(数字の力について)」(ルカ・パチョーリ) 116
テオドール・ド・ブリ 206
「テオフィルスの息子の蘇生」(マザッチオ) 47
「デカメロン(十日物語)」(ボッカチオ) 224
「デ・クラリス・ムリエリブス(著名な女性について)」(ジャコモ・フィリッポ・フォレスティ) 76
デジデリウス・エラスムス 101、152〜154、164、198、201、210、228、233
テッサロニキ 138
デッラ・ローヴェレ家 79
「デ・ディヴィナ・プロポルティオーネ(神聖比例論)」(ルカ・パチョーリ) 115
デモステネス 22、24
テラコッタ 54
「デ・ローマ・インスタウラータ(再興されたローマ)」(フラヴィオ・ビオンド) 52
「デ・ローマ・トリアンファント(勝利せるローマ)」(フラヴィオ・ビオンド) 52

天球儀 316
『天体の回転について』(コペルニクス) 166、167
天動説 58、165
天秤 302
デンマーク 315
「デンマーク王女クリスティナ」(ハンス・ホルバイン) 235
天文学 165
ドイツ 93、280
ドイツ語訳聖書 195、202、233
ドゥエー 307
『道徳教育』(クリスティーヌ・ド・ピザン) 19
銅版画 160
「東方三博士の礼拝」(ピーテル・ブリューゲル) 286
トゥーロン港 194
図書館 77、79
ドナテッロ 28、29、35〜37、45、54
トビアス・シュテンマー 167
トーマス・ウルジー(枢機卿) 210
トーマス・クロムウェル 234
トマス・デ・トルケマダ(異端審問長官) 91
トマス・モア 154、198〜200、210、229、233
「トマス・モア」(ハンス・ホルバイン子)の素描 199
聖ドメニコ 91
ドメニコ・ギルランダイオ 175
ドメニコ修道会 97、99、103、146、193
ドメニコ・ダ・プラート 28
トリアー大司教 57
トルデシリャス条約 133、136、139、143
トレント公会議 220、240、247、268
「トレント公会議」(パスクァーレ・カーティ) 241
『トロイ物語集成』 94
トンマーゾ・インギラーミ 158〜159

ナ行

ナヴァル 91
ナポリ 50、62、172、189、194、244、245、275
「怠け者の天国」(ピーテル・ブリューゲル) 287
ナールデンの征服 281
ナンニ・ディ・バンコ 54
ニコラウス5世(教皇) 50、71
ニコラウス・クザーヌス 57〜58
ニコラウス・クラッツァー 210〜212、233
ニコラウス・コペルニクス 165〜167
ニコラ・ウルシアン 212
ニコラウス・タルタリア 236〜237
ニッコロ・フォンタナ 236
ニッコロ・マキャヴェッリ 155〜157、172、189
日本 252
ニュー・ファウンド・ランド 139、145
ニュルンベルク 160
「庭師」(アルチンボルド) 295
ネオ・プラトニズム →新プラトン主義
ネーデルラント 93、164、213、245、280、287
『ネーデルラントの記述』(ロドヴィコ・グイッチャルディーニ) 261
ネポティズム(閥族主義) 171
『ノヴァ・シエンティア(新科学)』(ニッコロ・タルタリア) 236
農民戦争 190
「農民の婚礼」(ピーテル・ブリューゲル) 287
「農民の踊り」(ピーテル・ブリューゲル) 287

ハ行

ハイレディン・バルバロッサ 193〜194
「ハイレディン・バルバロッサ」(アゴスティーノ・ヴェネツィアーノ) 193
ハインリヒ・クラマー 97〜99
パヴィア大学 17、69
パヴィアの戦い 191、219、222、224
「パヴィアの戦いのタペストリー連作」(ベルナルド・フォン・オルレイ) 215
パウルス3世(教皇) 205、240、251
パウルス4世(教皇) 220、240、242〜244、261
パウルス4世の墓 243、291
バカリャオス(タラの島) 145
馬上槍試合 273
バスク 251
バーゼル 233、257
バーゼル公会議 57、66
「裸の自画像」(アルブレヒト・デューラー) 162
裸足のカルメル会 268
「バッカスとアリアドネ」(ティツィアーノ) 207
「バッカス」(ミケランジェロ) 175
パッツィ家 111
「パーテル・パトリアエ(祖国の父)」 40
パドヴァ 36
パドヴァ大学 17、263、265
ハドリアヌス6世(教皇) 225
パトロネージ 40、111、168
ハプスブルク家 93、149、213、245
『ハムレット』(シェイクスピア) 289
バヤズィト2世 84、138
パラティン →宮中伯
『薔薇物語』 20
「薔薇園の聖母」(ルカ・デッラ・ロッビア) 54
パリ 319
パリ大学 257、263
パリ大学神学部 152、224、230
バルセロナ 71
バルダッサーレ・カスティリオーネ 168、179〜181、219
「バルダッサーレ・カスティリオーネの肖像画」(ラファエロ) 181
バルトロ・ディ・サッソフェラート 69
バルトロメウ・ディアス 132
バルトロメオ・アンマナーティ 282
バルトロメオ・ヴァレンテ 309
バルトロメオ・コロンブス 140
バルトロメ・デ・ラス・カサス 204〜206
「パルナソス」(アンドレア・マンテーニャ) 169
パレストリーナ 291
パレルモ 300
バロック 178
ハンガリー 108
ハンス・ホルバイン(子) 233〜235
『パンタグリュエル』(フランソワ・ラブレー) 230、232
ビアンカ・マリア・ヴィスコンティ 60
ピウス2世(教皇) 64、66〜68、88、100
ピウス5世(教皇) 293
「ピエタ」(ミケランジェロ) 175
ピエトロ・アレティーノ 219、225〜227
ピエトロ・カラファ →パウルス4世
ピエトロ・ベンボ 179、220
ピエロ・デッラ・ノランチェスカ 79、114
ピエロ・デ・メディチ 74、80、111、112
ヒエロニムス・コック 285
ヒエロニムス・ボス 285、296
ピエンツァ 64、68
ピカルディーエノー 120
ピコ・デッラ・ミランドラ 112、146
ピサ大司教 112
ビザンティン帝国 18、48

ピタゴラス 116
ピッコローミニ宮殿(シエナ大聖堂内)(ベルナルド・ロッセリーノ設計) 66、68
ピッティ宮殿 276
「ピッティ宮殿、ボボリ庭園、ベルヴェデーレ要塞」『ジュスト・ウテンス』 276
ビッビエーナ枢機卿 179
ピッコ・リゴーリオ 243
ピーテル・ブリューゲル(父) 285〜287
ピーテル・コーク・ファン・アールスト 285
ピーテル・パウル・ルーベンス 300
火縄銃式マスケット銃 191
ヒメネス・デ・シスネロス 106
ピューリタン →清教徒
ピントゥリッキオ 66
フアナ・デ・トラスタマラ 245
ファブリツィオ・コロンナ 219
フアン・ヒネス・デ・セプルベダ 206
フィリップ(ブルゴーニュ公) 245
フィリップ・ル・ボン(ブルゴーニュ公) 41
フィリッポ・ストロッツィ 74
フィリッポ・ブルネレスキ 28〜31、36、45、47
フィリッポ・マリア・ヴィスコンティ(ミラノ公) 60
フィレンツェ 16、17、22、28、38、45、50、54、60、63、72、80、110、111、115、117、125、134、146、155、158、172、175、182、189、240、248、275、284
フィレンツェ公会議 40
『フィレンツェ史』(マキャヴェッリ) 157
『フィレンツェ人の歴史』(レオナルド・ブルーニ) 24
フィレンツェ大学 16
フィレンツェ大聖堂 54、56
「フィレンツェ大聖堂、聖歌隊席のための浮影」(ルカ・デッラ・ロッビア) 56
フィロストラトス写本 110
フェデリコ・ダ・モンテフェルトロ 68、77〜79、219
フェードラ →トンマーゾ・インギラーミ
フェミニスト 19
フェラーラ 64、217
フェラーラ大学 146、165
『フェラーラ・バイブル』 262
フェリックス・ファブリ 103〜105
フェリペ2世(スペイン王) 215、265、279、300
フェリペ・ビガルニー 138
フェルディナント1世(神聖ローマ皇帝) 215
フェルディナンド・デ・メディチ 323
フェルディナンド・マゼラン 245
フェルナンド(アラゴン王) 91、100、132、136、140
フェルナンド・フランシスコ・ダヴァロス 219
フェルモ市 60
フォリリ 91
フォンセカ司教 106
複式簿記 149
『婦女の都』(クリスティーヌ・ド・ピザン) 21
フス戦争 27
フッガー家 245
フッグライ(慈善住宅) 150
プトレマイオス 58、165、315、320
フラヴィオ・ビオンド 52〜53
ブラジル 133
プラトン 16、22、24、185、304
プラトン・アカデミー 111、175
プラハ 25、295、307
プラハ大学 25
フラ・フィリッポ・リッピ 117
フラ・ホアン・デ・ラ・ミゼリア 267
ブラマンテ 79
ブランカッチ礼拝堂(サンタ・マリ

334

索引

ア・デル・カルミネ教会）　45、47
聖フランシスコ・ザビエル　251〜253
フランシスコ修道会　100、102、114、147、230
フランシスコ・ヒメネス・デ・シスネロス　100〜102、204
フランシス・ベーコン　303
フランス　91、280
フランス語訳新約聖書　224
フランソワ1世（フランス王）　125、150、191、214、215、222、247、248、269
フランソワ・ラブレー　224、230〜232
「フランシスコ会会則の確認」（ドメニコ・ギルランダイオ作）　112
フランチェスコ・グァルディ　86
フランチェスコ・グリフォ　123
フランチェスコ・ゴンザーガ2世（マントヴァ侯）　168、182
フランチェスコ・サセッティ　112
フランチェスコ・スフォルツァ　60〜62、219
「フランチェスコ・スフォルツァ騎馬像のための習作」（アントニオ・ポッライウオーロ）　61
フランチェスコ・チェッラッキ　321
フランチェスコ・マリア・デッラ・ローヴェレ　179
ブリストル　41、143
フリードリヒ3世（ドイツ王、のちに神聖ローマ皇帝）　66、83、97、108
フリードリヒ3世（ザクセン公）　195
「プリマヴェーラ（春）」（ボッティチェリ）　118
ブリュージュ　38、41、94
ブリュッセル　213、285
ブルゴーニュ公家　91
プルタルコス　24
ブルネレスキ　63
ブルノ　307
ブルボン家　271、280
ブレシア　236
フレゼリク2世（デンマーク王）　315
プロテスタンティズム　240
プロティノス　189
「プロト・デッラ・セレニッシマ（ヴェネツィア共和国の首席建築家）」　255
ベアタ・ヴェルジネ（祝福されし聖母）のミサ」（ジョスカン・デ・プレ）　121
「平面球形図」（アルベルト・カンティーノ）　132
ベオグラード　87、108
「ベーザロの聖母」（ティツィアーノ）　207
ペトラルカ　22
ペドロ・ベルゲテ　79
ベニン帝国　131
ベネディクト会修道院　230
ヘブライ語聖書　262
ヘラクレイトス　178
ベラスケス　209
ペルジーノ　79、168、182
ペルージャ　182
ペルージャ大学　114
「ペルセウス」（ベンヴェヌート・チェッリーニ）
ベルナルディーノ・オキーノ　220
ベルナルディーノ・カンピ　298
聖ベルナルディーノ・ダ・シエナ　32〜34
「聖ベルナルディーノの壁画」（サーノ・ディ・ピエトロ）　32
聖ベルナルディーノ法　34
ベルナルド・ファン・オルレイ　213〜215
ベルンハルト・フォン・ブライデンバッハ
ヘレヴァド修道院　315
ヘレニスト　16
「ヘロデの饗宴」（ドナテッロ）　36
ベンヴェヌート・チェッリーニ　191、248〜250
ヘンリー7世（イングランド王）　139、143、144
「ヘンリー7世」（ピエトロ・トリッジャーニ）　92
ヘンリー8世（イングランド王）　190、198、200、210、213、214、234、247
ヘンリー・チューダー　→ヘンリー7世
ヘンリー・フィリップス　229
「法学者」（アルチンボルド）　295
砲兵隊　191
ポスト・ルネサンス　280
ボッカチオ　224
ボッティチェリ　147
「ホフスプリングマイスター（曲芸の師匠）」　304
ボヘミア　25
ポボリ庭園　276
ホメロス　16、22
「多アルファベット換字式暗号法」　64
「ポリフィルスの夢」（フランチェスコ・コロンナ）　124
ボルドー　303
ポルトガル　91、132、252
ホルバイン　211、212
ボローニャ大学　17

マ行

マーガレット・オブ・ヨーク　94
マカロン　271
マクシミリアン1世（神聖ローマ皇帝）　149、162、164
マクシミリアン2世（神聖ローマ皇帝）　295、296、304
「マクシミリアンの狩り」（ベルナルド・フォン・オルレ）　215
「マグダラのマリア」（ドナテッロ）　37
マザッチオ　29、41、45〜47、63
マゾリーノ・ダ・パニカーレ　45
マーチャーシュ1世　→マティアス・コルヴィヌス
マティアス・コルヴィヌス　108〜110
マデイラ　131
マドリード　222、265、300
マニエリスム　178、239
マヌエル1世（ポルトガル王）　133
マヌエル・クリュソロラス　16〜18、22
マラッカ　251
マラノス　244
マリニャーノの戦い　191
マルガリータ・フォン・アウストリア　213
マルカントニオ・バルバロ　255
マルカントニオ・ライモンディ　255
マルグリット・ド・ナヴァル　222〜224、232
「マルグリット・ド・ナヴァル」（フランソワ・クルーエの素描）　222
マルケス2世（教皇）　291、292
マルシリオ・フィチーノ　112
マルティン・ションガウアー　160
マルティン・ルター　150、154、189、195、201〜203、233、247、257
マントヴァ　64、68
マントヴァ侯国　179
ミケランジェロ・ブオナローティ　112、175〜178、184、209、219、284、298
ミケロッツォ・ディ・ミケロッツォ　13
「ミサ・パパエ・マルケリ（教皇マルケルスのミサ曲）」（パレストリーナ）　292、293
「ミサ曲集第1書」（パレストリーナ）　292
「ミサ曲集第2書」（パレストリーナ）　292
ミシェル・ド・モンテーニュ　301〜303、309、312
「貢の銭」（マザッチオ）　47
「ミュールベルクの神聖ローマ皇帝カール5世」（ティツィアーノ）　9
ミュンスター　190
ミラノ　22、50、60、120、125、172、179、189、245、295
ムーア人　136、138、186
ムツィオ・アッテンドロ　60
ムデハル（ムーア人）　178
メアリー1世（イングランド女王）　280、307
メディチ館　56
メディチ銀行　111
メディチ家　72、117、118、155、269
メディチ家の墓廟礼拝堂　178
メディチ=リッカルディ宮殿　13
「メデューサの首を掲げるペルセウス」（ベンヴェヌート・チェッリーニ）　248
メフメト2世　83、87〜89
「メフメト2世」（ジェンティーレ・ベッリーニ）　11
免罪符　25、50、150、201
「黙示録」　162
木版画　160
モザンビーク　132
モデナ　115、125
「モナ・リザ」（レオナルド・ダ・ヴィンチ）　125、127、184
モーリタニア　131
モルッカ諸島　252
モロッコ　186
「問題と発見」（ニッコロ・タルタリア）　237

ヤ行

ヤコビウス・シルヴィウス　263
ヤコブ・フッガー　149〜151
「ヤコブ・フッガーの肖像」（アルブレヒト・デューラー）　150
ヤン・ファン・アイク　41〜44
ヤン・フス　25〜27
ヤン（ヤーノシュ）・フニャディ　108
ユグノー教徒　271
ユークリッド（エウクレイデス）　116、117
ユダヤ人　88、136、138、244、314
「ユートピア」（トマス・モア）　198、200
ユリウス2世（教皇）　102、159、162、172、176、184
ユリウス3世（教皇）　284、291
傭兵隊長（コンドッティエーレ）　60、77、219
ヨハネス・ケプラー　316
ヨハン・グーテンベルク　50
ヨリック（道化）　289、290

ラ行

ラウラ・バッティフェッラ・アンマナーティ　282〜284
「ラウラ・バッティフェッラ・アンマナーティの肖像」（アニョロ・ブロンズィーノ画）　282
ラウレンツィアーナ図書館　112
ラクイラ　34
ラッファエーレ・リアーリオ（枢機卿）　175
ラテン語　17、194、106
ラテン語-カスティーリャ語辞書（アントニオ・デ・ネブリハ）
「ラテン語入門」（アントニオ・デ・ネブリハ）　106
「ラテン語の洗練について」（ロレンツォ・ヴァッラ）　69
ラファエロ・サンツィオ　158、179、182〜185、213、214、225
「ラ・ミルテッラ（黒すぐり）」（イザベラ・アンドレーイニ）　323
ラルフ・ウォルドー・エマソン　303
リウィウス　24
「リウィウスの最初の十巻に関する論考」（マキャヴェッリ）　157
リスボン　260
リドルフォ・ギルランダイオ　140
リーブリ・ポルタティレス（携帯用の本）　123
リーメ・アモローゼ（恋愛詩）　219
リーメ（ソネッティ）・スピリチュアーリ（霊的詩）　220
「リーメ」（ラウラ・バッティフェッラ・アンマナーティ）　284
「料理人」（アルチンボルド）　295
リヨン　230、273
ルイ11世（フランス王）　91
ルイ12世（フランス王）　171
ルイーズ・ラベ　273〜274
ルーカス・クラナッハ（父）　195〜197
ルカ・デッラ・ロッビア　54〜56
ルカ・パチョーリ　114〜116、236
ルクレツィア・トルナブオーニ　80〜82
「ルクレツィア・トルナブオーニの肖像」（ドメニコ・ギルランダイオに帰属）　82
ルター派　280
ルドヴィコ・アリオスト　219
ルドヴィコ・スフォルツァ（ミラノ公）　114、125、127
ルドヴィコ・フォスカリーニ　76
ルドルフ2世（神聖ローマ皇帝）　295、296
ルネサンス人　63
ルフェーヴル・エタプル　224
ルーベンス　209
レヴァント　138、143
レオ10世（教皇）　70、125、150、154、159、179、185、186、213、225
レオ・アフリカヌス　186〜187
レオナルド・ダ・ヴィンチ　114、116、125〜129、182
レオナルド・ダーティ　87
「レオナルドの素描」（フランチェスコ・メルツィに帰属）　128
レオン・バッティスタ・アルベルティ　29、63〜65、68、107、114、155
レコンキスタ（国土回復運動）　136
レジナルド・ポール（枢機卿）　220
レスボス島　193
レッジョ・カラブリア　194
レンブラント　209
「ロザリオの聖母」（アルブレヒト・デューラー）　162
ロッジア・デイ・ランツィ　248
ロッテルダム　152
ロディの講和　40、50、62、93
ロードス島　87
ロドリーゴ・ボルジア　→アレクサンデル6世
ローマ　24、38、52、64、80、114、120、125、172、184、189、209、225、240、254、282、291、309
ローマ劫掠　250
ロマーニャ地方　171
「ローマ・ミサ典書」　293
ロレンツォ・イル・マニフィコ　→ロレンツォ・デ・メディチ
ロレンツォ・ヴァッラ　69〜71
ロレンツォ・コスタ　168
ロレンツォ・ジュスティニアーニ　83
ロレンツォ・デ・メディチ　80、110、111〜113、125、138、146、158
ロンドン　38、158
ロンドン塔　200

ワ行

「和声音楽百選」　121

訳者あとがき

　本書は Renaissance People, *Lives that Shaped the Modern Age*, Robert C. Davis & Beth Lindsmith, Thames & Hudson, 2011 の全訳で、15、6世紀のヨーロッパに生きた94人の列伝である。

　聖界・俗界を問わず、教皇や王侯貴族から、職人や芸人、はては盗賊まで、広範囲の身分・職業がセレクトされ、えっ、こんな人も？　とびっくりさせられる人物もいるので、お楽しみいただけるものと思う。個々の伝記は簡潔でありながら、それぞれの人物像の特徴を的確にとらえている。

　自己のフラストレーションから妄想を誇大化させて『魔女の槌』を著し、後世あまたの男女を魔女狩りの被害者となさしめたハインリヒ・クラマーなどはルネサンス人と呼びたくもない気がするが、それも時代を動かした新しいことであり、ルネサンスの影からも目をそらすわけにはいかない。

　異なる時代や地域で同種の生業を営んだり、革命的な信仰や思想を表明したりした者同士を対比してみるのも一興であろう。ヤン・フスとウィリアム・ティンダル、ルターとエラスムスとカルヴァンなど、特にペンを武器にし、それゆえに苦難の道を歩んだ者たちが多く取り上げられている。

　また、94人中16人が女性で、なかでも文筆家・詩人として、クリスティーヌ・ド・ピザン、イゾッタ・ノガローラ、ルクレツィア・トルナブォーニ、ヴィットリア・コロンナ、ルイーズ・ラベ、ラウラ・アンマナーティ、ヴェロニカ・フランコ、イザベッラ・アンドレイーニが挙げられているが、彼女たちの境遇も、未亡人、未婚女性、大富豪の妻、芸術家の妻、高級娼婦、舞台女優……とヴァラエティに富んでいる。多岐にわたる地域、時期、身分、環境で活躍した人びとに対する評価は賛否さまざまだろうが、己れの好奇心や欲望、信条を追求し、必死で生き抜いた、そのたくましさに学ぶべきことは多い。

　個人的に一番おもしろかったのは、ソフォニスバ・アングィッソーラというイタリアの女流画家である。スペイン宮廷に仕えたことは知っていたが、本書が教えてくれた彼女のその後──40代後半になって退職し、故国へ向かう船の船長であるジェノヴァ貴族（20も歳下！）と恋に落ちて結婚するのだ──は、まるでハーレクィン・ロマンス。映画化されてもおかしくはない。オペラ『ドン・カルロ』を観るときに、王妃エリザベッタの侍女たちのあいだに彼女の姿を探すようになり、また、フェリペ2世がソフォニスバの行く末を心配して結婚をすすめ、手厚い年金を用意したという事実を知って、これまで私の中で冷酷な男のイメージだったこの王さまの株がぐっと上がった、というおまけもついた。

　いや、おまけではない。翻訳のために調べていく過程で、他にも歴史上の大人物に対する見方が大転換するという衝撃の出来事があった。それも本書の魅力のひとつだろう。読者諸賢も、ぜひ本書を入口として、さらなる歴史への旅に出発していただきたい。ヴァザーリの『芸術家列伝』など、個々の伝記をひもとけば、さらに人間的エピソードに出会えます。

　悠書館の長岡正博氏には、刺激的な仕事をお与えいただき、さまざまにお助けいただきました。感謝の気持ちは言葉に尽くせません。

2012年2月12日　　　　　　　　　　　　　　　　　　訳者

　さらなる情報を求める読者のために、巻末の参考文献以外に以下の本をおすすめしておきます。
* ヴァザーリ『ルネサンス画人伝』白水社
* ヴァザーリ『続ルネサンス画人伝』白水社
* ヴァザーリ『ルネサンス彫刻家・建築家伝』白水社
* ブルクハルト『イタリア・ルネサンスの文化』中公文庫
* モンタネッリ、ジェルヴァーゾ『ルネサンスの歴史』中公文庫
* 塩野七生『ルネサンスの女たち』中公文庫

RENAISSANCE PEOPLE
by
Robert C. Davis & Beth Lindsmith

Published by arrangement with Thames and Hudson, London
© 2011 Robert C. Davis & Beth Lindsmith
This edition first published in Japan in 2012
by Yushokan Publishing Co., Ltd., Tokyo
through Tuttle-Mori Agency, Inc., Tokyo
Japanese edition © Yushokan Publishing Co., Ltd.

【著者】

ロバート・C・デイヴィス（Robert C. Davis）：オハイオ州立大学のルネサンス史教授。"Christian Slaves, Muslim Masters" (2003) や "Shipbuilders of the Venetian Arsenal" (1991)、"The War of the Fists" (1995)、"The Jews of Early Modern Venice" (2001)、"Venice, the Tourist Maze" (2004) など、ヴェネツィアに関する多数の著作がある。

ベス・リンドスミス（Beth Lindsmith）：オハイオ州立大学で作文法と創作について教鞭を取った作家。歴史、哲学、人類学に関する多くの学術書の編集を行ない、彼女のエッセイは広く出版されている。

【訳者】

和泉　香（いずみ・かおる）
翻訳家。本書のほかに、シーリア・フィッシャー著『ルネサンスの花園』（仮題）が近刊の予定。

ルネサンス人物列伝

2012年7月12日

著　者	ロバート・C・デイヴィス ベス・リンドスミス
翻訳者	和泉　香
装　幀	桂川　潤
発行者	長岡正博
発行所	悠書館

〒113-0033　東京都文京区本郷2-35-21-302
TEL 03 3812 6504　FAX 03 3812 7504
http://www.yushokan.co.jp/

Japanese Text © 2012 KAORU IZUMI
2012 Printed in China
ISBN978-4-903487-54-0